Vanessa Caroline Haubensak

Umsetzung der Vollstreckung und Sicherung nach dem Lugano-Übereinkommen in das Schweizer Recht

Schriften zum Schweizerischen Zivilprozessrecht
Etudes de droit de procédure civile suisse

Band / Volume 26

Vanessa Caroline Haubensak
Dr. iur., Advokatin

Umsetzung der Vollstreckung und Sicherung nach dem Lugano-Übereinkommen in das Schweizer Recht

De lege lata und de lege ferenda

DIKE

BASLER DISSERTATION

Bibliografische Information der Deutschen Nationalbibliothek
Die Deutsche Nationalbibliothek verzeichnet diese Publikation in der Deutschen Nationalbibliografie; detaillierte bibliografische Daten sind im Internet über http://dnb.dnb.de abrufbar.

ISBN 978-3-03751-975-2
www.dike.ch

Vorwort

Gedankt sei an erster Stelle meinem Doktorvater, Herrn Prof. Dr. iur. Daniel Staehelin, Advokat und Notar, für die wohlwollende Unterstützung und Betreuung, die wesentlich zum Gelingen dieser Arbeit beigetragen haben.

Besonderen Dank möchte ich an dieser Stelle Frau Eva Bachofner, MLaw, Advokatin, für die wertvollen Diskussionen der problemtatischen Aspekte der vorliegenden Arbeit sowie die kritische Durchsicht des Manuskripts aussprechen. Weiter gebührt mein Dank Herrn Dr. iur. Urs Haubensak, Rechtsanwalt und ehemaliger Gerichtspräsident am Bezirksgericht Kreuzlingen, für die Durchsicht des Manuskripts und die geschätzten Hinweise aus der Gerichtspraxis sowie Frau Nadja Leuthardt, MLaw, und Herrn Pascal Burgunder, BLaw, für die präzise Enddurchsicht der Arbeit.

Der innigste Dank gebührt meinen Eltern Maja Haubensak-Dumelin und Marc Haubensak. Sie haben mir diese Dissertation sowie meine gesamte Ausbildung ermöglicht, mich in allen Lebensphasen in mannigfacher und grosszügiger Weise unterstützt und mir stets den nötigen Rückhalt gegeben. Ihnen sei diese Dissertation von Herzen gewidmet.

Literatur und Rechtsprechung sind bis Ende Dezember 2016 berücksichtigt.

Basel, im Januar 2017 — Vanessa Caroline Haubensak

Inhaltsübersicht

Inhaltsverzeichnis

Literaturverzeichnis

ACOCELLA DOMENICO	Kommentar zu Art. 1-4, Vorbem. zu Art. 2, Art. 5 Nr. 1-3, 18-21, 31, 57-58, 62 LugÜ, in: Lugano-Übereinkommen zum internationalen Zivilverfahrensrecht, Kommentar, Anton K. Schnyder (Hrsg.), Zürich, St. Gallen 2011 (zit. ACOCELLA, zu Art. [...] LugÜ, in: Dike, N. [...])
ALTHAMMER CHRISTOPH	Kommentar zu Einf. vor Art. 38, Art. 38-47 LugÜ, in: Internationales Privatrecht, Brüssel-I-Verordnung, Kommentar zu VO (EG) 44/2001 und zum Übereinkommen von Lugano, Thomas Simons/Rainer Hausmann (Hrsg.), München 2012 (zit. ALTHAMMER, zu Art. [...] LugÜ, in: Internationales Privatrecht, N. [...])
AMONN KURT/ WALTHER FRIDOLIN	Grundriss des Schuldbetreibungs- und Konkursrecht, 9. vollständig aktualisierte Auflage, Bern 2013 (zit. AMONN/WALTHER, S. [...], Rz. [...])
ARTHO VON GUNTEN YVONNE	Die Arresteinsprache, Dissertation, Zürich 2001 (zit. ARTHO VON GUNTEN, S. [...])
AUER STEFAN/ FÖRSTERLING THOMAS/ PÖRNBACHER KARL/ THIEL SOPHIE/ TSCHAUNER HEIKO/ ZERR CHRISTIAN	Erläuterungen zu der Verordnung (EG) Nr. 44/2001 des Rates über die gerichtliche Zuständigkeit und die Anerkennung und Vollstreckung von Entscheidungen in Zivil- und Handelssachen (Europäische Gerichtsstands- und Vollstreckungsverordnung – EuGVO), in: Internationaler Rechtsverkehr in Zivil- und Handelssachen, Band I, Reinhold Geimer/Rolf A. Schütze (Hrsg.), München, Stand der 51. Ergänzungslieferung Februar 2016 (zit. AUER/FÖRSTERLING/PÖRNBACHER/THIEL/TSCHAUNER/ZERR, Rz. [...])
ATTESLANDER-DÜRRENMATT AGNES	Sicherungsmittel „à discrétion“? Zur Umsetzung von Art. 39 LugÜ in der Schweiz, in: AJP, 2001, Nr. 2, S. 180 ff. (zit. ATTESLANDER-DÜRRENMATT, S. [...])

BERAUDO JEAN-PAUL — Regards sur le nouveau règlement Bruxelles I sur la compétence judiciaire, la reconnaissance et l'exécution des décisions en matière civile et commerciale, in: JDI, 2013, juillet/août/septembre, S. 741 ff.

(zit. BERAUDO, RZ. [...])

BERGER-STEINER ISABELLE — Das Beweismass im Privatrecht, Dissertation, Bern 2008

(zit. BERGER-STEINER, S. [...], Rz. [...])

BERNET MARTIN/ VOSER NATHALIE — Praktische Fragen im Zusammenhang mit Anerkennung und Vollstreckung ausländischer Urteile nach IPRG, in: SZIER, 2000, S. 437 ff.

(zit. BERNET/VOSER, S. [...])

BITTER ANNA-KRISTINA — Vollstreckbarerklärung und Zwangsvollstreckung ausländischer Titel in der Europäischen Union, Dissertation, Tübingen 2009

(zit. BITTER, S. [...])

BOLLER URS — Neuere Rechtsprechung im Arrestrecht, in: AJP, 2015, Nr. 9, S. 1282 ff.

(zit. BOLLER, Neuere Rechtsprechung im Arrestrecht, S. [...])

BOLLER URS — Arrest gestützt auf ausländische Entscheide, in: ZZZ, 2011/2012, Nr. 25, S. 33 ff.

(zit. BOLLER, Arrest gestützt auf ausländische Entscheide, S. [...])

BOLLER URS — Der neue Arrestgrund von Art. 271 Abs. 1 Ziff. 6 revSchKG, in: AJP, 2010, Nr. 2, S. 187 ff.

(zit. BOLLER, Der neue Arrestgrund, S. [...])

BREITSCHMID PETER — Übersicht zur Arrestbewilligungspraxis nach revidiertem SchKG Anhand von Entscheiden des Zürcher Obergerichts, in: AJP, 1999, Nr. 8, S. 1007 ff.

(zit. BREITSCHMID, S. [...])

BRIGGS ADRIAN — Civil Jurisdiction and Judgments, Peter Rees (ed.), 5th edition, London 2009

(zit. BRIGGS, S. [...])

BRÖNNIMANN JÜRGEN — Feststellung des neuen Vermögens, Arrest, Anfechtung, in: Das revidierte Schuldbetreibungs- und Konkursgesetz (SchKG), Schriftenreihe SAV, Band 13, 1995, S. 119 ff.

(zit. BRÖNNIMANN, S. [...])

BUHR AXEL — Zur Funktionsweise der Brüssel I-Verordnung im internationalen Rechtssystem, Drittstaatenbezug, Restzuständigkeiten, Notzuständigkeiten, Anerkennung und Vollstreckung von Drittstaatenentscheiden, in: La révision du Règlement 44/2001 (Bruxelles I), Quelles conséquences pour la Convention de Lugano?, Andrea Bonomi/Christina Schmid (éds), Genève, Zurich, Bâle 2011, S. 11 ff.

(zit. BUHR, Zur Funktionsweise der Brüssel I-Verordnung im internationalen Rechtssystem, S. [...])

BUHR AXEL — Europäischer Justizraum und revidiertes Lugano-Übereinkommen, Zum räumlich-persönlichen Anwendungsbereich des europäischen Rechts über die internationale Zuständigkeit in Zivil- und Handelssachen, Dissertation, Bern 2010

(zit. BUHR, Europäischer Justizraum und revidiertes Lugano-Übereinkommen, S. [...])

CADET FABIEN — Main features of the revised Brussels I Regulation, in: EuZW, 2013, Nr. 6, S. 218 ff.

(zit. CADET, S. [...])

CAMBI FAVRE BULLE ALESSANDRA	La mise en œuvre en Suisse de l`art. 39 al. 2 de la Convention de Lugano, in : SZIER, 1998, Nr. 3, S. 335 ff. (zit. CAMBI FAVRE-BULLE, S. [...])
CHORUS JEROEN/ GERVER PIET-HEIN/ HONDIUS EWOUD	Introduction to Dutch Law, 4th edition, AH Alphen aan den Rijn 2006 (zit. CHORUS/GERVER/HONDIUS, S. [...])
CZERNICH DIETMAR	Alternativen zu Lugano III, Lugano II beibehalten oder Alleingang: Sicht EU, in: Die Herausforderungen des Europäischen Zivilverfahrensrechts für Lugano- und Drittstaaten, Andreas Furrer/Alexander R. Markus/Ilaria Pretelli (Hrsg.), Zürich, Basel, Genf 2016, S. 185 ff. (zit. CZERNICH, S. [...])
CZERNICH DIETMAR/ TIEFENTHALER STEFAN/ KODEK GEORG E.	Kurzkommentar Europäisches Gerichtsstands- und Vollstreckungsrecht, EuGVVO, Lugano-Übereinkommen, VO Zuständigkeit in Ehesachen („Brüssel IIa-VO"), 3. Auflage, Wien 2009 (zit. CZERNICH/TIEFENTHALER/KODEK, zu Art. [...] EuGVO, in: Europäisches Gerichtsstands- und Vollstreckungsrecht, N. [...])
DASSER FELIX	Alternativen zu Lugano III, Introductory Remarks, in: Die Herausforderungen des Europäischen Zivilverfahrensrechts für Lugano- und Drittstaaten, Andreas Furrer/Alexander R. Markus/Ilaria Pretelli (Hrsg.), Zürich, Basel, Genf 2016, S. 169 ff. (zit. DASSER, S. [...])
DALLAFIOR ROBERTO/ HONEGGER ZOE	Kommentar zu Art. 2-4, 59-62 LugÜ, in: Basler Kommentar, Lugano-Übereinkommen, Christian Oetiker/Thomas Weibel (Hrsg.), 2. Auflage, Basel 2016 (zit. DALLAFIOR/HONEGGER, zu Art. [...] LugÜ, in: BSK, N. [...])
ALLAFIOR ROBERTO/ GÖTZ STAEHELIN CLAUDIA	Überblick über die wichtigsten Änderungen des Lugano-Übereinkommens, in: SJZ, 104. Jahrgang (2008), Nr. 5, S. 105 ff. (zit. DALLAFIOR/GÖTZ STAEHELIN, S. [...])

DOMEJ TANJA — LugÜ – wie weiter nach der Revision der Europäischen Gerichtsstands- und Vollstreckungsverordnung (EuGVVO)?, in: RtiD, II-2015, S. 933 ff.

(zit. DOMEJ, LugÜ – wie weiter nach der Revision der EuGVVO?; S. [...])

DOMEJ TANJA — Die Neufassung der EuGVVO – Quantensprünge im europäischen Zivilprozessrecht, in: RabelsZ, Vol. 78 (2014), S. 508 ff.

(zit. DOMEJ, Die Neufassung der EuGVVO, S. [...])

DOMEJ TANJA — Kommentar zu Art. 59-61, 66-83, 327a, 400-408 ZPO, in: Kurzkommentar ZPO, Schweizerischen Zivilprozessordnung, Paul Oberhammer (Hrsg.), 2. Auflage, Basel 2014

(zit. DOMEJ, zu Art. [...] ZPO, in: Kurzkommentar ZPO, N. [...])

DOMEJ TANJA — Das neue schweizerische Arrestrecht – ausgewählte Probleme, in: Recht ohne Grenzen, Festschrift für Athanassios Kaissis zum 65. Geburtstag, Reinhold Geimer/Rolf A. Schütze (Hrsg.), München 2012, S. 103 ff.

(zit. DOMEJ, Das neue schweizerische Arrestrecht, S. [...])

DOMEJ TANJA — Rechtshängigkeit und im Zusammenhang stehende Verfahren, Gerichtsstandsvereinbarungen, einstweilige Massnahmen, in: La révision du Règlement 44/2001 (Bruxelles I), Quelles conséquences pour la Convention de Lugano?, Andrea Bonomi/Christina Schmid (éds), Genève, Zurich, Bâle 2011, S. 105 ff.

(zit. DOMEJ, Rechtshängigkeit und im Zusammenhang stehende Verfahren, Gerichtsstandsvereinbarungen, einstweilige Massnahmen, S. [...])

DOMEJ TANJA — Kommentar zu Art. 52, 61-79 LugÜ, Protokolle 1-3 LugÜ, in: Handkommentar zum Lugano-Übereinkommen (LugÜ), Felix Dasser/Paul Oberhammer (Hrsg.), 2. Auflage, Bern 2011

(zit. DOMEJ, zu Art. [...] LugÜ, in: SHK, N. [...])

DOMEJ TANJA Der „Lugano-Zahlungsbefehl“ – Titellose Schuldbetreibung in der Schweiz nach der LugÜ-Revision, in: ZZPInt, 2008, S. 167 ff.

(zit. DOMEJ, Der „Lugano-Zahlungsbefehl“, S. [...])

DONZALLAZ YVES Les mesures provisionnelle dans la Convention de Lugano, in : La Convenzione di Lugano nella practia forense e nel suo divenire, Flavio Cometta/Giorgio A. Bernasconi/ Luca Guidicelli (ed.), Basel, Genf, München 2004

(zit. DONZALLAZ, Les mesures provisionnelle dans la Convention de Lugano, S. [...])

DONZALLAZ YVES La Convention de Lugano du 16 septembre 1988 concernant la compétence judiciaire et l’exécution des décisions en matière civile et commerciale, Volume II : Paragraphes 1737 – 4238, Berne 1997

(zit. DONZALLAZ, La Convention de Lugano du 16 septembre 1988 concernant la compétence judiciaire et l’exécution des décisions en matière civile et commerciale, N. [...])

DROESE LORENZ Kommentar zu Art. 335-341 ZPO, in: Basler Kommentar, Schweizerische Zivilprozessordnung, Karl Spühler/Luca Tenchio/Dominik Infanger (Hrsg.), 2. Auflage, Basel 2013

(zit. DROESE, zu Art. [...] ZPO, in: BSK, N. [...])

DUTOIT BERNARD Das Lugano-Übereinkommen vom 16. September 1988 über die gerichtliche Zuständigkeit und die Vollstreckung gerichtlicher Entscheidungen und Zivil- und Handelssachen III, in: SJK, Nr. 158 Ersatzkarte, S. 69 ff.

(zit. DUTOIT, N. [...])

EDELMANN ANDREAS Neues aus Lugano, Ein Blick auf neuere Entwicklungen in Fragen der Anerkennung und Vollstreckung ausländischer Entscheidungen in der Schweiz gemäss Lugano-Übereinkommen, in: Festschrift 100 Jahre Aargauischer Anwaltsverband, Aargauischer Anwaltsverband (Hrsg.), Zürich, Basel, Genf 2005, S. 377 ff.

(zit. EDELMANN, S. [...])

EMMEL FRANK — Kommentar zu Art. 12-16, 68 SchKG, in: Basler Kommentar, Bundesgesetz über Schuldbetreibung und Konkurs I, Art. 1 – 158 SchKG, Adrian Staehelin/Thomas Bauer/Daniel Staehelin (Hrsg.), 2. Auflage, Basel 2010

(zit. EMMEL, zu Art. [...] SchKG, in: BSK, N. [...])

FAVALLI DANIELE/ AUGSBURGER THIERRY — Kommentar zu 31 LugÜ, in: Basler Kommentar, Lugano-Übereinkommen, Christian Oetiker/Thomas Weibel (Hrsg.), 2. Auflage, Basel 2016

(zit. FAVALLI/AUGSBURGER, zu Art. [...] LugÜ, in: BSK, N. [...])

FREIBURGHAUS DIETER/ AFHELDT SUSANNE — Kommentar zu Art. 319-334, 405 ZPO, in: Kommentar zur Schweizerischen Zivilprozessordnung (ZPO), Thomas Sutter-Somm/Franz Hasenböhler/Christoph Leuenberger (Hrsg.), 3. Auflage, Basel 2016

(zit. FREIBURGHAUS/AFHELDT, zu Art. [...] ZPO, in: Kommentar zur Schweizerischen Zivilprozessordnung, N. [...])

FRENKEL DANIELA NICOLE — Informationsbeschaffung zur Glaubhaftmachung der Arrestvoraussetzungen sowie Auskunftspflichten im Arrestvollzug, Dissertation, Zürich 2012

(zit. FRENKEL, S. [...])

FÜLLEMANN DANIEL — Bundesgericht, II. zivilrechtliche Abteilung, Urteil vom 6. August 2008 (5A_79/2008 und 5A_80/2008), i.S. *X.* OHG c. B., Beschwerde in Zivilsachen, in: AJP, 2009, Nr. 5, S. 660 ff.

(zit. FÜLLEMANN, S. [...])

FURRER ANDREAS / MARKUS ALEXANDER R./ PRETELLI ILARIA — Vorwort, in: Die Herausforderungen des Europäischen Zivilverfahrensrechts für Lugano- und Drittstaaten, Andreas Furrer/Alexander R. Markus/Ilaria Pretelli (Hrsg.), Zürich, Basel, Genf 2016, S. 9

(zit. FURRER/MARKUS/PRETELLI, S. [...])

FURRER ANDREAS	Zivilrecht im gemeinschaftsrechtlichen Kontext, Das Europäische Kollisionsrecht als Koordinierungsinstrument für die Einbindung des Zivilrechts in das europäische Wirtschaftsrecht, Habilitation, Bern 2002 (zit. FURRER, S. [...])
GARBER THOMAS	Einstweiliger Rechtsschutz nach der EuGVVO, Die internationale Zuständigkeit für die Erlassung einstweiliger Massnahmen und deren Anerkennung und Vollstreckung nach der EuGVVO, Dissertation, Graz 2011 (zit. GARBER, S. [...])
GASSER DOMINIK/ MÜLLER RAHEL/ PIETSCH-KOJAN TAMARA	Ein Jahr Schweizerische ZPO – ein Erfahrungsbericht, in: Anwalts Revue, 2012, Nr. 1, S. 8 ff. (zit. GASSER/MÜLLER/PIETSCH-KOJAN, S. [...])
GASSMANN RICHARD	Der neue Titelarrest bei LugÜ-Titeln, in: CIVPRO 2, Vorsorglicher Rechtsschutz, Bern 2011, S. 43 ff. (zit. GASSMANN, Der neue Titelarrest bei LugÜ-Titeln, S. [...])
GASSMANN RICHARD	Arrest im internationalen Rechtsverkehr, Zum Einfluss des Lugano-Übereinkommens auf das schweizerische Arrestrecht, Dissertation, Zürich 1998 (zit. GASSMANN, Arrest im internationalen Rechtsverkehr, S. [...])
GAUDEMET-TALLON HÉLÈNE	Compétence et exécution des jugements en Europe, Règlement 44/2001, Conventions de Bruxelles (1968) et de Lugano (1988 et 2007), 4e édition, Paris 2010 (zit. GAUDEMET-TALLON, S. [...])
GELZER THOMAS	Kommentar zu Art. 53-58 LugÜ, in: Basler Kommentar, Lugano-Übereinkommen, Christian Oetiker/Thomas Weibel (Hrsg.), 2. Auflage, Basel 2016 (zit. GELZER, zu Art. [...] LugÜ, in: BSK, N. [...])

GEIMER REINHOLD/ GEIMER EWALD/ GEIMER GREGOR — Kommentar zum Erster Teil, Europäisches Gemeinschaftsrecht, in: Europäisches Zivilverfahrensrecht, Kommentar zur EuGVVO, EuEheVO, EuZustellungsVO, EuInsVO, EuVTVO, zum Lugano-Übereinkommen und zum nationalen Kompetenz und Annerkennungsrecht, Reinhold Geimer/Rolf A. Schütze (Hrsg.), 3. Auflage, München 2010

(zit. GEIMER/GEIMER/GEIMER, Einleitung EuGVVO/zu Art. [...] EuGVVO, in: Europäisches Zivilverfahrensrecht, N. [...])

GEIMER REINHOLD — Das EuGVVO-Beschwerdeverfahren an der Schnittstelle von europäischem Gemeinschaftsrecht und nationalem Recht, in: IPRax, 2003, Nr. 4, S. 337 ff.

(zit. GEIMER REINHOLD, S. [...])

GEIMER REINHOLD/ SCHÜTZE ROLF A. — Internationale Urteilsanerkennung, Band I, 1. Halbband: Das EWG-Übereinkommen über die gerichtliche Zuständigkeit und die Vollstreckung gerichtlicher Entscheidungen in Zivil- und Handelssachen, Systematischer Kommentar, München 1983

(zit. GEIMER/SCHÜTZE, S. [...])

GILLIÉRON PIERRE-ROBERT — Itérativement : L`ecécution des décisions rendues dans un Etat partie à la Convention de Lugano, portant condamnation à payer une somme d`argent ou à la prestation de sûretés, in : SJZ, 90. Jahrgang (1994), Nr. 5, S. 73 ff.

(zit. GILLIÉRON, S. [...])

GRÄMIGER JÜRG — Zuständigkeit, Anerkennung und Vollstreckung ausländischer Entscheidungen des Schuldrechts in der Schweiz, Veröffentlichungen aus dem Nachdiplomstudium Internationales Wirtschaftsrecht der Universität Zürich und dem Europa Institut, Band 12, Zürich 2001

(zit. GRÄMIGER, S. [...])

GROLIMUND PASCAL — Alternativen zu Lugano III, Lugano II beibehalten oder Alleingang: Sicht CH, in: Die Herausforderungen des Europäischen Zivilverfahrensrechts für Lugano- und Drittstaaten, Andreas Furrer/Alexander R. Markus/Ilaria Pretelli (Hrsg.), Zürich, Basel, Genf 2016, S. 181 ff.

(zit. GROLIMUND, Alternativen zu Lugano III, Lugano II beibehalten oder Alleingang, S. [...])

GROLIMUND PASCAL — Kommentar zu Art. 1 und 5 IPRG, in: Basler Kommentar, Internationales Privatrecht, Heinrich Honsell/Nedim Peter Vogt/Anton K. Schnyder/ Stephen V. Berti (Hrsg.), 3. Auflage, Basel 2013

(zit. GROLIMUND, zu Art. [...] IPRG, in: BSK, N. [...])

GROLIMUND PASCAL — Vorsorglicher Rechtsschutz im neuen IZPR der Schweiz, in: CIVPRO 2, Vorsorglicher Rechtsschutz, Bern 2011, S. 1 ff.

(zit. GROLIMUND, Vorsorglicher Rechtsschutz im neuen IZPR der Schweiz, S. [...])

GROZ PHILIPP — Die materielle Rechtskraft von Entscheiden betreffend Vollstreckbarerklärung ausländischer Urteile auf Geldleistung, in: AJP, 2006, Nr. 6, S. 683 ff.

(zit. GROZ, S. [...])

GSCHWEND JULIA/ BORNATICO REMO — Kommentar zu Art. 124-132, 136-141 ZPO, in: Basler Kommentar, Schweizerische Zivilprozessordnung, Karl Spühler/Luca Tenchio/Dominik Infanger (Hrsg.), 2. Auflage, Basel 2013

(zit. GSCHWEND/BORNATICO, zu Art. [...] ZPO, in: BSK, N. [...])

HAAS ULRICH — Beginn der Sicherungs(zwangs)vollstreckung nach Art. 39 Abs. 1 EuGVü, in: IPRax, 1996, Nr. 4, S. 223 ff.

(zit. HAAS, S. [...])

HAUSER ROBERT — Zur Vollstreckbarerklärung ausländischer Leistungsurteile in der Schweiz, in: Festschrift für Max Keller zum 65. Geburtstag, Peter Forstmoser/Hans Giger/Anton Heini/Walter R. Schluep (Hrsg.), Zürich 1989, S. 589 ff.

(zit. HAUSER, S. [...])

HESS BURKHARD — Die Reform der EuGVVO und die Zukunft des Europäischen Zivilprozessrechts, in: IPRax, 2011, Nr. 2, S. 125 ff.

(zit. HESS, S. [...])

HESS BURKHARD/ PFEIFFER THOMAS/ SCHLOSSER PETER — The Brussels I, Regulation 44/2001, Application and Enforcement in the EU, The Heidelberg report on the application of regulation Brussels I in 25 member states (study JLS/C4/2005/03), München 2008

(zit. HESS /PFEIFFER/SCHLOSSER, S. [...], RZ. [...])

HOFMANN DIETER A./ KUNZ OLIVER M. — Kommentar zu Art. 5, 38-52 LugÜ, in: Basler Kommentar, Lugano-Übereinkommen, Christian Oetiker/Thomas Weibel (Hrsg.), 2. Auflage, Basel 2016

(zit. HOFMANN/KUNZ, zu Art. [...] LugÜ, in: BSK, N. [...])

HUNGERBÜHLER IVO W. — Rechtsmittel und Rechtsbehelfe beim Arrest unter besonderer Berücksichtigung des Steuerarrestes und des Arrestes nach Art. 39 Abs. 1 LugÜ, in: ZZZ, 2005, Nr. 6, S. 199 ff.

(zit. HUNGERBÜHLER, S. [...])

JAMETTI GREINER MONIQUE — Überblick zum Lugano-Übereinkommen über die gerichtliche Zuständigkeit und die Vollstreckung gerichtlicher Entscheidungen in Zivil- und Handelssachen, in: ZBJV, 1992, Band 128, S. 42 ff.

(zit. JAMETTI GREINER, S. [...])

JENT-SØRENSEN INGRID/ REISER HANS — Exequatur und Arrest im Zusammenhang mit dem revidierten Lugano-Übereinkommen, in: SJZ, 2011, Nr. 20, S. 453 ff.

(zit. JENT-SØRENSEN/REISER, S. [...])

JERMINI CESARE/ GAMBA ANDREA	Exequatur and „Enforcement“ of Foreign Protective Measures under Article 39 of the Lugano Convention in Switzerland – The Alternative of Cantonal Protective Measures, in: SZZP, 2006, Nr. 4, S. 443 ff. (zit. JERMINI/GAMBA, S. [...])
KAUFMANN-KOHLER GABRIELLE	L`exécution des décisions étrangères selon la Convention de Lugano, in : SJ, 1997, S. 561 ff. (zit. KAUFMANN-KOHLER, S. [...])
KELLERHALS FRANZ	Neuerungen im Vollstreckungsrecht der bernischen Zivilprozessordnung (ZPO), in: Die neue Gerichtsorganisation des Kantons Bernund deren Auswirkungen auf den Zivil- und Strafprozess, Hausherr Heinz (Hrsg.), Sonderband ZBJV, 1996, Band 132bis, S. 75 ff. (zit. KELLERHALS, Neuerungen im Vollstreckungsrecht der bernischen Zivilprozessordnung, S. [...])
KELLERHALS FRANZ	Umsetzung des Lugano-Übereinkommens ins kantonale Recht, Erläuterungen zur Einführungsverordnung des Regierungsrates des Kantons Bern vom 4. Dezember 1991, in: ZBJV, 1992, Band 128, S. 77 ff. (zit. KELLERHALS, Umsetzung des Lugano-Übereinkommens ins kantonale Recht, S. [...])
KLINGLER RAFAEL	Kommentar zu Art. 1, 13, 252-256 ZPO, in: Kommentar zur Schweizerischen Zivilprozessordnung (ZPO), Thomas Sutter-Somm/Franz Hasenböhler/Christoph Leuenberger (Hrsg.), 3. Auflage, Basel 2016 (zit. KLINGLER, zu Art. [...] ZPO, in: Kommentar zur Schweizerischen Zivilprozessordnung, N. [...])
KOFMEL EHRENZELLER SABINE	Kommentar zu Art. 31 LugÜ, in: Handkommentar zum Lugano-Übereinkommen (LugÜ), Felix Dasser/Paul Oberhammer (Hrsg.), 2. Auflage, Bern 2011 (zit. KOFMEL EHRENZELLER, zu Art. 31 LugÜ, in: SHK, N. [...])

KOFMEL EHRENZELLER SABINE	Kommentar zu Art. 194-196, 261-270, 335-352 ZPO, in: Kurzkommentar ZPO, Schweizerischen Zivilprozessordnung, Paul Oberhammer (Hrsg.), 2. Auflage, Basel 2014 (zit. KOFMEL EHRENZELLER, zu Art. [...] ZPO, in: Kurzkommentar ZPO, N. [...])
KOFMEL EHRENZELLER SABINE	Der vorläufige Rechtsschutz im internationalen Verhältnis, Habilitation, Tübingen 2005 (zit. KOFMEL EHRENZELLER, Der vorläufige Rechtsschutz im internationalen Verhältnis, S. [...])
KRAMER XANDRA	Commentary on Art. 39-44 Brussels I Regulation, in: The Brussels I Regulation Recast, Andrew Dickinson/Eva Lein (ed.), Oxford 2015 (zit. KRAMER, on Art. [...] Brussels Ia Regulation, in: The Brussels I Regulation Recast, N. [...])
KREN KOSTKIEWICZ JOLANTA	IPRG/LugÜ Kommentar, Bundesgesetz über das Internationale Privatrecht, Lugano-Übereinkommen und weitere Erlasse, Zürich 2015 (zit. KREN KOSTKIEWICZ, zu Art. [...] LugÜ, in: IPRG/LugÜ Kommentar, N. [...])
KREN KOSTKIEWICZ JOLANTA	Schuldbetreibungs- und Konkursrecht, 2. Auflage, Zürich, Basel, Genf 2014 (zit. KREN KOSTKIEWICZ, Schuldbetreibungs- und Konkursrecht, S. [...], Rz. [...])
KREN KOSTKIEWICZ JOLANTA/ PENON ILIJA	Zur Arrestprosequierung im nationalen und internationalen Kontext, in: BlSchK, 2012, S. 213 ff. (zit. KREN KOSTKIEWICZ/PENON, S. [...])

KREN KOSTKIEWICZ JOLANTA/WALDER HANS ULRICH	SchKG Kommentar, Schuldbetreibungs- und Konkursgesetz mit weiteren Erlassen und Bundesgerichtspraxis, 19. Auflage, Zürich 2016 (zit. KREN KOSTKIEWICZ/WALDER, zu Art. [...] SchKG, in: SchKG Kommentar, N. [...])
KREN KOSTKIEWICZ JOLANTA/ RODRIGUEZ RODRIGO	Der unwidersprochene Zahlungsbefehl im revidierten Lugano-Übereinkommen, in: Jusletter 26. April 2010 (zit. KREN KOSTKIEWICZ/RODRIGUEZ, S. [...], Rz. [...])
KROPHOLLER JAN/ VON HEIN JAN	Europäisches Zivilprozessrecht, Kommentar zur EuGVO, Lugano-Übereinkommen 2007, EuVTVO, EuMVVO und EuGFVO, 9. völlig neubearbeitete und erweiterte Auflage, Frankfurt am Main 2011 (zit. KROPHOLLER/VON HEIN, zu Art. [...] EuGVO, in: Europäisches Zivilprozessrecht, N. [...])
KUNZ OLIVER	Ausgewählte Neuerungen im Lugano-Übereinkommen, in: plädoyer, 2012, Nr. 2, S. 37 ff. (zit. KUNZ, S. [...])
LAZOPOULOS MICHAEL	Arrestrecht – die wesentlichen Änderungen im Zusammenhang mit dem revidierten LugÜ und der Schweizerischen ZPO, in: AJP, 2011, Nr. 5, S. 608 ff. (zit. LAZOPOULOS, S. [...])
LEBRECHT ANDRÉ E.	Kommentar zu Art. 88-91, 98-105 SchKG, in: Basler Kommentar, Bundesgesetz über Schuldbetreibung und Konkurs I, Art. 1-158 SchKG, Adrian Staehelin/Thomas Bauer/Daniel Staehelin (Hrsg.), 2. Auflage, Basel 2010 (zit. LEBRECHT, zu Art. [...] SchKG, in: BSK, N. [...])
LEIBLE STEFAN	Die EU-Justizagenda für 2020: Konsolidierung der justiziellen Zusammenarbeit in Zivilsachen?, in: EuZ, 2014, Nr. 4, S. 76 ff. (zit. LEIBLE, S. [...])

LEUENBERGER CHRISTOPH	Lugano-Übereinkommen: Verfahren der Vollstreckbarerklärung ausländischer „Geld"-Urteile, in: AJP, 1992, Nr. 8, S. 965 ff. (zit. LEUENBERGER, S. [...])
LINKE HARTMUT	Zur grenzüberschreitenden Wirkung konkursbedingter Vollstreckungsbeschränkungen, insbesondere nach Art. 169 des französischen Insolvenzgesetzes vom 25.1.1985, in: IPRax, 2000, Nr. 2, S. 8 ff. (zit. LINKE, S. [...])
LORANDI FRANCO/ SCHALLER JEAN-MARC	Obergericht des Kantons Zürich, II. Zivilkammer als obere kantonale Aufsichtsbehörde in Schuldbetreibungs- und Konkurssachen, Beschluss vom 9. November 2009 (NR090057), P. Inc./P. P. Inc. („Rekurrentinnen") c. R.A./E. Ltd. („Rekursgegner"), Rekurs gegen einen Beschluss der 2. Abteilung des Bezirksgerichts Zürich vom 13. August 2009 (CB090101); ZR 109 (2010) Nr. 16, S. 74 ff.; in: AJP, 2010, Nr. 6, S. 793 ff. (zit. LORANDI/SCHALLER, S. [...])
MANKOWSKI PETER	Kommentar zu Art. 1-4, 18-23, 25, 26, 38-52, 67-72 Brüssel I-VO, in: Europäisches Zivilprozess- und Kollisionsrecht, EuZPR/EuIPR, Kommentar, Brüssel I-VO, LugÜbk 2007, Thomas Rauscher (Hrsg.), Bearbeitung 2011, München 2011 (zit. MANKOWSKI, zu Art. [...] Brüssel I-VO, in: Europäisches Zivilprozess- und Kollisionsrecht, N. [...])
MANKOWSKI PETER	Kommentar zu Art. 1, 2 lit. d-f, 4-6, 20-25, 27, 28, 39-44, 46-52, 55-56, 67-73 Brüssel Ia-VO, in: Europäisches Zivilprozess- und Kollisionsrecht, EuZPR/EuIPR, Kommentar, Band I, Brüssel Ia-VO, Thomas Rauscher (Hrsg.), 4. Auflage, München 2016 (zit. MANKOWSKI, (Vorbemerkungen) zu Art. [...] Brüssel Ia-VO, in: Europäisches Zivilprozess- und Kollisionsrecht, N. [...])
MARKUS ALEXANDER R.	Internationales Zivilprozessrecht, Bern 2014 (zit. MARKUS, Internationales Zivilprozessrecht, S. [...], Rz. [...])

MARKUS ALEXANDER R.	Die revidierte europäische Gerichtsstandsverordnung, in: AJP, 2014, Nr. 6, S. 800 ff. (zit. MARKUS, Die revidierte europäische Gerichtsstandsverordnung, S. [...])
MARKUS ALEXANDER R.	Die Revision der Europäischen Gerichtsstandsverordnung und das Lugano-Übereinkommen von 2007, in: Jusletter 16. April 2012 (zit. MARKUS, Die Revision der Europäischen Gerichtsstandsverordnung und das Lugano-Übereinkommen von 2007, S. [...], Rz. [...])
MARKUS ALEXANDER R.	Kommentar zu Vor Art. 1 LugÜ, Vor Art. 22 LugÜ, Art. 22 Nr. 5 LugÜ, in: Lugano-Übereinkommen (LugÜ), Felix Dasser/Paul Oberhammer (Hrsg.), 2. Auflage, Bern 2011 (zit. MARKUS, zu (Vor) Art. [...] LugÜ, in: SHK, N. [...])
MARKUS ALEXANDER R.	Probleme der EuGVVO-Revision: Begriff der Entscheidung und Abschaffung des Exequaturverfahrens, in: Innovatives Recht, Festschrift für Ivo Schwander, Franco Lorandi/Daniel Staehelin, (Hrsg.), Zürich/St. Gallen 2011, S. 747 ff. (zit. MARKUS, Probleme der EuGVVO-Revision, S. [...])
MARKUS ALEXANDER R.	Schwerpunkte des neuen LugÜ, in: Aktuelle Probleme des nationalen und internationalen Zivilprozessrechts, Karl Spühler (Hrsg.), Zürich 2000, S. 35 ff. (zit. MARKUS, Schwerpunkte des neuen LugÜ, S. [...])
MARKUS ALEXANDER R.	Revidierte Übereinkommen von Brüssel und Lugano: Zu den Hauptpunkten, in: SZW, 71. Jahrgang, 1999, Nr. 5, S. 205 ff. (zit. MARKUS, Revidierte Übereinkommen von Brüssel und Lugano, S. [...])

MAZAN STEPHAN	Kommentar zu Art. 243-256 ZPO inkl. Vorbem., in: Basler Kommentar, Schweizerische Zivilprozessordnung, Karl Spühler/Luca Tenchio/Dominik Infanger (Hrsg.), 2. Auflage, Basel 2013 (zit. MAZAN, zu Art. [...] ZPO, in: BSK, N. [...])
MEIER ISAAK	Internationales Zivilprozessrecht und Zwangsvollstreckungsrecht mit Gerichtsstandgesetz, 2. Auflage, Zürich, Basel, Genf 2005 (zit. MEIER ISAAK, S. [...])
MEIER ISAAK/ SOGO MIGUEL/ WIGET MATTHIAS	Arrest im internationalen Recht, in: SZZP, Nr. 4, 2005, S. 417 ff. (zit. MEIER/SOGO/WIGET, S. [...])
MEIER NIKLAUS	Alternativen zu Lugano III, Neue Haager Konvention, in: Die Herausforderungen des Europäischen Zivilverfahrensrechts für Lugano- und Drittstaaten, Andreas Furrer/Alexander R. Markus/Ilaria Pretelli (Hrsg.), Zürich, Basel, Genf 2016, S. 191 ff. (zit. MEIER NIKLAUS, S. [...])
MEIER-DIETERLE FELIX C.	Kommentar zu Art. 271-281 SchKG, in: Kurzkommentar SchKG, Schuldbetreibungs- und Konkursgesetz, Daniel Hunkeler (Hrsg.), 2. Auflage, Basel 2014 (zit. MEIER-DIETERLE, zu Art. [...] SchKG, in: Kurzkommentar SchKG, N. [...])
MEIER-DIETERLE FELIX C.	Ausländische „nicht LugÜ-Entscheide“ als Arrestgrund, in: Jusletter 18. Juli 2011 (zit. MEIER-DIETERLE, Ausländische „nicht LugÜ-Entscheide“ als Arrestgrund, S. [...], Rz. [...])
MEIER-DIETERLE FELIX C.	Arrestpraxis ab 1. Januar 2011, in: AJP, 2010, Nr. 10, S. 1211 ff. (zit. MEIER-DIETERLE, Arrestpraxis ab 1. Januar 2011, S. [...], N. [...])

MEIER-DIETERLE FELIX C. Formelles Arrestrecht – eine Checkliste, in: AJP, 2002, Nr.10, S. 1224 ff.

(zit. MEIER-DIETERLE, Formelles Arrestrecht – eine Checkliste, S. [...])

MENNICKE PETRA Berücksichtigung einer Schutzschrift des Antraggegners bei der Entscheidung über die Vollstreckbarerklärung nach EuGVÜ, in: IPRax, 2000, Nr. 4, S. 294 ff.

(zit. MENNICKE, S. [...])

NAEF FRANCESCO Die Anpassung des SchKG an das revidierte LugÜ, Eine einfache Lösung für eine komplizierte Frage: der vergessene Art. 108 SchKG 29.6.1888, in: Jusletter 27. Oktober 2008

(zit. NAEF, Die Anpassung des SchKG an das revidierte LugÜ, S. [...], Rz. [...])

NAEF FRANCESCO L`exécution des jugements et des titres authentiques sous l`angle du principe d`égalité, in : SZZP, 2006, Nr. 3, S. 329 ff.

(zit. NAEF, L`exécution des jugements et des titres authentiques sous l`angle du principe d`égalité, S. [...])

NAEGELI GEORG Und nochmals zum neuen Arrestgrund des definitiven Rechtsöffnungstitels: Klärende Worte des Bundesgerichtes, in: Jusletter 22. April 2013

(zit. NAEGELI, S. [...], Rz. [...])

NAEGELI GEORG/ MARZORATI DARIO Der definitive Rechtsöffnungstitel als neuer Arrestgrund – ein vollstreckungsrechtlicher Zankapfel, in: Jusletter 10. September 2012

(zit. NAEGELI/MARZORATI, S. [...], Rz. [...])

NAEGELI GEORG/ VETTER MEINRAD Zur Anerkennung und Vollstreckung euro-internationaler Arrestbefehle in der Schweiz, in: AJP, 2005, Nr. 11, S. 1312 ff.

(zit. NAEGELI/VETTER, S. [...])

OBERHAMMER PAUL | Kommentar zu Art. 52-58, 84-88, 90, 236 N. 20-66, 327a ZPO, in: Kurzkommentar ZPO, Schweizerischen Zivilprozessordnung, Paul Oberhammer (Hrsg.), 2. Auflage, Basel 2014

(zit. OBERHAMMER, zu Art. [...] ZPO, in: Kurzkommentar ZPO, N. [...])

OETIKER CHRISTIAN | Einleitung, Kommentar zu Art. 8-14, 63-68, Prot. 2, Prot. 3 LugÜ, in: Basler Kommentar, Lugano-Übereinkommen, Christian Oetiker/Thomas Weibel (Hrsg.), 2. Auflage, Basel 2016

(zit. OETIKER, Einleitung LugÜ/zu Art. [...] LugÜ, in: BSK, N. [...])

OPPATJA NATALIE | Exequatur selon la Convention de Lugano : le Tribunal fédéral refuse l'exclusivité de la voie de la mainlevée consacrée jusqu'à présent à Genève, in : Jusletter 11. Mai 2009

(zit. OPPATJA, S. [...], Rz. [...])

OTTOMANN RUDOLF | Der Arrest, in: ZSR, 1996, Band 115, I. Halbband, S. 241 ff.

(zit. OTTOMANN, S. [...])

PACZOSKA KOTTMANN DOROTA | Reform der EuGVVO: Ein kontinuierlicher Verbesserungsprozess? Ein Beitrag zur neuen Regelung von Gerichtsstandsvereinbarungen unter der revidierten Fassung der EuGVVO, in: Europäisierung der schweizerischen Rechtsordnung, Analysen und Perspektiven von Assistierenden des RWI (APARIUZ), Band 15, Lukas Fahrländer/Reto A. Heizmann (Hrsg.), Zürich/St. Gallen 2013, S. 135 ff.

(zit. PACZOSKA KOTTMANN, S. [...])

PÅLSSON KENNART | Commentary on Art. 46-52 Brussels I Regulation, in: European Commentaries on Private International Law, Ulrich Magnus/Peter Mankowski (ed.), 2nd edition, Munich 2012

(zit. PÅLSSON, on Art. [...] Brussels I Regulation, in: European Commentaries on Private International Law, N. [...])

PEDROTTI MATTEO	Le séquestre international, Fondements, conditions et procédure du séquestre des biens du débiteur qui habite à l`étranger, Dissertation, Zürich 2001 (zit. PEDROTTI, S. [...])
PERTEGÀS SENDER MARTA	Commentary on Art. 31 Brussels I Regulation, in: European Commentaries on Private International Law, Ulrich Magnus/Peter Mankowski (ed.), 2nd edition, Munich 2012 (zit. PERTEGÀS SENDER, on Art. 31 Brussels I Regulation, in: European Commentaries on Private International Law, N. [...])
PERTEGÀS SENDER MARTA/GARBER THOMAS	Commentary on Art. 35 Brussels Ibis Regulation, in: European Commentaries on Private International Law, Volume I, Brussels Ibis Regulation, Ulrich Magnus/Peter Mankowski (ed.), Köln 2016 (zit. PERTEGÀS SENDER/GARBER, on Art. 35 Brussels Ibis Regulation, in: European Commentaries on Private International Law, N. [...])
PESTALOZZI CHRISTOPH M./ WETTENSCHWILER SUZANNE	Art. 39 des Lugano-Übereinkommes – Ein neuer Arrestgrund?, in: Neues zum Gesellschafts- und Wirtschaftsrecht, Zum 50. Geburtstag von Peter Forstmoser, Walter R. Schluep/Peter R. Isler (Hrsg.), Zürich 1993, S. 327 ff. (zit. PESTALOZZI/WETTENSCHWILER, S. [...])
PLUTSCHOW MATHIAS	Kommentar zu Art. 8-14, 38-52 LugÜ, in: Lugano-Übereinkommen zum internationalen Zivilverfahrensrecht, Kommentar, Anton K. Schnyder (Hrsg.), Zürich, St. Gallen 2011 (zit. PLUTSCHOW, zu Art. [...] LugÜ, in: Dike, N. [...])
POHL MIRIAM	Die Neufassung der EuGVVO – im Spannungsfeld zwischen Vertrauen und Kontrolle, in: IPRax, 2013, Nr. 2, S. 109 ff. (zit. POHL, S. [...])

PRÜTTING HANS — Probleme des europäischen Vollstreckungsrechts, in: IPRax, 1985, Nr. 3, S. 137 ff.

(zit. PRÜTTING, S. [...])

RAPOLD MANUELA/ FERRARI-VISCA RETO — Die Widerklage nach der Schweizerischen Zivilprozessordnung, in: AJP, 2013, Nr. 3, S. 387 ff.

(zit. RAPOLD/FERRARI-VISCA, S. [...])

RECHBERGER WALTER H. — LGVÜ 2007 und Brüssel Ia-VO, in: Tatsachen, Verfahren, Vollstreckung, Festschrift für Isaak Meier, Peter Breitschmid/Ingrid Jent-Sørensen/Hans Schmid/Miguel Sogo (Hrsg.), Zürich, Basel Genf 2015, S. 545 ff.

(zit. RECHBERGER, S. [...])

REISER HANS — Arrest in Theorie und Praxis, in: BlSchKG, 2015, Nr. 5, S. 169 ff.

(zit. REISER, Arrest in Theorie und Praxis, S. [...])

REISER HANS — Überblick über die Arrestrevision 2009, in: SJZ, 106. Jahrgang (2010), Nr. 14, S. 333 ff.

(zit. REISER, Überblick über die Arrestrevision 2009, S. [...])

REISER HANS — Kommentar zu Art. 275-281 SchKG, in: Basler Kommentar, Bundesgesetz über Schuldbetreibung und Konkurs II, Art. 159-352 SchKG, Art. 1-47 GSchG, Art. 51-58 AVIG, Adrian Staehelin/Thomas Bauer/Daniel Staehelin (Hrsg.), 2. Auflage, Basel 2010

(zit. REISER, zu Art. [...] SchKG, in: BSK, N. [...])

RODRIGUEZ RODRIGO — Sicherung und Vollstreckung nach revidiertem Lugano Übereinkommen, in: AJP, 2009, Nr. 12, S. 1550 ff.

(zit. RODRIGUEZ, S. [...])

ROTH HERBERT — Das Verfahren über die Zulassung zur Zwangsvollstreckung nach Art. 38 ff. EuGVVO als geschlossenes System, in: IPRax, 2010, Nr. 2, S. 154 f.

(zit. ROTH HERBERT, S. [...])

ROTH JÜRG — Neues Arrestrecht im Nicht-LugÜ-Bereich: Der Ausländerarrest im Besonderen, in: CIVPRO 2, Vorsorglicher Rechtsschutz, Bern 2011, S. 63 ff.

(zit. ROTH JÜRG, Neues Arrestrecht im Nicht-LugÜ-Bereich, S. [...])

ROTH JÜRG — Vorläufige Vollstreckbarkeit und Vollstreckung, in: AJP, 2011, Nr. 6, S. 771 ff.

(zit. ROTH JÜRG, Vorläufige Vollstreckbarkeit und Vollstreckung, S. [...])

RUDIN BEAT — Kommentar zu Art. 51-53, 74, 85 BGG, in: Basler Kommentar, Bundesgerichtsgesetz, Marcel Alexander Niggli/Peter Uebersax/Hans Wiprächtiger (Hrsg.), 2. Auflage, Basel 2011

(zit. RUDIN, zu Art. [...] BGG, in: BSK, N. [...])

SCHILLING THEODOR — Das Exequatur und die EMRK, in: IPRax, 2011, Nr. 1, S. 31 ff.

(zit. SCHILLING, S. [...])

SCHLOSSER PETER F. — Brüche im EuGVVO-LugÜ-Gefüge?, in: Tatsachen, Verfahren, Vollstreckung, Festschrift für Isaak Meier, Peter Breitschmid/Ingrid Jent-Sørensen/Hans Schmid/Miguel Sogo (Hrsg.), Zürich, Basel Genf 2015, S. 587 ff.

(zit. SCHLOSSER, Brüche im EuGVVO-LugÜ-Gefüge?, S. [...])

SCHLOSSER PETER F. — The Abolition of Exequatur Proceedings – Including Public Policy Review?, in: IPRax, 2010, Nr. 2, S. 101 ff.

(zit. SCHLOSSER, The Abolition of Exequatur Proceedings – Including Public Policy Review?, S. [...])

SCHLOSSER PETER F. — EuGVÜ, Europäisches Gerichtsstands- und Vollstreckungsübereinkommen mit Luganer Übereinkommen und den Haager Übereinkommen über Zustellung und Beweisaufnahme, München 1996

(zit. SCHLOSSER, zu Art. [...] EuGVÜ, in: EuGVÜ, N. [...])

SCHLOSSER PETER F./ HESS BURCKHARD — EU-Zivilprozessrecht, EuGVVO, MahnVO, BagatellVO, EuZVO, EuBVO, Kommentar, 4. Auflage, München 2015

(zit. SCHLOSSER/HESS, zu Art. [...] EuGVVO, in: EU-Zivilprozessrecht, N. [...])

SCHMUTZ ANDREAS — Massnahmen des vorsorglichen Rechtsschutzes im Lugano-Übereinkommen aus schweizerischer Sicht, Dissertation, Bern 1993

(zit. SCHMUTZ, S. [...])

SCHNYDER ANTON K./ LIATOWITSCH MANUEL — Internationales Privat- und Zivilverfahrensrecht, 3. Auflage, Zürich, Basel, Genf 2011

(zit. SCHNYDER/LIATOWITSCH, Rz. [...])

SCHNYDER ANTON K. — Kommentar zu Art. 1, 6, 86-96, 190, 191, 195, 200 IPRG und Anhang, in: Basler Kommentar, Internationales Privatrecht, Heinrich Honsell/Nedim Peter Vogt/Anton K. Schnyder/ Stephen V. Berti (Hrsg.), 3. Auflage, Basel 2013

(zit. SCHNYDER, zu Art. [...] IPRG, in: BSK, N. [...])

SCHRAMM DOROTHEE — Neuerungen der revidierten EuGVVO, The Exequatur Procedure, in: Die Herausforderungen des Europäischen Zivilverfahrensrechts für Lugano- und Drittstaaten, Andreas Furrer/Alexander R. Markus/Ilaria Pretelli (Hrsg.), Zürich, Basel, Genf 2016, S. 51 ff.

(zit. SCHRAMM, Neuerungen der revidierten EuGVVO, The Exequatur Procedure, S. [...])

SCHRAMM DOROTHEE — Abolition of Exequatur, in: La révision du Règlement 44/2001 (Bruxelles I), Quelles conséquences pour la Convention de Lugano?, Andrea Bonomi/Christina Schmid (éds), Genève, Zurich, Bâle 2011, S. 59 ff.

(zit. SCHRAMM, Abolition of Exequatur, S. [...])

SCHULER ROLF/MARUGG DANIEL — Kommentar zu Art. 32-37, Art. I Prot. 1, Art. III Prot. 1 LugÜ, in: Basler Kommentar, Lugano-Übereinkommen, Christian Oetiker/Thomas Weibel (Hrsg.), 2. Auflage, Basel 2016

(zit. SCHULER/MARUGG, zu Art. [...] LugÜ, in: BSK, N. [...])

SCHWANDER DANIEL — Arrestrechtliche Neuerungen im Zuge der Umsetzung des revidierten Lugano-Übereinkommens, in: ZBJV, 2010, Nr. 9, S. 641 ff.

(zit. SCHWANDER DANIEL, S. [...])

SCHWANDER IVO — Exequatur für Entscheidungen nach Lugano Übereinkommen; Wahlrecht des Gläubigers zwischen separatem Exequaturverfahren und vorfraglichem Exequaturentscheid im Verfahren der definitiven Rechtsöffnung. Lugano Übereinkommen Art. 31 ff : Besprechung des Bundesgerichtsentscheids vom 9.2.2009 (5A_634/2008), in: AJP, 2009, Nr. 5, S. 655 ff.

(zit. SCHWANDER IVO, Exequatur für Entscheidungen nach Lugano Übereinkommen, S. [...])

SCHWANDER IVO — Einführung in das internationale Privatrecht, Erster Band: Allgemeiner Teil, 3. Auflage, St. Gallen, Lachen 2000

(zit. SCHWANDER IVO, Einführung in das internationale Privatrecht, S. [...], Rz. [...])

SCHWANDER IVO — Chronik der Rechtssetzung: Ein erster Blick auf das Lugano-Übereinkommen, in: AJP, 1992, Nr. 1, S. 92 ff.

(zit. SCHWANDER IVO, Chronik der Rechtssetzung: Ein erster Blick auf das Lugano-Übereinkommen, S. [...])

SOGO MIGUEL — Kleine Arrestrevision, grosse Auswirkungen – zur geplanten Anpassung des Arrestrechts im Rahmen der Revision des Lugano-Übereinkommens, in: SZZP, 2009, Nr. 1, S. 75 ff.

(zit. SOGO, Kleine Arrestrevision, grosse Auswirkungen, S. [...])

SOGO MIGUEL — Vollstreckung ausländischer Entscheide über Geldforderungen: Prüfung der internationalen Vollstreckbarkeit im definitiven Rechtsöffnungsverfahren oder im separaten Exequaturverfahren?, in: ZZZ, 2008/2009, Nr. 17, S. 29 ff.

(zit. SOGO, Vollstreckung ausländischer Entscheide über Geldforderungen, S. [...])

SOGO MIGUEL — Internationale Vollstreckung unangefochtener provisorischer Rechtsöffnungsentscheide nach LugÜ, in: IPRax, 2006, Nr. 2, S. 144 ff.

(zit. SOGO, Internationale Vollstreckung unangefochtener provisorischer Rechtsöffnungsentscheide nach LugÜ, S. [...])

SPÜHLER KARL — Kommentar zu Art. 84-86, 89, 90, 308-327a ZPO, in: Basler Kommentar, Schweizerische Zivilprozessordnung, Karl Spühler/Luca Tenchio/Dominik Infanger (Hrsg.), 2. Auflage, Basel 2013

(zit. SPÜHLER, zu Art. [...] ZPO, in: BSK, N. [...])

SPÜHLER KARL — Schuldbetreibungs- und Konkursrecht I, 6. Auflage, Zürich, Basel, Genf 2014

(zit. SPÜHLER, Schuldbetreibungs- und Konkursrecht I, S. [...], Rz. [...])

STADLER ASTRID — Schuldnerschutz nach Artt. 38, 39 EuGVÜ und seine Voraussetzungen, in: IPRax, 1995, Nr. 4, S. 220 ff.

(zit. STADLER, S. [...])

STAEHELIN ADRIAN/ STAEHELIN DANIEL/ GROLIMUND PASCAL	Zivilprozessrecht unter Einbezug des Anwaltsrechts und der internationalen Zivilprozessrechts, 2. Auflage, Zürich, Basel, Genf 2013 (zit. STAEHELIN/STAEHELIN/GROLIMUND, S. [...], Rz. [...])
STAEHELIN DANIEL	Kommentar zu Art. 47 LugÜ, in: Handkommentar zum Lugano-Übereinkommen (LugÜ), Felix Dasser/Paul Oberhammer (Hrsg.), 2. Auflage, Bern 2011 (zit. STAEHELIN DANIEL, zu Art. [...] LugÜ, in: SHK, N. [...])
STAEHELIN DANIEL/ BOPP LUKAS	Kommentar zu Art. 38-46, 48-51 LugÜ, in: Handkommentar zum Lugano-Übereinkommen (LugÜ), Felix Dasser/Paul Oberhammer (Hrsg.), 2. Auflage, Bern 2011 (zit. STAEHELIN/BOPP, zu Art. [...] LugÜ, in: SHK, N. [...])
STAEHELIN DANIEL	Sicherungsmassnahmen in der Realvollstreckung, in: CIVPRO 2, Vorsorglicher Rechtsschutz, Bern 2011, S. 43 ff. (zit. STAEHELIN DANIEL, Sicherungsmassnahmen in der Realvollstreckung, S. [...])
STAEHELIN DANIEL	Kommentar zu Art. 79-84 SchKG, in: Basler Kommentar, Bundesgesetz über Schuldbetreibung und Konkurs I, Art. 1-158 SchKG, Adrian Staehelin/Thomas Bauer/Daniel Staehelin (Hrsg.), 2. Auflage, Basel 2010 (zit. STAEHELIN DANIEL, zu Art. [...] SchKG, in: BSK, N. [...])
STAEHELIN DANIEL	Neues Arrestrecht ab 2011, in: Jusletter 11. Oktober 2010 (zit. STAEHELIN DANIEL, Neues Arrestrecht ab 2011, S. [...], Rz. [...])

STAEHELIN DANIEL	Kommentar zu Art. 31-45 LugÜ, in: Handkommentar zum Lugano-Übereinkommen (LugÜ), Felix Dasser/Paul Oberhammer (Hrsg.), 1. Auflage, Bern 2008 (zit. STAEHELIN DANIEL, zu Art. [...] aLugÜ, in: SHK, 1. Auflage, N. [...])
STAEHELIN DANIEL	Die internationale Zuständigkeit der Schweiz im Schuldbetreibungs- und Konkursrecht, in: AJP, 1995, Nr. 3, S. 259 ff. (zit. STAEHELIN DANIEL, Die internationale Zuständigkeit der Schweiz im Schuldbetreibungs- und Konkursrecht, S. [...])
STAEHELIN MATTHIAS	Kommentar zu Art. 30a SchKG, in: Basler Kommentar, Bundesgesetz über Schuldbetreibung und Konkurs I, Art. 1-158 SchKG, Adrian Staehelin/Thomas Bauer/Daniel Staehelin (Hrsg.), 2. Auflage, Basel 2010 (zit. STAEHELIN MATTHIAS, zu Art. 30a SchKG, in: BSK, N. [...])
STOFFEL WALTER A.	Kommentar zu Art. 271-274 SchKG, in: Basler Kommentar, Bundesgesetz über Schuldbetreibung und Konkurs II, Art. 159-352 SchKG, Art. 1-47 GSchG, Art. 51-58 AVIG, Adrian Staehelin/Thomas Bauer/Daniel Staehelin (Hrsg.), 2. Auflage, Basel 2010 (zit. STOFFEL, zu Art. [...] SchKG, in: BSK, N. [...])
STOFFEL WALTER A.	Das Verfahren zur Anerkennung handelsrechtlicher Entscheide nach dem Lugano-Übereinkommen, in: SZW, 65. Jahrgang, 1993, Nr. 3, S. 107 ff. (zit. STOFFEL, Das Verfahren zur Anerkennung handelsrechtlicher Entscheide nach dem Lugano-Übereinkommen, S. [...])
STÜCHELI PETER	Die Rechtsöffnung, Dissertation, Zürich 2000 (zit. STÜCHELI, S. [...])
SUTTER-SOMM THOMAS	Schweizerisches Zivilprozessrecht, 2. Auflage, Zürich, Basel, Genf 2012 (zit. SUTTER-SOMM, S. [...], Rz. [...])

TRÜTEN DIRK — Alternativen zu Lugano III, Zukünftige Rolle des Lugano Übereinkommens, in: Die Herausforderungen des Europäischen Zivilverfahrensrechts für Lugano- und Drittstaaten, Andreas Furrer/Alexander R. Markus/Ilaria Pretelli (Hrsg.), Zürich, Basel, Genf 2016, S. 195 ff.

(zit. TRÜTEN, Alternativen zu Lugano III, Zukünftige Rolle des Lugano Übereinkommens, S. [...])

TRÜTEN DIRK — Die neue Brüssel I-Verordnung und die Schweiz, in: EuZ, 2013, Nr. 3, S. 60 ff.

(zit. TRÜTEN, Die neue Brüssel I-Verordnung und die Schweiz, S. [...])

VOLKEN ALFONS — Anerkennung und Vollstreckung von Entscheidungen nach dem Lugano-Übereinkommen, in: ZWR, 1992, S. 421 ff.

(zit. VOLKEN, S. [...])

VON HEIN JAN — Die Neufassung der Europäischen Gerichtsstands- und Vollstreckungsverordnung (EuGVVO), in: RIW, 2013, Nr. 3, S. 97 ff.

(zit. VON HEIN, S. [...])

WAGNER ROLF — Vollstreckbarerklärungsverfahren nach der EuGVVO und Erfüllungseinwand – Dogmatik oder Pragmatismus? (zu EuGH, 13.10.2011 – Rs. C-139/10 – Prism Investments BV./.Jaap Anne van der Meer in seiner Eigenschaft als Insolvenzverwalter der Arilco Holland BV), in: IPRax, 2012, Nr. 4, S. 326 ff.

(zit. WAGNER, Vollstreckbarerklärungsverfahren nach der EuGVVO und Erfüllungseinwand – Dogmatik oder Pragmatismus?, S. [...])

WAGNER ROLF/BECKMANN MARTINA — Beibehaltung oder Abschaffung des Vollstreckbarerklärungsverfahrens in der EuGVVO?, in: RIW, 2011, Nr. 1, S. 44 ff.

(zit. WAGNER/BECKMANN, S. [...])

WAGNER ROLF/ JANZEN ULRIKE — Das Lugano-Übereinkommen vom 30.10.2007, in: IPRax, 2010, Nr. 4, S. 298 ff.

(zit. WAGNER/JANZEN, S. [...])

WAGNER ROLF — Das Gesetz zur Durchführung der Verordnung (EG) Nr. 805/2004 zum Europäischen Vollstreckungstitel – unter besonderer Berücksichtigung der Vollstreckungsabwehrklage, in: IPRax, 2005, Nr. 5, S. 401 ff.

(zit. WAGNER, Das Gesetz zur Durchführung der Verordnung (EG) Nr. 805/2004 zum Europäischen Vollstreckungstitel, S. [...])

WAGNER ROLF — Vom Brüsseler Übereinkommen über die Brüssel I-Verordnung zum Europäischen Vollstreckungstitel, in: IPRax, 2002, Nr. 2, S. 75 ff.

(zit. WAGNER, Vom Brüsseler Übereinkommen über die Brüssel I-Verordnung zum Europäischen Vollstreckungstitel, S. [...])

WALDER HANS ULRICH — Anerkennung und Vollstreckung vom Entscheidungen, in: Das Lugano-Übereinkommen, Europäisches Übereinkommen über die gerichtliche Zuständigkeit und die Vollstreckung gerichtlicher Entscheidungen in Zivil- und Handelssachen, Ivo Schwander (Hrsg.), St. Gallen 1990, S. 135 ff.

(zit. WALDER, S. [...])

WALTER GERHARD/ DOMEJ TANJA — Internationales Zivilprozessrecht der Schweiz, 5. Auflage, Bern, Stuttgart, Wien 2012

(zit. WALTER/DOMEJ, S. [...])

WALTER GERHARD — Internationales Zivilprozessrecht der Schweiz, 4. Auflage, Bern, Stuttgart, Wien, 2007

(zit. WALTER, Internationales Zivilprozessrecht der Schweiz, S. [...])

WALTER GERHARD — Zur Sicherungsvollstreckung gemäss Art. 39 des Lugano-Übereinkommens, in: Das Lugano-Übereinkommen, in: ZBJV, 1992, Band 128, S. 90 ff.

(zit. WALTER, Zur Sicherungsvollstreckung gemäss Art. 39 des Lugano-Übereinkommens, S. [...])

WALTHER FRIDOLIN — Kommentar zu Art. 32-37 LugÜ, in: Handkommentar zum Lugano-Übereinkommen (LugÜ), Felix Dasser/Paul Oberhammer (Hrsg.), 2. Auflage, Bern 2011

(zit. WALTHER, zu Art. [...] LugÜ, in: SHK, N. [...])

WEBER MARC — Kommentar zu Art. 15, 20-22, 47-51, 87, 88, 90 ZPO, in: Basler Kommentar, Schweizerische Zivilprozessordnung, Karl Spühler/Luca Tenchio/Dominik Infanger (Hrsg.), 2. Auflage, Basel 2013

(zit. WEBER, zu Art. [...] ZPO, in: BSK, N. [...])

WEIBEL THOMAS — Einleitung, Kommentar zu Art. 63-79, Art. IV Prot. 1, Prot. 2, Prot. 3 LugÜ, in: Basler Kommentar, Lugano-Übereinkommen, Christian Oetiker/Thomas Weibel (Hrsg.), 2. Auflage, Basel 2016

(zit. WEIBEL, Einleitung LugÜ/zu Art. [...] LugÜ, in: BSK, N. [...])

WELLER MATTHIAS — Der Kommissionsentwurf zur Reform der Brüssel I-VO, in: GPR, 2012, Nr. 1, S. 34 ff.

(zit. WELLER, S. [...])

WILDERSPIN MICHAEL — Institutionelle Ausgestaltung der zivilverfahrensrechtlichen Kooperation der EU mit Lugano- und Drittstaaten, Introductory Presentation, in: Die Herausforderungen des Europäischen Zivilverfahrensrechts für Lugano- und Drittstaaten, Andreas Furrer/Alexander R. Markus/Ilaria Pretelli (Hrsg.), Zürich, Basel, Genf 2016, S. 135 ff.

(zit. WILDERSPIN, S. [...])

WITSCHI CHRISTIAN	Die vollstreckbare öffentliche Urkunde nach Art. 50 Lugano-Übereinkommen in der Schweiz, Dissertation, Bern 2000 (zit. WITSCHI, S. [...])
ZERR CHRISTIAN	Prozesstaktik bei Arrestverfahren innerhalb Europas nach der Neufassung der EuGVVO, in: EuZW, 2013, Nr. 8, S. 292 ff. (zit. ZERR, S. [...])

Materialienverzeichnis

Bericht der Kommission an das Europäische Parlament, den Rat und den Europäischen Wirtschafts- und Sozialausschuss über die Anwendung der Verordnung (EG) Nr. 44/2001 des Rates über die gerichtliche Zuständigkeit und die Anerkennung und Vollstreckung von Entscheidungen in Zivil- und Handelssachen, KOM(2009) 174, 21. April 2009 (zit. Bericht über die Anwendung der Verordnung (EG) Nr. 44/2001)

Bericht von Tadeusz Zwiefka über den Vorschlag für eine Verordnung des Europäischen Parlaments und des Rates über die gerichtliche Zuständigkeit und die Anerkennung und Vollstreckung von Entscheidungen in Zivil- und Handelssachen (COM(2010)0748 – C7-0433/2010 – 2010(0383(COD)), 15. Oktober 2012 (zit. Bericht über den Vorschlag für eine Verordnung von Tadeusz Zwiefka)

Bericht von Paul Jenard und Gustav Möller zu dem Übereinkommen über die gerichtliche Zuständigkeit und die Vollstreckung gerichtlicher Entscheidungen in Zivil- und Handelssachen, geschlossen in Lugano am 16. September 1988, Abl. (EG) C 189 vom 28. Juli 1990, S. 57-121 (zit. Jenard/Möller-Bericht, S. [...], Ziff. [...])

Bericht von Paul Jenard zu dem Übereinkommen über die gerichtliche Zuständigkeit und die Vollstreckung gerichtlicher Entscheidungen in Zivil- und Handelssachen, unterzeichnet in Brüssel am 27. September 1968, Abl. (EG) C 59 vom 5. März 1979, S. 1-65 (zit. Jenard-Bericht, S. [...])

Bericht zu dem Übereinkommen des Königreichs Dänemark, Irlands und des Vereinigten Königreichs Großbritannien und Nordirland über den Beitritt zum Übereinkommen über die gerichtliche Zuständigkeit und die Vollstreckung gerichtlicher Entscheidungen in Zivil- und Handelssachen sowie zum Protokoll betreffend die Auslegung dieses Übereinkommens durch den Gerichtshof – Bericht vonPeter Schlosser, Abl. (EG) C 59 vom 5. März 1979, S. 71-151 (zit. Schlosser-Bericht, S. [...], Ziff. [...])

Botschaft vom 28. Juni 2006 zur Schweizerischen Zivilprozessordnung, Bbl 2006, 7221 ff. (zit. Botschaft zur ZPO, S. [...])

Botschaft vom 18. Februar 2009 zum Bundesbeschluss über die Genehmigung und die Umsetzung des revidierten Übereinkommens von Lugano über die gerichtliche Zuständigkeit, die Anerkennung und die Vollstreckung gerichtlicher Entscheidungen in Zivil- und Handelssachen, Bbl 2009, 1777 ff. (zit. Botschaft zum revLugÜ, S. [...])

Botschaft vom 8. Mai 1991 über die Änderung des Bundesgesetzes über Schuldbetreibung und Konkurs (SchKG), Bbl 1991 III, S. 1 ff. (zit. Botschaft zum aLugÜ, S. [...])

Botschaft vom 21. Februar 1990 betreffend das Lugano-Übereinkommen über die gerichtliche Zuständigkeit und die Vollstreckung gerichtlicher Entscheidungen in Zivil- und Handelssachen, Bbl 1990 II, 265 ff. (zit. Botschaft über die Änderung des SchKG, S. [...])

Bundesbeschluss vom 11. Dezember 2009 über die Genehmigung und die Umsetzung des Übereinkommens über die gerichtliche Zuständigkeit und die Anerkennung und Vollstreckung von Entscheidungen in Zivil- und Handelssachen (Lugano-Übereinkommen), AS 2010, 5601 ff. (zit. Bundesbeschluss zum rev-LugÜ, S. [...])

Das Stockholmer Programm – Ein offenes und sicheres Europa im Dienste und zum Schutz der Bürger, Abl. (EU) C 155 vom 4. Mai 2010, S. 1-38 (zit. Stockholmer Programm)

Draft Report by Tadeusz Zwiefka on the proposal for a regulation of the European Parliament and of the Council on jurisdiction and the recognition and enforcement of judgments in civil and commercial matters (COM(2010)0748 – C7-0433/2010 – 2010/0383(COD)), 28 June 2011 (zit. Draft Report by Tadeusz Zwiefka)

Erläuternder Bericht zu dem Übereinkommen über die gerichtliche Zuständigkeit und die Vollstreckung gerichtlicher Entscheidungen in Zivil- und Handelssachen (unterzeichnet am 30. Oktober 2007 in Lugano) – Erläuternder Bericht Fausto Pocar, Abl. (EU) C 319 vom 23. Dezember 2009, S. 1-56 (zit. Pocar-Bericht, S. [...], Ziff. [...])

Grünbuch – Überprüfung der Verordnung (EG) Nr. 44/2001 des Rates über die gerichtliche Zuständigkeit und die Anerkennung und Vollstreckung von Entscheidungen in Zivil- und Handelssachen, KOM (2009) 175, 21. April 2009 (zit. Grünbuch Überprüfung der Verordnung (EG) N. 44/2001, S. [...])

Grünbuch zur Verordnung (EG) Nr. 44/2001 über die Gerichtliche Zuständigkeit und die Anerkennung und Vollstreckung von Entscheidungen in Zivil und Handelssachen, Stellungnahme des Bundesamts für Justiz (Schweiz), Referenz/Aktenzeichen: 2.6.7.1 / S 215 (zit. Stellungnahme des BJ, S. [...])

Kommission der Europäischen Gemeinschaften, Vorschlag für eine Verordnung (EG) des Rates über die gerichtliche Zuständigkeit und die Anerkennung und Vollstreckung von Entscheidungen in Zivil- und Handelssachen, KOM(1999) 348, 99/0154 (CNS), 14. Juli 1999 (zit. Vorschlag der Kommission der Europäischen Gemeinschaften, S. [...])

Mitteilung der Kommission an den Rat und an das Europäische Parlament: „Wege zu einer effizienteren Erwirkung und Vollstreckung von gerichtlichen Entscheidungen in der Europäischen Union", Abl. (EG) C 33 vom 31. Januar 1998, S. 3-17 (zit. Kommission, Wege zu einer effizienteren Erwirkung und Vollstreckung von gerichtlichen Entscheidungen in der Europäischen Union, S. [...], N. [...])

Study on Residual Jurisdiction (Review of the Member States' Rules concerning the "Residual Jurisdiction" of their courts in Civil and Commercial Matters pursuant to the Brussels I and II Regulations), Service Contract with the European Commission JLS/C4/2005/07-30-CE)0040309/00-37, 3 September 2007, Prepared by Arnaud Nuyts (zit. Study on Residual Jurisdiction by Arnaud Nuyts)

Summary of the Impact Assessment accompanying document to the ‚Proposal for a Regulation of the European Parliament and of the Council on jurisdiction and the recognition and enforcement of judgments in civil and commercial matters on jurisdiction and the recognition and enforcement of judgments in civil and commercial matters, SEC (2010) 1548, 14 December 2010 (zit. Folgenschätzungen der Kommission, Ziff. [...])

Vorschlag für eine Verordnung des Europäischen Parlaments und des Rates über die gerichtliche Zuständigkeit und die Anerkennung und Vollstreckung von Entscheidungen in Zivil- und Handelssachen, KOM (2010) 748, 14. Dezember 2010 (zit. Art. [...] Vorschlag für eine Verordnung über die gerichtliche Zuständigkeit und die Anerkennung und Vollstreckung von Entscheidungen in Zivil- und Handelssachen)

Zusammenstellung der Vernehmlassungsergebnisse (Ergebnisbericht) zur Revision des Lugano-Übereinkommens des Eidgenössisches Justiz- und Polizeidepartement EJPD, Oktober 2008 (zit. Ergebnisbericht Revision Lugano-Übereinkommen, S. [...])

Abkürzungsverzeichnis

a	alt
a.A.	anderer Ansicht
Abl.	Amtsblatt der Europäischen Gemeinschaft, jetzt der Europäischen Union
Abs.	Absatz
AEUV	Vertrag über die Arbeitsweise der Europäischen Union, Fassung aufgrund des am 1. Dezember 2009 in Kraft getretenen Vertrages von Lissabon
AJP	Aktuelle Juristische Praxis (Zürich)
al.	alinéa
altes Lugano-Übereinkommen	Lugano-Übereinkommen über die gerichtliche Zuständigkeit und die Vollstreckung gerichtlicher Entscheidungen in Zivil- und Handelssachen vom 16. September 1988, ehemals SR-Nummer 0.275.11
aLugÜ	Lugano-Übereinkommen über die gerichtliche Zuständigkeit und die Vollstreckung gerichtlicher Entscheidungen in Zivil- und Handelssachen vom 16. September 1988, ehemals SR-Nummer 0.275.11
a.M.	anderer Meinung
Art.	Artikel
art.	article
AS	Amtliche Sammlung des Bundesrechts
aSchKG	Bundesgesetz vom 11. April 1889 über Schuldbetreibung und Konkurs, SR-Nummer 281.1 (Stand am 1. Dezember 2010)
AVIG	Bundesgesetz vom 25. Juni 1982 über die obligatorische Arbeitslosenversicherung und die Insolvenzentschädigung (Arbeitslosenversicherungsgesetz), SR-Nummer 837.0

Bbl	Bundesblatt
BEG	Bundesgesetz vom 3. Oktober 2008 über Bucheffekten, (Bucheffektengesetz), SR-Nummer 957.1
BezGer	Bezirksgericht
BGE	Entscheidungen des Schweizerische Bundesgerichtes, Amtliche Sammlung (Lausanne)
Bger	Bundesgericht
BGG	Bundesgesetz vom 17. Juni 2005 über das Bundesgericht (Bundesgerichtsgesetz), SR-Nummer 173.110
BGH	(deutscher) Bundesgerichtshof
BJ	Bundesamt für Justiz
BJM	Basler juristische Mitteilungen (Basel)
BL	Basel-Landschaft
BlSchKG	Blätter für Schuldbetreibung und Konkurs (Wädenswil)
Brüssel I-VO	Verordnung (EG) Nr. 44/2001 des Rates vom 22. Dezember 2000 über die gerichtliche Zuständigkeit und die Anerkennung und Vollstreckung von Entscheidungen in Zivil- und Handelssachen, Abl. (EG) L 12 vom 16. Januar 2001, S. 1-23
Brüssel Ia-VO	Verordnung (EU) Nr. 1215/2012 des Europäischen Parlaments und des Rates vom 12. Dezember 2012 über die gerichtliche Zuständigkeit und die Anerkennung und Vollstreckung von Entscheidungen in Zivil- und Handelssachen, Abl. (EU) L 351 vom 20. Dezember 2012, S. 1-32
Brussels I Regulation	Verordnung (EG) Nr. 44/2001 des Rates vom 22. Dezember 2000 über die gerichtliche Zuständigkeit und die Anerkennung und Vollstreckung von Entscheidungen in Zivil- und Handelssachen, Abl. (EG) L 12 vom 16. Januar 2001, S. 1-23
Brussels Ia Regulation	Verordnung (EU) Nr. 1215/2012 des Europäischen Parlaments und des Rates vom 12. Dezember 2012 über die

	gerichtliche Zuständigkeit und die Anerkennung und Vollstreckung von Entscheidungen in Zivil- und Handelssachen, Abl. (EU) L 351 vom 20. Dezember 2012, S. 1-32
Brussels Ibis Regulation	Verordnung (EU) Nr. 1215/2012 des Europäischen Parlaments und des Rates vom 12. Dezember 2012 über die gerichtliche Zuständigkeit und die Anerkennung und Vollstreckung von Entscheidungen in Zivil- und Handelssachen, Abl. (EU) L 351 vom 20. Dezember 2012, S. 1-32
BS	Basel-Stadt
BSK	Basler Kommentar (Basel)
BV	Bundesverfassung der Schweizerischen Eidgenossenschaft vom 18. April 1999, SR-Nummer 101
bzw.	beziehungsweise
C	Reihe C des Amtsblatts der Europäischen Union (Mitteilungen und Bekanntmachungen)
CAN	Zeitschrift für kantonale Rechtsprechung (Zürich)
CIVPRO	Institut für Internationales Privatrecht und Verfahrensrecht der Universität Bern
E.	Erwägung
ed.	editor; editore
éds	éditeurs
EFTA	Europäische Freihandelsassoziation (European Free Trade Association)
EG	Europäische Gemeinschaft
Einf.	Einführung
EGV	Vertrag zur Gründung der Europäischen Gemeinschaft
EJPD	Eidgenössisches Justiz- und Polizeidepartement

EMRK	Konvention vom 4. November 1950 zum Schutze der Menschenrechte und Grundfreiheiten, SR-Nummer 0.101
EU	Europäische Union
EuEheVO	Verordnung (EG) Nr. 1347/2000 des Rates vom 29. Mai 2000 über die Zuständigkeit und die Anerkennung und Vollstreckung von Entscheidungen in Ehesachen und in Verfahren betreffend die elterliche Verantwortung für die gemeinsamen Kinder der Ehegatten, Abl. (EG) L 160 vom 30. Juni 2000, S. 19-36
EuGFVO	Verordnung (EG) Nr. 861/2007 des Europäischen Parlaments und des Rates vom 11. Juli 2007 zur Einführung eines europäischen Verfahrens für geringfügige Forderungen, Abl. (EU) L 199 vom 31. Juli 2007, S. 1-22
EuGH	Europäischer Gerichtshof, Gerichtshof der Europäischen Gemeinschaft/Union
EuGVO	Verordnung (EG) Nr. 44/2001 des Rates vom 22. Dezember 2000 über die gerichtliche Zuständigkeit und die Anerkennung und Vollstreckung von Entscheidungen in Zivil- und Handelssachen, Abl. (EG) L 12 vom 16. Januar 2001, S. 1-23
EuGVÜ	Übereinkommen von Brüssel vom 27. September 1968 über die gerichtliche Zuständigkeit und die Vollstreckung in gerichtlicher Entscheidungen in Zivil- und Handelssachen, Abl. (EG) L 299 vom 31. Dezember 1972, S. 32-42
EuGVVO	Verordnung (EG) Nr. 44/2001 des Rates vom 22. Dezember 2000 über die gerichtliche Zuständigkeit und die Anerkennung und Vollstreckung von Entscheidungen in Zivil- und Handelssachen, Abl. (EG) L 12 vom 16. Januar 2001, S. 1-23
EuInsVO	Verordnung (EG) Nr. 1346/2000 des Rates vom 29. Mai 2000 über Insolvenzverfahren, Abl. (EG) L 160 vom 30. Juni 2000, S. 1-18
EuIPR	Europäisches Internationales Privatrecht

EuMVVO	Verordnung (EG) Nr. 1896/2006 des Europäischen Parlaments und des Rates zur Einführung eines Europäischen Mahnverfahrens, Abl. (EU) L 399 vom 30. Dezember 2006, S. 1-32
EuVTVO	Verordnung (EG) Nr. 805/2004 des Europäischen Parlaments und des Europäischen Parlaments und des Rates vom 21. April 2004 zur Einführung eines europäischen Vollstreckungstitels für unbestrittene Forderungen, Abl. (EU) L 143 vom 30. April 2004, S. 15-39
EuZ	Zeitschrift für Europarecht (Zürich)
EuZPR	Europäisches Zivilprozessrecht
EuZustellungsVO	Verordnung (EG) Nr. 1393/2007 des Europäischen Parlaments und des Rates vom 13. November 2007 über die Zustellung gerichtlicher und aussergerichtlicher Schriftstücke in Zivil- und Handelssachen in den Mitgliedstaaten, Abl. (EU) L 324 vom 10. Dezember 2007, S. 79-120
EuZW	Europäische Zeitschrift für Wirtschaftsrecht (München/Frankfurt)
EWR	Europäischer Wirtschaftsraum
f.	folgende
ff.	fortfolgende
Fn.	Fussnote
Gebührenverordnung zum Bundesgesetz über Schuldbetreibung und Konkurs	Gebührenverordnung zum Bundesgesetz über Schuldbetreibung und Konkurs vom 23. September 1996, SR-Nummer 281.35.
GebV SchKG	Gebührenverordnung zum Bundesgesetz über Schuldbetreibung und Konkurs vom 23. September 1996, SR Nummer 281.35
GPR	Zeitschrift für das Privatrecht der Europäischen Union (Köln)
GR	Graubünden

GSchG	Bundesgesetz vom 4. Dezember 1947 über die Schuldbetreibung gegen Gemeinden und andere Körperschaften des kantonalen öffentlichen Rechts, SR-Nummer 282.11
Hrsg.	Herausgeber
Inc.	Incorporated
IPRax	Praxis des Internationalen Privat- und Verfahrensrecht (Bielefeld)
IPRG	Bundesgesetz vom 18. Dezember 1987 über das Internationale Privatrecht, SR-Nummer 291
i.S.	in Sachen; im Sinne (des, der)
i.S.v.	im Sinne von
i.V.m.	in Verbindung mit
JDI	Journal du Droit International *Clunet* (Paris=
JU	Jura
KG	Kantonsgericht
L	Reihe L des Amtsblatts der Europäischen Union (Gesetzgebung)
lit.	litera
LG	Landgericht
Ltd.	Limited
Lugano-Übereinkommen	Lugano Übereinkommen über die gerichtliche Zuständigkeit und die Vollstreckung gerichtlicher Entscheidungen in Zivil- und Handelssachen vom 30. Oktober 2007, SR-Nummer 0.275.12
Lugano-Übereinkommen 1988	Lugano-Übereinkommen über die gerichtliche Zuständigkeit und die Vollstreckung gerichtlicher Entscheidungen in Zivil- und Handelssachen vom 16. September 1988, ehemals SR-Nummer 0.275.11

Lugano-Übereinkommen 2007	Lugano Übereinkommen über die gerichtliche Zuständigkeit und die Vollstreckung gerichtlicher Entscheidungen in Zivil- und Handelssachen vom 30. Oktober 2007, SR-Nummer 0.275.12
LugÜ	Lugano Übereinkommen über die gerichtliche Zuständigkeit und die Vollstreckung gerichtlicher Entscheidungen in Zivil- und Handelssachen vom 30. Oktober 2007, SR-Nummer 0.275.12
LugÜbk 2007	Lugano Übereinkommen über die gerichtliche Zuständigkeit und die Vollstreckung gerichtlicher Entscheidungen in Zivil- und Handelssachen vom 30. Oktober 2007, SR-Nummer 0.275.12
m.H.	mit Hinweisen
m.w.H.	mit weiteren Hinweisen
N.	Note, Randnote
Nr.	Nummer
NYÜ	Übereinkommen über die Anerkennung und Vollstreckung ausländischer Schiedssprüche 10. Juni 1958, SR-Nummer 0.277.12
OG	Obergericht
OHG	offene Handelsgesellschaft
OLG	Oberlandgericht
plädoyer	Magazin für Recht und Politik (Zürich)
Prot.	Protokoll
RabelsZ	Rabels Zeitschrift für ausländisches und internationales Privatrecht (Tübingen)
Ref.	Referenz
revidiertes Lugano-Übereinkommen	Lugano Übereinkommen über die gerichtliche Zuständigkeit und die Vollstreckung gerichtlicher Entscheidungen in Zivil- und Handelssachen vom 30. Oktober 2007, SR-Nummer 0.275.12

revLugÜ	revidiertes Lugano Übereinkommen
revSchKG	revidiertes Bundesgesetz über Schuldbetreibung und Konkurs
RIW	Recht der internationalen Wirtschaft (Heidelberg)
Rs.	Rechtssache
RtiD	Rivista ticinese di diritto (Basel)
Rz.	Randziffer
S.	Seite
SAV	Schweizerischer Anwaltsverband
SchlT	Schlusstitel
SchKG	Bundesgesetz vom 11. April 1889 über Schuldbetreibung und Konkurs, SR-Nummer 281.1
SHK	Stämpflis Handkommentar (Bern)
SJ	La Semaine judiciaire (Genève)
SJK	Schweizerische Juristische Kartothek (Genf)
SJZ	Schweizerische Juristen-Zeitung (Zürich)
Slg.	Amtliche Samlung der Rechtsprechung des Europäischen Gerichtshofes
SR	Systematische Sammlung des Bundesrechts
StGB	Schweizerisches Strafgesetzbuch vom 21. Dezember 1937, SR-Nummer 311.0
StPO	Schweizerische Strafprozessordnung vom 5. Oktober 2007, SR-Nummer 312.0
SZIER	Schweizerische Zeitschrift für internationales und europäisches Recht (Zürich)
SZW	Schweizerische Zeitschrift für Wirtschaftsrecht (Zürich)

SZZP	Schweizerische Zeitschrift für Zivilprozessrecht (Basel)
u.a.	und andere
UNO-Pakt-II	Internationaler Pakt vom 16. Dezember 1966 über bürgerliche und politische Rechte, SR- Nummer 0.103.2
USD	United States Dollar
Verordnung (EG) Nr. 44/2001	Verordnung (EG) Nr. 44/2001 des Rates vom 22. Dezember 2000 über die gerichtliche Zuständigkeit und die Anerkennung und Vollstreckung von Entscheidungen in Zivil- und Handelssachen, Abl. (EG) L 12 vom 16. Januar 2001, S. 1-23
Verordnung (EU) Nr. 1215/2012	Verordnung (EU) Nr. 1215/2012 des Europäischen Parlaments und des Rates vom 12. Dezember 2012 über die gerichtliche Zuständigkeit und die Anerkennung und Vollstreckung von Entscheidungen in Zivil- und Handelssachen, Abl. (EU) L 351 vom 20. Dezember 2012, S. 1-32
vgl.	vergleiche
Vol.	Volume
Vorbem.	Vorbemerkung
ZBJV	Zeitschrift des Bernischen Juristenvereins (Bern)
ZGB	Schweizerisches Zivilgesetzbuch vom 10. Dezember 1907, SR-Nummer 210
ZH	Zürich
Ziff.	Ziffer
zit.	zitiert
ZPO	Schweizerische Zivilprozessordnung vom 19. Dezember 2008 (Zivilprozessordnung), SR-Nummer 272
ZR	Blätter für Zürcherische Rechtsprechung (Zürich)
ZSR	Zeitschrift für Schweizerisches Recht (Basel)

ZWR	Zeitschrift für Walliser Rechtsprechung (Sion)
ZZPInt	Zeitschrift für Zivilprozess International (Köln)
ZZZ	Schweizerische Zeitschrift für Zivilprozess- und Zwangsvollstreckungsrecht (St. Gallen)

Einleitung

Das internationale Zivilprozessrecht der Schweiz sah sich in den letzten Jahren mit wesentlichen Veränderungen konfrontiert. Am 1. Januar 2011 trat in der Schweiz das revidierte Lugano-Übereinkommen in Kraft. Der Hauptgrund für die Revision lag darin, das Übereinkommen an die *Schwester-Verordnung* – die Verordnung (EG) Nr. 44/2001 (Verordnung des Rates vom 22. Dezember 2000 über die gerichtliche Zuständigkeit und die Anerkennung und Vollstreckung von Entscheidungen in Zivil- und Handelssachen) – anzugleichen, um die Parallelität zwischen diesen beiden Instrumenten wiederherzustellen. Diese galt in der Europäischen Union bereits seit dem 1. März 2002[1].

Zusätzlich ist in der Europäischen Union die revidierte Europäische Gerichtsstandsverordnung – Verordnung (EU) Nr. 1215/2012 (Verordnung des Europäischen Parlaments und des Rates vom 12. Dezember 2012 über die gerichtliche Zuständigkeit und die Anerkennung und Vollstreckung von Entscheidungen in Zivil- und Handelssachen) – Ende 2012 verabschiedet worden und am 10. Januar 2015 in Kraft getreten. Sie ist die Neufassung und Nachfolgeverordnung der *Schwester-Verordnung*, Verordnung (EG) Nr. 44/2001, und hat diese entsprechend abgelöst. Diese Neufassung führt erneut zu neuen Unterschieden zwischen den ursprünglich parallel konzipierten internationalen Instrumenten Lugano-Übereinkommen und Europäische Gerichtsstandsverordnung[2].

Im Rahmen der Einführungsgesetzgebung zum revidierten Lugano-Übereinkommen wurden in der Schweiz insbesondere Anpassungen im Bundesgesetz über Schuldbetreibung und Konkurs und in der Schweizerischen Zivilprozessordnung vorgenommen. Die vorliegende Arbeit untersucht im Wesentlichen die Umsetzung der Vorschriften des revidierten Lugano-Übereinkommens im Bereich der grenzüberschreitenden Vollstreckung und Sicherung von Geldforderungen in der Schweiz auf ihre Konformität mit dem Staatsvertrag. Daneben wird die Frage behandelt, was eine erneute Revision des Lugano-Übereinkommens und eine damit verbundene Anpassung an die Verordnung (EU) Nr. 1215/2012 für die Vollstreckung und Vollstreckungssicherung in der Schweiz bedeuten würde.

---

1 KUNZ, S. 37.
2 FURRER/MARKUS/PRETELLI, S. 9.

Die Arbeit führt mit einem Überblick über die Bedeutung und Entstehung des Lugano-Übereinkommens in die Thematik ein. Nach dieser Einleitung ist die Arbeit in drei weitere Teile gegliedert. Auf einer ersten Stufe wird der Fokus auf das Exequaturverfahren und die Sicherung der Vollstreckung, so wie das Lugano-Übereinkommen sie vorsieht, gelegt. Im Anschluss an diese Darstellung wird aufgezeigt, wie in der Schweiz die Vollstreckbarerklärung und Sicherung von Entscheiden im Anwendungsbereich des Staatsvertrages verwirklicht werden. Vor diesem Hintergrund wird untersucht, inwieweit diese Umsetzung der Schweiz im Einklang mit den Vorgaben aus dem Lugano-Übereinkommen steht und wo Spannungsfelder bestehen. In einem letzten Teil wird die revidierte Verordnung (EU) Nr. 1215/2012 vorgestellt und es werden die Neuerungen gegenüber der Vorgängerverordnung aufgezeigt. Im Anschluss daran erfolgt ein Ausblick auf eine mögliche Anpassung des Lugano-Übereinkommens an die *Schwester-Verordnung*. Dabei wird der damit verbundenen Bedeutung für die Vollstreckung und Sicherung von Lugano-Entscheiden in der Schweiz besondere Beachtung geschenkt. Beendet wird die vorliegende Arbeit mit einer Zusammenfassung der wichtigsten Problemfelder.

Es sei darauf hingewiesen, dass sich die vorliegende Arbeit auf die Vollstreckung und Sicherung von Geldleistungsansprüchen aus (ausländischen) Entscheiden beschränkt. Abschliessend sei daneben darauf aufmerksam gemacht, dass im Interesse der Lesbarkeit stets der generische Maskulin verwendet wird. Die weibliche Form gilt jeweils als eingeschlossen.

1. Teil: Einführung

§ 1 Das Lugano-Übereinkommen

I. Bedeutung und Anwendungsbereich des Lugano-Übereinkommens

Das Lugano-Übereinkommen 2007 ist in der Schweiz der bedeutendste Staatsvertrag im internationalen Zivilprozessrecht. Das Übereinkommen findet direkt Anwendung und geht in seinem Anwendungsbereich dem jeweiligen nationalen Recht stets vor[3]. Im Lugano-Übereinkommen finden sich Bestimmungen zur Zuständigkeit, zur Rechtshängigkeit, sowie zur Anerkennung und Vollstreckung von ausländischen Entscheidungen[4].

Sachlich behandelt das Lugano-Übereinkommen Entscheide in Zivil- und Handelssachen[5]. Nicht vom sachlichen Anwendungsbereich des Übereinkommens erfasst werden der Personenstand, die Rechts- und Handlungsfähigkeit, die gesetzliche Vertretung natürlicher Personen, die ehelichen Güterstände, das Erbrecht, das Konkurs- und Nachlassvertragsrecht, die soziale Sicherheit und die Schiedsgerichtsbarkeit[6].

In der vorliegenden Arbeit interessiert speziell der dritte Titel des Übereinkommens betreffend die Anerkennung und Vollstreckung. Der Präambel lässt sich entnehmen, dass sich die Vertragsparteien dieses Übereinkommens entschlossen haben, *„die Anerkennung von Entscheidungen zu erleichtern und ein beschleunigtes Verfahren einzuführen, um die Vollstreckung von Entscheidungen, öffentlichen Urkunden und gerichtlichen Vergleichen sicherzustellen"*. Um diese Freizügigkeit und erleichterte Anerkennung von Entscheiden innerhalb der durch das Übereinkommen gebundenen Staaten zu ermöglichen, sieht das Lugano-Übereinkommen einheitliche und einfache Vorschriften zur Anerkennung und Vollstreckung sowie für das Anerkennungs- und Vollstreckbarerklärungsverfahren vor. Der Anwendungsbereich dieses dritten Titels des Lugano-Übereinkommens

---

3 Botschaft zum revLugÜ, S. 1807.
4 GROLIMUND/SCHNYDER, zu Art. 1 IPRG, in: BSK, N. 34.
5 Art. 1 LugÜ.
6 Vgl. in der vorliegenden Arbeit unter § 3.III.5.a), S. 33 ff.

umfasst alle Entscheide aus einem gebundenen Staat im sachlichen Anwendungsbereich des Übereinkommens.[7]

II. Entstehung des Lugano-Übereinkommens

Von den sechs Gründungsstaaten[8] der Europäischen Wirtschaftsgemeinschaft wurde zur Verwirklichung des Binnenmarkts ein einheitliches Anerkennungs- und Vollstreckungsverfahren für Urteile aus den Mitgliedstaaten als unabdingbar erachtet:

> *„Ein echter Binnenmarkt zwischen den sechs Staaten wird erst dann verwirklicht sein, wenn ein ausreichender Rechtsschutz gewährleistet ist. Es wären Störungen und Schwierigkeiten im Wirtschaftsleben der Gemeinschaft zu befürchten, wenn die sich aus den vielfältigen Rechtsbeziehungen ergebenden Ansprüche nicht erforderlichenfalls auf dem Rechtsweg festgestellt und durchgesetzt werden könnten. Da die Gerichtshoheit in Zivil und Handelssachen bei den Mitgliedstaaten liegt und die Wirkungen eines gerichtlichen Akts jeweils auf ein bestimmtes Staatsgebiet beschränkt bleiben, hängt der Rechtsschutz und damit die Rechtssicherheit im Gemeinsamen Markt wesentlich von der Annahme einer befriedigenden Regelung der Anerkennung und Vollstreckung gerichtlicher Entscheidungen durch die Mitgliedstaaten ab[9].“*

Die Mitgliedstaaten kamen daher in Art. 220 des Vertrages zur Gründung der Europäischen Wirtschaftsgemeinschaft vom 25. März 1957 überein, soweit erforderlich, untereinander Verhandlungen einzuleiten, um zugunsten ihrer Staatsangehörigen die Vereinfachung der Förmlichkeiten für die gegenseitige Anerkennung und Vollstreckung richterlicher Entscheidungen sicherzustellen. Die ursprüngliche Intention war die Begründung eines verbindlichen Anerkennungs- und Vollstreckungsverfahrens, welches die Durchsetzung von gerichtlich festgestellten Ansprüchen in anderen Mitgliedstaaten gewährleistet[10]. Im Rahmen des Übereinkommens von Brüssel

---

7 Zum Ganzen WALTER/DOMEJ, S. 457 f.

8 Belgien, Frankreich, Italien, Luxemburg, die Niederlande und die Bundesrepublik Deutschland.

9 Mitteilung der Kommission der Europäischen Wirtschaftsgemeinschaft vom 22. Oktober 1959, abgedruckt im Jenard-Bericht, S. 3.

10 Zum Ganzen BUHR, Zur Funktionsweise der Brüssel I-Verordnung im internationalen Rechtssystem, S. 15.

vom 27. September 1968 über die gerichtliche Zuständigkeit und die Vollstreckung gerichtlicher Entscheidungen in Zivil- und Handelssachen (EuGVÜ) wurde mit dem Exequaturverfahren die erleichterte Anerkennung und Vollstreckung von Entscheidungen aus Vertragsstaaten sodann umgesetzt.

Das Lugano-Übereinkommen über die gerichtliche Zuständigkeit und die Vollstreckung gerichtlicher Entscheidungen in Zivil- und Handelssachen vom 16. September 1988 (Lugano-Übereinkommen 1988), welches für die Schweiz am 1. Januar 1992 in Kraft getreten ist, wurde als Parallelübereinkommen zum EuGVÜ konzipiert[11]. Zweck des Parallelübereinkommens war es, die damaligen EFTA-Staaten Finnland, Island, Norwegen, Österreich, Schweden sowie die Schweiz in das durch das EuGVÜ geschaffene europäische Zivilprozessrecht zu integrieren. Das Lugano-Übereinkommen 1988 gab Staaten ohne Mitgliedschaft in der Europäischen Gemeinschaft die Option, an der vereinheitlichten europäischen Zuständigkeits-, Anerkennungs- und Vollstreckungsordnung zu partizipieren[12]. Es handelte sich jedoch beim Lugano-Übereinkommen 1988 nicht um einen blossen EFTA-Nachvollzug von zuvor erlassenem EG-Recht[13]. Vielmehr hatte das Lugano-Übereinkommen in einigen, für die EFTA-Staaten bedeutenden Punkten vom EuGVÜ unabhängige Lösungen vorgesehen[14]. Trotzdem entsprach das Lugano-Übereinkommen von 1988 in seinem Aufbau, seiner Systematik sowie auch in weiten Teilen in seinen materiellen Bestimmungen grundsätzlich dem EuGVÜ[15].

III. Revision des Lugano-Übereinkommens 1988

1. Allgemeines

Durch das Inkrafttreten des Amsterdamer Vertrags ist gestützt auf Art. 65 EGV die Kompetenz zum Erlass von Normen im Bereich der justiziellen Zusammenarbeit von der ersten in die dritte Säule der Europäischen Union verlegt und dadurch *„vergemeinschaftet"* worden. Neu war die Europäische Gemeinschaft für den Erlass einer Gemeinschaftsmassnahme im

---

11 SCHNYDER/LIATOWITSCH, Rz. 296.

12 MARKUS, zu Vor Art. 1 LugÜ, in: SHK, N. 1 ff.; BUHR, Europäischer Justizraum und revidiertes Lugano-Übereinkommen, S. 172.

13 Botschaft zum aLugÜ, S. 274.

14 Botschaft zum aLugÜ, S. 274.

15 MARKUS, zu Vor Art. 1 LugÜ, in: SHK, N. 8.

Bereich der Justizzusammenarbeit in Zivil- und Handelssachen zuständig. Im Zuge dieser Vergemeinschaftung konnte die revidierte Fassung der EuGVÜ in eine EG-Verordnung, die Verordnung (EG) Nr. 44/2001 des Rates über die gerichtliche Zuständigkeit und die Anerkennung und Vollstreckung von Entscheidungen in Zivil- und Handelssachen (Verordnung (EG) Nr. 44/2001, auch EuGVO, EuGVVO, Brüssel-I-Verordnung), überführt werden[16]. Die Fassung der Verordnung (EG) Nr. 44/2001 wies dabei auch Neuerung gegenüber der EuGVÜ auf. Bei der Verordnung (EG) Nr. 44/2001 handelte es sich um eine Verordnung im Sinne von Art. 247 Abs. 2 EGV, so dass die Verordnung nicht in das nationale Recht umgesetzt werden musste, unmittelbar Geltung beanspruchte und als sekundäres Gemeinschaftsrecht einzustufen war[17].

Um das Lugano-Übereinkommen an die Verordnung (EG) Nr. 44/2001 anzupassen und die Parallelität wiederherzustellen, musste dieses revidiert werden. Am 12. Oktober 2006 konnte anlässlich einer diplomatischen Konferenz in Lugano der grundsätzlich bereinigte Text der revidierten Fassung des Lugano-Übereinkommens verabschiedet werden[18]. Die Unterzeichnung des Vertrages fand an einer weiteren diplomatischen Konferenz in Lugano am 30. Oktober 2007 statt[19]. Am 18. Mai 2009 ratifizierte die Europäische Gemeinschaft mit Geltung für alle Staaten der Europäischen Union – mit Ausnahme von Dänemark – das revidierte Lugano-Übereinkommen[20].

Die Vernehmlassungsfrist zum revidierten Lugano-Übereinkommen lief in der Schweiz zwischen dem 30. Mai und dem 12. September 2008, wobei die Revision des Übereinkommens in der Vernehmlassung durchwegs als positiv erachtet wurde. Zu Diskussionen Anlass gaben vielmehr die Änderungen in der nationalen Einführungsgesetzgebung, also im Bundesgesetz über Schuldbetreibung und Konkurs, der Schweizerischen Zivilprozessordnung

---

16 Dazu DALLAFIOR/GÖTZ STAEHELIN, S. 105; mit weiteren Hinweisen OETIKER/WEIBEL, Einleitung LugÜ, in: BSK, N. 18; KROPHOLLER/VON HEIN, Einleitung EuGVO, in: Europäisches Zivilprozessrecht, N. 22; MARKUS, zu Vor Art. 1 LugÜ, in: SHK, N. 13.

17 Vgl. ausführlicher dazu wie auch zur besonderer Situation mit Dänemark und mit weiteren Hinweisen OETIKER/WEIBEL, Einleitung LugÜ, in: BSK, N. 22 ff.

18 OETIKER/WEIBEL, Einleitung LugÜ, in: BSK, N. 29.

19 Botschaft zum revLugÜ, S. 1785.

20 Dazu OETIKER/WEIBEL, Einleitung LugÜ, in: BSK, N. 31, WAGNER/JANZEN, S. 300.

sowie dem Bundesgesetz über das internationale Privatrecht[21]. Ratifiziert hat die Schweiz das revidierte Lugano-Übereinkommen mit Datum vom 20. Oktober 2010.

Das revidierte Lugano-Übereinkommen trat nach entsprechender Ratifikation am 1. Januar 2010 zwischen Dänemark, Norwegen und der Europäischen Union in Kraft. Zwischen der Schweiz und den vorstehend genannten Staaten ist das Übereinkommen seit dem 1. Januar 2011 und für Island, welches das Lugano-Übereinkommen 2007 als letzter Staat am 25. Februar 2011 ratifizierte, seit dem 1. Mai 2011 in Kraft[22].

Die Verordnung (EG) Nr. 44/2001 sollte aber nur ein Zwischenschritt auf dem Weg zu einem einheitlichen europäischen Justizraum darstellen. Das langfristige Ziel ist weiterhin die Schaffung einer gänzlichen Freizügigkeit aller gerichtlichen Entscheide sowie sonstigen Vollstreckungstiteln in der Europäischen Union[23]. In diese Richtung ging denn auch die Revision der Verordnung (EG) Nr. 44/2001.

Die Europäische Union hat am 12. Dezember 2012 die revidierte Fassung der Verordnung über die gerichtliche Zuständigkeit und die Anerkennung und Vollstreckung von Entscheidungen in Zivil- und Handelssachen[24] verabschiedet, welche am 10. Januar 2015 in Kraft getreten ist. Bei dieser Verordnung handelt es sich wiederum um eine EU-Verordnung und entsprechend um sekundäres Gemeinschaftsrecht[25].

---

21 Vgl. für eine Übersicht über die Ergebnisse des Vernehmlassungsverfahrens sowie für für einen Verweis auf die Vernehmlassungsunterlagen Botschaft zum rev-LugÜ, S. 1786 f.; OETIKER/WEIBEL, Einleitung LugÜ, in: BSK, N. 31. Für einen Überblick über die Anpassungen im innerstaatlichen Recht vgl. in der vorliegenden Arbeit unter § 5.I, S. 133 ff.

22 Dazu MARKUS, zu Vor Art. 1 LugÜ, in: SHK, N. 18.

23 GEIMER/GEIMER/GEIMER, Einleitung EuGVVO, in: Europäisches Zivilverfahrensrecht, N. 1.

24 Verordnung (EU) Nr. 1215/2012 des Europäischen Parlaments und des Rates vom 12. Dezember 2012 über die gerichtliche Zuständigkeit und die Anerkennung und Vollstreckung von Entscheidungen in Zivil- und Handelssachen, Abl. (EU) L 351 vom 20. Dezember 2012, S. 1-32.

25 MARKUS, Die revidierte europäische Gerichtsstandsverordnung, S. 800 f.

2. Ziele der Revision

a) *Die Ziele im Allgemeinen*

Im Rahmen der Revision des Lugano-Übereinkommens 1988 war es den gebundenen Staaten ein Anliegen, die bisherigen Strukturen und Leitprinzipien sowie die darauf basierende Rechtsprechung zu respektieren[26]. Das Bestreben war entsprechend eine punktuelle Optimierung – und nicht eine Abkehr – der bisherigen bewährten Regeln[27].

Als Leitplanke der Revision hatte das Gebot des *effet utile* einen wesentlichen Einfluss. Gemäss diesem Gebot waren die Arbeiten auf Punkte zu begrenzen, welche in der Praxis Anwendungsprobleme mit sich gebracht haben, und es sollte nicht eine *„funktionierende"* Regelung um der Ästhetik oder der Änderung willen überarbeitet werden[28].

Konkretes Ziel der Überarbeitung des Lugano-Übereinkommens 1988 war eine Erhöhung der Rechtssicherheit, eine Verbesserung der Vorhersehbarkeit bei der direkten Zuständigkeit sowie eine Straffung des Systems der Anerkennung und Vollstreckung[29]. Wobei die Revision kompromisstauglich ausgestaltet werden musste, da die beschlossenen Neuerungen einem Einstimmigkeitserfordernis unterlagen[30].

b) *Parallelität zur Verordnung (EG) Nr. 44/2001 im Speziellen*

Durch den Erlass der Verordnung (EG) Nr. 44/2001 haben sich die Regelungen des Lugano-Übereinkommens 1988 und die der Verordnung (EG) Nr. 44/2001 weiter auseinander entwickelt. Eines der wesentlichen Ziele der Revision des Lugano-Übereinkommens 1988 war denn auch, diese Divergenzen zu beseitigen und damit die Parallelität der Regelwerke wieder zu

---

26 Kommission, Wege zu einer effizienteren Erwirkung und Vollstreckung von gerichtlichen Entscheidungen in der Europäischen Union, S. 8, N. 15.

27 OETIKER/WEIBEL, Einleitung LugÜ, in: BSK, N. 93. In der Botschaft findet sich denn auch die Aussage, dass das revidierte Lugano-Übereinkommen *„in zahlreichen Bereichen Verbesserungen, Klarstellungen und Vereinfachungen"* gegenüber dem alten Übereinkommen enthalte. Vgl. Botschaft zum revLugÜ, S. 1783.

28 MARKUS, Revidierte Übereinkommen von Brüssel und Lugano, S. 206; MARKUS, Schwerpunkte des neuen LugÜ, S. 36; MARKUS, zu Vor Art. 1 LugÜ, in: SHK, N. 19.

29 MARKUS, zu Vor Art. 1 LugÜ, in: SHK, N. 19; OETIKER/WEIBEL, Einleitung LugÜ, in: BSK, N. 98 f.

30 OETIKER/WEIBEL, Einleitung LugÜ, in: BSK, N. 94.

gewährleisten[31]. Ein weiteres Ziel war es die Rechtsprechung des Europäischen Gerichtshofes zwischen 1988 und 2007 nachzuvollziehen[32].

Die Artikelnummerierung des revidierten Lugano-Übereinkommens entsprach derjenigen in der Verordnung (EG) Nr. 44/2001. Mit dieser Angleichung wurde die Parallelität wieder hergestellt, so dass damit die Zitierweise, der Vergleich und der Bezug auf die Rechtsprechung erleichtert werden konnte[33]. Mit der Totalrevision der Verordnung (EG) Nr. 44/2001 zur Verordnung (EU) Nr. 1215/2012 wurde jedoch die Artikelnummerierung sowie auch zu einem grossen Teil der Text erneut geändert[34].

3. Wichtigste Neuerungen der Revision

Zu den materiell wesentlichen Punkten der Revision des Lugano-Übereinkommens 1988 gehörten namentlich die vertragsautonome Definition des Erfüllungsortes bei Vertragsstreitigkeiten, die Erweiterung für Deliktsklagen in Art. 5 Ziff. 3 LugÜ, die Verstärkung des Versichertenschutzes, des Arbeitsnehmerschutzes und des Konsumentenschutzes, Anpassungen bei der Gerichtsstandsvereinbarung, die vertragsautonome Festlegung des Zeitpunkts des Eintritts der Rechtshängigkeit, die vertragsautonome Definition des Sitzes von juristischen Personen sowie – für die vorliegende Arbeit von besonderem Interesse – die Straffung des Anerkennungs- und Vollstreckungsverfahrens[35].

Die Revision führte ausserdem zu einer Erweiterung des räumlichen Anwendungsbereichs auf diejenigen Staaten, welche im Zuge der Osterweiterung der Europäischen Union beigetreten sind[36].

---

31 Zu den Differenzen vgl. GAUDEMET-TALLON, S. 538 ff.

32 Botschaft zum revLugÜ, S. 1783; DALLAFIOR/GÖTZ STAEHELIN, S. 106; MEIER ISAAK, S. 14.

33 Dazu Botschaft zum revLugÜ, S. 1783; DALLAFIOR/GÖTZ STAEHELIN, S. 106; MARKUS, Revidierte Übereinkommen von Brüssel und Lugano, S. 206.

34 OETIKER/WEIBEL, Einleitung LugÜ, in: BSK, N. 97.

35 Dazu Ergebnisbericht Revision Lugano-Übereinkommen, S. 2; ausführlicher zu den einzelnen Revisionspunkten OETIKER/WEIBEL, Einleitung LugÜ, in: BSK, N. 100 ff.; ferner ausführlich zu den Neuerungen vgl. in der vorliegenden Arbeit unter § 3.II, S. 23 f.

36 BOLLER, Der neue Arrestgrund, S. 187.

§ 2 Die Vollstreckbarerklärung und Sicherung nach dem Lugano-Übereinkommen 1988 und ihre Umsetzung in der Schweiz

I. Vorgaben des Lugano-Übereinkommens

Im Lugano-Übereinkommen 1988 wurde die Vollstreckbarerklärung unter dem Titel *„Vollstreckung“* in den Art. 31 – 45 aLugÜ normiert. Der Titel *„Vollstreckung“* ist dabei nicht ganz exakt. Das Lugano-Übereinkommen 1988 regelte in diesem Abschnitt die Vollstreckbarerklärung und nicht die Vollstreckung als solche; die eigentliche Vollstreckung des ausländischen Entscheids richtete sich nach dem jeweiligen anwendbaren nationalen Recht[37].

Die erste Bestimmung unter dem Abschnitt *„Vollstreckung“* in Art. 31 Abs. 1 aLugÜ besagte, die in einem durch das Lugano-Übereinkommen 1988 gebundenen Staat ergangene Entscheidung werde in einem anderen gebundenen Staat vollstreckt, falls die Entscheidung im Erststaat vollstreckbar und im Zweitstaat auf Antrag eines Berechtigten für vollstreckbar erklärt worden sei. Daraus folgte, dass ein Lugano-Entscheid in einem anderen gebundenen Staat nur dann vollstreckt werden konnte, wenn der zu vollstreckende Entscheid durch ein Gericht dieses Staates für vollstreckbar erklärt worden ist[38]. Das Übereinkommen schrieb für sämtliche Entscheidungen, welche von seinem Anwendungsbereich erfasst wurden, ein der eigentlichen Vollstreckung vorangehendes Exequaturverfahren vor und normierte die Grundzüge des Verfahrens[39].

Die gebundenen Staaten mussten aufgrund der Vorschriften des Lugano-Übereinkommens 1988 ihr Vollstreckungsverfahrenverfahren wie folgt organisieren[40]:

---

37 EuGH, Éric Coursier/Fortis Bank SA und Martine Bellami, Urteil vom 29. April 1999, Rs. C-267/97, Slg. 1999, S. I-2543 ff., N. 28; EuGH, Deutsche Genossenschaftsbank/Brasserie du Pêcheur, Urteil vom 2. Juli 1985, Rs. 148/84, Slg. 1985, S. 1981 ff., N. 18; Botschaft zum aLugÜ, S. 326, Ziff. 237.1; JAMETTI GREINER, S. 72; STAEHELIN/BOPP, zu Art. 38 LugÜ, in: SHK, N. 1 f.

38 WITSCHI, S. 33 f.

39 JAMETTI GREINER, S. 73.

40 Zum Ganzen RODRIGUEZ, S. 1551.

- Für ein Vollstreckungsverfahren durfte einzig die Vollstreckbarerklärung im Vollstreckungsstaat verlangt werden. Für eine solche Vollstreckbarerklärung wurde das Vorliegen einer Entscheidung im Sinne von Art. 25 aLugÜ, das Ausbleiben eines Anerkennungsverweigerungsgrunds gemäss Art. 27 f. aLugÜ[41], die Vollstreckbarkeit der Entscheidung im Entscheidungsstaat[42] sowie und die korrekte Zustellung[43] des Entscheids vorausgesetzt[44].
- Der Berechtigte musste seinen Antrag unter Beilage der in Art. 46 f. aLugÜ genannten Urkunden[45] bei der in Art. 32 Abs. 1 aLugÜ genannten Behörde[46] einreichen.
- In Art. 32 Abs. 2 aLugÜ wurde das Gericht am Wohnsitz des Schuldners, oder subsidiär falls dieser keinen Wohnsitz im Vollstreckungsstaat hatte, das Gericht am Vollstreckungsort für örtlich zuständig erklärt.
- Das Verfahren musste ein einseitiges Verfahren ohne Anhörung des Schuldners sein und die Entscheidung hatte unverzüglich zu erfolgen. Die erste Instanz konnte den Antrag nur dann ablehnen, wenn ein Anerkennungsverweigerungsgrund im Sinne von Art. 27 f. aLugÜ einschlägig war oder wenn die Entscheidung im Ursprungsstaat nicht vollstreckbar war. Keinesfalls durfte das mit der Vollstreckbarerklärung betraute Gericht die ausländische Entscheidung in der Sache selbst nachprüfen[47].

---

41 Art. 34 Abs. 2 aLugÜ.

42 Art. 31 Abs. 1 aLugÜ.

43 Art. 47 Ziff. 1 aLugÜ.

44 Staehelin Daniel, zu Art. 31 aLugÜ, in: SHK, 1. Auflage, N. 13.

45 Ausfertigung der Entscheidung; bei einer im Versäumnisverfahren ergangenen Entscheidung die Urschrift oder eine beglaubigte Abschrift der Urkunde, aus der sich ergibt, dass das den Rechtsstreit einleitende Schriftstück oder ein gleichwertiges Schriftstück der säumigen Partei zugestellt worden ist; Urkunden, aus denen sich ergibt, dass die Entscheidung nach dem Recht des Ursprungsstaats vollstreckbar ist und dass sie zugestellt worden ist; gegebenenfalls eine Urkunde, durch die nachgewiesen wird, dass der Antragsteller Prozesskostenhilfe im Ursprungsstaat erhält.

46 In der Schweiz war das bei Entscheidungen, die zu einer Geldleistung verpflichten, der Rechtsöffnungsrichter und bei Entscheidungen, die nicht auf Zahlung eines Geldbetrages lauten, der zuständige kantonale Vollstreckungsrichter.

47 Art. 34 aLugÜ.

- Gegen den Exequaturentscheid wurde im Übereinkommen ein eigenes und geschlossenes jedoch nicht vollständig normiertes Rechtsmittelsystem vorgesehen[48]. Das Rechtsmittel war in der Schweiz beim Kantonsgericht – gemeint war das obere kantonale Gericht – einzulegen[49]. Die Dauer der Rechtsmittelfrist wurde vom Übereinkommen selber nur für den Rechtsbehelf des Schuldners festgelegt[50].
- Art. 39 aLugÜ gab dem Gläubiger bei erstinstanzlich erteilter Vollstreckungbarerklärung das Recht, unmittelbar und ohne ein weiteres Verfahren durchlaufen zu müssen, Sicherungsmassnahmen zu verlangen[51].

II. Umsetzung in der Schweiz

Das Lugano-Übereinkommen 1988 unterschied im Gegensatz zum Schweizer Recht nicht zwischen der Vollstreckung von Ansprüchen auf Geldleistung und der Vollstreckung von Ansprüchen auf andere Leistungen. Im Zuge der Ratifikationsvorlage vom 21. Februar 1990 zu Art. 32 aLugÜ gab die Schweiz eine Erklärung ab, welche diese Dualität im innerstaatlichen Vollstreckungsrecht der Schweiz widerspiegelte. Sachlich zuständig für eine Vollstreckbarerklärung war in der Schweiz demnach bei Entscheidungen, die zu einer Geldzahlung verpflichteten, der Rechtsöffnungsrichter und bei Entscheidungen, die nicht auf Zahlung eines Geldbetrags lauteten, der zuständige kantonale Vollstreckungsrichter. Neben dieser sachlichen Zuständigkeit wurde – gestützt auf die Erklärung der Schweiz – in Art. 32 Abs. 1 lit. a aLugÜ ferner normiert, dass der Antrag auf Vollstreckbarerklärung *„in der Schweiz für Entscheidungen, die zu einer Geldzahlung verpflichten, an den Rechtsöffnungsrichter im Rahmen des Rechtsöffnungsverfahrens nach den Artikeln 80 und 81 des Bundesgesetzes über Schuldbetreibung und Konkurs"* zu richten sei. Dieser Umstand sorgte für grosse Auslegungsschwierigkeiten.

Sowohl im Zusammenhang mit dem Inkrafttreten des Lugano-Übereinkommens 1988 wie auch im Rahmen der Revision des Bundesgesetzes über

---

48 Art. 36 ff. aLugÜ. STAEHELIN DANIEL, zu Art. 36 aLugÜ, in: SHK, 1. Auflage, N. 1.

49 Art. 37 Abs. 1 aLugÜ.

50 Vgl. Art 36 aLugÜ.

51 EuGH, P. Capelloni, F. Aquilini/J. C. J. Pelkmans, Urteil vom 3. Oktober 1985, Rs. C-119/84, Slg. 1985, S. 3147 ff., N 23 ff.; STAEHELIN DANIEL, zu Art. 39 aLugÜ, in: SHK, 1. Auflage, N. 4 ff.

Schuldbetreibung und Konkurs von 1994 wurde davon abgesehen, eine Einführungsgesetzgebung und eine Anpassung des Bundesgesetzes an das Lugano-Übereinkommen 1988 vorzunehmen. Dies hatte eine offensichtliche Diskrepanz zwischen den Vorgaben des Lugano-Übereinkommens 1988 und dem in Art. 32 aLugÜ für Entscheidungen, die zu einer Geldzahlung verpflichten, einschlägigen Rechtsöffnungsverfahren zur Folge. Insbesondere sind folgende Unvereinbarkeiten hervorzuheben:

- Beim damals für eine Vollstreckbarerklärung eines zu einer Geldzahlung verpflichtenden Urteils anwendbaren Rechtsöffnungsverfahren handelt es sich um ein kontradiktorisches Verfahren. Das Lugano-Übereinkommen 1988 forderte demgegenüber ausdrücklich ein einseitiges Antragsverfahren.
- Die Durchführung eines Rechtsöffnungsverfahrens gemäss dem Bundesgesetz über Schuldbetreibung und Konkurs bedingt die Einleitung einer Betreibung. Durch die Zustellung des Zahlungsbefehls an den Schuldner wurde aber der vom Übereinkommen vorgesehene Überraschungseffekt vereitelt.
- Gemäss dem Lugano-Übereinkommen 1988 konnte der Schuldner nach Art. 37 aLugÜ beim Kantonsgericht einen Rechtsbehelf gegen die Vollstreckbarerklärung einlegen. Dasselbe Recht hatte der Gläubiger gemäss Art. 40 aLugÜ, wenn sein Antrag abgelehnt wurde. Die Fristen, die das Übereinkommen für das Rechtsmittel des Schuldners normierte[52], unterschieden sich jedoch von den Rechtsmittelfristen der meisten kantonalen Prozessordnungen[53] und es war ferner den Kantonen überlassen, überhaupt ein ordentliches Rechtsmittel gegen einen Exequaturentscheid vorzusehen[54].
- Im Rechtsöffnungsverfahren gemäss dem Bundesgesetz über Schuldbetreibung und Konkurs gab es kein Sicherungsmittel für

---

52 Das Übereinkommen regelte die Fristen für das Rechtsmittel des Gläubigers nicht.

53 In der Regel sah das kantonale Prozessrecht wesentlich kürzere Fristen von fünf bis zehn Tagen vor. Das Bundesgericht hielt in BGE 125 III 386 fest, dass es nicht wilkürlich sei, anzunehmen, dass das kantonale Prozessrecht und nicht Art. 36 LugÜ die Frist für den Rechtsbehelf gegen den Rechtsöffnungsentscheid (bei einer Vollstreckbarerklärung im Rahmen der definitven Rechtsöffnung) festlege. Das kantonale Recht könne dabei auf die Bestimmung des Lugano-Übereinkommens verweisen. Vgl. dazu ATTESLANDER-DÜRRENMATT, S. 183 und Fn. 30.

54 BGE 104 II 141, E. 2; BGE 101 III 40; E. 2; BGE 47 III 67.

den Gesuchsteller, welches den Vorgaben von Art. 39 aLugÜ entsprach[55].

Auf diese Unstimmigkeit hat die Lehre[56] in etlichen Publikationen aufmerksam gemacht und war gemeinsam mit der Rechtsprechung[57] bestrebt, Lösungen zu finden. Die Rechtslage in der Schweiz war unter dem Lugano-Übereinkommen 1988 von grossen Unsicherheiten und Unterschieden geprägt[58].

- Einer der kontrovers diskutierten Punkte war die Auslegung von Art. 32 Abs. 1 lit. a aLugÜ.
  Die Mindermeinung[59] folgte der vom Bundesrat in der Botschaft[60] vertretenen Ansicht, welche davon ausgegangen ist, dass sich die Schweiz in Art. 32 Abs. 1 lit. a aLugÜ das Rechtsöffnungsverfahren als Exequaturverfahren im Sinne des Lugano-Übereinkommens 1988 vorbehielt.
  Die überwiegende Meinung[61] vertrat jedoch die Auffassung, dass dem Schuldner wahlweise zwei Wege zur Verfügung standen, seinen Anspruch auf Geldzahlung durchzusetzen. Art. 32 Abs. 1

---

55 Zum Ganzen ATTESLANDER-DÜRRENMATT, S. 182 f.; RODRIGUEZ, S. 1551 f.

56 ATTESLANDER-DÜRRENMATT, S. 182 ff.; EDELMANN, S. 391 ff.; GASSMANN, Arrest im internationalen Rechtsverkehr, S. 188 ff.; JERMINI/GAMBA, S. 446 ff.; LEUENBERGER, S. 965 ff. und 971 ff.; NAEF, L`exécution des jugements et des titres authentiques sous l`angle du principe d`égalité, S. 330 ff. und 337 ff.; NAEF, Die Anpassung des SchKG an das revidierte LugÜ, S. 2, Rz. 1 ff.; NAEGELI/VETTER, S. 1317 ff.; OTTOMANN, S. 271 ff.; STAEHELIN DANIEL, zu Art. 39 LugÜ, in: SHK, N. 16 ff.; STAEHELIN MATTHIAS, zu Art. 30a SchKG, in: BSK, N. 36 ff.; STOFFEL, Das Verfahren zur Anerkennung handelsrechtlicher Entscheide nach dem Lugano-Übereinkommen, S. 110 ff.; WALTER, Zur Sicherungsvollstreckung gemäss Art. 39 des Lugano-Übereinkommens, S. 92 ff.

57 BGE 126 III 438, E. 4; BGer 4P.48/2002; BGE 131 III 660; BGer 5A_79/2008, BGer 5A_530/2008; vgl. für weitere Entscheide die Entscheidzusammenstellung unter http://arrestpraxis.vischer.com/index.php?id=311&L=0 (letztmals besucht am 31. Januar 2017).

58 Zum Ganzen ATTESLANDER-DÜRRENMATT, S. 182 ff; GRÄMIGER, S. 37 f.; RODRIGUEZ, S. 1552.

59 GILLIÉRON, S. 73 ff. Für weitere Literaturhinweise vgl. WALTER, Internationales Zivilprozessrecht der Schweiz, S. 473, Fn. 160. Für diesbezügliche Rechtsprechung in den Kantonen vgl. ATTESLANDER-DÜRRENMATT, S. 182, Fn. 20.

60 Botschaft zum aLugÜ, S. 327.

61 JAMETTI GREINER, S. 75, Fn. 115; KELLERHALS, Umsetzung des Lugano-Übereinkommens ins kantonale Recht, S. 79; LEUENBERGER, S. 967. Für diesbezügliche Rechtsprechung und/oder Gesetzgebung in den Kantonen vgl. ATTESLANDER-DÜRRENMATT, S. 182, Fn. 21.

lit. a aLugÜ war nach dieser Auslegung in dem Sinne zu verstehen, dass das in der Schweiz gängige Rechtsöffnungsverfahren bestehen bleiben konnte, aber zusätzlich noch ein mit den Bestimmungen des Lugano-Übereinkommens 1988 konformes Exequaturverfahren bereit gestellen werden musste. Das Bundesgericht[62] bestätigte diese zweite Auffassung und hielt fest, dass das Lugano-Übereinkommen 1988 in Art. 32 aLugü einen direkten Anspruch auf ein einseitiges und selbstständiges Exequaturverfahren vor dem für das Rechtsöffnungsverfahren zuständigen Gericht gewährte.
In der Praxis bedeutete dies für den Berechtigten aus einem auf Geldzahlung lautenden Lugano-Entscheid, dass er die Wahl zwischen zwei Vorgehensweisen hatte: Die erste Möglichkeit war, Betreibung einzuleiten und im Verfahrensabschnitt der Rechtsöffnung vorfrageweise die Vollstreckbarerklärung des Lugano-Entscheids zu beantragen[63]. Bei dieser vorfrageweisen Vollstreckbarerklärung wurden die Verfahrensvorschriften des Lugano-Übereinkommens 1988 nach Art. 31 ff. aLugÜ nicht herangezogen. Die zweite Möglichkeit war, die Vollstreckbarerklärung unabhängig vom Rechtsöffnungsverfahren in einem selbstständigen Exequatuerverfahren zu verlangen, wobei sich dieses Verfahren nach den Vorgaben des Übereinkommens richtete.

- Manche Kantone glichen die Rechtsmittelfristen im Rechtsöffnungsverfahren den Fristen des Lugano-Übereinkommens 1988 an. Andere Kantone jedoch brachten ungeachtet den Vorschriften des Übereinkommens die Fristen des Bundesgesetzes über Schuldbetreibung und Konkurs zur Anwendung und führten als Argument der Konformität mit dem Lugano-Übereinkommen 1988 die Möglichkeit des selbstständigen Exequaturverfahrens an.
- Die grössten Differenzen bestanden im Rahmen des vorsorglichen Rechtsschutzes. In der Schweiz fand keine Umsetzung in das nationale Recht statt, so dass es keine explizite gesetzliche Grundlage für die in Art. 39 aLugÜ vorgesehene Sicherungsvollstreckung gab. Die Konsequenz daraus war, dass auf bereits bestehende Sicherungsmit-

---

62 BGer 5A_634/2008. Vgl. Besprechungen dieses Bundesgerichtsentscheids von OPPATJA sowie von SCHWANDER IVO, Exequatur für Entscheidungen nach Lugano Übereinkommen, S. 655 ff.

63 Zur Möglichkeit Vollstreckbarerklärung im Rechtsöffnungsverfahren als selbstständiger Teil des Dispositivs vgl. STAEHELIN DANIEL, zu Art. 34 aLugÜ, in: SHK, 1. Auflage, N. 18 ff.

tel abgestellt werden musste. Dabei stellte das Schweizer Schuldbetreibungs- und Konkursrecht einem Gläubiger einer Geldforderung mehrere Sicherungsmittel zur Verfügung. Für die Umsetzung von Art. 39 aLugÜ wurden gleichzeitig der Arrest[64], das Güterverzeichnis[65] oder die provisorische Pfändung[66] erwogen. Welches von diesen Sicherungsmitteln sich am besten als Grundlage für eine Umsetzung von Art. 39 aLugÜ eignete, war in der Lehre jedoch stark umstritten[67]. Daneben vermochte sich auch keine einheitliche nationale Praxis herauszubilden. Die Praxis war vielmehr sogar teilweise innerhalb eines Kantons unterschiedlich[68].
Das Bundesgericht hatte (oder nutzte) nie die Gelegenheit, sich zu dieser Kontroverse zu äussern[69]. Es äusserte sich zum Arrest als Sicherungsmittel gemäss dem Lugano-Übereinkommen 1988 insofern, als es dessen Anordnung als nicht willkürlich schützte[70]. Aus diesem Entscheid des Bundesgerichts ging jedoch auch klar hervor, dass auch andere Sicherungsmittel vor der Willkürprüfung Bestand hätten[71].

Zusammenfassend ist also festzuhalten, dass – neben einer grosser Rechtsunsicherheit und einer stark divergierenden Praxis – die Umsetzung der Vorgaben aus dem Lugano-Übereinkommen 1988 in das Schweizer Recht beträchtlich Schwierigkeiten bereitete und auch nie eine einheitliche Umsetzung stattgefunden hat[72].

---

64 Für den Arrest entschieden sich namentlich Gerichte in den folgenden Kantonen: Aargau, Basel-Landschaft, Freiburg, Genf, Luzern, Nidwalden, Schaffhausen, Solothurn, Schwyz, Tessin, Wallis, Zürich. Vgl. dazu und für eine Zusammenstellung der kantonalen Entscheide HOFMANN/KUNZ, zu Art. 47 LugÜ, in: BSK, N. 141.

65 Das Güterverzeichnis wurde insbesondere von Gerichten in Basel-Landschaft und Basel-Stadt angeordnet. Vgl. dazu und für kantonalen Entscheide HOFMANN/KUNZ, zu Art. 47 LugÜ, in: BSK, N. 146.

66 Für die provisorische Pfändung entschieden sich namentlich Gerichte in den folgenden Kantonen: Graubünden, Luzern, Schwyz, Tessin, Thurgau. Vgl. dazu und für eine Zusammenstellung der kantonalen Entscheide HOFMANN/KUNZ, zu Art. 47 LugÜ, in: BSK, N. 144.

67 Dazu ausführlich ATTESLANDER-DÜRRENMATT, S. 187 ff.

68 Für eine Übersicht über die kantonale Rechtsprechung vgl. ATTESLANDER-DÜRRENMATT, S. 192, Fn. 136.

69 Vgl. BGE 126 III 438, E. 4.a mit Hinweis auf BGer 5P.151/1996.

70 BGE 126 III 438, E. 4.b.

71 Dazu HOFMANN/KUNZ, zu Art. 47 LugÜ, in: BSK, N. 140.

72 So ähnlich auch RODRIGUEZ, S. 1552.

2. Teil: Vollstreckbarerklärung und Sicherung nach dem Lugano-Übereinkommen 2007

§ 3 Vollstreckbarerklärung

I. Allgemeines

1. Bedeutung der Vollstreckbarerklärung

Das Lugano-Übereinkommen 2007 normiert unter dem Titel *„Vollstreckung"*[73] in den Art. 38 – 52 LugÜ die Voraussetzungen sowie das Verfahren für eine Vollstreckbarerklärung ausländischer Entscheide.

Die Vollstreckungswirkung eines fremdländischen Entscheids wird im Geltungsbereich des Lugano-Übereinkommens nicht *ipso iure* anerkannt[74]. Vielmehr muss einem ausländischen Entscheid die Vollstreckbarerklärung erteilt werden, damit der Entscheid zur inländischen Zwangsvollstreckung zugelassen werden kann. Die Vollstreckbarerklärung ergeht dabei vorgängig in einem besonderen Verfahren[75]. Erst nach Erteilung der inländischen Vollstreckbarerklärung hat der ausländische Entscheid alle Wirkungen eines inländischen Entscheids[76].

Das Lugano-Übereinkommen geht vom Grundsatz der Freizügigkeit von Entscheiden aus. Es soll – soweit wie möglich – sichergestellt werden, dass der in einem durch das Übereinkommen gebundenen Staat erstrittene Entscheid in einem anderen gebundenen Staat grundsätzlich nach dessen nationalem Recht[77] zwangsweise vollstreckt werden kann[78]. Diese Freizügigkeit der Entscheide innerhalb der Staaten des Lugano-Übereinkommens muss als

---

73 Zum irreführenden Titel mit weiteren Hinweisen HOFMANN/KUNZ, zu Art. 38 LugÜ, in: BSK, N. 12 ff.; vgl. in der vorliegenden Arbeit unter § 2.I, S. 11 ff.

74 Anders werden andere Urteilswirkungen demgegenüber gemäss der Vorschrift in Art. 33 Abs. 1 LugÜ ohne besondere Anerkennungsverfahren *ipso iure* anerkannt.

75 Art. 38 Abs. 1 LugÜ.

76 Zum Ganzen STAEHELIN/BOPP, zu Art. 38 LugÜ, in: SHK, N. 4.

77 Vgl. in der vorliegenden Arbeit unter § 3.I.2, S. 22 f.

78 Jenard-Bericht, S. 42; EuGH, Eric Coursier/Fortis Bank und Martine Bellami, verheiratete Coursier, Urteil vom 29. April 1999, Rs. C-267/97, Slg. 1999, S. I-2543 ff., N. 25; mit weiteren Hinweisen HOFMANN/KUNZ, zu Art. 38 LugÜ, in: BSK, N. 6; vgl. auch HESS /PFEIFFER/SCHLOSSER, S. 127, Rz. 447, welche diese Vorgabe respektive dieses Ziel des Übereinkommens für verwirklicht halten.

Gegenstück zum Ausschluss von Zweitprozessen über denselben Streitgegenstand verstanden werden. Dem Gläubiger bleibt es demnach zwar versagt, im Vollstreckungsstaat einen zweiten Prozess über die Hauptsache anhängig zu machen[79]. Dafür kann er aber den im Erststaat erlassenen Entscheid im Zweitstaat mittels Vollstreckung zwangsweise durchsetzen[80].

Bei der Zulassung zur inländischen Zwangsvollstreckung handelt es sich um ein titelschaffendes Verfahren[81]. Die Vollstreckbarerklärung ist ein *„eigenständiger gerichtlicher Entscheid“*[82], was insbesondere folgenden Konsequenzen mit sich bringt:

- Vollstreckbarerklärung als Grundlage für die Zwangsvollstreckung im Zweitstaat
  Die Vollstreckbarerklärung im Zweitstaat – und nicht der im Erststaat ergangene Entscheid – stellt den Vollstreckungstitel für das Inland dar und bildet die Grundlage für eine anschliessende Zwangsvollstreckung[83].
- Gleichstellung des für vollstreckbar erklärten erststaatlichen Vollstreckungstitel mit zweitstaatlichen Titeln
  Die Erteilung des Exequaturs bewirkt die Gleichstellung des fremdländischen Entscheids mit einem Titel aus dem Inland respektive Vollstreckungsstaat. Die dem ausländischen Entscheid nach Art. 38 ff. LugÜ durch die inländische Vollstreckbarerklärung verliehene Vollstreckbarkeit ist deckungsgleich mit derjenigen, welche auch einem inländischen Entscheid zukommt[84].
- Streitgegenstand des Vollstreckbarerklärungsverfahrens im Zweitstaat
  Streitgegenstand des Verfahrens im Vollstreckungsstaat ist nicht der dem ausländischen Entscheid zugrunde liegende materiell-rechtliche Anspruch, sondern ausschliesslich der Anspruch des Gläubigers

---

79 Art. 27 LugÜ.

80 Dazu HOFMANN/KUNZ, zu Art. 38 LugÜ, in: BSK, N. 7.

81 HOFMANN/KUNZ, zu Art. 38 LugÜ, in: BSK, N. 15.

82 WALTER/DOMEJ, S. 504. Zur Sondersituation im Vereinigte Königreich vgl. die Bestimmung in Art. 38 Abs. 2 LugÜ.

83 GEIMER/GEIMER/GEIMER, zu Art. 38 EuGVVO, in: Europäisches Zivilverfahrensrecht, N. 6 f.; vgl. in der vorliegenden Arbeit unter § 3.V.2, S. 65.

84 GEIMER/GEIMER/GEIMER, zu Art. 38 EuGVVO, in: Europäisches Zivilverfahrensrecht, N. 8 f.

nach Art. 38 ff. LugÜ auf Erteilung der Vollstreckbarkeit im Inland[85].

- Verfahren auf Vollstreckbarerklärung
  Das Verfahren auf Vollstreckbarerklärung nach den Bestimmungen der Art. 38 ff. LugÜ findet zwischen dem Verfahren in der Hauptsache im Erststaat und der zwangsweisen Vollstreckung im Zweitstaat statt. Es hat den Charakter eines Erkenntnisverfahrens und ist nicht als Vollstreckungsverfahren zu qualifizieren[86].
- Wirkung für das gesamte Gebiet des Zweitstaates
  Wird dem ausländischen Entscheid die Vollstreckbarerklärung erteilt, so wird dieser mittelbar[87] im gesamten Staatsgebiet – nicht aber in anderen gebundenen Staaten – vollstreckbar[88]. Ihre Wirkung entfaltet die Vollstreckbarerklärung demnach nur im Gebiet des Staates, dessen Exequaturgericht sie auch ausgesprochen hat. Es steht dem Titelgläubiger offen, den Entscheid in mehreren gebundenen Staaten für vollstreckbar erklären zu lassen[89], wobei die Exequaturgerichte der einzelnen Staaten dabei untereinander nicht an ihre Entscheide gebunden sind[90].
- Bindende Wirkung für sämtliche Organe des Zweitstaates
  Ein erteiltes Exequatur hat eine bindende Feststellung der Vollstreckbarkeitsvoraussetzungen insbesondere für die Vollstreckungsorgane. Diese können die zwangsweise Durchsetzung des Entscheids somit nicht mit der Begründung verweigern, es sei ein Versagungsgrund gegeben[91].

---

85 GEIMER/GEIMER/GEIMER, zu Art. 38 EuGVVO, in: Europäisches Zivilverfahrensrecht, N. 10.

86 GEIMER/GEIMER/GEIMER, zu Art. 38 EuGVVO, in: Europäisches Zivilverfahrensrecht, N. 11 ff.

87 Im Inland ist die zweitstaatliche Vollstreckbarerklärung Vollstreckungstitel und nicht der erststaatliche Entscheid. Vgl. für Erläuterungen GEIMER/GEIMER/GEIMER, zu Art. 38 EuGVVO, in: Europäisches Zivilverfahrensrecht, N. 16.

88 Für das Vereinigte Königreich gilt nach Art. 38 Abs. 2 LugÜ eine Sonderregelung.

89 Vgl. in der vorliegenden Arbeit unter § 3.III.4.b), S. 32 f.

90 GEIMER/GEIMER/GEIMER, zu Art. 38 EuGVVO, in: Europäisches Zivilverfahrensrecht, N. 14 ff.

91 GEIMER/GEIMER/GEIMER, zu Art. 38 EuGVVO, in: Europäisches Zivilverfahrensrecht, N. 18; vgl. in der vorliegenden Arbeit unter § 3.V.4, S. 67 ff.

2. Überblick über das Verfahren

Neben den Voraussetzungen für die Vollstreckbarerklärung bestimmt das Übereinkommen auch weitgehend das Verfahren, das zur Vollstreckbarerklärung führt[92]. Es handelt sich bei diesem Verfahren über die Zulassung zur Zwangsvollstreckung prinzipiell um ein eigenständiges und geschlossenes System[93], das unabhängig von den nationalen Rechtsordnungen besteht[94]. In seinem Anwendungsbereich verdrängt das Lugano-Übereinkommen die nationalen Bestimmungen betreffend das Verfahren auf Vollstreckbarerklärung.

Der Gläubiger aus dem Entscheid des Erststaates beziehungsweise Urteilsstaates gelangt mit seinem Antrag nach Art. 40 LugÜ an die im Anhang II aufgeführte Behörde[95]. Diese erteilt in einem ersten, sehr summarischen und nicht kontradiktorisch ausgestalteten Verfahrensabschnitt die erstinstanzliche Vollstreckbarerklärung, ohne dabei eine Prüfung der Anerkennungsverweigerungsgründe vorzunehmen[96]. Erst in einem zweiten Schritt – einem (gegebenenfalls zweistufigen) Rechtsbehelfsverfahren nach Art. 43 f. LugÜ – findet ein kontradiktorisches Verfahren statt. In diesem Abschnitt wird dem Schuldner das rechtliche Gehör gewährt und es werden allfällige Anerkennungsverweigerungsgründe überprüft[97]. Aufgrund des Umstandes, dass

---

92 HOFMANN/KUNZ, zu Art. 38 LugÜ, in: BSK, N. 2.

93 Auch im Bezug auf Rechtsschutzmöglichkeiten.

94 EuGH, Deutsche Genossenschaftsbank/Brasserie du Pêcheur, Urteil vom 2. Juli 1985, Rs. 148/84, Slg. 1985, S. 1981 ff., N. 17; EuGH, Volker Sonntag/Hans Waidmann u. a., Urteil vom 21. April 1993, Rs. C-172/91, Slg. 1993, S. I-1963ff., N. 33; EuGH, Eric Coursier/Fortis Bank und Martine Bellami, verheiratete Coursier, Urteil vom 29. April 1999, Rs. C-267/97, Slg. 1999, S. I-2543 ff., N. 25; EuGH, Dieter Krombach/André Bamberski., Urteil vom 28. März 2000, Rs. C-7/98, Slg. 2000, S. I-1935, N. 20; EuGH, Draka NK Cables Ltd, AB Sandvik international, VO Sembodja BV und Parc Healthcare International Limited/Omnipol Ltd., Urteil vom 23. April 2009, Rs. C-167/08, Slg. 2009, S. I-3477, N. 27; GEIMER/GEIMER/GEIMER, zu Art. 38 EuGVVO, in: Europäisches Zivilverfahrensrecht, N. 62; KROPHOLLER/VON HEIN, zu Art. 38 EuGVO, in: Europäisches Zivilprozessrecht, N. 1; MANKOWSKI, zu Art. 38 Brüssel I-VO, in: Europäisches Zivilprozess- und Kollisionsrecht, N. 1; ablehnend zur Terminologie des Europäischen Gerichtshofes LINKE, S. 8 f.

95 Art. 39 LugÜ.

96 Art. 41 LugÜ.

97 Art. 45 LugÜ. Zum Ganzen HOFMANN/KUNZ, zu Art. 38 LugÜ, in: BSK, N. 3.

das Übereinkommen das Verfahren auf Erteilung einer Vollstreckbarerklärung nicht abschliessend regelt, bleibt daneben noch ein gewisser Raum für eine Präzisierung durch die innerstaatlichen Verfahrensvorschriften[98].

Das Exequaturverfahren ist kein Bestandteil des eigentlichen Zwangsvollstreckungsverfahrens; vielmehr stellt es nach der Konzeption des Lugano-Übereinkommens dessen Vorstufe dar und geht diesem somit grundsätzlich voraus[99].

Allgemein nicht Regelungsinhalt des Lugano-Übereinkommens ist die eigentliche Zwangsvollstreckung[100]. Diese folgt grundsätzlich den innerstaatlichen Vorschriften des Vollstreckungsstaates[101]. Punktuell regelt das Lugano-Übereinkommen in zwei Bestimmungen jedoch auch gewisse Aspekte der Durchführung der Zwangsvollstreckung autonom[102]: Einerseits normiert Art. 46 LugÜ die Aussetzung des Exequaturverfahrens nach Einlegung eines Rechtsbehelfs im Erststaat. Und andererseits schreibt Art. 47 LugÜ den gebundenen Staaten vor, dass, solange die Frist für den Rechtsbehelf gegen die Vollstreckbarerklärung läuft und solange über den Rechtsbehelf nicht entschieden ist, die Zwangsvollstreckung in das Vermögen des Schuldners nicht über Massnahmen zur Sicherung hinausgehen darf, und dass auf solche Sicherungsmassnahmen ein Anspruch besteht.

II. Verhältnis zum Lugano-Übereinkommen 1988

Das Verfahren auf Vollstreckbarerklärung eines ausländischen Entscheids wurde bei der Revision des Lugano-Übereinkommens 1988 – entsprechend

---

98 Dazu Botschaft zum revLugÜ, S. 1807; MANKOWSKI, zu Art. 38 Brüssel I-VO, in: Europäisches Zivilprozess- und Kollisionsrecht, N. 4; LINKE, S. 8 f.; SOGO, Vollstreckung ausländischer Entscheide über Geldforderungen, S. 36.

99 GEIMER/GEIMER/GEIMER, zu Art. 38 EuGVVO, in: Europäisches Zivilverfahrensrecht, N. 11; HOFMANN/KUNZ, zu Art. 38 LugÜ, in: BSK, N. 15; PLUTSCHOW, zu Art. 38 LugÜ, in: Dike, N. 1.

99 HOFMANN/KUNZ, zu Art. 38 LugÜ, in: BSK, N. 2.

100 KROPHOLLER/VON HEIN, zu Art. 38 EuGVO, in: Europäisches Zivilprozessrecht, N. 1.

101 PLUTSCHOW, zu Art. 38 LugÜ, in: Dike, N. 4.

102 Dazu PLUTSCHOW, zu Art. 38 LugÜ, in: Dike, N. 4; STAEHELIN/BOPP, zu Art. 38 LugÜ, in: SHK, N. 2.

der Verordnung (EG) Nr. 44/2001 – stark vereinfacht und schematisiert. Daneben wurden die materiellen Gründe zur Verweigerung der Anerkennung schlanker gemacht[103].

Die bereits thematisierten Vorgaben[104], welche das Lugano-Übereinkommen 1988 für das Exequaturverfahren statuierte, beanspruchen weitgehend auch unter dem revidierten Lugano-Übereinkommen 2007 Geltung. Im Folgenden werden nur die Neuerungen zusammengestellt[105]:

- Das revidierte Lugano-Übereinkommen sieht in Art. 39 Abs. 2 LugÜ eine alternative örtliche Zuständigkeit vor. Der Antrag[106] kann wahlweise am Ort des Wohnsitzes des Schuldners oder am Ort, an welchem die Zwangsvollstreckung durchgeführt werden soll, gestellt werden. Unter dem Lugano-Übereinkommen 1988 war die örtliche Zuständigkeit am Ort, an welchem die Zwangsvollstreckung durchgeführt werden soll, lediglich eine subsidiäre. Grundsätzlich wurde die Zuständigkeit durch den schuldnerischen Wohnsitz (Art. 32 Abs. 2 aLugÜ) bestimmt.
- Das Exequaturverfahren nach der Revision zeichnet sich vor allem durch seine Einfachheit und seine Kürze aus. Art. 41 LugÜ bestimmt, dass sobald die Förmlichkeiten aus Art. 53 LugÜ[107] gegeben sind, die Entscheidung unmittelbar für vollstreckbar zu erklären ist. Das Gericht darf im Gegensatz zur bisherigen Rechtslage keine Prüfung der Anerkennungsverweigerungsgründe nach Art. 34 und Art. 35 LugÜ mehr vornehmen. Dies gilt selbst dann, wenn solche Verweigerungsgründe offensichtlich vorliegen. Materielle Einwände gegen die Vollstreckbarerklärung können immer erst im Rechtsmittelverfahren vorgebracht werden.
- Das Rechtsmittel gegen den Exequaturentscheid hat im Rahmen des Lugano-Übereinkommens 1988 zwischen Gesuchsteller und Gesuchsgegner differenziert. Neu gibt es nun ein einziges, einheitliches Rechtsmittel gegen den Exequaturentscheid.

---

103 Botschaft zum revLugÜ, S. 1805.

104 Vgl. in der vorliegenden Arbeit unter § 2.I, S. 11 ff.

105 Zum Ganzen RODRIGUEZ, S. 1553; SCHWANDER DANIEL, S. 645 f.

106 In der Schweiz ist der Antrag an das kantonale Vollstreckungsgericht zu richteN. Vgl. Art. 39 Abs. 1 LugÜ, welcher für das national zuständige Gericht oder die befugte Stelle auf Anhang II verweist.

107 Grundsätzlich muss der Gläubiger eine Ausfertigung der Entscheidung sowie eine Bescheinigung unter Verwendung des Formblatts aus Anhang V des Übereinkommens vorlegen.

III. Exequaturvoraussetzungen des Lugano-Übereinkommens

1. Übersicht

Damit eine Vollstreckbarerklärung nach dem Lugano-Übereinkommen erfolgen kann, müssen grundsätzlich die nachstehend aufgezählten Voraussetzungen[108] vorliegen[109]:

- der zu vollstreckende Entscheid ist ein Entscheid im Sinne von Art. 32 LugÜ;
- der Entscheid wurde in einem vom Übereinkommen gebundenen Staat erlassen und soll in einem anderen – wiederum gebundenen – Staat vollstreckt werden;
- sowohl der sachliche wie auch zeitliche Anwendungsbereich des Übereinkommens muss gegeben sein;
- der Entscheid ist im Urteilsstaat vollstreckbar;
- der Entscheid ist hinreichend bestimmt;
- es liegt ein entsprechender Antrag des Berechtigten nach Art. 39 LugÜ vor; und
- es wird eine Urkunde nach Art. 53 LugÜ eingereicht.

Seit der Revision des Übereinkommens nicht mehr erforderlich ist das Fehlen von Anerkennungshindernissen im Sinne der Art. 34 f. LugÜ, die Zustellung der Entscheidung an den Schuldner sowie der Nachweis der korrekten Zustellung des verfahrenseinleitenden Schriftstückes[110].

2. Vollstreckungsobjekt

a) Grundsätzlich

Der Vollstreckbarerklärung zugänglich sind in erster Linie Entscheide[111] in Zivil- und Handelssachen, welche in einem kontradiktorischen Verfahren

---

108 Als zusätzliche Voraussetzung muss bei einer Vollstreckung im Vereinigten Königreich der Entscheid zur Vollstreckung registriert werden.

109 Dazu HOFMANN/KUNZ, zu Art. 38 LugÜ, in: BSK, N. 37 f.

110 HOFMANN/KUNZ, zu Art. 38 LugÜ, in: BSK, N. 39.

111 Fraglich ist, ob auch schweizerische provisorische Rechtsöffnungsentscheide der Vollstreckung in einem anderen durch das Übereinkommen gebundenen Staat zugänglich sind (vgl. zur Thematik HOFMANN/KUNZ, zu Art. 38 LugÜ, in: BSK,

erlassen wurden[112]. Es muss sich dabei um einen Entscheid im Sinne von Art. 32 LugÜ handeln; also eine Entscheidung, *„die von einem Gericht eines durch dieses Übereinkommen gebundenen Staates erlassen worden ist, ohne Rücksicht auf ihre Bezeichnung wie Urteil, Beschluss, Zahlungsbefehl oder Vollstreckungsbescheid, einschliesslich des Kostenfestsetzungsbeschlusses eines Gerichtsbediensteten[113]"*. Der Begriff *„Gericht"* umfasst in diesem Kontext neben den Zivilgerichten auch Verwaltungsbehörden und Strafgerichte, so dass auch deren Entscheide in Zivil- und Handelssachen nach dem Übereinkommen zu vollstrecken sind[114]. Es muss sich bei der entscheidenden Instanz aber immer um eine staatliche Stelle handeln, womit

---

N. 46 ff.). Die bisherige Praxis und Rechtsprechung unter dem alten Lugano-Übereinkommen 1988 schienen sich der Auffassung anzuschliessen, dass provisorische Rechtsöffnungsentscheide international vollstreckbar erklärt werden können und damit in den Anwendugsbereich des Übereinkommens fallen (für eine Übersicht über den Meinungsstand in der Praxis und Lehre vgl. HOFMANN/KUNZ, zu Art. 38 LugÜ, in: BSK, N. 47). Dabei ging die herrschende Lehre (vgl. die diesbezügliche Übersicht bei HOFMANN/KUNZ, zu Art. 38 LugÜ, in: BSK, N. 46) davon aus, dass es sich nicht um ein Vollstreckungsverfahren oder einen Vollstreckungsakt handle sondern um ein *„Mini-Erkenntnisverfahren"* (für eine detaillierte Übersicht über die Haltungen in diesem Meinungsstreit vgl. SOGO, Internationale Vollstreckung unangefochtener provisorischer Rechtsöffnungsentscheide nach LugÜ, S. 145 f.). Das Bundesgericht hatte sich – unter Geltung des Lugano-Übereinkommens 1988 – im Entscheid BGE 136 III 566, E. 3.3 gegenteiliger Meinung angeschlossen und sich dafür ausgesprochen, dass es sich bei der provisorischen Rechtsöffnung um ein Verfahren handle, dass unmittelbar die Zwangsvollstreckung zum Gegenstand habe und entsprechend unter Art. 16 Ziff. 5 aLugÜ zu subsumieren sei. Unklar bleibt aber, ob das Bundesgericht unter Geltung des revidierten Lugano-Übereinkommens zum gleichen Schluss gelangen würde. Damit ist auch ungewiss, ob provisorische Entscheide international für vollstreckbar erklärt werden können. Es ist jedoch davon auszugehen, dass provisorische Rechtsöffnungsentscheide keine internationale Geltung zukommen kann, vgl. dazu STAEHELIN DANIEL, zu Art. 84 SchKG, in: BSK, N. 84. Definitive Rechtsöffnungsentscheide stellen jedenfalls nach einhelliger Lehre einen Vollstreckungsakt dar und sind entsprechend auch einer internationalen Vollstreckung nicht zugänglich.

112 Den Entscheidungen gleichgestellt sind öffentliche Urkunden im Sinne von Art. 57 LugÜ sowie Prozessvergleiche im Sinne von Art. 58 LugÜ. Beide sind somit einer Vollstreckbarerklärung zugänglich. Dazu STAEHELIN/BOPP, zu Art. 38 LugÜ, in: SHK, N. 31.

113 Art. 32 LugÜ.

114 Art. 62 LugÜ.

insbesondere Entscheide privater Schiedsgerichte[115] nicht nach dem Lugano-Übereinkommen vollstreckbar sind[116].

Nicht von Bedeutung für die Vollstreckbarerklärung ist der Leistungsgegenstand der zu vollstreckenden Entscheidung. Es können neben Verpflichtungen auf Geldzahlungen auch Sachleistungspflichten oder andere Pflichten nach den Vorschriften des Lugano-Übereinkommens für vollstreckbar erklärt werden[117]. Das Übereinkommen enthält ein einheitliches Verfahren für das Exequatur, welches nicht nach dem Leistungsgegenstand der für vollstreckbar zu erklärenden Entscheidung differenziert[118].

b) Keine Vollstreckungstauglichkeit

Es gibt Entscheide, welche von der Sache her einer Vollstreckung nicht zugänglich sind. Dazu gehören insbesondere Gestaltungs- und Feststellungsurteile, welche – die Kostenverteilung ausgenommen – nur anerkannt und nicht vollstreckt werden können[119]. Die Wirkungen von Gestaltungs- und Feststellungsurteilen erstrecken sich bereits nach erfolgreicher Anerkennung auf das Hoheitsgebiet des Zweitstaates und entsprechend ist eine zwangsweise Vollstreckung unter Inanspruchnahme staatlicher Gewalt obsolet. Auch Entscheide auf Abgabe einer Willenserklärung[120] sind – sofern diese durch einen Richterspruch ersetzt werden kann – keiner Vollstreckung zugänglich[121].

Gleich wie rein innerprozessual wirkende Beschlüsse – namentlich Beweisbeschlüsse, Beweissicherungsmassnahmen und Vorladungen – sind auch

---

115 Vgl. Art. 1 Abs. 1 lit. d LugÜ.

116 Zum Ganzen KROPHOLLER/VON HEIN, zu Art. 32 EuGVO, in: Europäisches Zivilprozessrecht, N. 8 ff.; HOFMANN/KUNZ, zu Art. 38 LugÜ, in: BSK, N. 40 f.

117 Botschaft zum revLugÜ, S. 1807; GEIMER/GEIMER/GEIMER, zu Art. 38 EuGVVO, in: Europäisches Zivilverfahrensrecht, N. 48 ff.

118 Botschaft zum revLugÜ, S. 1807.

119 GEIMER/GEIMER/GEIMER, zu Art. 38 EuGVVO, in: Europäisches Zivilverfahrensrecht, N. 3, Fn. 10; STAEHELIN/STAEHELIN/GROLIMUND, S. 552, Rz. 3.

120 Für weitergehende Ausführungen vgl. STAEHELIN/STAEHELIN/GROLIMUND, S. 553, Rz. 4.

121 Zum Ganzen HOFMANN/KUNZ, zu Art. 38 LugÜ, in: BSK, N. 144 f.; MANKOWSKI, zu Art. 38 Brüssel I-VO, in: Europäisches Zivilprozess- und Kollisionsrecht, N. 14.

prozessleitende Entscheide und Zwischenentscheide nicht nach dem Lugano-Übereinkommen vollstreckbar[122].

c) *Massnahmen des einstweiligen Rechtsschutzes im Besonderen*

Massnahmen des einstweiligen Rechtsschutzes sind einer Vollstreckbarerklärung nach dem Lugano-Übereinkommen zugänglich[123]. Nicht von Bedeutung ist dabei, ob die einstweilige Massnahme im Rahmen eines Verfahrens über die Hauptsache oder in einem Massnahmeverfahren erlassen wurde[124].

Für die Vollstreckbarerklärung von einstweiligen Massnahmen müssen gleich wie auch bei Entscheiden die allgemeinen Voraussetzungen[125] gegeben sein. Hervorzuheben ist in diesem Zusammenhang noch das Kriterium der *„internationalen Geltung"*[126]. Dieses Kriterium bedeutet hier, dass die

---

[122] GEIMER/GEIMER/GEIMER, zu Art. 38 EuGVVO, in: Europäisches Zivilverfahrensrecht, N. 59 f.; mit weiteren Hinweisen HOFMANN/KUNZ, zu Art. 38 LugÜ, in: BSK, N. 51 f.

[123] EuGH, Van Uden Maritime BV, auch handelnd unter dem Namen Van Uden Africa Line/Kommanditgesellschaft in Firma Deco-Line u.a., Urteil vom 17. November 1998, Rs. C-391/95, Slg. 1998, S. I-7091 ff., N. 46 (imlizit); EuGH, Bernard Denilauler/SNC Couchet Frères, Urteil vom 21. Mai 1980, Rs. C-125/79, Slg. 1980, S. 1553 ff., N. 17; BGE 135 III 670, E. 3.1.2; BGE 129 III 626, E. 5; BGer 4P/331/2005, E. 5.1; vgl. für eine Übersicht über weitere Hinweise in der Literatur HOFMANN/KUNZ, zu Art. 38 LugÜ, in: BSK, N. 61. Anders können nach schweizerischem IPRG einstweilige Massnahmen nach wohl noch überwiegender Lehre mangels Endgültigkeit nicht vollstreckt werden. Vgl. dazu und für Hinweise auf abweichende Auffassungen STAEHELIN/STAEHELIN/GROLIMUND, S. 560, Rz. 21.

[124] HOFMANN/KUNZ, zu Art. 38 LugÜ, in: BSK, N. 64.

[125] Vgl. in der vorliegenden Arbeit unter § 3.III.1, S. 25. Umstritten ist die Frage, ob im Rahmen der Vollstreckbarerklärung von einstweiligen Massnahmen geprüft werden muss, ob die einstweilige Massnahme von einem (effektiv oder virtuell) auch in der Hauptsache zuständigen Gericht erlassen wurde oder ob sie von einem anderen Gericht angeordnet wurden, für welches die für eine direkte Zuständigkeit erforderlichen Kriterien vorliegen, oder nicht. Vgl. für einen Überblick zu diesem Meinungsstreit HOFMANN/KUNZ, zu Art. 38 LugÜ, in: BSK, N. 66 ff.

[126] Bei Entscheiden im Sinne von Art. 32 LugÜ ist dies regelmässig der Fall. Ausnahmsweise kann sich aus dem Streitgegenstand des Verfahrens ergeben, dass eine Urteilswirkung ausserhalb des Erststaates nicht beabsichtigt ist. Kein taugliches Objekt einer internationalen Vollstreckbarerklärung ist jedoch insbesondere der schweizerische Arrest, da dieser für sich keine extraterritoriale Geltung beansprucht. Auch bei einstweiligen Massnahmen, welche ein gestützt auf

zu vollstreckende einstweilige Massnahme Geltung respektive Durchsetzung auch ausserhalb des Urteilsstaates verlangen muss[127].

d) Superprovisorische Massnahmen

Superprovisorische Massnahmen sind gemäss Definition einstweilige Massnahmen, welche in einem ersten Schritt ohne Anhörung des Schuldners ergehen (Art. 265 Abs. 1 ZPO).

Der Europäische Gerichtshof gewährt eine Vollstreckbarerklärung insbesondere nur unter der Voraussetzung, dass dem Schuldner im Urteilsstaat zuvor das rechtliche Gehör eingeräumt worden ist. Für superprovisorische Massnahmen hat diese Rechtsprechung[128] zur Konsequenz, dass keine Freizügigkeit von superprovisorischen Massnahmen besteht,

> *„wenn die Gegenpartei nicht geladen worden ist oder wenn die Vollstreckung der Entscheidung ohne vorherige Zustellung an diese Partei erfolgen soll“.*

Das Schweizer Bundesgericht[129] versteht diese Voraussetzung aus der Rechtsprechung des Europäischen Gerichtshofes[130] so, dass der Anspruch auf rechtliches Gehör nach Massgabe des Lugano-Übereinkommens nicht verletzt ist,

Art. 31 LugÜ zuständiges Gericht erlassen hat, ist der internationale Geltungsanspruch die Ausnahme. Vgl. dazu HOFMANN/KUNZ, zu Art. 38 LugÜ, in: BSK, N. 58 f. und 63.

127 MANKOWSKI, zu Art. 38 Brüssel I-VO, in: Europäisches Zivilprozess- und Kollisionsrecht, N. 7d.

128 EuGH, Bernard Denilauler/SNC Couchet Frères, Urteil vom 21. Mai 1980, Rs. C-125/79, Slg. 1980, S. 1553 ff., N. 17; für eine Übersicht über die dazu bestehenden kritischen wie auch zustimmenden Lehrmeinungen vgl. HOFMANN/KUNZ, zu Art. 38 LugÜ, in: BSK, N. 80.

129 BGE 129 III 626, E. 5.2.2.

130 Unter Hinweis auf das Urteil EuGH, Schuhfabrik Brennero Sas/Wendel GmbH Schuhproduktion International, Urteil vom 27. November 1984, Rs. C 258/83, Slg. 1984, S. 3971 ff., in welchem ein italienischer Arrest ohne Weiteres als in Deutschland vollstreckbar erachtet worden sei, obgleich er vorerst bloss auf einseitigen Antrag angeordnet und erst nach Anhörung des Gegners bestätigt worden sei und auf das Urteil EuGH, Peter Klomps/Karl Michel, Urteil vom 16. Juni 1981, Rs. 166/80, Slg. 1981, S. 1593 ff., in welchem die Zulässigkeit der Gewährung des rechtlichen Gehörs ex post durch die Erhebung eines Widerspruchs gegen einen im deutschen Mahnverfahren ergangenen Zahlungsbefehl bejaht worden sei.

„wenn einstweilige Massnahmen ohne vorherige Anhörung des Gegners ergehen, vorausgesetzt, dass die Sicherung gefährdeter Interessen dies rechtfertigt und der Gegner dadurch gesichert ist, dass er die erlassene Massnahme angreifen kann“.

Gemäss dieser vorstehend zitierten bundesgerichtlichen Rechtsprechung muss dem Schuldner lediglich die Möglichkeit offen stehen, eine nachträgliche Überprüfung der superprovisorischen Massnahme im Urteilsstaat verlangen und dadurch sein Gehörsanspruch wahren zu können[131]. In späteren Entscheiden präzisierte das Bundesgericht[132] seine Rechtsprechung, so dass Anspruch auf rechtliches Gehör dann nicht verletzt ist,

„wenn der Beklagte die Möglichkeit hatte, sich im Urteilsstaat in einem kontradiktorischen Verfahren dagegen zur Wehr zu setzen, und zwar bevor um Anerkennung und Vollstreckung der Massnahme in einem anderen Vertragsstaat ersucht wird“.

In einem Entscheid[133] aus dem Jahre 2009 äusserte sich der Europäische Gerichtshof auch dahingehend, dass solche Entscheide in den Anwendungsbereich des Brüsseler Übereinkommens fallen, wenn

„es sich um solche gerichtlichen Entscheidungen handelt, denen, bevor in einem anderen Staat ihre Anerkennung und Vollstreckung beantragt wurde, im Urteilsstaat nach unterschiedlichen Modalitäten ein kontradiktorisches Verfahren vorangegangen ist oder hätte vorangehen können“.

3. Entscheid aus einem durch das Übereinkommen gebundenen Staat

Eine Vollstreckung nach den Bestimmungen des Lugano-Übereinkommens[134] ist nur möglich für Entscheide, die in einem gebundenen Staat ergangen sind[135].

---

131 HOFMANN/KUNZ, zu Art. 38 LugÜ, in: BSK, N. 82.

132 BGer 4P.331/2005, E. 7.4; vgl. auch BGE 135 III 670, E. 3.1.2.

133 EuGH, Marco Gambazzi/Daimler Chrysler Canada Inc. und CIBC Mellon Trust Company, Urteil vom 2. April 2009, Rs. C-394/07; Slg. 2009, S, I-2563, N. 23.

134 Art. 38 ff. LugÜ.

135 BGer 4A_142/2010, E. 2.

Dabei ist insbesondere der Wohnsitz, die Nationalität oder der Aufenthaltsort der Parteien sowie das auf den Entscheid angewandte Recht nicht erheblich[136]. Auch nicht von Bedeutung ist, worauf das Gericht im Urteilsstaat seine Zuständigkeit stützte und ob es sich um einen nationalen oder internationalen Sachverhalt handelt. Ein Entscheid ist auch nach dem Lugano-Übereinkommen vollstreckbar, wenn sich die Zuständigkeit des urteilenden Gerichts aus dem nationalen Recht oder einem anderen Übereinkommen ergibt[137].

Die Vollstreckung von Entscheiden, die nicht in einem gebundenen Staat ergangen sind, richtet sich nicht nach den Bestimmungen des Lugano-Übereinkommens, sondern folgt dem nationalen Recht des Vollstreckungsstaates[138].

4. Vollstreckung in einem anderen durch das Übereinkommen gebundenen Staat

a) Allgemeines

Der Entscheidgläubiger kann den Entscheid in einem anderen gebundenen Staat vollstreckbar erklären lassen, ohne dass dafür eine besondere Rechtfertigung erforderlich wäre[139]. Ein sogenanntes *enforcement shopping* ist weder unzulässig noch verpönt; und zwar auch dann nicht, wenn die Chancen auf eine erfolgreiche Zwangsvollstreckung in einem Staat gering sind[140]. Die Entscheidung, wo und wie der Entscheid vollstreckt werden soll, kann einzig und alleine der Gläubiger treffen. Eine *executio non conveniens* existiert nicht[141].

---

136 Mit weiteren Hinweisen HOFMANN/KUNZ, zu Art. 38 LugÜ, in: BSK, N. 88.

137 Zum Ganzen STÜCHELI, S. 273.

138 Botschaft zum aLugÜ, S. 318.

139 GEIMER/GEIMER/GEIMER, zu Art. 38 EuGVVO, in: Europäisches Zivilverfahrensrecht, N. 79 f.

140 KROPHOLLER/VON HEIN, zu Art. 38 EuGVO, in: Europäisches Zivilprozessrecht, N. 4; MANKOWSKI, zu Art. 38 Brüssel I-VO, in: Europäisches Zivilprozess- und Kollisionsrecht, N. 5.

141 Dazu GEIMER/GEIMER/GEIMER, zu Art. 38 EuGVVO, in: Europäisches Zivilverfahrensrecht, N. 79.

Die innerstaatliche Vollstreckung läuft immer nach den Regeln des innerstaatlichen Rechts ab. Dies gilt auch dann, wenn sich die Zuständigkeit des im urteilenden Erstgerichts[142] aus dem Lugano-Übereinkommen ergab[143].

b) Mehrfachvollstreckung

Ein Entscheid kann – je nach dem, wie sich der Gläubiger entscheidet – in einem oder mehreren Vertragsstaaten vollstreckbar erklärt werden[144]. Soll der Entscheid in mehreren durch das Übereinkommen gebundenen Staaten vollstreckt werden, so muss dem Entscheid auch in jedem einzelnen Staat die Vollstreckbarerklärung erteilt werden[145].

Bei parallelen Verfahren auf Vollstreckbarerklärung eines Entscheids in verschiedenen gebundenen Staaten findet Art. 27 LugÜ[146] keine Anwendung. Der Streitgegenstand in diesen Verfahren ist der Anspruch des aus dem Entscheid berechtigten Gläubigers auf Gewährung der Vollstreckbarkeit für das Hoheitsgebiet des jeweiligen Staates. Eine erteilte Vollstreckbarerklärung entfaltet keine extraterritoriale Wirkung, so dass keine identischen Streitgegenstände gegeben sind[147]. Daraus ergibt sich die Zulässigkeit mehrerer gleichzeitiger Verfahren in unterschiedlichen gebundenen Staaten[148].

Neben parallelen Verfahren auf Vollstreckbarerklärung lässt das Lugano-Übereinkommen auch mehrere gleichzeitige Zwangsvollstreckungsverfahren in unterschiedlichen Staaten zu. Diese Zulässigkeit der Vollstreckung endet klarerweise mit Tilgung der Forderung beziehungsweise Befriedigung des Gläubigers[149]. Gegen eine Mehrfachvollstreckung, die über das

---

142 Im Erkenntnisverfahren.

143 HOFMANN/KUNZ, zu Art. 38 LugÜ, in: BSK, N. 94.

144 GEIMER/GEIMER/GEIMER, zu Art. 38 EuGVVO, in: Europäisches Zivilverfahrensrecht, N. 79; KROPHOLLER/VON HEIN, zu Art. 38 EuGVO, in: Europäisches Zivilprozessrecht, N. 4; MANKOWSKI, zu Art. 38 Brüssel I-VO, in: Europäisches Zivilprozess- und Kollisionsrecht, N. 5.

145 HOFMANN/KUNZ, zu Art. 38 LugÜ, in: BSK, N. 98 und 244 ff.

146 Diese Bestimmung verbietet mehrere Verfahren über einen identischen Streitgegenstand.

147 Dazu GEIMER/GEIMER/GEIMER, zu Art. 38 EuGVVO, in: Europäisches Zivilverfahrensrecht, N. 76 f.; MANKOWSKI, zu Art. 38 Brüssel I-VO, in: Europäisches Zivilprozess- und Kollisionsrecht, N. 6.

148 STAEHELIN/BOPP, zu Art. 38 LugÜ, in: SHK, N. 5.

149 Dazu MANKOWSKI, zu Art. 38 Brüssel I-VO, in: Europäisches Zivilprozess- und Kollisionsrecht, N. 7; STAEHELIN/BOPP, zu Art. 38 LugÜ, in: SHK, N. 5.

zulässige Mass hinausgeht, hat sich der Schuldner im Zwangsvollstreckungsverfahren und nicht im Exequaturverfahren zu widersetzen[150]. Gegebenenfalls steht dem Schuldner die Möglichkeit offen, Schadenersatz zu verlangen[151].

5. Entscheidung im Anwendungsbereich des Lugano-Übereinkommens

a) Sachlicher Anwendungsbereich

Damit ein Entscheid nach den Vorschriften des Lugano-Übereinkommens zu vollstrecken ist, muss er vom sachlichen Anwendungsbereich des Übereinkommens erfasst werden[152], wobei dieser grundsätzlich Zivil- und Handelssachen erfasst[153]. Die folgenden Materien werden durch das Übereinkommen von seinem Anwendungsbereich ausgeschlossen[154]:

- der Personenstand[155], die Rechts- und Handlungsfähigkeit sowie die gesetzliche Vertretung von natürlichen Personen, die ehelichen

---

150 MANKOWSKI, zu Art. 38 Brüssel I-VO, in: Europäisches Zivilprozess- und Kollisionsrecht, N. 7; LEUENBERGER, S. 970.

151 Die Zuständigkeit für ein entsprechendes Verfahren liegt am Deliktsgerichtsstand gemäss Art. 5 Ziff. 3 LugÜ und wohl auch am allgemeinen Gerichtsstand im Wohnsitzstaat des Beklagten (Art. 2 LugÜ). Zur Frage, welches Recht auf ein solches Verfahren anwendbar ist, bestehen in der Lehre divergierende Meinungen. In der schweizerischen Lehre wird vertreten, dass das internationale Privatrecht des angerufenen Gerichts diese Frage beantwortet. Die wohl überwiegende Lehre will demgegenüber generell das Recht des Vollstreckungsstaates anwenden. Teilweise wird in der deutschen Literatur auch vertreten, dass die Gerichte des Urteilsstaates Schadenersatzansprüche aufgrund ungerechtfertigter Vollstreckung ihrer Urteile im Ausland nach ihrem innerstaatlichen Recht beurteilen können. Vgl. für Hinweise und eine Übersicht über die dargestellt Meinungen HOFMANN/KUNZ, zu Art. 38 LugÜ, in: BSK, N. 105.

152 MANKOWSKI, zu Art. 38 Brüssel I-VO, in: Europäisches Zivilprozess- und Kollisionsrecht, N. 7b.

153 Art. 1 Abs.1 LugÜ.

154 Art. 1 Abs. 2 LugÜ.

155 Eine Auffassung in der Lehre will den Ausschluss in Personenstand und ähnlichen Angelegenheiten dann nicht beachten, wenn es um die Vollstreckung einer öffentlichen Urkunde oder eines Prozessvergleichs geht. Vgl. GEIMER/GEIMER/GEIMER, zu Art. 38 EuGVVO, in: Europäisches Zivilverfahrensrecht, N. 35.

Güterstände, das Gebiet des Erbrechts einschliesslich des Testamentsrechts[156];

- Konkurse, Vergleiche und ähnliche Verfahren[157];
- die soziale Sicherheit;
- die Schiedsgerichtsbarkeit[158].

Annexentscheidungen – wie insbesondere die Kosten- und Entschädigungsfolgen sowie Nebenentscheidungen bei Statusentscheidungen[159] – von Entscheiden in den vorstehend aufgezählten ausgeschlossenen Materien werden aber selber vom Ausschluss nicht erfasst. Ihnen kann demzufolge die Vollstreckbarerklärung grundsätzlich nach den Vorschriften des Lugano-Übereinkommens erteilt werden[160]. Bei den einstweiligen Massnahmen wird darauf abgestellt, ob das Hauptverfahren unter den Ausnahmetatbestand des Übereinkommens fällt oder nicht.[161].

Die Vollstreckung von Entscheiden, welche nicht vom sachlichen Anwendungsbereich des Lugano-Übereinkommens erfasst werden[162], richtet sich grundsätzlich nach den autonomen Vorschriften des Vollstreckungsstaates,

---

156 Das Lugano-Übereinkommen findet aber Anwendung auf Unterhaltsklagen. Diese werden vom Ausschlusskatalog nach Art. 1 Abs. 2 LugÜ nicht erfasst. Vgl. BGer 5P.252/2003, E. 4; BGer 5A_161/008, E. 2.1.

157 Das bedeutet, allgemein alle Verfahren, die ihre Grundlage in einem Konkurs oder einem vergleichbaren Verfahren haben und ohne ein solches Verfahren nicht eingeleitet worden wären. Dazu HOFMANN/KUNZ, zu Art. 38 LugÜ, in: BSK, N. 107.

158 Auch wenn ein Schiedsspruch in ein Urteil eines staatlichen Gerichts inkorporiert wird, ist eine Vollstreckung nach den Vorschriften des Lugano-Übereinkommens nicht zulässsig. Die Vollstreckung von Schiedssprüchen richtet sich in erster Linie nach dem New Yorker Übereinkommen beziehungsweise dem nationale Recht. Vgl. dazu HOFMANN/KUNZ, zu Art. 38 LugÜ, in: BSK, N. 107; GEIMER/GEIMER/GEIMER, zu Art. 38 EuGVVO, in: Europäisches Zivilverfahrensrecht, N. 57.

159 Insbesondere Unterhaltsansprüche.

160 Zu beachten ist, dass wenn eine logische Priorität der Hauptsacheentscheidung gegeben ist, eine Vollstreckbarerklärung der Nebenentscheidung erst erteilt werden kann, wenn der Hauptsacheentscheid anerkannt worden ist. Vgl. mit weiteren Hinweisen HOFMANN/KUNZ, zu Art. 38 LugÜ, in: BSK, N. 110.

161 OG ZH, II. Zivilkammer, Beschluss vom 8. Februar 2005, in: ZR, 105. Band, S. 6 ff.

162 Zur Frage, ob ein auf das Lugano-Übereinkommen gestützter Antrag auf Vollstreckbarerklärung in einen Antrag auf Vollstreckbarerklärung nach innerstaatlichem Recht umgedeutet werden kann, vgl. mit weiteren Hinweisen HOFMANN/KUNZ, zu Art. 38 LugÜ, in: BSK, N. 113.

ausser wenn ein einschlägiges internationales Übereinkommen Anwendung findet[163].

b) Zeitlicher Anwendungsbereich

Der Entscheid muss – damit seine Vollstreckung nach den Bestimmungen des revidierten Lugano-Übereinkommens abgewickelt wird – auch von dessen zeitlichen Anwendungsbereich erfasst werden[164]. Entscheide, die nach Inkrafttreten des revidierten Lugano-Übereinkommens erlassen wurden, werden nach den Bestimmungen des revidierten Lugano-Übereinkommens vollstreckt, wenn zum Zeitpunkt der Klageeinleitung in beiden Staaten entweder bereits das revidierte Lugano-Übereinkommen oder (mindestens) das Lugano-Übereinkommen 1988 Geltung hatte[165]. Entscheide, die vor dem Inkrafttreten des revidierten Lugano-Übereinkommens ergingen, werden nicht nach dem revidierten Lugano-Übereinkommen vollstreckt, sondern allenfalls nach dem Lugano-Übereinkommen 1988.

6. Vollstreckbarkeit des Entscheids im Urteilsstaat

a) Abstrakte Vollstreckbarkeit

Ein Entscheid muss im Ursprungsstaat nach dessen innerstaatlichem Recht vollstreckbar sein, damit seine Vollstreckbarerklärung in einem anderen gebundenen Staat zulässig ist[166]. Nicht erforderlich ist, dass der Entscheid im Urteilsstaat in Rechtskraft erwachsen ist[167]. Ausreichend ist die rechtliche

---

163 Art. 66 Abs. 1 LugÜ. HOFMANN/KUNZ, zu Art. 38 LugÜ, in: BSK, N. 112.

164 GEIMER/GEIMER/GEIMER, zu Art. 41 EuGVVO, in: Europäisches Zivilverfahrensrecht, N. 16.

165 Art. 63 Ziff. 1 und Ziff. 2 lit. a LugÜ.

166 EuGH Éric Coursier/Fortis Bank SA und Martine Bellami, Urteil vom 29. April 1999, Rs. C-267/97, Slg. 1999, S. I-2543 ff., N. 23; EuGH, Meletis Apostolides/David Charles Orams und Linda Elizabeth Orams, Urteil vom 28. April 2009, Rs. C-420/07, Slg. 2009, S. I-3571 ff., N. 66; BGE 135 III 670, E. 1.3.1 und E. 3.1.3 f.; mit zahlreichen weiteren Hinweisen HOFMANN/KUNZ, zu Art. 38 LugÜ, in: BSK, N. 116 und zu Art. 41 LugÜ, in: BSK, N. 30.

167 Art. 46 LugÜ e contrario. BGer 5P.402/2005, E. 3.1.4; GEIMER/GEIMER/GEIMER, zu Art. 38 EuGVVO, in: Europäisches Zivilverfahrensrecht, N. 47; MANKOWSKI, zu Art. 38 Brüssel I-VO, in: Europäisches Zivilprozess- und Kollisionsrecht, N. 18.

respektive abstrakte Vollstreckbarkeit[168]. Der Entscheid muss nur theoretisch im Erststaat ohne das Vorliegen von weiteren Bedingungen[169] vollstreckt werden können[170]. Mit anderen Worten müssen die rechtlichen Voraussetzungen für eine Vollstreckbarerklärung im Erststaat nach dessen Recht gegeben sein[171]. Nicht verlangt wird, dass eine tatsächliche zwangsweise Durchsetzung der Entscheidung im Urteilsstaat möglich ist[172]. Insbesondere kommt es somit also nicht darauf an, ob im Urteilsstaat genügend Vollstreckungssubstrat vorliegt oder ob Vollstreckungshindernisse vorhanden sind[173].

b) Zwangsvollstreckungshindernisse des Urteilsstaates sowie Einschränkungen der Vollstreckungswirkungen im Urteilsstaat

Bestehen im Entscheidstaat Zwangsvollstreckungshindernisse, so stehen diese einer Vollstreckbarerklärung in einem gebundenen Zweitstaat nicht prinzipiell entgegen. Das Erfordernis der Vollstreckbarkeit soll nämlich nicht zu einer Kumulation von Zwangsvollstreckungshindernissen (wie insbesondere Pfändungsfreigrenzen oder sonstigen sozialen Schutzgrenzen) des Erst- und Zweitstaates führen[174]. Wie generell im Rahmen der Zwangs-

---

168 BGer 5P.499/2002, E. 3.1; EuGH Éric Coursier/Fortis Bank SA und Martine Bellami, Urteil vom 29. April 1999, Rs. C-267/97, Slg. 1999, S. I-2543 ff., N. 24 ff.; STAEHELIN/BOPP, zu Art. 38 LugÜ, in: SHK, N. 31.

169 Ist die Vollstreckbarkeit bedingt, wie dies beispielsweise der Fall ist, wenn ein Titelschuldner zu einer Leistung Zug um Zug verurteilt wurde oder wenn die Vollstreckung bloss gegen Leistung einer Sicherheit zulässig ist, so fehlt es an der Vollstreckbarkeit, solange bis die Bedingung nicht eingetreten ist beziehungsweise ordnungsgemäss angeboten worden ist. Vgl. dazu MANKOWSKI, zu Art. 38 Brüssel I-VO, in: Europäisches Zivilprozess- und Kollisionsrecht, N. 13 und 14a sowie HOFMANN/KUNZ, zu Art. 38 LugÜ, in: BSK, N. 121 f.

170 EuGH Éric Coursier/Fortis Bank SA und Martine Bellami, Urteil vom 29. April 1999, Rs. C-267/97, Slg. 1999, S. I-2543 ff., N. 24 ff.; HOFMANN/KUNZ, zu Art. 38 LugÜ, in: BSK, N. 118.

171 KROPHOLLER/VON HEIN, zu Art. 38 EuGVO, in: Europäisches Zivilprozessrecht, N. 9.

172 HOFMANN/KUNZ, zu Art. 38 LugÜ, in: BSK, N. 118; KROPHOLLER/VON HEIN, zu Art. 38 EuGVO, in: Europäisches Zivilprozessrecht, N. 9.

173 HOFMANN/KUNZ, zu Art. 38 LugÜ, in: BSK, N. 118.

174 Dies hat namentlich zur Konsequenz, dass eine Entscheidung, in welcher der Schuldner zu einer Geldzahlung verurteilt worden ist, im Zweitstaat auch dann vollstreckbar erklärt werden kann, wenn über den Schuldner im Erststaat der Konkurs eröffnet worden ist.

vollstreckung beansprucht das nationale Recht – inklusive dessen Vollstreckungsrecht – Geltung. Alleine dieses innerstaatliche Recht beantwortet namentlich die Fragen, ob und in welchem Umfang eine Zwangsvollstreckung erfolgen kann, und ob und in welchem Ausmass Zwangsvollstreckungshindernisse aus dem Erststaat zu beachten sind oder nicht[175].

Anders als Zwangsvollstreckungshindernisse des Urteilsstaates müssen Einschränkungen der Vollstreckbarkeit des Entscheids im Urteilsstaat auch im Zweitstaat Berücksichtigung finden. Einschränkungen, welche aus dem Entscheid selber oder aus dem nationalen Recht des Urteilsstaates resultieren[176], sind im Vollstreckungsstaat zu beachten. Dem Entscheid dürfen im Vollstreckungsstaat keine weitergehenden Wirkungen zukommen als im Urteilsstaat. In der Praxis gestaltet sich die Abgrenzung zwischen im Vollstreckungsstaat zu berücksichtigenden Einschränkungen der Vollstreckbarkeit und im Vollstreckungsstaat nicht zu berücksichtigenden Zwangsvollstreckungshindernissen jedoch häufig schwierig. Im Sinne eines Grundsatzes kann davon ausgegangen werden, dass diejenigen Einschränkungen, welche sich aus dem Entscheid selber ergeben, eine Einschränkung der Vollstreckungswirkung darstellen. Ergeben sich die Limitierungen demgegenüber aus dem Gesetz, so ist zu unterscheiden, ob die Durchsetzung der Anordnung oder die Anordnung selber eingeschränkt wird. Nur wenn die Anordnung selber eingeschränkt wird, handelt es sich um eine im Zweitstaat zu beachtende Einschränkung der Vollstreckbarkeit[177].

c) *Endgültige Vollstreckbarkeit nicht erforderlich*

Der Entscheid muss nicht endgültig vollstreckbar sein. Ausreichend ist die vorläufige Vollstreckbarkeit im Urteilsstaat[178].

---

175 Zum Ganzen EuGH Éric Coursier/Fortis Bank SA und Martine Bellami, Urteil vom 29. April 1999, Rs. C-267/97, Slg. 1999, S. I-2543 ff., N. 24 ff.; HOFMANN/KUNZ, zu Art. 38 LugÜ, in: BSK, N. 123 ff.; MANKOWSKI, zu Art. 38 Brüssel I-VO, in: Europäisches Zivilprozess- und Kollisionsrecht, N. 11.

176 Dies ist beispielsweise der Fall, wenn der Entscheid aus dem Erststaat lediglich einen Anspruch auf Sicherungsmassnahmen, jedoch nicht auf Befriedigung, gewährt. Vgl. dazu MANKOWSKI, zu Art. 38 Brüssel I-VO, in: Europäisches Zivilprozess- und Kollisionsrecht, N. 17.

177 Zum Ganzen HOFMANN/KUNZ, zu Art. 38 LugÜ, in: BSK, N. 128 f. mit Hinweise auf MANKOWSKI, zu Art. 38 Brüssel I-VO, in: Europäisches Zivilprozess- und Kollisionsrecht, N. 17.

178 Dazu BGer 5P.253/2001, E. 2.a; BGer 5P.435/2006, E. 6; GEIMER/GEIMER/GEIMER, zu Art. 38 EuGVVO, in: Europäisches Zivilverfahrens-

Untersagt ist eine Vollstreckbarerklärung des Entscheids im Zweitstaat, wenn die Vollstreckbarkeit im Urteilsstaat aufgeschoben ist[179]. Nach dem innerstaatlichen Recht des Urteilsstaates beantwortet sich die Frage, ob das Ergreifen eines Rechtsbehelfs automatisch einen Aufschub der Vollstreckbarkeit mit sich bringt, oder ob ein solcher Vollstreckungsaufschub – meistens in Form der Gewährung der aufschiebenden Wirkung – angeordnet werden muss[180].

Ist ein Entscheid bloss vorläufig vollstreckbar, da gegen ihn im Urteilsstaat noch ein ordentliches Rechtsmittel eingelegt werden kann, ist Art. 46 LugÜ zu beachten[181]. Die Rechtsmittelinstanz kann gestützt auf diese Bestimmung das Rechtsbehelfsverfahren[182] sistieren, falls die Frist für den Rechtsbehelf noch läuft oder ein solcher tatsächlich ergriffen wurde[183]. Daneben kann sie den Fortgang der Zwangsvollstreckung von der Leistung einer Sicherheit abhängig machen[184].

d) Aufhebung/Abänderung des Entscheids

Damit ein Entscheid im Zweitstaat für vollstreckbar erklärt werden kann, muss im Zeitpunkt der Erteilung des Exequaturs die Vollstreckbarkeit des Entscheids im Urteilsstaat (noch) gegeben sein[185]. Wird ein Entscheid im Urteilsstaat aufgehoben, so fehlt es bereits an einem tauglichen Objekt für eine Vollstreckbarerklärung[186].

---

recht, N. 47; KROPHOLLER/VON HEIN, zu Art. 38 EuGVO, in: Europäisches Zivilprozessrecht, N. 10; MANKOWSKI, zu Art. 38 Brüssel I-VO, in: Europäisches Zivilprozess- und Kollisionsrecht, N. 15; STAEHELIN/BOPP, zu Art. 38 LugÜ, in: SHK, N. 33; STAEHELIN DANIEL, zu Art. 80 SchKG, in: BSK, N. 67; DONZALLAZ, La Convention de Lugano du 16 septembre 1988 concernant la compétence judiciaire et l'exécution des décisions en matière civile et commerciale, N. 3525 ff.

179 HOFMANN/KUNZ, zu Art. 38 LugÜ, in: BSK, N. 134.

180 MANKOWSKI, zu Art. 38 Brüssel I-VO, in: Europäisches Zivilprozess- und Kollisionsrecht, N. 18.

181 HOFMANN/KUNZ, zu Art. 38 LugÜ, in: BSK, N. 131.

182 Nicht aber das erstinstanzliche Exequaturverfahren.

183 Art. 46 Abs. 1 LugÜ.

184 Art. 46 Abs. 3 LugÜ.

185 GEIMER/GEIMER/GEIMER, zu Art. 38 EuGVVO, in: Europäisches Zivilverfahrensrecht, N. 47.

186 MANKOWSKI, zu Art. 38 Brüssel I-VO, in: Europäisches Zivilprozess- und Kollisionsrecht, N. 14b.

Findet eine Aufhebung[187] der Vollstreckbarkeit im Urteilsstaat statt, so darf der aufgehobene Entscheid – von allen Instanzen, also auch von einer allfälligen Rechtsmittelinstanz – nicht zur Vollstreckung gebracht werden[188]. Dies gilt unabhängig davon, ob die Vollstreckbarkeit bloss vorübergehend oder definitiv beziehungsweise rechtskräftig aufgehoben wurde. Einem gegenwärtig nicht vollstreckbaren Entscheid steht eine internationale Vollstreckbarerklärung entsprechend auch dann nicht offen, wenn die Aufhebung oder Aufschiebung der Vollstreckung in einem späteren Zeitpunkt wieder dahinfallen könnte[189].

Für die konkrete Beurteilung der Rechtslage muss je nach Stadium des Exequaturverfahrens differenziert werden[190]:

- Aufhebung[191] des Entscheids vor Erteilung des erstinstanzlichen Exequaturs:
  Hat das Exequaturgericht Kenntnis einer solchen Aufhebung, so muss es den Antrag auf Vollstreckbarerklärung ablehnen[192]. Ansonsten steht dem Schuldner die Möglichkeit der Einlegung eines Rechtsmittels offen.
- Aufhebung des Entscheids vor Ablauf der Rechtsmittelfrist:
  Der Schuldner kann die Aufhebung durch Einlegung eines Rechtsmittels geltend machen und die Rechtsmittelinstanz[193] hat sodann die Vollstreckbarerklärung zu versagen[194].
- Aufhebung des Entscheids während eines hängigen Rechtsmittelverfahrens:

---

187 Das Gleiche gilt, wenn die Vollstreckbarkeit – insbesondere wegen Zeitablauf – dahingefallen ist. Vgl. KROPHOLLER/VON HEIN, zu Art. 38 EuGVO, in: Europäisches Zivilprozessrecht, N. 10.

188 MANKOWSKI, zu Art. 38 Brüssel I-VO, in: Europäisches Zivilprozess- und Kollisionsrecht, N. 14b.

189 Dazu HOFMANN/KUNZ, zu Art. 38 LugÜ, in: BSK, N. 138 mit Hinweisen auf BGer 5A_79/2008, E. 4.2.1 sowie FÜLLEMANN, S. 665.

190 Vgl. zur Aufstellung und für weitere Hinweise HOFMANN/KUNZ, zu Art. 38 LugÜ, in: BSK, N. 139.

191 Die nachstehenden Ausführungen zur Aufhebung gelten gleich auch für die Abänderung des zu vollstreckenden Entscheides. Vgl. dazu und für weiterem Hinweis HOFMANN/KUNZ, zu Art. 38 LugÜ, in: BSK, N. 140.

192 Jenard-Bericht, S. 48; GEIMER/GEIMER/GEIMER, zu Art. 41 EuGVVO, in: Europäisches Zivilverfahrensrecht, N. 44; STAEHELIN/BOPP, zu Art. 38 LugÜ, in: SHK, N. 33.

193 Die erste oder die zweite Rechtsmittelinstanz.

194 STAEHELIN DANIEL, zu Art. 31 aLugÜ, in: SHK, 1. Auflage, N. 18.

Der Schuldner kann die Aufhebung als Novum im Rechtsmittelverfahren vorbringen. Das mit dem Rechtsmittel befasste Gericht hat die Aufhebung zu beachten und muss die Vollstreckbarerklärung verweigern[195].

- Aufhebung des Entscheids nach rechtskräftiger Vollstreckbarerklärung:
  Das bereits erteilte Exequatur verliert nach vorliegend vertretener Ansicht nicht von alleine[196] seine Wirkungen, wenn der ihm zugrunde liegende Entscheid im Urteilsstaat aufgehoben wird[197].

7. Bestimmtheit der Entscheidung

Das Lugano-Übereinkommen normiert die Bestimmtheit des Entscheids als Voraussetzung für die Erteilung der Vollstreckbarerklärung nicht ausdrücklich. Trotzdem wird in der überwiegenden Lehre und der Rechtsprechung

---

195 Dazu GEIMER/GEIMER/GEIMER, zu Art. 41 EuGVVO, in: Europäisches Zivilverfahrensrecht, N. 44.

196 Für die Schweiz bedeutet dies Folgendes: Wird die Vollstreckbarkeit des Entscheids im Urteilsstaat aufgehoben, nachdem die Vollstreckbarerklärung in der Schweiz in Rechtskraft erwachsen ist, so handelt es sich bei diesem Ereignis um eine neue Tatsache. Diese nachträgliche Aufhebung der (vorläufigen) Vollstreckbarkeit im Urteilsstaat wird nicht von der materiellen Rechtskraft und damit der Bindungswirkung des selbständigen schweizerischen Exequaturentscheids erfasst. Entsprechend kann dieses Novum im Rechtsöffnungsverfahren noch vorgebracht werden. Daneben steht dem Schuldner die Möglichkeit offen, eine negative Feststellungsklage nach Art. 85a SchKG zu ergreifen respektive eine Einstellung der Betreibung nach Art. 85 SchKG zu beantragen beziehungsweise bei bereits erfolgter Zahlung eine Rückforderungsklage nach Art. 86 SchKG einzuleiten. Darüber hinaus kann wohl auch mittels einer allgemeinen negativen Feststellungsklage vorgegangen werden. Hingegen nicht zulässig ist eine Revision des Exequaturentscheids. Die Revision steht bei echten Noven nicht zu Verfügung (Art. 328 Abs. 1 lit. a ZPO). Vgl. dazu und für weitere Hinweise FÜLLEMANN, S. 666 ff.; HOFMANN/KUNZ, zu Art. 38 LugÜ, in: BSK, N. 139 und 258; STAEHELIN DANIEL, Neues Arrestrecht ab 2011, S. 9, Rz. 44.

197 FÜLLEMANN, S. 668; HOFMANN/KUNZ, zu Art. 38 LugÜ, in: BSK, N. 139 und 232; ebenso für Deutschland GEIMER/GEIMER/GEIMER, zu Art. 38 EuGVVO, in: Europäisches Zivilverfahrensrecht, N. 2; KROPHOLLER/VON HEIN, zu Art. 38 EuGVO, in: Europäisches Zivilprozessrecht, N. 14; a.A. MEIER ISAAK, S. 44; STAEHELIN/BOPP, zu Art. 38 LugÜ, in: SHK, N. 34 und 46. Eine Ausnahme dazu gilt gemäss der bundesgerichtlichen Rechtsprechung für einstweilige Massnahmen. Die Wirkungen der Vollstreckbarerklärung sollen demnach akzessorisch zu den Massnahmen im Urteilsstaat sein. Vgl. BGE 129 III 626, E. 5.2.3.

das Erfordernis der *„Titelklarheit“*[198] beziehungsweise der *„Bestimmtheit“*[199] angenommen.

Als genügend wird in diesem Zusammenhang die Bestimmbarkeit erachtet, die konkrete Bestimmtheit wird nicht verlangt. Entscheidend dabei ist, dass das Dispositiv des Entscheids so formuliert ist, dass eine Vollstreckung ohne ein Zwischenverfahren möglich ist[200].

Nicht stattgegeben werden darf dem Antrag auf Vollstreckbarerklärung, wenn der Entscheid so unbestimmt abgefasst ist, dass er auch mittels Auslegung – ohne dabei das Verbot der *révision au fond*[201] zu verletzen – nicht genügend präzisiert werden kann[202]. Beachtet werden muss aber auf der anderen Seite, dass das Gebot des *effet utile* des Lugano-Übereinkommens es verbietet, bei jeder Unklarheit oder Abweichung von jeweiligen innerstaatlichen Tenorierungsgewohnheiten die Erteilung der Vollstreckbarerklärung zu verweigern[203].

Die vorstehenden Ausführungen lassen den Schluss zu, dass das Exequatur- beziehungsweise Rechtsmittelgericht den fremdländischen Entscheid mittels Auslegung präzisieren darf und muss[204]. Die Auslegung ist grundsätzlich den Gerichten vorbehalten und soll nicht von den (später tätig werdenden) Vollstreckungsorganen vorgenommen werden[205]. Dabei hat die

---

198 MANKOWSKI, zu Art. 38 Brüssel I-VO, in: Europäisches Zivilprozess- und Kollisionsrecht, N. 21 ff.

199 BGer 5A_260/2010, E. 4; GEIMER/GEIMER/GEIMER, zu Art. 38 EuGVVO, in: Europäisches Zivilverfahrensrecht, N. 19; KROPHOLLER/VON HEIN, zu Art. 38 EuGVO, in: Europäisches Zivilprozessrecht, N. 12.

200 Dazu MANKOWSKI, zu Art. 38 Brüssel I-VO, in: Europäisches Zivilprozess- und Kollisionsrecht, N. 21.

201 Der Richter darf nicht überprüfen, ob die ausländische Entscheidung in der Sache selbst aus tatsächlichen oder rechtlichen Gründen richtig oder falsch ist. Vgl. BGer 4A_228/2010, E. 5.

202 GEIMER/GEIMER/GEIMER, zu Art. 38 EuGVVO, in: Europäisches Zivilverfahrensrecht, N. 19; KROPHOLLER/VON HEIN, zu Art. 38 EuGVO, in: Europäisches Zivilprozessrecht, N. 13 und 16; STAEHELIN/BOPP, zu Art. 38 LugÜ, in: SHK, N. 38; a.M. SCHLOSSER, zu Art. 31 EuGVÜ, in: EuGVÜ, N. 13.

203 Mit weiteren Hinweisen HOFMANN/KUNZ, zu Art. 38 LugÜ, in: BSK, N. 153.

204 GEIMER/GEIMER/GEIMER, zu Art. 38 EuGVVO, in: Europäisches Zivilverfahrensrecht, N. 19 und 27; HOFMANN/KUNZ, zu Art. 38 LugÜ, in: BSK, N. 155; MANKOWSKI, zu Art. 38 Brüssel I-VO, in: Europäisches Zivilprozess- und Kollisionsrecht, N. 24; STAEHELIN/BOPP, zu Art. 38 LugÜ, in: SHK, N. 38.

205 Vgl. mit weiteren Hinweisen HOFMANN/KUNZ, zu Art. 38 LugÜ, in: BSK, N. 162 ff.

Auslegung durch das Gericht im Vollstreckungsstaat gestützt auf den Entscheid selber sowie auf das innerstaatliche Recht des Urteilsstaates (*lex causae*) zu erfolgen[206]. Vom Gericht muss jedoch stets berücksichtigt werden, dass es nicht als Sachgericht entscheidet, sondern lediglich einem ausländischen Entscheid zur zwangsweisen Durchsetzung verhelfen soll[207]. Entsprechend ist es dem Gericht weder erlaubt den Entscheid umzudeuten noch zu ergänzen[208].

8. Antrag nach Art. 39 f. LugÜ

a) Erfordernis eines Antrages

Ein Entscheid wird gemäss dem Übereinkommenstext in einem anderen Staat lediglich auf Antrag des Berechtigten für vollstreckbar erklärt[209]. Eine Vollstreckbarerklärung von Amtes wegen ist dem Lugano-Übereinkommen nicht bekannt. Es gilt die Dispositionsmaxime. Dem aus dem Titel Berechtigten obliegt entsprechend, ob, in welchem Umfang und gegen wen er den Entscheid für vollstreckbar erklären lassen will[210].

b) Berechtigter

Der Antrag muss gemäss dem Wortlaut des Übereinkommens in der deutschen Sprachfassung von einem *„Berechtigten"* gestellt werden. In anderen Sprachen ist die Formulierung offener abgefasst, wobei als Beispiele insbesondere die französische (*toute partie interessée)*, die italienische (*parte interessata)* und die niederländische Fassung (*iedere belanghebbende partij)* angeführt werden können [211].

---

206 BGH vom 13. April 1983, VIII ZB 38/82, E. 3, abgedruckt in: IPRax, 1985, Nr. 3, S. 154 ff.; GEIMER/GEIMER/GEIMER, zu Art. 38 EuGVVO, in: Europäisches Zivilverfahrensrecht, N. 27; KROPHOLLER/VON HEIN, zu Art. 38 EuGVO, in: Europäisches Zivilprozessrecht, N. 12; MANKOWSKI, zu Art. 38 Brüssel I-VO, in: Europäisches Zivilprozess- und Kollisionsrecht, N. 24; PRÜTTING, S. 139; SCHLOSSER, zu Art. 31 EuGVÜ, in: EuGVÜ, N. 2.

207 HOFMANN/KUNZ, zu Art. 38 LugÜ, in: BSK, N. 179.

208 HOFMANN/KUNZ, zu Art. 38 LugÜ, in: BSK, N. 180.

209 Art. 38 Abs. 1 LugÜ.

210 Zum Ganzen mit weiteren Hinweisen HOFMANN/KUNZ, zu Art. 38 LugÜ, in: BSK, N. 181 ff.

211 Dazu GEIMER/GEIMER/GEIMER, zu Art. 40 EuGVVO, in: Europäisches Zivilverfahrensrecht, N. 10.

Der Berechtigte ist grundsätzlich derjenige, der aus dem vollstreckenden Entscheid als Titelgläubiger[212] hervorgeht[213]. Neben der berechtigten Person sind auch seine Rechtsnachfolger – sowohl Universal- wie auch Singularsukzessoren – zur Antragsstellung zugelassen[214]. Unstrittig nicht zur Stellung des Antrags legitimiert ist der Schuldner[215].

Kompetent für die Beurteilung der Frage der Berechtigung[216] sind die Gerichte des Vollstreckungsstaates[217]. Sie haben dabei auf den Zeitpunkt der Exequaturerteilung abzustellen[218].

Nach der herrschenden Lehre[219] bestimmt das Recht des Urteilsstaates – unter Einschluss seines Kollisionsrechts – die Frage der direkten Berechtigung. Derjenige, der im Urteilsstaat als Berechtigter des Entscheids erachtet wird, kann entsprechend die Vollstreckbarerklärung im Zweitstaat beantragen. Zu

---

212 Ob daneben weitere Personen als aus dem Entscheid Berechtigte zur Antragstellung legitimiert sein können, ergibt sich durch Auslegung des Entscheids. Insbesondere sind damit Personen gemeint, deren Berechtigung sich nicht aus dem Dispositiv und dem Rubrum ergibt, sondern aus der Entscheidbegründung. Vgl. MANKOWSKI, zu Art. 38 Brüssel I-VO, in: Europäisches Zivilprozess- und Kollisionsrecht, N. 10a.

213 MANKOWSKI, zu Art. 38 Brüssel I-VO, in: Europäisches Zivilprozess- und Kollisionsrecht, N. 8.

214 Mit weiteren Hinweisen HOFMANN/KUNZ, zu Art. 38 LugÜ, in: BSK, N. 189.

215 GEIMER/GEIMER/GEIMER, zu Art. 38 EuGVVO, in: Europäisches Zivilverfahrensrecht, N. 32; STAEHELIN/BOPP, zu Art. 38 LugÜ, in: SHK, N. 43. Entsprechend steht dem Schuldner die Möglichkeit eines *„negativen Exequaturantrags"* nicht offen; er ist insofern auf andere Behelfe angewiesen. Vgl. dazu HOFMANN/KUNZ, zu Art. 38 LugÜ, in: BSK, N. 192.

216 Diesbezüglich kann der Eintrag auf der Bescheinigung nach Anhang V des Lugano-Übereinkommens hilfreich sein. Zu beachten ist, dass die Angaben auf diesem Formular nur eine indikative Bedeutung haben. Vgl. MANKOWSKI, zu Art. 38 Brüssel I-VO, in: Europäisches Zivilprozess- und Kollisionsrecht, N. 8.

217 Dazu HOFMANN/KUNZ, zu Art. 38 LugÜ, in: BSK, N. 187 f.

218 So auch HOFMANN/KUNZ, zu Art. 38 LugÜ, in: BSK, N. 191; a.M. MANKOWSKI, zu Art. 38 Brüssel I-VO, in: Europäisches Zivilprozess- und Kollisionsrecht, N. 10a.

219 Dazu DONZALLAZ, La Convention de Lugano du 16 septembre 1988 concernant la compétence judiciaire et l'exécution des décisions en matière civile et commerciale, N. 3545; GEIMER/GEIMER/GEIMER, zu Art. 38 EuGVVO, in: Europäisches Zivilverfahrensrecht, N. 31; Jenard-Bericht, S. 49; KROPHOLLER/VON HEIN, zu Art. 38 EuGVO, in: Europäisches Zivilprozessrecht, N. 15; MANKOWSKI, zu Art. 38 Brüssel I-VO, in: Europäisches Zivilprozess- und Kollisionsrecht, N. 10b; SCHLOSSER, zu Art. 31 EuGVÜ, in: EuGVÜ, N. 10.

Recht differenziert ein Teil der Lehre[220] zwischen einer sich direkt aus dem Entscheid ergebenden Berechtigung und einer abgeleiteten oder indirekten Berechtigung. Gleich wie die herrschende Lehre stellen die Vertreter dieser Auffassung auf das Recht des Urteilsstaates ab, wenn sich die Berechtigung direkt aus dem Entscheid ergibt. Wird jedoch eine abgeleitete oder indirekte Berechtigung geltend gemacht, so hat das Gericht im Vollstreckungsstaat nach dem durch das Kollisionsrecht des Vollstreckungsstaates zu bestimmenden Recht zu prüfen, ob diese Berechtigung von einem Titelgläubiger abgeleitet wird[221].

c) Antragsgegner

Der Vollstreckungsantrag muss eine Bezeichnung des Antragsgegners enthalten. Damit der Antrag auch tatsächlich Erfolg hat, hat er sich grundsätzlich gegen den Schuldner – also die durch die Entscheidung verpflichtete Person – zu richten[222]. Neben dem Titelschuldner können insbesondere auch dessen Rechtsnachfolger zulässige Antragsgegner darstellen[223].

Die Frage der Passivlegitimation wird erst im Rahmen der Prüfung der Begründetheit des Vollstreckungsantrages geprüft. Ist der Antragsgegner nicht passiv legitimiert respektive ist der Antragsgegner mit anderen Worten nicht der aus der Entscheidung Verpflichtete, so ist der Antrag materiell abzuweisen[224].

---

220 HOFMANN/KUNZ, zu Art. 38 LugÜ, in: BSK, N. 194 ff.; STAEHELIN/BOPP, zu Art. 38 LugÜ, in: SHK, N. 41.

221 Dazu HOFMANN/KUNZ, zu Art. 38 LugÜ, in: BSK, N. 194 ff.

222 BGer 5A_160/2010, E. 4.

223 Das vorstehend zum zur Antragsstellung Berechtigten Ausgeführte gilt *mutatis mutandis* auch für den Antragsgegner. Es muss also nach vorliegend vertretener Auffassung auch hierfür die Frage, ob der Antragsgegner auch die aus dem Entscheid verpflichtete Person ist, zwischen direkt aus der Entscheidung verpflichteten und indirekt respektive abgeleiteten Verpflichtungen unterschieden werden.

224 Zum Ganzen HOFMANN/KUNZ, zu Art. 38 LugÜ, in: BSK, N. 200 ff.

9. Vorliegen der Urkunden nach Art. 53 ff. LugÜ

a) *Einzureichende Urkunden*

Für die Vollstreckbarerklärung eines Entscheids müssen die in den Art. 53 - 56 LugÜ aufgeführten Urkunden vorgelegt werden[225].

Dem Antrag muss eine Ausfertigung des Entscheids[226], welche die für ihre Beweiskraft erforderlichen Voraussetzungen erfüllt, beigelegt werden[227]. Wobei diese Ausfertigung gemäss dem Übereinkommen keiner Legalisation oder ähnlicher Förmlichkeit bedarf[228].

Neben einer Ausfertigung des Entscheids ist das Formular nach Anhang V einzureichen[229]. Diese Bescheinigung auf einem Formular soll die Aufgabe des Richters im Vollstreckungsstaat erleichtern[230]. Aus der Bescheinigung – zusammen mit dem Entscheid – sollte hervorgehen, ob und unter welchen Voraussetzungen dem Entscheid die Vollstreckbarkeit zukommt[231]. Diese Angaben auf dem Formular nach Anhang V sind indessen nicht rechtsbegründend. Massgebend ist die objektive Rechtslage und nicht der durch eine nicht korrekt ausgefüllte Bescheinigung hervorgerufene Anschein[232]. Die Angaben auf dem Formular stellen Auskünfte der Behörden des Erststaates dar, weshalb die Vorlage der Bescheinigung auch keine zwingende Voraussetzung für die Exequaturerteilung ist[233]. Im Rahmen des erstinstanzlichen Exequaturverfahrens kann die Rechtmässigkeit der Angaben grundsätzlich angenommen werden. Eine umfassende Prüfung der in der Bescheinigung

---

225 KROPHOLLER/VON HEIN, zu Art. 38 EuGVO, in: Europäisches Zivilprozessrecht, N. 7.

226 HOFMANN/KUNZ, zu Art. 40 LugÜ, in: BSK, N. 54. Es wird also insbesondere keine Beglaubigung oder Apostille nach dem Haager Übereinkommen (Übereinkommen zur Befreiung ausländischer öffentlicher Urkunden von der Beglaubigung, SR 0.172.030.4) vorausgesetzt.

227 Art. 53 Abs. 1 LugÜ.

228 Art. 56 LugÜ.

229 BRIGGS, S. 707 f. Art. 53 f. LugÜ i.V.m. Anhang V. Das Gericht kann den Antragsteller allenfalls von dieser Pflicht befreien (Art. 55 Abs. 1 LugÜ).

230 KG JU, Cour Civile, Arret du 19. Mai 2014, CC 8/2014, E. 10.2.

231 MANKOWSKI, zu Art. 41 Brüssel I-VO, in: Europäisches Zivilprozess- und Kollisionsrecht, N. 2.

232 OG ZH, I. Zivilkammer, Urteil vom 20. März 2015, Geschäfts-Nr.: RV140013, E. 3.2; unklar EuGH, Meletis Apostolides/David Charles Orams, Linda Elizabeth Orams, Urteil vom 28. April 2009, Rs. C-420/07, Slg. 2009, S. I-03571 ff., N. 68.

233 EuGH, Trade Agency Ltd/Seramico Investments Ltd., Urteil vom 6. September 2012, Rs. C-619/10, Slg. 2012, S. I-00000 ff., N. 36.

enthaltenen Auskünfte ist sodann im Rechtsbehelfsverfahren durchführbar[234].

Antragsteller, welche die Prozesskostenhilfe oder Kosten- und Gebührenbefreiung im Urteilsstaat bewilligt erhalten haben und davon nach Art. 50 LugÜ auch im Vollstreckungsstaat profitieren möchten, müssen darauf achten, dass die Gewährung auf dem Formular gemäss Anhang V des Lugano-Übereinkommens bestätigt wird oder zumindest auf sonstige Weise nachgewiesen werden kann[235].

b) Form

Grundsätzlich hat der Antragsteller die Urkunden im Original beziehungsweise mindestens eine beglaubigte Kopie einzureichen. Aus praktischer Sicht kann es sich jedoch empfehlen[236], blosse Kopien einzureichen und parallel die Vorlage des Originals zu offerieren[237].

Im Gegensatz zur Rechtslage vor der Revision muss im Rahmen des Vollstreckungsantrages eines Säumnisurteils keine Bescheinigung über die Zustellung des verfahrenseinleitenden Schriftstücks vorgelegt werden. Heute genügt es, dass auf dem Formular nach Anhang V das Datum der Zustellung dieses Schriftstücks aufgeführt wird[238].

Nicht verlangt wird ferner, dass fremdsprachige Urkunden in die Amtssprache des für die Aussprechung der Vollstreckbarerklärung zuständigen Gerichts übersetzt werden[239]. Dem Exequaturgericht steht es jedoch offen – sollte es zum Schluss kommen, dass seine Fremdsprachenkenntnisse nicht

---

234 Zum Ganzen HOFMANN/KUNZ, zu Art. 41 LugÜ, in: BSK, N. 28 f.

235 DROESE, zu Art. 338 ZPO, in: BSK, N. 22; HOFMANN/KUNZ, zu Art. 40 LugÜ, in: BSK, N. 56.

236 Damit kann man durch Einreichung von Kopien unter anderem verhindern, dass mittels des Akteneinsichtsrechts die unersetzbaren Urkunden an den Antragsgegner gelangen.

237 Dazu HOFMANN/KUNZ, zu Art. 40 LugÜ, in: BSK, N. 57.

238 Dazu DROESE, zu Art. 338 ZPO, in: BSK, N. 22.

239 DROESE, zu Art. 338 ZPO, in: BSK, N. 18; HOFMANN/KUNZ, zu Art. 40 LugÜ, in: BSK, N. 59.

ausreichen – den Antragsteller zu verpflichten, eine Übersetzung beizubringen[240]. Wird die Übersetzung nicht fristgerecht eingereicht, so weist das Gericht den Antrag auf Vollstreckbarerklärung ab. Diese Abweisung hat jedoch keinen Rechtsverlust zur Folge[241].

c) Zeitpunkt

Für die Frage des spätest zulässigen Zeitpunkts für das Vorlegen der Urkunden muss auf das Recht des Vollstreckungsstaates abgestellt werden. Dieses bestimmt, ob die Urkunden auch nach der Einreichung des Vollstreckungsantrages noch nachgereicht werden können oder nicht. Das revidierte Lugano-Übereinkommen selber untersagt ein zeitliches Auseinanderfallen zwischen dem Exequaturantrag und der Unterbreitung der Urkunden nicht[242].

Liegen dem Exequaturgericht nicht alle beizulegenden Urkunden vor, so hat es dem Antragsteller eine Nachfrist ansetzen und das Begehren nicht direkt abzulehnen[243]. Die Ansetzung einer Nachfrist ist angebracht, da der Antragsteller sonst auf das Rechtsmittelverfahren verwiesen würde, in welchem zwingend eine Information des Schuldners erfolgt. Der Bekanntgabe an den Schuldner ist jedoch eine potentielle Gefährdung der Ansprüche des Antragstellers inhärent[244].

---

240 Art. 55 Abs. 2 LugÜ.

241 Mit weitergehenden Ausführungen GELZER, zu Art. 55 LugÜ, in: BSK, N. 8; vgl. auch mit Hinweis auf BGE 138 III 174. Zur Rechtskraft des Exequaturentscheids vgl. in der vorliegenden Arbeit unter § 3.V.4, S. 67 ff.

242 EuGH, Roger van der Linden/Berufsgenossenschaft der Feinmechanik und Elektrotechnik, Urteil vom 14. März 1996, Rs. C-275/94, Slg. 1996, S. I-1393 ff., N. 14. Zum Ganzen HOFMANN/KUNZ, zu Art. 40 LugÜ, in: BSK, N. 60.

243 Art. 55 LugÜ. DROESE, zu Art. 338 ZPO, in: BSK, N. 23; Jenard-Bericht, S. 50; GEIMER/GEIMER/GEIMER, zu Art. 40 EuGVVO, in: Europäisches Zivilverfahrensrecht, N. 6 und zu Art. 41 EuGVVO, in: Europäisches Zivilverfahrensrecht, N. 41 f.; KROPHOLLER/VON HEIN, zu Art. 40 EuGVO, in: Europäisches Zivilprozessrecht, N. 9 und zu Art. 41 EuGVO, in: Europäisches Zivilprozessrecht, N. 6; MANKOWSKI, zu Art. 40 Brüssel I-VO, in: Europäisches Zivilprozess- und Kollisionsrecht, N. 13 und zu Art. 41 Brüssel I-VO, in: Europäisches Zivilprozess- und Kollisionsrecht, N. 3; SCHWANDER DANIEL, S. 673 f.; STAEHELIN/BOPP, zu Art. 40 LugÜ, in: SHK, N. 14.

244 Dazu MANKOWSKI, zu Art. 41 Brüssel I-VO, in: Europäisches Zivilprozess- und Kollisionsrecht, N. 3 und zu Art. 43 Brüssel I-VO, in: Europäisches Zivilprozess- und Kollisionsrecht, N. 10; HOFMANN/KUNZ, zu Art. 40 LugÜ, in: BSK, N. 62.

Nicht zwingend eine Nachfrist ansetzen muss das zuständige Gericht dann, wenn das Formular nach Anhang V nicht mit dem Antrag eingereicht wird. Dem Gericht steht es offen, ob es sich mit einer gleichwertigen Urkunde begnügen will oder den Antragsteller von der Vorlage der Bescheinigung befreit, sollte es eine weitere Klärung nicht für erforderlich halten[245].

Reicht der Antragsteller die Urkunden selbst in der Nachfrist nicht ein und entbindet ihn das Gericht auch nicht nach Art. 55 Abs. 1 LugÜ davon, wird der Antrag unter Kostenfolge abgewiesen[246]. Der Antragsteller hat einerseits die Möglichkeit, einen Rechtsbehelf zu ergreifen und die fehlenden Beilagen im Rahmen des Rechtsmittelverfahrens noch nachzureichen[247]. Nach überwiegender Ansicht[248] erwächst die Abweisung des Antrags aufgrund des Fehlens von Urkunden nicht in Rechtskraft, so dass der Antragsteller andererseits seinen Antrag auf Vollstreckbarerklärung auch erneut stellen kann.

10. Keine (unbedingten) Voraussetzungen

a) Fehlen von Anerkennungshindernissen

Unter der Geltung des revidierten Lugano-Übereinkommens wird im erstinstanzlichen Exequaturverfahren nicht mehr überprüft, ob Anerkennungsverweigerungsgründe im Sinne von Art. 34 f. LugÜ gegeben sind. Eine solche Prüfung kann erst im Verfahren vor der Rechtsmittelinstanz stattfinden[249].

---

245 Art. 55 Abs. 1 LugÜ.

246 HOFMANN/KUNZ, zu Art. 40 LugÜ, in: BSK, N. 63; MANKOWSKI, zu Art. 40 Brüssel I-VO, in: Europäisches Zivilprozess- und Kollisionsrecht, N. 13; a.M. SCHWANDER DANIEL, S. 674, welcher von einem Nichteintretensentscheid ausgeht.

247 EuGH, Roger van der Linden/Berufsgenossenschaft der Feinmechanik und Elektrotechnik, Urteil vom 14. März 1996, Rs. C-275/94, Slg. 1996, S. I-1393 ff., N. 18. Vgl. für eine Übersicht und weitere Hinweise HOFMANN/KUNZ, zu Art. 43 LugÜ, in: BSK, N. 57.

248 Vgl. insbesondere KROPHOLLER/VON HEIN, zu Art. 40 EuGVO, in: Europäisches Zivilprozessrecht, N. 9 und zu Art. 40 EuGVO, in: Europäisches Zivilprozessrecht, N. 9; MANKOWSKI, zu Art. 38 Brüssel I-VO, in: Europäisches Zivilprozess- und Kollisionsrecht, N. 4b und zu Art. 40 Brüssel I-VO, in: Europäisches Zivilprozess- und Kollisionsrecht, N. 13; unter Berücksichtigung der bundesgerichtlichen Rechtsprechung HOFMANN/KUNZ, zu Art. 38 LugÜ, in: BSK, N. 265; ferner in der vorliegenden Arbeit unter § 3.V.4, S. 67 ff.

249 Vgl. in der vorliegenden Arbeit unter § 3.VI.6.a).aa), S. 78 f.

Entsprechend ist das Fehlen von Anerkennungshindernissen keine Bedingung für die erstinstanzliche Erteilung der Vollstreckbarerklärung und somit auch nicht für die Gewährung von Sicherungsmassnahmen[250].

b) Zustellung des Entscheids an den Titelschuldner

Im Rahmen des erstinstanzlichen Exequaturverfahrens wird nicht verlangt, dass der Entscheid dem Schuldner bereits zugestellt wurde. Dies ergibt sich einerseits aus Art. 42 Abs. 2 LugÜ, welcher besagt, dass die Vollstreckbarerklärung und, soweit dies noch nicht geschehen ist, die Entscheidung dem Schuldner zugestellt werden. Andererseits wurde auf eine Bestimmung, wie sie sich im bisherigen Lugano-Übereinkommen in Art. 47 Abs. 1 aLugÜ fand, wonach der Antragsteller mittels Urkunden nachweisen musste, dass der Entscheid dem Titelschuldner zugestellt worden ist, verzichtet[251]. Mit anderen Worten ist die Erteilung des Exequaturs für einen dem Schuldner (noch) nicht zugestellten Entscheid zulässig. Der Entscheid kann dem Schuldner auch erst zusammen mit der erstinstanzlichen Vollstreckbarerklärung zugestellt werden[252].

c) Beleg für die Zustellung des verfahrenseinleitenden Schriftstücks

Im Gegensatz zum revidierten Lugano-Übereinkommen musste – wie unter vorstehendem Titel bereits erwähnt – unter Geltung des Übereinkommens 1988 bei der Vollstreckbarerklärung von Abwesenheitsurteilen der Nachweis erbracht werden, dass das verfahrenseinleitende Schriftstück ordnungsgemäss zugestellt worden ist[253].

Das revidierte Recht verlangt auch bei Abwesenheitsurteilen keine weiteren Nachweise[254]. Ausreichend ist die Einreichung einer Ausfertigung des Entscheids sowie der Bescheinigung nach Art. 54 LugÜ. Erst auf Stufe des Rechtsmittelverfahrens kann als Anerkennungshindernis gerügt werden,

---

250 Zum Ganzen mit weiteren Bemerkungen HOFMANN/KUNZ, zu Art. 38 LugÜ, in: BSK, N. 214.

251 Zum Ganzen mit weiteren Hinweisen HOFMANN/KUNZ, zu Art. 38 LugÜ, in: BSK, N. 215 ff.

252 Spätestens dann hat die Zustellung aber zwingend zu erfolgen.

253 Art. 34 Abs. 2 i.V.m. Art. 27 Abs. 2 und Art. 46 Abs. 2 aLugÜ.

254 Vgl. in der vorliegenden Arbeit unter § 3.III.9.b), S. 46 f.

dass die ordnungsgemässe Zustellung des verfahrenseinleitenden Schriftstück nicht statt gefunden hat[255].

d) Keine Prüfung der indirekten Zuständigkeit des Gerichts im Urteilsstaat

Das Gericht im Vollstreckungsstaat darf keine Überprüfung der Zuständigkeit des in der Sache urteilenden Gerichts vornehmen[256], ausser wenn eine Zuständigkeit in Versicherungs- und Verbrauchersachen oder eine ausschliessliche Zuständigkeit nach dem Lugano-Übereinkommen verletzt wurde[257].

IV. Exequaturverfahren

1. Allgemeines

Wie eingangs dargelegt handelt es sich beim Exequaturverfahren nicht um ein blosses Vollstreckungsverfahren, sondern um ein titelschaffendes Verfahren[258]. Die Vollstreckbarerklärung führt zu einem prozessualen Gestaltungsurteil und entsprechend nicht zu einem Feststellungs- oder Leistungsurteil[259]. Durch die Erteilung des Exequaturs werden dem ausländischen Titel (konstitutiv) die Vollstreckungswirkungen[260] im Zweitstaat zuerkannt[261].

Verfahrensgegenstand ist nicht der Bestand der Forderung. Dieser wird durch den ausländischen Entscheid bereits ausgewiesen. Thema des erstinstanzlichen Exequaturverfahrens ist vielmehr die Frage, ob die Voraussetzungen für die Vollstreckbarerklärung vorliegen oder eben nicht[262].

---

255 Art. 34 Abs. 1 i.V.m. Art. 45 Abs. 2 LugÜ. Vgl. für weiterem Hinweise HOFMANN/KUNZ, zu Art. 38 LugÜ, in: BSK, N. 221 ff.

256 Vgl. illustrativ BGE 123 III 374, E. 2.a).

257 Art. 35 Abs. 2 i.V.m. Art. 45 Abs. 1 LugÜ.

258 Vgl. in der vorliegenden Arbeit unter § 3.I.1, S. 19 ff.

259 Durch Erteilung der Vollstreckbarkeit wird der Schuldner nicht abermals verurteilt.

260 Anders bei der Anerkennung, die zu einer blossen Wirkungserstreckung führt.

261 Zum Ganzen MANKOWSKI, zu Art. 38 Brüssel I-VO, in: Europäisches Zivilprozess- und Kollisionsrecht, N. 4a.

262 Dazu HOFMANN/KUNZ, zu Art. 38 LugÜ, in: BSK, N. 229.

2. Gegenstand des erstinstanzlichen Exequturverfahrens

In Rahmen des erstinstanzlichen Exeqtaurverfahrens findet seit der Revision lediglich eine limitierte und formale Prüfung statt. Daraus resultiert, dass das Verfahren ein einfaches und rasches respektive sehr summarisches ist[263]. Die Botschaft zum revidierten Lugano-Übereinkommen[264] spricht im Zusammenhang mit der entsprechenden Bestimmung in Art. 41 LugÜ von einer *„Schlüsselbestimmung"* des revidierten Exequaturverfahrens[265].

Bevor das Vollstreckungsgericht in der Sache selber eine Prüfung vornimmt, klärt es normal ab, ob die allgemeinen Verfahrensvoraussetzungen[266] gegeben sind. Tritt das Gericht auf den Antrag ein, muss und darf es lediglich die vorgängig dargelegten und vom Lugano-Übereinkommen abschliessend normierten Voraussetzungen für die Erteilung einer Vollstreckbarerklärung[267] überprüfen[268]. Dem Exequaturgericht bleibt bei dieser Prüfung kein Ermessensspielraum. Das Gericht hat die Vollstreckbarerklärung zu erteilen, sobald die entsprechenden Voraussetzungen erfüllt sind[269]. Die Einschränkung des Verfahrensgegenstandes[270] bringt einen Automatismus mit sich, der in der Praxis grundsätzlich zur erstinstanzlichen Erteilung der Vollstreckbarerklärung führt. Aus dem vorgängig Ausgeführten ergibt sich auch, dass das Verfahren vor der ersten Instanz grundsätzlich ein Urkundenprozess ist[271].

---

263 Mit weiteren Hinweisen HOFMANN/KUNZ, zu Art. 41 LugÜ, in: BSK, N. 10.
264 Botschaft zum revLugÜ, S. 1811.
265 Zum Ganzen HOFMANN/KUNZ, zu Art. 41 LugÜ, in: BSK, N. 1 f.
266 Vgl. diesbezüglich die Aufstellung bei HOFMANN/KUNZ, zu Art. 41 LugÜ, in: BSK, N. 4.
267 Vgl. in der vorliegenden Arbeit unter § 3.III, S. 25 ff. sowie Überblick bei HOFMANN/KUNZ, zu Art. 41 LugÜ, in: BSK, N. 7.
268 Art. 41 Satz 1 LugÜ.
269 Dazu MANKOWSKI, zu Art. 41 Brüssel I-VO, in: Europäisches Zivilprozess- und Kollisionsrecht, N. 1.
270 Das erstinstanzliche Exequaturgericht darf insbesondere keine Prüfung von Anerkennungshindernissen oder von materiellrechtlichen Einwendungen – wie Tilgung, Stundung, Verjährung – vornehmen. Vgl. HOFMANN/KUNZ, zu Art. 41 LugÜ, in: BSK, N. 17 f.
271 Dazu HOFMANN/KUNZ, zu Art. 41 LugÜ, in: BSK, N. 9.

3. Sachliche Zuständigkeit für die Entgegennahme des Antrags

Das Lugano-Übereinkommen verweist in seinem Art. 39 Abs. 1 LugÜ für die Frage der sachlichen – und grundsätzlich auch der funktionellen – Zuständigkeit auf seinen Anhang II[272].

Die Zuständigkeit der im Anhang II bezeichneten Gerichte oder Behörden ist eine ausschliessliche. Eine allfällige Einlassung des Antragsgegners ist deswegen immer unbeachtlich. Das angerufene Gericht respektive die angerufene befugte Stelle hat seine sachliche wie auch seine funktionelle Zuständigkeit von Amtes wegen zu prüfen. Bei Einreichung des Antrages bei einem unzuständigen Gericht oder einer unzuständigen Behörde wird für das weitere Vorgehen auf das innerstaatliche Recht des Vollstreckungsstaates abgestellt. Dieses legt fest, ob der Antrag zurückzuweisen oder – von Amtes wegen respektive auf Antrag – an die zuständige Stelle weiterzuleiten ist[273].

4. Örtliche Zuständigkeit

a) Regelungsgehalt

Die örtliche Zuständigkeit wird durch die Bestimmung in Art. 39 Abs. 2 LugÜ normiert. Anders als unter Geltung des alten Lugano-Übereinkommens legt die revidierte Bestimmung zwei alternative Gerichtsstände, einen am Wohnsitz[274] des Schuldners und einen an dem Ort, an dem die Zwangsvollstreckung durchgeführt werden soll, fest. Dem Antragsteller obliegt die Wahl, an welchem Ort er das Verfahren einleiten will. Mit Art. 39

---

[272] GEIMER/GEIMER/GEIMER, zu Art. 39 EuGVVO, in: Europäisches Zivilverfahrensrecht, N. 6; MANKOWSKI, zu Art. 39 Brüssel I-VO, in: Europäisches Zivilprozess- und Kollisionsrecht, N. 1.

[273] Zum Ganzen HOFMANN/KUNZ, zu Art. 41 LugÜ, in: BSK, N. 20; MANKOWSKI, zu Art. 39 Brüssel I-VO, in: Europäisches Zivilprozess- und Kollisionsrecht, N. 1b.

[274] Für die Frage, wo der Schuldner Wohnsitz respektive Sitz hat, sind die Art. 59 f. LugÜ zu konsultieren. Bleibt der Wohnsitz respektive Sitz des Antragsgegners unbekannt, so besteht ein Gerichtsstand lediglich am Ort, an dem die Zwangsvollstreckung durchgeführt werden soll, und insbesondere nicht auch am letzten bekannten Wohnsitz. Vgl. dazu MANKOWSKI, zu Art. 39 Brüssel I-VO, in: Europäisches Zivilprozess- und Kollisionsrecht, N. 6.

Abs. 2 LugÜ wird neben der internationalen Zuständigkeit auch die innerstaatliche örtliche Zuständigkeit normiert[275]. Insofern verdrängt das autonome das nationale Recht des jeweiligen Vollstreckungsstaates[276].

b) *Anwendungsbereich*

Art. 39 Abs. 2 LugÜ beansprucht selbstverständlich Geltung bei Exequaturverfahren im Sinne von Art. 40 LugÜ und nach vorliegend vertretener Ansicht auch in der Konstellation, in welcher gleichzeitig mit dem Exequatur ausserdem noch Sicherungsmassnahmen beantragt werden[277].

c) *Zuständigkeit am prospektiven Vollstreckungsort*

Wie vorstehend dargelegt besteht gemäss Art. 39 Abs. 2 LugÜ eine alternative Zuständigkeit am Ort, an dem die Zwangsvollstreckung durchgeführt werden soll. Vom Übereinkommen nicht beantwortet wird, wie der Vollstreckungsort festzulegen ist, so dass für diese Frage das innerstaatliche Recht des Vollstreckungsstaates massgebend ist[278].

An dem Ort, an welchem gemäss nationalem Recht die Zwangsvollstreckung durchgeführt werden kann, besteht folglich auch immer eine Zuständigkeit für die (vorgängige) Durchführung des Exequaturverfahrens[279]. Kann nach dem innerstaatlichen Recht des Zweitstaates die Vollstreckung

---

275 Botschaft zum revLugÜ, S. 1810 und 1822; KROPHOLLER/VON HEIN, zu Art. 39 EuGVO, in: Europäisches Zivilprozessrecht, N. 11; STAEHELIN/BOPP, zu Art. 39 LugÜ, in: SHK, N. 5.

276 DROESE, zu Art. 339 ZPO, in: BSK, N. 9; KROPHOLLER/VON HEIN, zu Art. 39 EuGVO, in: Europäisches Zivilprozessrecht, N. 11; MANKOWSKI, zu Art. 39 Brüssel I-VO, in: Europäisches Zivilprozess- und Kollisionsrecht, N. 7; SCHLOSSER, zu Art. 34 EuGVÜ, in: EuGVÜ, N. 2.

277 So auch HOFMANN/KUNZ, zu Art. 39 LugÜ, in: BSK, N. 22; RODRIGUEZ, S. 1557; vgl. in der vorliegenden Arbeit unter § 7.II.3.b), S. 223 ff.

278 BGE 124 III 505, E. 3; STAEHELIN/BOPP, zu Art. 39 LugÜ, in: SHK, N. 7; vgl. für weitere Hinweise HOFMANN/KUNZ, zu Art. 39 LugÜ, in: BSK, N. 36.

279 HOFMANN/KUNZ, zu Art. 39 LugÜ, in: BSK, N. 37. Ein Teil der Lehre – vgl. dazu die Übersicht bei HOFMANN/KUNZ, zu Art. 39 LugÜ, in: BSK, N. 38 – nimmt an, dass mit dem Vollstreckungsort primär der Belegenheitsort der Vollstreckungsobjekte gemeint sei. Der Belegenheitsort ist typischerweise Anknüpfungspunkt für die Frage der Zuständigkeit im Rahmen der Zwangsvollstreckung, aber es sind Konstellationen denkbar, in welchen für die Frage der Zuständigkeit nicht auf den Belegenheitsort abgestellt wird. Beispielsweise gilt in der Schweiz bei Anteilen an Gesamthandschaften nicht der Lageort der von der Gesamthandschaft gehaltenen Vermögenswerten als Vollstreckungsort (BGE 124 III 505, E. 3.b). Vgl. dazu und für weitere Ausführungen HOFMANN/KUNZ, zu Art. 39 LugÜ, in: BSK, N. 38.

an mehreren Orten durchgeführt werden, so besteht an all diesen Orten eine Zuständigkeit und es kommt dem Gläubiger insofern ein Wahlrecht zu[280].

Für die Begründung der Zuständigkeit am Vollstreckungsort genügt nach dem Wortlaut des Übereinkommens[281] die Absicht des Titelgläubigers, die Zwangsvollstreckung an diesem Ort durchführen zu wollen[282]. Nicht von Bedeutung für die Zuständigkeitsbegründung sind die Erfolgsaussichten der Vollstreckung[283].

Daraus wird die Schlussfolgerung gezogen, dass der Antragsteller weder beweisen noch substanziiert behaupten müsse, dass sich im Bezirk des angerufenen Gerichts der Zwangsvollstreckung unterliegende Vermögenswerte befinden. Er müsse lediglich substanziiert behaupten, am betreffenden Ort vollstrecken zu wollen[284]. Eine solche substanziierte Behauptung der Absicht, an einem bestimmten Ort vollstrecken zu wollen, impliziere aber immer auch, dass eine Vollstreckung in diesem Bezirk auch möglich sein könnte[285].

Insbesondere Vertreter der deutschen Lehre[286] teilen die Auffassung, dass der Titelgläubiger Vollstreckbarerklärungen auf Vorrat erwirken könne. Insbesondere sei dies zur Vermeidung eines Zeitverlustes von Bedeutung, sollte der Titelschuldner später doch zu Vermögen im Vollstreckungsstaat kom-

---

280 GASSMANN, Arrest im internationalen Rechtsverkehr, S. 119; STAEHELIN/BOPP, zu Art. 39 LugÜ, in: SHK, N. 7.

281 Art. 39 Abs. 2 LugÜ spricht vom Ort, an dem die Zwangsvollstreckung durchgeführt werden soll.

282 HOFMANN/KUNZ, zu Art. 39 LugÜ, in: BSK, N. 42; KROPHOLLER/VON HEIN, zu Art. 39 EuGVO, in: Europäisches Zivilprozessrecht, N. 8; MANKOWSKI, zu Art. 39 Brüssel I-VO, in: Europäisches Zivilprozess- und Kollisionsrecht, N. 10.

283 MANKOWSKI, zu Art. 39 Brüssel I-VO, in: Europäisches Zivilprozess- und Kollisionsrecht, N. 10.

284 Dazu GEIMER/GEIMER/GEIMER, zu Art. 39 EuGVVO, in: Europäisches Zivilverfahrensrecht, N. 1; MANKOWSKI, zu Art. 39 Brüssel I-VO, in: Europäisches Zivilprozess- und Kollisionsrecht, N. 10 f.; SCHLOSSER, zu Art. 31 EuGVÜ, in: EuGVÜ, N. 1.

285 DONZALLAZ, La Convention de Lugano du 16 septembre 1988 concernant la compétence judiciaire et l'exécution des décisions en matière civile et commerciale, N. 3551 f. und 3617; DUTOIT, N. 265; HOFMANN/KUNZ, zu Art. 39 LugÜ, in: BSK, N. 44; STAEHELIN/BOPP, zu Art. 39 LugÜ, in: SHK, N. 8.

286 GEIMER/GEIMER/GEIMER, zu Art. 39 EuGVVO, in: Europäisches Zivilverfahrensrecht, N. 2; MANKOWSKI, zu Art. 39 Brüssel I-VO, in: Europäisches Zivilprozess- und Kollisionsrecht, N. 11.

men. Entsprechend genüge, dass künftig eine Vollstreckung möglich werden könnte. Die schweizerische Lehre[287] scheint solchen antizipierten Vollstreckbarerklärungen gegenüber zurückhaltender zu sein und verneint grundsätzlich das Vollstreckungsinteresse. Sie lässt jedoch gleichfalls eine voraussichtlich bestehende Möglichkeit der Vollstreckung ausreichen.

5. Massgeblichkeit des nationalen Rechts

Das Lugano-Übereinkommen legt die Rahmenbedingungen des Exequaturverfahrens fest, wobei Art. 41 LugÜ als Vorgabe normiert, dass die Prüfung der Vollstreckbarkeit prinzipiell anhand von Urkunden erfolgen soll, die Vollstreckbarerklärung sodann bei Vorliegen der Voraussetzungen unverzüglich zu erfolgen hat und das Verfahren ein einseitiges sein muss. Sämtliche anderen Fragen zum Verfahren richten sich nach dem nationalen Recht des Vollstreckungsstaates[288].

6. Prüfung aufgrund von Urkunden

a) Allgemeines

Die Prüfung des Exequaturgerichts ist nicht nur in sachlicher, sondern auch in formeller Hinsicht limitiert[289]. Gestützt auf die Vorgaben des Lugano-Übereinkommens führt das Gericht weitgehend eine formelle Prüfung der Urkunden nach den Art. 53 ff. LugÜ durch[290] und prüft dabei, ob sich die Voraussetzungen für eine Vollstreckbarerklärung aus den in Art. 53 LugÜ genannten und vom Antragsteller vorzulegenden Urkunden ergeben[291].

b) Anhörung des Antragstellers

Das Lugano-Übereinkommen schliesst vor der ersten Instanz eine Anhörung des Antragstellers anders als eine Anhörung des Schuldners nicht aus. Eine

---

287 DUTOIT, N. 265; STAEHELIN/BOPP, zu Art. 39 LugÜ, in: SHK, N. 8, welche auf die Kostenfolge zu Lasten des Schuldners aufmerksam machen; a.M. HOFMANN/KUNZ, zu Art. 39 LugÜ, in: BSK, N. 45, welche eine präventive Vollstreckbarerklärung prinzipiell für zulässig erachten.

288 Dazu HOFMANN/KUNZ, zu Art. 41 LugÜ, in: BSK, N. 20.

289 HOFMANN/KUNZ, zu Art. 41 LugÜ, in: BSK, N. 22.

290 BGer 4A_228/2010, E. 6; Botschaft zum revLugÜ, S. 1811; RODRIGUEZ, S. 1554; WAGNER, Vom Brüsseler Übereinkommen über die Brüssel I-Verordnung zum Europäischen Vollstreckungstitel, S. 83; WAGNER/JANZEN, S. 306.

291 Art. 41 LugÜ.

Anhörung des Antragstellers kann namentlich dann angezeigt sein, wenn sie zu einer Beschleunigung des Verfahrens – besonders bei anwaltlich nicht vertretenen Parteien – beitragen kann, oder wenn der Antragsteller um Befreiung von der Vorlage der Urkunden ersucht[292].

7. Beschleunigungsgebot

Das Lugano-Übereinkommen fordert eine unverzügliche Vollstreckbarerklärung der Entscheide. Auf die Festsetzung einer Maximalfrist wurde verzichtet, weil keine geeigneten Sanktionen zur Verfügung standen[293]. Im Gegensatz zur Rechtsmittelinstanz kann der erstinstanzliche Exequaturrichter nach dem Übereinkommen das Verfahren nicht aussetzen, wenn im Urteilsstaat ein Rechtsmittel gegen den Entscheid ergriffen wurde[294].

8. Einseitiges Verfahren

a) Allgemeines

Das Lugano-Übereinkommen schreibt vor, dass der Antragsgegner während des erstinstanzlichen Exequaturverfahrens keine Gelegenheit erhält, eine Erklärung abzugeben[295]. Nach der herrschenden Lehre[296] ist die Einseitigkeit des Exequaturverfahrens zwingend, so dass es auch dem Gläubiger nicht offen steht, darauf zu verzichten. Die einseitige Ausgestaltung dieses Verfahrensabschnittes entspricht auch der Rechtslage unter der Geltung des alten Lugano-Übereinkommens[297].

---

292 Vgl. zum Ganzen mit weiteren Hinweisen HOFMANN/KUNZ, zu Art. 41 LugÜ, in: BSK, N. 38.

293 Jenard-Bericht, S. 50.

294 GEIMER/GEIMER/GEIMER, zu Art. 41 EuGVVO, in: Europäisches Zivilverfahrensrecht, N. 8; HOFMANN/KUNZ, zu Art. 41 LugÜ, in: BSK, N. 41.

295 Art. 41 Satz 2 LugÜ.

296 KROPHOLLER/VON HEIN, zu Art. 41 EuGVO, in: Europäisches Zivilprozessrecht, N. 1; MANKOWSKI, zu Art. 41 Brüssel I-VO, in: Europäisches Zivilprozess- und Kollisionsrecht, N. 6 f.; HOFMANN/KUNZ, zu Art. 41 LugÜ, in: BSK, N. 58; a.A. GEIMER/GEIMER/GEIMER, zu Art. 41 EuGVVO, in: Europäisches Zivilverfahrensrecht, N. 4 f.

297 Art. 34 Abs. 1 aLugÜ.

Das Exequaturgericht darf auch nicht in einem Ausnahmefall den Antragsgegner in Kenntnis setzen oder anhören; insofern besteht kein Ermessen[298]. Wird der Schuldner trotzdem vom Gericht angehört, stellt dies eine Verletzung von Art. 41 LugÜ und damit einen Verfahrensmangel dar[299]. Dieser Verfahrensmangel bringt aber weder die Nichtigkeit noch die Anfechtbarkeit des erstinstanzlichen Exequaturentscheides mit sich[300]. Setzt das Gericht den Antragsgegner entgegen den Vorgaben des Übereinkommens trotzdem über den Antrag auf Vollstreckbarerklärung in Kenntnis, so ist eine Staatshaftung denkbar[301].

Die Einseitigkeit des Verfahrens stellt keine Verletzung des Grundsatzes des rechtlichen Gehörs[302] dar. Es steht dem Schuldner offen, seine Einwände gegen das Exequatur im kontradiktorischen Verfahren vor der Rechtsmittelinstanz vorzubringen. Ferner ist dem Exequatur bereits ein Erkenntnisverfahren im Erststaat vorausgegangen und das erstinstanzlich erteilte Exequatur verschafft dem Gläubiger vorerst lediglich einen Anspruch auf Sicherungsmassnahmen[303].

b) Schutzschrift

Unsicher und strittig ist, wie das Gericht vorzugehen hat, wenn der Antragsgegner ohne Aufforderung und bereits im Voraus mittels Schutzschrift oder Stellungnahme seinen Standpunkt darlegt[304].

---

298 Jenard-Bericht, S. 50; KROPHOLLER/VON HEIN, zu Art. 41 EuGVO, in: Europäisches Zivilprozessrecht, N. 7; MANKOWSKI, zu Art. 41 Brüssel I-VO, in: Europäisches Zivilprozess- und Kollisionsrecht, N. 6 f.

299 Urteil des Appellationsgerichts Basel-Stadt (Ausschuss) vom 22.12.1994, BJM 1996, S. 142 ff., E. 2.

300 HOFMANN/KUNZ, zu Art. 41 LugÜ, in: BSK, N. 45; MANKOWSKI, zu Art. 45 Brüssel I-VO, in: Europäisches Zivilprozess- und Kollisionsrecht, N. 3a; a.A. GEIMER/GEIMER/GEIMER, zu Art. 41 EuGVVO, in: Europäisches Zivilverfahrensrecht, N. 4 f.

301 Vgl. dazu GEIMER/GEIMER/GEIMER, zu Art. 41 EuGVVO, in: Europäisches Zivilverfahrensrecht, N. 4; MANKOWSKI, zu Art. 41 Brüssel I-VO, in: Europäisches Zivilprozess- und Kollisionsrecht, N. 7.

302 Art. 6 EMRK, Art. 29 Abs. 2 BV.

303 Dazu BGer 4P.48/2002, E. 2.d; GEIMER/GEIMER/GEIMER, zu Art. 41 EuGVVO, in: Europäisches Zivilverfahrensrecht, N. 2; HOFMANN/KUNZ, zu Art. 41 LugÜ, in: BSK, N. 47; KROPHOLLER/VON HEIN, zu Art. 41 EuGVO, in: Europäisches Zivilprozessrecht, N. 7; MANKOWSKI, zu Art. 41 Brüssel I-VO, in: Europäisches Zivilprozess- und Kollisionsrecht, N. 6; STAEHELIN/BOPP, zu Art. 41 LugÜ, in: SHK, N. 1.

304 Vgl. für eine Übersicht über die Meinungen in der Literatur MENNICKE, S. 296 f.

Grundsätzlich kann der Schuldner vorsorglich eine Schutzschrift beim möglichen Exequaturgericht einreichen[305]. Formell gesehen besteht jedoch ein gewisses Spannungsfeld zur Bestimmung in Art. 41 Satz 2 LugÜ[306]. Der deutsche Wortlaut von Art. 41 Satz 2 LugÜ besagt nämlich, dass der Schuldner während des erstinstanzlichen Exequaturverfahrens *„keine Gelegenheit“* erhält, eine Erklärung abzugeben. Andere – namentlich die englische[307], italienische[308] wie auch die französische[309] – Sprachfassungen gehen indessen weiter und verbieten jede und damit auch unaufgeforderte Erklärungen des Antraggegners[310].

Zu beachten dabei ist jedoch, dass die Bestimmung in Art. 41 Satz 2 LugÜ nur besagt, dass der Schuldner nach Einreichung des Antrages nicht zu hören ist. Die Vorschrift des Übereinkommens geht aber nicht auf diejenige Konstellation ein, in welcher der Schuldner von sich aus präventiv und entsprechend vor Eingang des Antrages auf Vollstreckbarerklärung aktiv wird[311]. Das Lugano-Übereinkommen untersagt demzufolge nicht *per se* eine vorsorgliche Stellungnahme respektive Schutzschrift[312]. Für die Frage der Zulässigkeit und die Anforderungen an die Schutzschrift muss auf das nationale Recht des Vollstreckungsstaates abgestellt werden[313].

Unter der Geltung des revidierten Rechts ist diese Frage allerdings von geringer praktischer Relevanz. Denn im Rahmen einer allfälligen Schutzschrift

---

305 Vgl. dazu eingehend MENNICKE, S. 294 ff.; wohl a.A. Botschaft zum revLugÜ, S. 1825.

306 MANKOWSKI, zu Art. 41 Brüssel I-VO, in: Europäisches Zivilprozess- und Kollisionsrecht, N. 9.

307 *„The party against whom enforcement is sought shall not at this stage of the proceedings be entitled to make any submissions on the application.“*

308 *„La parte contro cui l'esecuzione viene chiesta non può, in tale fase del procedimento, presentare osservazioni.“*

309 *„La partie contre laquelle l'exécution est demandée ne peut, en cet état de la procédure, présenter d'observations.“*

310 Dazu HOFMANN/KUNZ, zu Art. 41 LugÜ, in: BSK, N. 52.

311 So auch MANKOWSKI, zu Art. 41 Brüssel I-VO, in: Europäisches Zivilprozess- und Kollisionsrecht, N. 9.

312 HOFMANN/KUNZ, zu Art. 41 LugÜ, in: BSK, N. 49 ff. mit weiteren Hinweisen in N. 54; MANKOWSKI, zu Art. 41 Brüssel I-VO, in: Europäisches Zivilprozess- und Kollisionsrecht, N. 9 ff.; STAEHELIN DANIEL, Neues Arrestrecht ab 2011, S. 6, Rz. 25; a.A. GEIMER/GEIMER/GEIMER, zu Art. 41 EuGVVO, in: Europäisches Zivilverfahrensrecht, N. 8; HOFMANN/KUNZ, zu Art. 41 LugÜ, in: BSK, N. 7; mit weiteren Hinweisen SCHWANDER DANIEL, S. 645, Fn. 20.

313 HOFMANN/KUNZ, zu Art. 41 LugÜ, in: BSK, N. 53.

kann seitens des Antraggegners aufgrund der stark eingeschränkten Prüfungsbefugnis bloss vorgebracht werden, dass entweder die Voraussetzungen für das Exequatur oder die Verfahrensvoraussetzungen nicht gegeben seien[314].

Sollte tatsächlich sowohl vorgängig eine Schutzschrift wie auch ein Antrag auf Vollstreckbarerklärung eingereicht werden, so ist die Schutzschrift dem Antragsteller zuzustellen. Dieser muss sodann die Möglichkeit haben, zur Schutzschrift Stellung zu nehmen[315].

9. Exequaturentscheid und Kosten

Die Form und die Begründung des Exequaturentscheides richten sich nach dem nationalen Recht des Vollstreckungsstaats.

Bezüglich der Kosten schreibt das Lugano-Übereinkommen vor, dass keine nach dem Streitwert abgestuften Stempelabgaben oder Gebühren erhoben werden dürfen[316].

10. Mitteilung an den Antragsteller und Zustellung an den Schuldner

a) Mitteilung an den Antragsteller

Dem Antragsteller ist – unabhängig vom Ausgang des Verfahrens[317] – bekannt zu geben, wie sein Antrag auf Vollstreckbarerklärung beurteilt wurde[318]. Der Normgehalt dieser Bestimmung ist an sich eine Selbstverständlichkeit und ergibt sich bereits aus Art. 6 EMRK und Art. 29 Abs. 2 BV. Aus diesen beiden Vorschriften folgt auch, dass ein ablehnender Entscheid (zumindest bei Vorliegen eines entsprechenden Antrags) zu begründen ist[319].

---

314 KROPHOLLER/VON HEIN, zu Art. 41 EuGVO, in: Europäisches Zivilprozessrecht, N. 10; MANKOWSKI, zu Art. 41 Brüssel I-VO, in: Europäisches Zivilprozess- und Kollisionsrecht, N. 9b; STAEHELIN/BOPP, zu Art. 41 LugÜ, in: SHK, N. 2.

315 Vgl. zum Ganzen und mit weiteren Hinweisen HOFMANN/KUNZ, zu Art. 41 LugÜ, in: BSK, N. 56.

316 Art. 52 LugÜ.

317 Jenard-Bericht, S. 50.

318 Art. 42 Abs. 1 LugÜ.

319 HOFMANN/KUNZ, zu Art. 42 LugÜ, in: BSK, N.7.

Die Mitteilung an den Antragsteller kann formlos erfolgen, da das Übereinkommen selber nicht eine förmliche Zustellung des Exequaturentscheides verlangt. Die Form der Mitteilung richtet sich nach dem innerstaatlichen Recht des Vollstreckungsstaates[320]. Grundsätzlich ist immer nur eine Inlandzustellung angezeigt, da der Antragsteller – sollte er im Vollstreckungsstaat keinen Wohnsitz haben – ein Zustellungsdomizil oder, ist ein solches im Recht des Vollstreckungsstaats nicht vorgesehen, einen Zustellungsbevollmächtigten zu benennen hat[321].

Das Übereinkommen schreibt bezüglich des Zeitpunktes der Zustellung an den Antragsteller – im Gegensatz zur Zustellung an den Antragsgegner[322] – vor, dass diese „*unverzüglich*" zu erfolgen hat[323]. Daraus lässt sich ableiten, dass die Zustellung an den Gläubiger spätestens gleichzeitig mit der Zustellung an den Schuldner zu erfolgen hat[324]. Der Exequaturentscheid darf nicht zuerst dem Schuldner zugestellt werden[325]. Selbstverständlich ist eine ge-

---

320 EuGH, Gaetano Verdoliva /J. M. Van der Hoeven BV, Banco di Sardegna und San Paolo IMI SpA, Urteil vom 16. Februar 2006, Rs. C-3/05, Slg. 2006, S. I-1579 ff., N. 31; MANKOWSKI, zu Art. 41 Brüssel I-VO, in: Europäisches Zivilprozess- und Kollisionsrecht, N. 2.

321 Art. 40 Abs. 2 LugÜ. Vgl. dazu und für weitere Hinweise HOFMANN/KUNZ, zu Art. 42 LugÜ, in: BSK, N. 11 sowie für Ausführungen zu einer ausnahmsweise internationalen Zustellung HOFMANN/KUNZ, zu Art. 42 LugÜ, in: BSK, N. 24 ff.

322 Vgl. Art. 42 Abs. 2 LugÜ, wonach die Vollstreckbarerklärung und, soweit dies noch nicht geschehen ist, auch die Entscheidung dem Antragsgegner zugestellt werden.

323 Art. 42 Abs. 1 LugÜ.

324 HOFMANN/KUNZ, zu Art. 42 LugÜ, in: BSK, N. 15.

325 In Deutschland wurde bislang der Entscheid über den Antrag auf Vollstreckbarerklärung zuerst dem Antragsgegner zugestellt und solange mit der Informierung des Antragstellers zugewartet. Vgl. dazu etwa OLG Saarbrücken, Beschluss vom 5. Januar 1994, in: IPRax, 1995, Nr. 4, S. 244 ff., E. 2. Diese Praxis ist jedoch kaum übereinkommenskonform. Der Gläubiger verliert durch ein wie in Deutschland anhin praktiziertes Vorgehen – falls er nicht bereits gleichzeitig mit dem Vollstreckungsantrag um Sicherungsmassnahmen ersucht hat – den unmittelbaren Zugriff auf das Vermögen des Antragsgegners respektiven den Überraschungseffekt. Vgl. dazu GEIMER/GEIMER/GEIMER, zu Art. 42 EuGVVO, in: Europäisches Zivilverfahrensrecht, N. 9 f.; HAAS, S. 224; SCHLOSSER, zu Art. 35 EuGVÜ, in: EuGVÜ, N. 1; a.A. MANKOWSKI, zu Art. 42 Brüssel I-VO, in: Europäisches Zivilprozess- und Kollisionsrecht, N. 3 und 7.

staffelte Zustellung, bei welcher der Exequaturentscheid zunächst dem Antragsteller zugestellt wird, zulässig[326] und wird auch dem vom Übereinkommen gewollten Überraschungseffekt am besten gerecht[327]. Das Lugano-Übereinkommen selber verschafft aber keinen solchen autonomen Anspruch auf eine gestaffelte Zustellung[328].

b) Zustellung an den Schuldner

aa) Zustellung der Vollstreckbarerklärung sowie des für vollstreckbar erklärten Entscheids bei gutheissendem Exequaturentscheid

Gemäss dem Übereinkommenstext werden dem Schuldner die Vollstreckbarerklärung und, soweit dies noch nicht geschehen ist, auch der vollstreckbar erklärte Entscheid selber zugestellt[329].

Anders als bei der Mitteilung an den Antragsteller fordert das Lugano-Übereinkommen eine förmliche Zustellung der Vollstreckbarerklärung sowie gegebenfalls des für vollstreckbar erklärten Entscheids an den Schuldner[330]. Dabei bestimmt sich die Form der Zustellung grundsätzlich nach dem nationalen Recht des Vollstreckungsstaates[331], wobei das Übereinkommen gewisse Mindestanforderungen betreffend die Zustellung in Art. 43 Abs. 5 LugÜ vorgibt[332].

Die Beilagen, welche vom Antragsteller im Verfahren auf Vollstreckbarerklärung eingereicht wurden, müssen gemäss den Vorgaben des Lugano-Übereinkommens dem Schuldner nicht zugestellt werden. Gestützt auf die

---

326 ATTESLANDER-DÜRRENMATT, S. 185; SCHWANDER DANIEL, S. 660, Fn. 77; a.A. LEUENBERGER, S. 969.

327 HOFMANN/KUNZ, zu Art. 42 LugÜ, in: BSK, N. 16.

328 HOFMANN/KUNZ, zu Art. 42 LugÜ, in: BSK, N. 16; MANKOWSKI, zu Art. 42 Brüssel I-VO, in: Europäisches Zivilprozess- und Kollisionsrecht, N. 8.

329 Art. 42 Abs. 2 LugÜ.

330 KROPHOLLER/VON HEIN, zu Art. 42 EuGVO, in: Europäisches Zivilprozessrecht, N. 3; MANKOWSKI, zu Art. 42 Brüssel I-VO, in: Europäisches Zivilprozess- und Kollisionsrecht, N. 5.

331 Auch wenn Art. 42 Abs. 2 LugÜ im Gegensatz zu Art. 42 Abs. 1 LugÜ dies nicht explizit festhält. Bei internationalen Zustellungen sind prinzipiell wie üblich die einschlägigen Staatsverträge zu beachten. Vgl. MANKOWSKI, zu Art. 42 Brüssel I-VO, in: Europäisches Zivilprozess- und Kollisionsrecht, N. 5; STAEHELIN/BOPP, zu Art. 42 LugÜ, in: SHK, N. 4; HAAS, S. 224.

332 Vgl. für weitergehende Ausführungen mit Hinweisen HOFMANN/KUNZ, zu Art. 43 LugÜ, in: BSK, N. 59 ff.

EMRK[333], und in der Schweiz ferner auch auf die BV[334], besteht aber immerhin ein Anspruch des Schuldners auf Einsichtnahme in die Verfahrensakten. Dieses aus den Verfahrensgarantien resultierende Einsichtsrecht hat aber keinerlei Einfluss auf den Beginn und den Lauf der Rechtsmittelfrist nach Art. 43 Abs. 5 LugÜ[335].

Die formell korrekte Zustellung löst den Beginn der Rechtsbehelfsfrist von Art. 43 Abs. 5 LugÜ aus[336]. Mangelt es an einer förmlichen Zustellung, so beginnt die Rechtsbehelfsfrist nicht zu laufen[337].

Die Zustellung der Vollstreckbarerklärung informiert den Schuldner über die eingeleitete Vollstreckung. Dadurch wird dem Schulder ermöglicht, sich gegebenenfalls einer zwangsweisen Durchsetzung des Entscheides zu widersetzen. Insbesondere steht ihm die Möglichkeit offen, einen Rechtsbehelf nach Art. 43 LugÜ einzulegen, darin seine Argumente gegen die Vollstreckbarerklärung vorzubringen und so sein rechtliches Gehör zu wahren.

Der Schuldner muss spätestens zusammen mit der Vollstreckbarerklärung auch den für vollstreckbar erklärten Entscheid[338] zugestellt erhalten. Der für vollstreckbar erklärte Entscheid muss dem Schuldner also immer dann durch die zuständige Behörde oder das zuständige Gericht des Vollstreckungsstaates zugestellt werden, wenn die Zustellung durch die Behörde oder das Gericht im Erststaat nicht repsektive noch nicht erfolgt ist. Diese Pflicht ergibt sich aus dem Anspruch auf rechtliches Gehör. Der Schuldner kann sich nur wirksam gegen die Vollstreckbarerklärung wehren, sofern er auch den der Vollstreckbarerklärung zugrunde liegenden Entscheid kennt[339].

---

333 Art. 6 Abs. 1 EMRK.

334 Art. 29 Abs. 2 BV.

335 Zum Ganzen HOFMANN/KUNZ, zu Art. 42 LugÜ, in: BSK, N. 34 ff.

336 Zum Ganzen HOFMANN/KUNZ, zu Art. 42 LugÜ, in: BSK, N. 17 ff.; MANKOWSKI, zu Art. 42 Brüssel I-VO, in: Europäisches Zivilprozess- und Kollisionsrecht, N. 5 ff.

337 HOFMANN/KUNZ, zu Art. 42 LugÜ, in: BSK, N. 20.

338 Es muss die für vollstreckbar erklärte Entscheidung aus dem Erststaat zugestellt werden. Nicht vom Zustellungserfordernis erfasst werden Rechtsmittelentscheide aus dem Erststaat, die den erstimstanzlichen Entscheid bestätigen. Vgl. dazu GEIMER/GEIMER/GEIMER, zu Art. 41 EuGVVO, in: Europäisches Zivilverfahrensrecht, N. 35.

339 Zum Ganzen HOFMANN/KUNZ, zu Art. 42 LugÜ, in: BSK, N. 28; MANKOWSKI, zu Art. 42 Brüssel I-VO, in: Europäisches Zivilprozess- und Kollisionsrecht, N. 7.

Bei dieser Bestimmung handelt es sich insofern um ein Novum des revidierten Rechts. Es war vor der Revision nicht möglich, eine Vollstreckbarerklärung eines Entscheides zu erwirken, welcher dem Schuldner noch nicht zugestellt wurde. Diese Neuerung kann jedoch unter Umständen dazu führen, dass dem Schuldner die Möglichkeit genommen wird, dem Entscheid freiwillig zu entsprechen und mitunter unnötige Kosten für ein Exequaturverfahren entstehen[340].

Die Zustellung des vollstreckbar erklärten Entscheids ist kein zwingendes Erfordernis für den Beginn des Zwangsvollstreckungsverfahrens im Zweitstaat. Das nationale Recht des Vollstreckungsstaates bestimmt den Zeitpunkt und die Voraussetzungen für die Einleitung der eigentlichen Zwangsvollstreckungsmassnahmen[341]. Die Beantragung von Sicherungsmassnahmen ist auf jeden Fall auch vor der Zustellung des Entscheids möglich[342].

bb) Bei ablehnendem Exequaturentscheid

Das Übereinkommen verlangt in Art. 42 Abs. 2 LugÜ ausschliesslich die Zustellung der Vollstreckbarerklärung (sowie gegebenenfall die Zustellung des für vollstreckbar erklärten Entscheids) an den Schuldner. Das Vorhandensein einer Vollstreckbarerklärung bedeutet, dass der Antrag des Antragstellers gutgeheissen wurde.

---

340 Zum Ganzen HOFMANN/KUNZ, zu Art. 42 LugÜ, in: BSK, N. 29.

341 Das Recht des Urteilsstaates bestimmt, ob die Vollstreckbarkeit bereits vor der Zustellung an den Schuldner eintritt und der Entscheid somit vor seiner Zustellung an den Schuldner gestützt auf das Lugano-Übereinkommen in anderen Mitgliedstaaten vollstreckbar erklärt werden kann. Vgl. dazu HOFMANN/KUNZ, zu Art. 42 LugÜ, in: BSK, N. 32.

342 Dazu mit weiteren Ausführungen und Hinweisen MANKOWSKI, zu Art. 42 Brüssel I-VO, in: Europäisches Zivilprozess- und Kollisionsrecht, N. 7.

Das Lugano-Übereinkommen gibt demgegenüber keine Antwort auf die Frage, ob auch ein ablehnender Exequaturentscheid dem Schuldner zuzustellen ist[343]. Damit ist ungeklärt, ob das nationale Recht des Vollstreckungsstaates eine solche Zustellung vorsehen darf oder sogar muss[344]. Eine Zustellung hätte die Kenntnisnahme des Schuldners, dass der Gläubiger (zumindest) bereits um eine Vollsteckbarerklärung ersucht hat, zur Folge.

Wird der Antrag nur teilweise abgewiesen, hat eine Zustellung des Entscheids an den Schuldner stattzufinden[345].

V. Wirkungen einer Vollstreckbarerklärung

1. Wirkungsverleihung

Nach herrschender Lehre[346] handelt es sich bei der Vollstreckbarerklärung um einen rechtsgestaltenden Hoheitsakt, durch welchen der Zweitstaat dem Urteil bzw. der vollstreckbaren öffentlichen Urkunde aus dem Erststaat exekutorische Wirkung zuspricht. Der Unterschied zwischen der Vollstreckbarerklärung und der Anerkennung liegt darin, dass mit der Anerkennung des ausländischen Urteils aus dem Erststaat alle Wirkungen, welche gerade ohne Vollstreckungsmassnahmen erfolgen, sich auch auf den anerkennenden Zweitstaat erstrecken[347].

> *„Durch die Anerkennung eines ausländischen Urteils wird grundsätzlich die Gleichstellung mit einem inländischen Urteil bewirkt, und mit der Vollstreckbarerklärung kommt dem ausländischen Urteil zusätzlich die Qualität eines Vollstreckungstitels im Inland zu[348].“*

---

343 Da der Antragsgegner am erstinstanzlichen Exequaturverfahren nicht beteiligt ist, folgt keinen Anspruch auf Zustellung des ablehnenden Exequaturentscheids aus den Verfahrensgarantien der BV und der EMRK. Vgl. dazu HOFMANN/KUNZ, zu Art. 42 LugÜ, in: BSK, N. 38.

344 Zum aLugÜ noch bejahend STAEHELIN DANIEL, zu Art. 36 aLugÜ, in: SHK, 1. Auflage, N. 10; verneinend HOFMANN/KUNZ, zu Art. 42 LugÜ, in: BSK, N. 40; mit weiteren Hinweisen STAEHELIN/BOPP, zu Art. 42 LugÜ, in: SHK, N. 2.

345 HOFMANN/KUNZ, zu Art. 42 LugÜ, in: BSK, N. 41.

346 GEIMER/SCHÜTZE, S. 1141 und 1185; HAUSER, S. 605; SCHWANDER IVO, Einführung in das internationale Privatrecht, S. 341 f., Rz. 697.

347 SCHWANDER IVO, Einführung in das internationale Privatrecht, S. 340, Rz. 694.

348 BGer 5P.253/2001, E. 2.a.

Die Anerkennung ist somit eine blosse Wirkungserstreckung, wogegen die Erteilung der Vollstreckbarerklärung eine Wirkungsverleihung bedeutet[349].

2. Objekt der Zwangsvollstreckung

Das Objekt des Zwangsvollstreckungsverfahrens im Vollstreckungsstaat ist die Vollstreckbarerklärung und nicht der erststaatliche Entscheid[350]. Das hat insbesondere die Konsequenz, dass die Vollstreckungswirkung im Vollstreckungsstaat nicht automatisch entfällt, sobald der ursprüngliche ausländische Entscheid seine Vollstreckbarkeit verliert oder diese aufgehoben wird[351].

Die Erteilung der Vollstreckbarerklärung bedeutet die Zulassung zur Zwangsvollstreckung und stellt deren Ausgangspunkt dar. Selber enthält die Vollstreckbarerklärung indessen grundsätzlich keine Anordnung der Zwangsvollstreckung[352].

3. Umfang der Wirkungsverleihung

Ziel des Übereinkommens ist es, dass *„den Entscheidungen die Wirkungen beigelegt werden, die ihnen in dem Staat zukommen, in dessen Hoheitsgebiet*

---

349 GEIMER/GEIMER/GEIMER, zu Art. 38 EuGVVO, in: Europäisches Zivilverfahrensrecht, N. 2; HOFMANN/KUNZ, zu Art. 38 LugÜ, in: BSK, N. 230; MANKOWSKI, zu Art. 38 Brüssel I-VO, in: Europäisches Zivilprozess- und Kollisionsrecht, N. 4a.

350 GEIMER/GEIMER/GEIMER, zu Art. 38 EuGVVO, in: Europäisches Zivilverfahrensrecht, N. 6; KROPHOLLER/VON HEIN, zu Art. 38 EuGVO, in: Europäisches Zivilprozessrecht, N. 14; MANKOWSKI, zu Art. 38 Brüssel I-VO, in: Europäisches Zivilprozess- und Kollisionsrecht, N. 3; STAEHELIN/BOPP, zu Art. 38 LugÜ, in: SHK, N. 46; vgl. für weitere Hinweise HOFMANN/KUNZ, zu Art. 38 LugÜ, in: BSK, N. 234.

351 Vgl. in der vorliegenden Arbeit unter § 3.III.6.d), S. 38 ff.

352 Dazu HOFMANN/KUNZ, zu Art. 38 LugÜ, in: BSK, N. 233.

sie ergangen sind"[353]. Dieses Ergebnis wird dadurch erreicht, dass der ausländische Entscheid mittels Vollstreckbarerklärung dem inländischen Vollstreckungstitel des Vollstreckungsstaats[354] gleichgestellt wird[355].

Wie sich dem Wort *„Gleichstellung"* bereits entnehmen lässt, mehren sich die Möglichkeiten des Gläubigers durch die Vollstreckbarerklärung eines ausländischen Entscheids nicht respektive verbessern sich nicht. Der ausländische Entscheid wird nicht – auch nicht mittelbar – besser gestellt als ein Entscheid aus dem Vollstreckungsstaat selber[356]. Der erststaatliche Entscheid wird also gleich und daher ausschliesslich mit den Mitteln, welche das Recht des Vollstreckungsstaates zur Verfügung stellt, vollstreckt. Der Gläubiger kann entsprechend nicht vorbringen, dass ihm im Rahmen der Zwangsvollstreckung im Erststaat effektivere Mittel zur Verfügung stehen würden[357].

Das innerstaatliche Recht darf jedoch die praktische Wirksamkeit (*effet utile*) der Regelungen bezüglich der Zulassung zur Zwangsvollstreckung des Lugano-Übereinkommens nicht einschränken[358]. Dies führt insbesondere dazu, dass, wenn der erststaatliche Entscheid dem Vollstreckungsstaat unbekannte Massnahmen anordnet, die Vollstreckung dieser Massnahmen dem Gläubiger nicht einfach verwehrt werden dürfen. Vielmehr muss im innerstaatlichen Recht des Vollstreckungstaates eine Umsetzungsmassnahme ausgemacht werden, welche unter dem Gesichtspunkt der prakti-

---

353 Jenard-Bericht, S. 43; EuGH, Horst Ludwig Martin Hoffmann/Adelheid Krieg, Urteil vom 4. Februar 1988, Rs. 145/86, Slg. 1988, S. 645 ff., N. 10.

354 Die Vollstreckbarerklärung gilt nur für das Hoheitsgebiet des Vollstreckungsstaates und nicht für andere mögliche Vollstreckungsstaaten. Der Entscheid muss gegebenenfalls in jedem Vollstreckungsstaat gesondert für vollstreckbar erklärt werden. Vgl. in der vorliegenden Arbeit unter § 3.III.4.b), S. 32 f.

355 BGer 5P.253/2001, E. 2.a.; Botschaft zum aLugÜ, S. 326 f.; GEIMER/GEIMER/GEIMER, zu Art. 38 EuGVVO, in: Europäisches Zivilverfahrensrecht, N. 8 und 86; SCHLOSSER, zu Art. 31 EuGVÜ, in: EuGVÜ, N. 15.

356 Dazu GEIMER/GEIMER/GEIMER, zu Art. 38 EuGVVO, in: Europäisches Zivilverfahrensrecht, N. 9 und 86, Fn. 169; MANKOWSKI, zu Art. 38 Brüssel I-VO, in: Europäisches Zivilprozess- und Kollisionsrecht, N. 3.

357 Dazu GEIMER/GEIMER/GEIMER, zu Art. 38 EuGVVO, in: Europäisches Zivilverfahrensrecht, N. 9.

358 EuGH, Horst Ludwig Martin Hoffmann/Adelheid Krieg, Urteil vom 4. Februar 1988, Rs. 145/86, Slg. 1988, S. 645 ff., N. 29; EuGH, Meletis Apostolides/David Charles Orams und Linda Elizabeth Orams, Urteil vom 28. April 2009, Rs. C-420/07, Slg. 2009, S. I-3571 ff., N. 69.

schen Wirksamkeit der Massnahme aus dem Urteilsstaat am ehesten entspricht[359]. Nur gestützt auf Gründe, welche nicht vom Anwendungsbereich des Übereinkommens erfasst werden, kann diese volle Wirkungsverleihung vermindert werden[360]. Umgekehrt können aber die Wirkungen im Vollstreckungsstaat weiter reichen als die Wirkungen im Urteilsstaat[361].

4. Rechtskraft des Exequaturentscheids

Grundsätzlich kann ein Exequaturentscheid in materielle Rechtskraft erwachsen. Dies ergibt sich direkt aus dem (ungeschriebenen) Konventionsrecht selber und nicht erst gestützt auf das nationale Recht des jeweiligen Vollstreckungsstaates[362].

Erwächst der Entscheid in Rechtskraft, so ist die Rechtskraftwirkung für sämtliche Gerichte und Stellen des jeweiligen Vollstreckungsstaates – nicht aber für Gerichte und Stellen anderer Vertragsstaaten – bindend. Es führt jedoch nicht jede Entscheidung über einen Vollstreckungsantrag zu einer *res iudicata*. Vielmehr muss differenziert werden[363]:

- Gutheissung des Antrags auf Vollstreckbarerklärung
  Wird dem Antrag auf Vollstreckbarerklärung stattgegeben und hat die Rechtsmittelinstanz das Exequtur nicht aufgehoben, so erwächst

---

359 Dazu und mit weiteren Hinweisen MANKOWSKI, zu Art. 38 Brüssel I-VO, in: Europäisches Zivilprozess- und Kollisionsrecht, N. 3.

360 EuGH, Horst Ludwig Martin Hoffmann/Adelheid Krieg, Urteil vom 4. Februar 1988, Rs. 145/86, Slg. 1988, S. 645 ff., N. 18. In diesem Entscheid des Europäischen Gerichtshofes ging es um die Vollstreckung einer ehelichen Unterhaltspflicht, wobei das der ehelichen Unterhaltspflicht zugrunde liegende eheliche Band im Vollstreckungsstaat bereits aufgelöst worden ist. Der Gerichtshof verweigerte die Vollstreckung.

361 HOFMANN/KUNZ, zu Art. 38 LugÜ, in: BSK, N. 242. Die Autoren führen als Beispiel ein Urteil des Europäischen Gerichtshofes vgl. (EuGH, Éric Coursier/Fortis Bank SA und Martine Bellami, Urteil vom 29. April 1999, Rs. C-267/97, Slg. 1999, S. I-2543 ff.) an, in welchem eine Vollstreckung im Urteilsstaat aufgrund einer Konkurseröffnung (Grund ausserhalb des Anwendungsbereichs des Übereinkommens) nicht mehr möglich wäre, aber die Gerichte des Vollstreckungsstaates nach ihrem innerstaatlichen Recht – unter Einschluss ihres Kollisionsrechts – bestimmen, was für Rechtswirkungen eine ausserhalb des Anwendungsbereichs des Übereinkommens liegende Tatsache zeitigt und somit die Vollstreckung im Zweitstaat möglich bleibt.

362 Dazu GEIMER/GEIMER/GEIMER, zu Art. 41 EuGVVO, in: Europäisches Zivilverfahrensrecht, N. 48; STAEHELIN/BOPP, zu Art. 38 LugÜ, in: SHK, N. 45.

363 Dazu HOFMANN/KUNZ, zu Art. 38 LugÜ, in: BSK, N. 251 ff.

der Entscheid in materielle Rechtskraft[364]. Den später tätigen Vollstreckungsorganen respektive -gerichten ist es untersagt, Fragen zu beurteilen, welche das Exequaturgericht bereits geprüft hat oder hätte prüfen dürfen. Die Vollstreckbarerklärung hat insofern eine Präklusion zur Folge. Diese Präklusivwirkung erstreckt sich nicht auf Einreden und Einwendungen, welche das Erstgericht – namentlich aufgrund fehlender Kognition[365] – nicht überprüfen durfte, oder welche faktisch[366] überhaupt nicht vorgebracht werden konnten[367].

- Nichteintreten auf den Vollstreckungsantrag
  Wird auf den Antrag auf Vollstreckbarerklärung nicht eingetreten, so kommt dem Nichteintretensentscheid grundsätzlich keine materielle Rechtskraft zu. Dem Titulargläubiger steht es offen, einen neuen Antrag zu stellen[368].
  Ein Nichteintretensentscheid kann dann Rechtskraft entfalten, wenn im Entscheid die Zuständigkeit des angerufenen Gerichts abgelehnt wurde. Die Rechtskraftwirkung beschränkt sich aber ausschliesslich auf die Frage der Zuständigkeit des angerufenen Gerichts und nicht auch auf den Exequaturantrag[369].
- Abschreibung aufgrund Rückzug des Vollstreckungsantrags
  Die herrschende Lehre geht davon aus, dass der Antrag einseitig – also ohne Zustimmung des Antragsgegners – zurückgezogen werden

---

364 BGE 138 III 174, E. 6.3; FÜLLEMANN, S. 665; GEIMER/GEIMER/GEIMER, zu Art. 41 EuGVVO, in: Europäisches Zivilverfahrensrecht, N. 50; MANKOWSKI, zu Art. 38 Brüssel I-VO, in: Europäisches Zivilprozess- und Kollisionsrecht, N. 4b. Vgl. für weitere Hinweise HOFMANN/KUNZ, zu Art. 38 LugÜ, in: BSK, N. 252.

365 Nach vorliegend vertretener Auffassung darf das mit dem Exeqatur befasste Gericht keine Prüfung von materiellen Einreden und Einwendungen vornehmen. Vgl. in der vorliegenden Arbeit unter § 3.VI.6.a).dd), S. 79 ff. Somit erstreckt sich die Präklusionswirkung nicht auf solche Einreden und Einwendungen wie insbesondere die Verjährung, die Tilgung und die Stundung.

366 Die Präklusionswirkung erfasst nicht neue Tatsachen, welche sich nach dem Erlass des Exequaturentscheides ereignet haben. Vgl. für weitere Ausführungen insbesondere unter Bezugnahme auf das schweizerische Rechtsöffnungsverfahren und mit weiteren Hinweisen HOFMANN/KUNZ, zu Art. 38 LugÜ, in: BSK, N. 258.

367 Dazu mit weiteren Hinweisen HOFMANN/KUNZ, zu Art. 38 LugÜ, in: BSK, N. 253 ff.; MANKOWSKI, zu Art. 45 Brüssel I-VO, in: Europäisches Zivilprozess- und Kollisionsrecht, N. 7a.

368 HOFMANN/KUNZ, zu Art. 38 LugÜ, in: BSK, N. 259; SCHLOSSER, zu Art. 37 EuGVÜ, in: EuGVÜ, N. 3.

369 Dazu HOFMANN/KUNZ, zu Art. 38 LugÜ, in: BSK, N. 260.

kann. Sie nennt aber keine Rechtsgrundlage für ihre Ansicht[370]. Der Zeitpunkt, bis zu welchem ein Rückzug mit oder ohne die Zustimmung des Antragsgegners zulässig ist respektive bis zu welchem der Antrag nicht mehr ohne Rechtskraftwirkung zurückgezogen werden kann, wird vom Recht des Vollstreckungsstaates festgelegt. Dieses Recht[371] bestimmt entsprechend die Fortführungslast[372].

- Abweisung des Vollstreckungsantrags
  Die Frage, ob und allenfalls inwiefern die Abweisung eines Antrags auf Vollstreckbarerklärung rechtskräftig wird, ist strittig[373].
  Das Bundesgericht hat in einem neueren Entscheid die Rechtskraftwirkung eines abweisenden Entscheids bejaht, wenn die Abweisung gestützt auf Anerkennungsverweigerungsgründe ausgesprochen wird[374]. Im gleichen Entscheid scheint das Bundesgericht anzunehmen, dass ein Antrag, welcher aufgrund fehlender Urkunden abgewiesen wurde, erneut eingereicht werden könne[375].
  Das Bundesgericht hat sich damit wohl einer vermittelnden Haltung[376] angeschlossen, wonach ein aufgrund fehlender Exequaturvoraussetzungen abgewiesener Entscheid in materielle Rechtskraft erwachse[377], während einer Abweisung aufgrund fehlender Urkunden diese Wirkung nicht zukomme.

---

370 GEIMER/GEIMER/GEIMER, zu Art. 40 EuGVVO, in: Europäisches Zivilverfahrensrecht, N. 23 ff.; KROPHOLLER/VON HEIN, zu Art. 40 EuGVO, in: Europäisches Zivilprozessrecht, N. 2; STAEHELIN/BOPP, zu Art. 40 LugÜ, in: SHK, N. 5.

371 In der Schweiz ist diesbezüglich Art. 65 ZPO zu beachten. Aufgrund des Umstandes, dass im Rahmen des erstinstanzlichen Verfahrens das Gesuch nicht an den Schuldner zugestellt wird, dürfte die Fortführungslast erst im Zeitpunkt, in welchem das Gericht seinen Entscheid erlässt (wenn nicht sogar erst mit dessen Zustellung), eintreten. HOFMANN/KUNZ, zu Art. 38 LugÜ, in: BSK, N. 261.

372 So auch HOFMANN/KUNZ, zu Art. 38 LugÜ, in: BSK, N. 261.

373 Vgl. für eine Übersicht über den Lehrstreit sowie eine Zusammenstellung der Hinweise HOFMANN/KUNZ, zu Art. 38 LugÜ, in: BSK, N. 262 ff.

374 BGE 138 III 174, E. 6.5.

375 BGE 138 III 174, E. 6.5.

376 KROPHOLLER/VON HEIN, zu Art. 40 EuGVO, in: Europäisches Zivilprozessrecht, N. 9; MANKOWSKI, zu Art. 38 Brüssel I-VO, in: Europäisches Zivilprozess- und Kollisionsrecht, N. 4b.

377 A.M. HOFMANN/KUNZ, zu Art. 38 LugÜ, in: BSK, N. 268, wonach auch ein abweisender Entscheid keine Rechtskraft entfalte. Die Autoren vertreten (nach vorliegend vertretener Ansicht zutreffend), dass im erstinstanzlichen einseitigen Exequaturverfahren mangels der Zustellung des Gesuchs an den Schuldner keine Fortführungslast eintrete und demzufolge ein abweisender Exequaturentscheid

Schliesst man sich der Auffassung des Bundesgerichts an, ist anzunehmen, dass die Abweisung in Rechtskraft erwächst, wenn dem Vollstreckungsantrag nicht stattgegeben wird, weil:

- kein Entscheid nach Art. 32 LugÜ gegeben ist,
- der zu vollstreckende Entscheid nicht vom Anwendungsbereich des Übereinkommens erfasst wird,
- die Vollstreckbarkeit des Entscheids im Ursprungsstaat nicht vorliegt,
- es an der Bestimmtheit des Entscheids fehlt,
- die Legitiomation des Antragstellers oder des Antraggegners nicht gegeben ist, oder
- Anerkennungsverweigerungsgründe gegeben sind[378].

Aufgrund einer *res iudicata* darf in einem solchen Fall nicht auf einen zweiten Exequaturantrag im gleichen Vollstreckungsstaat eingetreten werden[379]. Wird gegen diese Sperrwirkung verstossen und tritt eine Instanz auf den Antrag ein, so kann sich der Schuldner gegen einen konträren Entscheid mit der Einlegung eines Rechtsbehelfs zu Wehr setzen[380]. Dem Titulargläubiger steht die Möglichkeit offen, die Abweisung seines Antrags mittels eines Rechtsbehelfs nach Art. 43 LugÜ anzufechten[381]. Alternativ steht dem Antragsteller auch die Möglichkeit offen, ein neues (materielles) Verfahren in der Hauptsache einzuleiten. Art. 27 LugÜ steht einem solchen Vorgehen nicht entgegen[382].

Ist der Steitgegenstand nicht mehr der gleiche, so ist auf einen erneuten Antrag auf Vollstreckbarerklärung einzutreten[383]. Dies ist namentlich dann der Fall, wenn nach der Abweisung des Exequaturantrags neue Tatsachen eingetreten sind. Tatsachen, welche sich nach

---

auch nicht in Rechtskraft erwachse (Art. 65 ZPO analog). Zumindest sei dem Gesuchsteller vor Abweisung des Gesuchs Gelegenheit zu geben, dass Gesuch (ohne Rechtskraftwirkung) zurückzuziehen.

378 HOFMANN/KUNZ, zu Art. 38 LugÜ, in: BSK, N. 268.

379 HOFMANN/KUNZ, zu Art. 38 LugÜ, in: BSK, N. 269.

380 GEIMER/GEIMER/GEIMER, zu Art. 41 EuGVVO, in: Europäisches Zivilverfahrensrecht, N. 51; MANKOWSKI, zu Art. 38 Brüssel I-VO, in: Europäisches Zivilprozess- und Kollisionsrecht, N. 4b.

381 HOFMANN/KUNZ, zu Art. 38 LugÜ, in: BSK, N. 269.

382 Dazu BGE 138 III 174, E. 5.2.

383 HOFMANN/KUNZ, zu Art. 38 LugÜ, in: BSK, N. 270.

Abschluss des Exequaturverfahrens ereignen, werden von der Rechtskraft nicht erfasst[384].

VI. Rechtsbehelf nach Art. 43 LugÜ

1. Vorbemerkungen

a) Allgemeines

An das einfache, rasche, stark formalisierte sowie einseitig ausgestaltete erstinstanzliche Exequaturverfahren schliesst ein kontradiktorisches Rechtsbehelfsverfahren an.

Die Revision des Lugano-Übereinkommens hat im Rahmen des Rechtsmittelsystems zu einer Überarbeitung der Systematik der einzelnen Artikel geführt. In materieller Hinsicht wurden die Rechtsmittelvoraussetzungen wie auch die Verfahrensabläufe allerdings fast gesamthaft übernommen[385].

b) Anwendung von nationalem Recht

Das Lugano-Übereinkommen selber bestimmt die zulässigen Rechtsmittel gegen den erstinstanzlichen Exequaturentscheid und besagt, dass das Rechtsbehelfsverfahren vor der in Anhang III aufgeführten Instanz stattzufinden hat[386], wobei sich das Verfahren nach den Vorschriften von Art. 43 LugÜ richtet. Das Übereinkommen regelt insbesondere die Frist zur Einreichung des Rechtsbehelfs[387], die Vorgehensweise bei Säumins des Beklagten[388], die Zweiseitigkeit des Verfahrens[389] und die freie Kognition[390] des mit dem Rechtsbehelf befassten Gerichts autonom[391].

---

384 Dazu BGer 5A_79/2008 und 5A_80/2008, E. 4.2; DROESE, zu Art. 339 ZPO, in: BSK, N. 31.

385 Dazu GEIMER/GEIMER/GEIMER, zu Art. 43 EuGVVO, in: Europäisches Zivilverfahrensrecht, N. 1; KROPHOLLER/VON HEIN, zu Art. 43 EuGVO, in: Europäisches Zivilprozessrecht, N. 1.

386 Art. 43 Abs. 2 LugÜ.

387 Art. 43 Abs. 5 LugÜ.

388 Art. 43 Abs. 4 LugÜ.

389 Art. 43 Abs. 3 LugÜ.

390 Vgl. in der vorliegenden Arbeit unter § 3.VI.6.b), S. 82.

391 Zum Ganzen HOFMANN/KUNZ, zu Art. 43 LugÜ, in: BSK, N. 3.

Abgesehen von den Vorgaben des Lugano-Übereinkommens richtet sich das Rechtsbehelfsverfahren ergänzend nach dem nationalen Recht des jeweiligen Vollstreckungsstaates[392].

2. Zulässiges Rechtsmittel gegen die Vollstreckbarerklärung

a) Eigenständiges und geschlossenes Rechtsmittelsystem

Wie eingangs erwähnt stellt das Rechtsmittelsystem des Lugano-Übereinkommens ein eigenständiges und geschlossenes System dar. Obwohl Art. 43 LugÜ – im Gegensatz zu Art. 44 LugÜ – nicht vorschreibt, dass *„nur ein Rechtsbehelf"* zulässig sei, ist davon auszugehen, dass das Rechtsbehelfssystem des Lugano-Übereinkommens auch in Bezug auf den Rechtsbehelf gegen den erstinstanzlichen Exequaturentscheid ein abschliessendes ist[393]. Es besteht also in diesem Rahmen kein Raum für das innerstaatliche Recht des Vollstreckungsstaates und entsprechend darf das nationale Recht insbesondere keine zusätzlichen Anfechtungsmöglichkeiten gegen den Exequaturentscheid zur Verfügung stellen[394].

Dem im erstinstanzlichen Exequaturverfahren unterlegenen Antragsgegner wird durch Art. 43 LugÜ ein Anspruch auf ein Rechtsmittel mit voller Kognition eingeräumt. Aus den Angaben verschiedener gebundener Staaten geht jedoch hervor, dass nur in ganz wenigen Fällen[395] ein Rechtsmittel gegen den Exequaturentscheid ergriffen wird[396].

---

392 Art. 43 Abs. 3 LugÜ.

393 HOFMANN/KUNZ, zu Art. 43 LugÜ, in: BSK, N. 5.

394 Dazu EuGH, Deutsche Genossenschaftsbank/Brasserie du Pêcheur, Urteil vom 2. Juli 1985, Rs. 148/84, Slg. 1985, S. 1981 ff., N. 17; EuGH, Société d'informatique (SISRO) service réalisation organisation/Ampersand Software BV, Urteil vom 11. August 1995, Rs. C-432/93, Slg. 1995, S. I-2269, N. 39; EuGH, Horst Ludwig Martin Hoffmann/Adelheid Krieg, Urteil vom 4. Februar 1988, Rs. 145/86, Slg. 1988, S. 645 ff., N. 30; EuGH, Draka NK Cables Ltd, AB Sandvik international, VO Sembodja BV und Parc Healthcare International Limited/Omnipol Ltd., Urteil vom 23. April 2009, Rs. C-167/08, Slg. 2009, S. I-3477, N. 27; GEIMER/GEIMER/GEIMER, zu Art. 43 EuGVVO, in: Europäisches Zivilverfahrensrecht, N. 1; KROPHOLLER/VON HEIN, zu Art. 43 EuGVO, in: Europäisches Zivilprozessrecht, N. 2; MANKOWSKI, zu Art. 43 Brüssel I-VO, in: Europäisches Zivilprozess- und Kollisionsrecht, N. 2.

395 Zwischen einem und fünf Prozent der Fälle.

396 Vgl. dazu mit Hinweis HOFMANN/KUNZ, zu Art. 43 LugÜ, in: BSK, N. 6.

b) Zuständigkeit

Gemäss dem Übereinkommen wird das Rechtsmittel bei dem in Anhang III aufgeführten Gericht eingelegt[397]. Entsprechend ist das Rechtsmittel beim *iudex ad quem* beziehungsweise direkt bei der Rechtsbehelfsinstanz selber einzureichen[398].

Im Gegensatz zur erstinstanzlichen Zuständigkeit nach Art. 39 Abs. 1 LugÜ[399] darf im Rahmen von Art. 43 LugÜ nur noch ein Gericht[400] für die Beurteilung des Rechtsbehelfs eingesetzt werden[401]. Nicht vom Lugano-Übereinkommen verlangt wird, dass es sich bei diesem Gericht um eine übergeordnete Instanz[402] handelt, so dass in gewissen Vertragsstaaten keine übergeordnete Instanz als Rechtsbehelfsgericht eingesetzt ist[403].

Die Zuständigkeit des Rechtsbehelfsgerichts ist eine zwingende und ausschliessliche, so dass über den Rechtsbehelf alleine das in Anhang III zum Lugano-Übereinkommen genannte Gericht urteilen kann. Eine Einlassung bei einer anderen Instanz ist nicht zulässig[404]. Das angerufene Gericht hat seine Zuständigkeit von Amtes wegen zu prüfen[405].

---

397 Art. 43 Abs. 2 LugÜ.

398 GEIMER/GEIMER/GEIMER, zu Art. 43 EuGVVO, in: Europäisches Zivilverfahrensrecht, N. 39 f.; STAEHELIN/BOPP, zu Art. 43 LugÜ, in: SHK, N. 6.

399 Wonach auch nichtrichterliche Behörden mit der Beurteilung des Vollstreckungsantrags betraut werden können.

400 Im Sinne von Art. 6 EMRK.

401 HOFMANN/KUNZ, zu Art. 43 LugÜ, in: BSK, N. 9.

402 Devolutiveffekt.

403 Vgl. für weitere Ausführungen und einen Überblick über die unterschiedlichen Lösungen der gebundenen Staaten MANKOWSKI, zu Art. 43 Brüssel I-VO, in: Europäisches Zivilprozess- und Kollisionsrecht, N. 6a.

404 HOFMANN/KUNZ, zu Art. 43 LugÜ, in: BSK, N. 13 f.; MANKOWSKI, zu Art. 43 Brüssel I-VO, in: Europäisches Zivilprozess- und Kollisionsrecht, N. 6b. Das nationale Recht des Vollstreckungsstaates beantwortet die Frage, ob der bei einem unzuständigen Gericht eingereichte Rechtsbehelf an das zuständige Gericht überwiesen wird. Auch beantwortet das innerstaatliche Recht die Frage, ob die Rechtsmittelfrist durch die Anrufung des unzuständigen Gerichts gewahrt wurde oder nicht.

405 MANKOWSKI, zu Art. 43 Brüssel I-VO, in: Europäisches Zivilprozess- und Kollisionsrecht, N. 6b.

3. Anfechtungsobjekt

a) Entscheidung über den Antrag auf Vollstreckbarerklärung

Gegenstand des Rechtsmittelverfahrens ist die Entscheidung über den Antrag auf Vollstreckbarerklärung[406]. Anfechtungsobjekt ist der Entscheid des erstinstanzlichen Exequaturgerichts[407], welcher das ausländische Urteil entweder zur innerstaatlichen Zwangsvollstreckung zulässt oder die Zulassung verweigert[408].

b) Nicht Vollstreckungsakte oder Vollstreckungsverfügungen

Das Lugano-Übereinkommen differenziert wie bereits dargelegt klar zwischen dem Exequaturverfahren beziehungsweise der Zulassung zur Zwangsvollstreckung und der Durchführung der Zwangsvollstreckung. Die eigentliche Zwangsvollstreckung richtet sich – auch im Rahmen der Rechtsmittel respektive des Rechtsittelverfahrens – einzig und alleine nach dem nationalen Recht des Vollstreckungsstaates[409]. Entsprechend können Vollstreckungsmassnahmen oder Vollstreckungsverfügungen nie Gegenstand des Rechtsbehelfsverfahrens gemäss dem Lugano-Übereinkommen sein.

Art. 43 LugÜ wirkt sich jedoch insofern auch auf die Rechtsmittelmöglichkeiten des nationalen Zwangsvollstreckungsrechts aus, als dass mittels eines Rechtsbehelfs des innerstaatlichen Rechts des Vollstreckungsstaates keine solchen Einwendungen vorgebracht werden dürfen, welche im Rechtsbehelfsverfahren nach Art. 43 LugÜ hätten geltend gemacht werden können oder erfolglos geltend gemacht wurden. Insoweit besteht eine Sperr- oder

---

406 Art. 43 Abs. 1 LugÜ.

407 Zur Frage, ob auch Vor- und Zwischenentscheide oder ausschliesslich Endentscheide dem Rechtsbehelf nach Art. 43 LugÜ unterliegen vgl. HOFMANN/KUNZ, zu Art. 43 LugÜ, in: BSK, N. 25 ff. mit weiteren Hinweisen.

408 HOFMANN/KUNZ, zu Art. 43 LugÜ, in: BSK, N. 20.

409 EuGH, Deutsche Genossenschaftsbank/Brasserie du Pêcheur, Urteil vom 2. Juli 1985, Rs. 148/84, Slg. 1985, S. 1981 ff., N. 18; EuGH, Horst Ludwig Martin Hoffmann/Adelheid Krieg, Urteil vom 4. Februar 1988, Rs. 145/86, Slg. 1988, S. 645 ff., N. 28; GEIMER/GEIMER/GEIMER, zu Art. 43 EuGVVO, in: Europäisches Zivilverfahrensrecht, N. 12; KROPHOLLER/VON HEIN, zu Art. 43 EuGVO, in: Europäisches Zivilprozessrecht, N. 4; MANKOWSKI, zu Art. 43 Brüssel I-VO, in: Europäisches Zivilprozess- und Kollisionsrecht, N. 5.

Präklusionswirkung[410]. Andernfalls würde die Zulassung zur Zwangsvollstreckung nach Ablauf der Frist von Art. 43 Abs. 5 LugÜ noch angefochten werden können und damit die praktische Wirksamkeit des Lugano-Übereinkommens beeinträchtigt[411].

c) *Sicherungsmassnahmen*

Das Recht Sicherungsmassnahmen zu verlangen, entsteht *ipso iure* mit der Exequaturerteilung[412]. Der Antragsteller, dessen Gesuch von der ersten Instanz abgelehnt wurde, kann vor der Rechtsmittelinstanz neben der Erteilung der Vollstreckbarerklärung auch die Anordnung von Sicherungsmassnahmen begehren. Umgekehrt hat der Schuldner die Möglichkeit, durch die Einlegung des Lugano-Rechtsbehelfs neben der Erteilung des Exequaturs auch die Anordnung einer Sicherungsmassnahme zu rügen. Mit anderen Worten beansprucht die Rechtsmittelordnung nach Art. 43 ff. LugÜ ebenfalls für im Rahmen des Exequaturverfahrens angeordnete Sicherungsmassnahmen im Sinne von Art. 47 Abs. 2 LugÜ Geltung[413].

Um sich gegen den Vollzug der Sicherungsmassnahmen zur Wehr zu setzen, sind die Rechtsmittel des nationalen Rechts des Vollstreckungsstaats zu ergreifen[414].

4. Legitimation

Gemäss dem Lugano-Übereinkommen kann jede Partei gegen den erstinstanzlichen Vollstreckbarerklärungsentscheid einen Rechtsbehelf einlegen[415]. Aus dem klaren Wortlaut des Übereinkommens ergibt sich, dass ausschliesslich die Parteien des erstinstanzlichen Exequaturverfahrens – also

---

410 Dazu EuGH, Horst Ludwig Martin Hoffmann/Adelheid Krieg, Urteil vom 4. Februar 1988, Rs. 145/86, Slg. 1988, S. 645 ff., N. 28; MANKOWSKI, zu Art. 43 Brüssel I-VO, in: Europäisches Zivilprozess- und Kollisionsrecht, N. 5; GEIMER/GEIMER/GEIMER, zu Art. 43 EuGVVO, in: Europäisches Zivilverfahrensrecht, N. 13.

411 KROPHOLLER/VON HEIN, zu Art. 43 EuGVO, in: Europäisches Zivilprozessrecht, N. 4.

412 Vgl. in der vorliegenden Arbeit unter § 4.II.1, S. 117 f.

413 Dazu SOGO, Kleine Arrestrevision, grosse Auswirkungen, S. 95; vgl. dazu auch EuGH, P. Capelloni, F. Aquilini/J. C. J. Pelkmans, Urteil vom 3. Oktober 1985, Rs. C-119/84, Slg. 1985, S. 3147 ff., N 35.

414 HOFMANN/KUNZ, zu Art. 43 LugÜ, in: BSK, N. 31.

415 Art. 43 Abs. 1 LugÜ.

der Antragsgegner respektive Titularschuldner sowie der Antragsteller beziehungsweise Titulargläubiger – zur Einlegung des Rechtsbehelfs legitimiert sind[416].

a) *Schuldner*

Es handelt sich beim Schuldner um diejenige Person beziehungsweise die Rechtsnachfolger derjenigen Person, gegen welche das Exequturgericht erstinstanzlich die Vollstreckung angeordnet hat[417]. Ausschlaggebend ist die formelle Parteistellung, mit anderen Worten kann nur die in der Vollstreckbarerklärung als Antragsgegner aufgeführte Person Schuldner sein[418].

Für die Legitimation im Rechtsbehelfsverfahren muss der Schuldner durch den erstinstanzlichen Exequaturentscheid beschwert sein. Diese Voraussetzung ist gegeben, wenn dem Vollstreckungsantrag teilweise oder ganz stattgegeben worden ist[419].

b) *Gläubiger*

Auch bei der Legitimation des Gläubigers wird auf seine formelle Parteistellung im erstinstanzlichen Exequaturverfahren respektive auf diejenige seiner Rechtsnachfolger abgestellt[420]. Der Gläubiger ist beschwert, wenn auf seinen Vollstreckungsantrag nicht eingetreten wurde, oder wenn der Vollstreckungsantrag ganz oder teilweise abgelehnt wurde[421].

c) *Keine Legitimation von Dritten*

Aus dem eindeutigen Wortlaut des Lugano-Übereinkommens ergibt sich, dass Dritte – also Personen, denen im erstinstanzlichen Exequaturverfahren keine formelle Parteistellung zugekommen ist – nicht zur Einlegung eines

---

416 Dazu HOFMANN/KUNZ, zu Art. 43 LugÜ, in: BSK, N. 32.
417 HOFMANN/KUNZ, zu Art. 43 LugÜ, in: BSK, N. 33.
418 ROTH HERBERT, S. 154.
419 Dazu MANKOWSKI, zu Art. 43 Brüssel I-VO, in: Europäisches Zivilprozess- und Kollisionsrecht, N. 2.
420 HOFMANN/KUNZ, zu Art. 43 LugÜ, in: BSK, N. 37.
421 MANKOWSKI, zu Art. 43 Brüssel I-VO, in: Europäisches Zivilprozess- und Kollisionsrecht, N. 2.

Rechtsbehelfs legitimiert sind. Eine andere Lösung des innerstaatlichen Rechts des Vollstreckungsstaates ist unbeachtlich[422].

Aufgrund der Tatsache, dass das eigentliche Zwangsvollstreckungsverfahren nicht Regelungsinhalt des Lugano-Übereinkommens ist, können interessierte Dritte gegen Zwangsvollstreckungsmassnahmen diejenigen Rechtsbehelfe einlegen, die ihnen nach dem nationalen Recht des Vollstreckungsstaats zustehen[423]. Dafür müssen sie aber auf die eigentliche Zwangsvollstreckung warten[424]. Um nicht bis zum Zwangsvollstreckungsverfahren zuwarten zu müssen, steht den interessierten Dritten jedoch insbesondere noch die Möglichkeit – sofern nicht durch die jeweils anwendbare innerstaatliche Rechtsordnung ausgeschlossen – der Beteiligung am Erkenntnisverfahren im Erststaat offen[425].

5. Kein Streitwerterfordernis

Die im Exequaturverfahren vor der ersten Instanz unterlegene Partei hat gemäss den Bestimmungen des Lugano-Übereinkommens einen Anspruch auf

---

422 Dazu EuGH, Deutsche Genossenschaftsbank/Brasserie du Pêcheur, Urteil vom 2. Juli 1985, Rs. 148/84, Slg. 1985, S. 1981 ff., N. 17; EuGH, Volker Sonntag/Hans Waidmann u. a., Urteil vom 21. April 1993, Rs. C-172/91, Slg. 1993, S. I-1963ff., N. 34; EuGH, Draka NK Cables Ltd, AB Sandvik international, VO Sembodja BV und Parc Healthcare International Limited/Omnipol Ltd., Urteil vom 23. April 2009, Rs. C-167/08, Slg. 2009, S. I-3477, N. 27; OLG Düsseldorf, Beschluss vom 26. September 2006, in: IPRax, 2007, Nr. 5, S. 453, E. II; DONZALLAZ, La Convention de Lugano du 16 septembre 1988 concernant la compétence judiciaire et l'exécution des décisions en matière civile et commerciale, N. 3931 ff., insbesondere N. 3936; DOMEJ/OBERHAMMER, zu Art. 327a ZPO, in: Kurzkommentar ZPO, N. 3; GEIMER/GEIMER/GEIMER, zu Art. 43 EuGVVO, in: Europäisches Zivilverfahrensrecht, N. 16; KROPHOLLER/VON HEIN, zu Art. 43 EuGVO, in: Europäisches Zivilprozessrecht, N. 5; MANKOWSKI, zu Art. 43 Brüssel I-VO, in: Europäisches Zivilprozess- und Kollisionsrecht, N. 3; ROTH HERBERT, S. 155; STAEHELIN/BOPP, zu Art. 43 LugÜ, in: SHK, N. 4.

423 Dazu unter anderem EuGH, Deutsche Genossenschaftsbank/Brasserie du Pêcheur, Urteil vom 2. Juli 1985, Rs. 148/84, Slg. 1985, S. 1981 ff., N. 18; EuGH, Horst Ludwig Martin Hoffmann/Adelheid Krieg, Urteil vom 4. Februar 1988, Rs. 145/86, Slg. 1988, S. 645 ff., N. 28; EuGH, Draka NK Cables Ltd, AB Sandvik international, VO Sembodja BV und Parc Healthcare International Limited/Omnipol Ltd., Urteil vom 23. April 2009, Rs. C-167/08, Slg. 2009, S. I-3477, N. 29 f.; vgl. für weitere Hinweise HOFMANN/KUNZ, zu Art. 43 LugÜ, in: BSK, N. 40.

424 HOFMANN/KUNZ, zu Art. 43 LugÜ, in: BSK, N. 40.

425 GEIMER/GEIMER/GEIMER, zu Art. 43 EuGVVO, in: Europäisches Zivilverfahrensrecht, N. 18.

ein Rechtsmittel. Dieses muss ihr unabhängig vom Erreichen eines Mindeststreitwerts zur Verfügung stehen, so dass allfällige Streitwertgrenzen des jeweilig anwendbaren nationalen Rechts keine Anwendung finden[426].

6. Prüfung durch die Rechtsbehelfsinstanz

a) *Zulässige Rügen*

aa) Anerkennungshindernisse

Im Gegensatz zum erstinstanzlichen Verfahren ist der Verfahrensgegenstand im Rechtsbehelfsverfahren keinerlei Einschränkungen unterworfen. Anders als die erste Instanz kann die Rechtsbehelfsinstanz das Vorliegen von Anerkennungshindernissen nach Art. 34 und Art. 35 LugÜ prüfen[427]. Die Aufzählung der Anerkennungshindernisse ist eine abschliessende, so dass die Rechtsmittelinstanz nur das Vorhandensein der nachstehenden Anerkennungsverweigerungsgründe prüfen kann[428]:

- Verletzung des *ordre public* (Art. 34 Abs. 1 LugÜ);
- Fehlen einer ordungsgemässen und rechtzeitigen Zustellung des verfahrenseinleitenden Schriftstücks bei einem Antragsgegner, welcher sich nicht auf das Verfahren eingelassen hat (Art. 34 Abs. 2 LugÜ);
- Unvereinbarkeit mit einer Entscheidung, die zwischen denselben Parteien im Anerkennungsstaat ergangen ist (Art. 34 Abs. 3 LugÜ);
- Unvereinbarkeit mit einer früheren anerkennbaren Entscheidung aus einem anderen Staat zwischen denselben Parteien in einem Rechtsstreit wegen desselben Anspruchs (Art. 34 Abs. 4 LugÜ);
- Verletzung der Vorschriften der Abschnitte 3, 4 und 6 des Titels II oder Vorliegen eines Falles von Art. 68 LugÜ, Art. 64 Abs. 3 LugÜ oder Art. 67 Abs. 4 LugÜ (Art. 35 Abs. 1 LugÜ).

Hingegen darf grundsätzlich auch durch die Rechtsbehelfsinstanz die Zuständigkeit – ausgenommen die in Art. 35 Abs. 1 LugÜ aufgeführten Zuständigkeiten – des Gerichts im Ursprungsstaat nicht nachgeprüft werden[429].

---

426 Dazu STAEHELIN MATTHIAS, zu Art. 30a SchKG, in: BSK, N. 33.

427 Art. 45 Abs. 1 LugÜ.

428 Zum Ganzen HOFMANN/KUNZ, zu Art. 45 LugÜ, in: BSK, N. 11 und 14.

429 Art. 35 Abs. 3 LugÜ.

Nicht restlos geklärt ist die Frage, unter welchen Bedingungen gegen den Schuldner eingewendet werden kann, dass er einen Verstoss bereits im Urteilsstaat hätte rügen müssen[430].

Steht dem Schuldner im Ursprungsstaat gegen die nicht rechtzeitig erfolgte Zustellung des verfahrenseinleitenden Schriftstücks ein Rechtsbehelf zur Verfügung und hat er es unterlassen, diesen zu ergreifen, so begründet dieser Zustellungsfehler – anders als im Rahmen von Art. 27 Ziff. 2 aLugÜ – keine Versagung der Anerkennung im Zweitstaat. Die Schweiz hat gegen diese Regelung einen Vorbehalt[431] angebracht, so dass im Verhältnis der Schweiz zu den anderen Vertragsstaaten weiterhin die Rechtslage gemäss dem Lugano-Übereinkommen 1988 gilt[432].

bb) Exequaturvoraussetzungen und Sachurteilsvoraussetzungen

Auch wenn das Übereinkommen dies nicht explizit erwähnt, sind auch die Exequaturvoraussetzungen sowie die Sachurteilsvoraussetzungen[433] einer Prüfung durch das Rechtsbehelfsgericht zugänglich. Die in ihrer Prüfungsbefugnis stark eingeschränkte erste Instanz darf diese Voraussetzungen bereits prüfen, so dass der Rechtsbehelfsinstanz diese Befugnis erst Recht gestattet sein muss[434].

cc) Verletzung von Verfahrensvorschriften und Einwände gegen die angeordneten Sicherungsmassnahmen

Mit der Einlegung eines Rechtsbehelfs kann ferner die Verletzung von Verfahrensvorschriften durch die Vorinstanz gerügt werden, wobei zu beachten ist, dass das Vorliegen eines Verfahrensmangels nicht automatisch eine Aufhebung des Entscheids der ersten Instanz zur Folge hat. Eine dem Prinzip

---

430 Vom Bundesgericht in BGer 4A_440/2008, E. 3 offengelassen. Vgl. HOFMANN/KUNZ, zu Art. 45 LugÜ, in: BSK, N. 16.

431 Art. III Prot. I LugÜ.

432 Dazu mit weiteren Hinweisen SCHULER/MARUGG, zu Art. 34 LugÜ, in: BSK, N. 48 ff.

433 Insbesondere die eigene örtliche, sachliche und funktionelle Zuständigkeit sowie jene der Vorinstanz.

434 Dazu DOMEJ/OBERHAMMER, zu Art. 327a ZPO, in: Kurzkommentar ZPO, N. 5; GEIMER/GEIMER/GEIMER, zu Art. 45 EuGVVO, in: Europäisches Zivilverfahrensrecht, N. 2 und 7 f.; KROPHOLLER/VON HEIN, zu Art. 43 EuGVO, in: Europäisches Zivilprozessrecht, N. 24 und zu Art. 45 EuGVO, in: Europäisches Zivilprozessrecht, N. 6; MANKOWSKI, zu Art. 45 Brüssel I-VO, in: Europäisches Zivilprozess- und Kollisionsrecht, N. 3.

der Einseitigkeit widersprechende Anhörung des Schuldners stellt eine Verletzung von Art. 41 LugÜ und somit einen Verfahrensmangel dar. Dieser Mangel führt aber weder zur Nichtigkeit noch zur Anfechtbarkeit des erstinstanzlichen Exequaturentscheids. Die Inkenntnissetzung des Schuldners durch das Gericht über den Antrag auf Vollstreckbarerklärung kann gegebenenfalls Grundlage für eine Staatshaftung darstellen[435].

Auch im Rahmen des Rechtsbehelfsverfahrens wird die Frage behandelt, ob das Exequaturgericht zu Recht Sicherungsmassnahmen bewilligt oder nicht bewilligt hat[436].

dd) Materielle Einreden und Einwendungen[437]

Das Lugano-Übereinkommen verbietet explizit eine *révision au fond*[438]. Die zweitstaatlichen Gerichte dürfen unter keinen Umständen den ausländischen Entscheid in der Sache selber nachprüfen[439]. Das Verbot der *révision au fond* untersagt das Vorbringen von Einreden oder Einwendungen im Vollstreckungsstaat, die im Urteilsstaat bereits geltend gemacht wurden[440] oder hätten geltend gemacht werden können[441]. Der Zeitpunkt, bis zu welchem Einreden und Einwendungen berechtigterweise noch in den Prozess eingebracht werden können, bestimmt das innerstaatliche Recht des Urteilsstaates[442]. Aus diesem ergibt sich auch die sogenannte *„Präklusionsschwelle"*[443].

Nicht von der Präklusionswirkung erfasst werden Einreden und Einwendungen, die nach der Präklusionsschwelle entstanden sind und dadurch im Urteilsstaat nicht vorgebracht werden konnten. Diese Einreden und Einwendungen sind *„rechtskraftfrei"* und müssen vom Schuldner im Voll-

435 Daz mit weiteren Hinweisen HOFMANN/KUNZ, zu Art. 41 LugÜ, in: BSK, N. 45 f.

436 HOFMANN/KUNZ, zu Art. 45 LugÜ, in: BSK, N. 26 ff.

437 Insbesondere Tilgung, Stundung oder Verjährung.

438 STAEHELIN/BOPP, zu Art. 43 LugÜ, in: SHK, N. 23.

439 Art. 45 Abs. 2 LugÜ.

440 GEIMER/GEIMER/GEIMER, zu Art. 45 EuGVVO, in: Europäisches Zivilverfahrensrecht, N. 11; KROPHOLLER/VON HEIN, zu Art. 43 EuGVO, in: Europäisches Zivilprozessrecht, N. 26.

441 KROPHOLLER/VON HEIN, zu Art. 43 EuGVO, in: Europäisches Zivilprozessrecht, N. 26; STAEHELIN/BOPP, zu Art. 43 LugÜ, in: SHK, N. 23; WAGNER, Das Gesetz zur Durchführung der Verordnung (EG) Nr. 805/2004 zum Europäischen Vollstreckungstitel, S. 407.

442 GEIMER/GEIMER/GEIMER, zu Art. 45 EuGVVO, in: Europäisches Zivilverfahrensrecht, N. 11; SCHLOSSER, zu Art. 36 EuGVÜ, in: EuGVÜ, N. 5.

443 HOFMANN/KUNZ, zu Art. 45 LugÜ, in: BSK, N. 32.

streckungsstaat vorgebracht werden können[444]. Dabei ist die Frage strittig, ob materielle Einreden und Einwendungen im Rahmen des Exequatur-[445], des Rechtsbehelfs-[446] oder erst im Zwangsvollstreckungsverfahren[447] geltend zu machen sind[448]. Der Europäische Gerichtshof[449] musste sich in einem neueren Entscheid zu dieser Frage äussern und hat entschieden, dass Art. 45 Verordnung (EG) Nr. 44/2001 dahingehend auszulegen sei,

> *„dass er [*Art. 45 Verordnung (EG) Nr. 44/2001*] der Versagung oder Aufhebung einer Vollstreckbarerklärung einer Entscheidung durch ein Gericht, das über einen Rechtsbehelf gemäss Art. 43 oder 44 dieser Verordnung zu entscheiden hat, aus einem anderen als einem in den Art. 34 und 35 dieser Verordnung genannten Grund, wie etwa dem, dass der Entscheidung im Ursprungsmitgliedstaat nachgekommen wurde, entgegensteht".*

Dieser Entscheid ist zu begrüssen. Die Vollstreckbarerklärung dient lediglich der Gleichstellung eines ausländischen Entscheids mit einem inländischen Entscheid und es wird mit ihr in keiner Weise bereits die Vollstreckung selber antizipiert. Materiellrechtliche Einreden und Einwendungen sollten nicht während dieses abstrakten Verfahrens, sondern – wie dies grundsätzlich auch im Rahmen von solchen Einreden und Einwendungen

---

444 Dazu HOFMANN/KUNZ, zu Art. 45 LugÜ, in: BSK, N. 32 und 34.

445 So insbesondere mit weiteren Hinweisen FÜLLEMANN, S. 666; GEIMER/GEIMER/GEIMER, zu Art. 41 EuGVVO, in: Europäisches Zivilverfahrensrecht, N. 13; STAEHELIN/BOPP, zu Art. 43 LugÜ, in: SHK, N. 24. Diese Auffassung will die materiellen Einwendungen bereits im erstinstanzlichen Exequaturverfahren beachten, insbesondere da diese die Vollstreckbarkeit auschliessen würden. Voraussetzung für eine solche Berücksichtigung ist selbstverständlich, dass das erstinstanzliche Exequaturgericht von diesen Einwendungen überhaupt erfährt. Dies wird wohl aufgrund der Einseitigkeit dieses Verfahrensabschnittes nur selten der Fall sein.

446 So WAGNER, Vom Brüsseler Übereinkommen über die Brüssel I-Verordnung zum Europäischen Vollstreckungstitel, S. 83; Jenard-Bericht, S. 51; Schlosser-Bericht, S. 134, Ziff. 220. Es wird insbesondere vorgebracht, dass in das Wort *„nur"* in Art. 45 Abs. 1 LugÜ keinen Ausschluss weiterer Einwendungen hineingelesen werden dürfe, da auch andere Einwendungen – namentlich das Fehlen von Exequaturvoraussetzungen – als lediglich jene aus Art. 34 und 35 LugÜ vor der Rechtsbehelfsinstanz vorgebracht werden können.

447 So mit einer Auslegung von Art. 45 Abs. 1 LugÜ BITTER, S. 44 ff.; auch HOFMANN/KUNZ, zu Art. 45 LugÜ, in: BSK, N. 42; JENT-SØRENSEN/REISER, S. 454.

448 Vgl. auch HOFMANN/KUNZ, zu Art. 45 LugÜ, in: BSK, N. 34 ff.

449 EuGH, Prism Investments BV/Jaap Anne van der Meer, Urteil vom 13. Oktober 2011, Rs. C-139/10, Slg. 2011, S. I-9511 ff., N. 43.

bei der zwangsweise Durchsetzung von inländischen Entscheiden der Fall ist – erst im Zwangsvollstreckungsverfahren behandelt werden[450]. Daneben ist der Wortlaut von Art. 45 Abs. 1 LugÜ, gemäss welchem die Vollstreckbarerklärung von der Rechtsmittelinstanz nur aus einem der in den Art. 34 und Art. 35 LugÜ genannten Gründe versagt oder aufgehoben werden darf[451], eindeutig.

b) Freie Kognition

Die Kognition der Rechtsbehelfsinstanz muss – selbstverständlich im Rahmen der eingangs dargelegten zulässigen Rügen – frei sein[452]. Das Gericht kann in rechtlicher und tatsächlicher Hinsicht frei prüfen, ob dem ausländischen Entscheid die Vollstreckbarerklärung erteilt werden darf[453].

c) Rügeprinzip

Die Exequaturvoraussetzungen und die Anerkennungsverweigerungsgründe sind grundsätzlich von Amtes wegen zu prüfen[454].

Für Anerkennungsverweigerungsgründe, welche primär die Interessen des Titularschuldners schützen wollen, findet der eingangs genannte Grundsatz

---

[450] Vgl. bereits JENT-SØRENSEN/REISER, S. 454.

[451] Daneben können auch die Exequatur- und Sachurteilsvoraussetzungen einer Prüfung durch die Rechtsmittelinstanz unterzogen werden und ferner kann vom Beschwerdeführer auch im Rechtsbehelfsverfahren die Verletzung von Verfahrensvorschriften gerügt werden. Vgl. in der vorliegenden Arbeit unter § 3.VI.6.a), S. 78 ff.

[452] Botschaft zum revLugÜ, S. 1812 und 1825 f.; Urteil des Appellationsgerichts Basel-Stadt (Ausschuss) vom 12.2.1997, BJM 1999, S. 105 ff., E. 1; MANKOWSKI, zu Art. 43 Brüssel I-VO, in: Europäisches Zivilprozess- und Kollisionsrecht, N. 21; RODRIGUEZ, S. 1559; SCHWANDER DANIEL, S. 685; STAEHELIN/BOPP, zu Art. 43 LugÜ, in: SHK, N. 14 f.; STAEHELIN MATTHIAS, zu Art. 30a SchKG, in: BSK, N. 33.

[453] HOFMANN/KUNZ, zu Art. 43 LugÜ, in: BSK, N. 48.

[454] EuGH, Italian Leather SpA/WECO Polstermöbel GmbH & Co., Urteil vom 6. Juni 2002, Rs. C-80/00, Slg. 2002, S. I-4995, N. 52; HOFMANN/KUNZ, zu Art. 43 LugÜ, in: BSK, N. 51.

jedoch wohl nur begrenzt Anwendung[455]. Die Lehre[456] scheint davon auszugehen, dass das innerstaatliche Recht des Vollstreckungsstaates bestimme, ob die Rechtsbehelfsinstanz diese Anerkennungsverweigerungsgründe von Amtes wegen oder lediglich im Rahmen der vorgebrachten Rügen prüfe. Jedoch wird im Sinne einer Gegenausnahme vertreten, dass bei völkerrechtlichen Verweigerungsgründen[457] respektive bei Verstösse gegen den *ordre public* – falls (auch) Staatsinteressen[458] betroffen sind – eine Prüfung von Amtes wegen zu erfolgen habe[459].

Die materielle Beweislast für diejenigen Tatsachen, welche einer Anerkennung entgegenstehen, trägt immer der Vollstreckungsgegner respektive der Schuldner[460].

d) Neue Anträge, Beweismittel und Behauptungen

Für den Schuldner besteht vor der Rechtsbehelfsinstanz zum ersten Mal die Möglichkeit, sich überhaupt zur Vollstreckbarerklärung zu äussern. Er muss daher selbstverständlich neue Rechts- sowie Tatsachenbehauptungen samt Bezeichnung der entsprechenden Beweismittel vor der Rechtsbehelfsinstanz vorbringen können. Formell gesehen liegt nach dem erstinstanzlichen Verfahren auf Vollstreckbarerklärung des ausländischen Entscheids auch noch kein Antrag auf Abweisung respektive teilweise Abweisung des Antrags

---

455 BGer 4P.84/2004, E. 5.3.2.2.; GEIMER/GEIMER/GEIMER, zu Art. 34 EuGVVO, in: Europäisches Zivilverfahrensrecht, N. 31.

456 CZERNICH/TIEFENTHALER/KODEK, zu Art. 34 EuGVO, in: Europäisches Gerichtsstands- und Vollstreckungsrecht, N. 3; GEIMER/GEIMER/GEIMER, zu Art. 34 EuGVVO, in: Europäisches Zivilverfahrensrecht, N. 62 ff.; a.A. KROPHOLLER/VON HEIN, zu vor Art. 33 EuGVO, in: Europäisches Zivilprozessrecht, N. 6.

457 Zum Beispiel aus dem Völkerrecht resultierende Immunität. Vgl. dazu und für weitere Beispiele CZERNICH/TIEFENTHALER/KODEK, zu Art. 34 EuGVO, in: Europäisches Gerichtsstands- und Vollstreckungsrecht, N. 43 f.

458 Als Beispiel wird ein Verstoss des ausländischen Urteils gegen zwingendes Kartellrecht angeführt. Vgl. GEIMER/GEIMER/GEIMER, zu Art. 34 EuGVVO, in: Europäisches Zivilverfahrensrecht, N. 63.

459 CZERNICH/TIEFENTHALER/KODEK, zu Art. 34 EuGVO, in: Europäisches Gerichtsstands- und Vollstreckungsrecht, N. 3; GEIMER/GEIMER/GEIMER, zu Art. 34 EuGVVO, in: Europäisches Zivilverfahrensrecht, N. 62 ff.

460 BGer 5A_161/2008, E. 2.5; CZERNICH/TIEFENTHALER/KODEK, zu Art. 34 EuGVO, in: Europäisches Gerichtsstands- und Vollstreckungsrecht, N. 3; KROPHOLLER/VON HEIN, zu vor Art. 33 EuGVO, in: Europäisches Zivilprozessrecht, N. 7.

vor. Dem Schuldner muss somit vor der zweiten Instanz die Gelegenheit gegeben werden, seine Anträge zu formulieren und einzureichen[461].

Der Antragsteller kann die für die Erteilung des Exequaturs erforderlichen Urkunden gemäss Art. 53 LugÜ auch noch während des Verfahrens vor der Rechtsmittelinstanz nachreichen[462]. Werden die Urkunden jedoch auch vor der Rechtsmittelinstanz nicht nachgereicht und ist auch keine Befreiung nach Art. 51 Abs. 1 LugÜ erteilt worden, ist das Begehren grundsätzlich[463] endgültig abzuweisen[464].

7. Rechtsbehelfsverfahren

a) Frist zur Einreichung

Das Übereinkommen regelt in Art. 43 Abs. 5 LugÜ für den Schuldner die Fristen für die Einreichung des Rechtsbehelfs. Für die Fristen wie auch für die Fristauslösung bestehen unterschiedliche Regelungen, je nach dem wo der Schuldner seinen Wohnsitz respektive Sitz[465] hat.

aa) Schuldner mit Wohnsitz/Sitz im Vollstreckungsstaat

Der Rechtsbehelf gegen die Vollstreckbarerklärung ist vom Schuldner mit Wohnsitz respektive Sitz im Vollstreckungsstaat innerhalb eines Monats[466] nach der Zustellung der begründeten Entscheidung einzulegen[467]. Fristaus-

---

461 Zum Ganzen SOGO, Vollstreckung ausländischer Entscheide über Geldforderungen, S. 52.

462 EuGH, Roger van der Linden/Berufsgenossenschaft der Feinmechanik und Elektrotechnik, Urteil vom 14. März 1996, Rs. C-275/94, Slg. 1996, S. I-1393 ff., N. 18; KROPHOLLER/VON HEIN, zu Art. 40 EuGVO, in: Europäisches Zivilprozessrecht, N. 9; MANKOWSKI, zu Art. 40 Brüssel I-VO, in: Europäisches Zivilprozess- und Kollisionsrecht, N. 13; offengelassen in BGE 127 III 186, E. 4.a. Vgl. in der vorliegenden Arbeit unter § 3.III.9.c), S. 47 f.

463 Aufgrund der Kognition der letzten Instanz wird eine noch spätere Nachreichung kaum in Frage kommen.

464 HOFMANN/KUNZ, zu Art. 43 LugÜ, in: BSK, N. 58.

465 Die Frage nach dem Wohnsitz oder Sitz des Schuldners beantwortet sich nach den Vorschiften in Art. 59 f. LugÜ.

466 Diese Frist ist nicht verlängerbar. Vgl. STAEHELIN/BOPP, zu Art. 43 LugÜ, in: SHK, N. 7.

467 Art. 43 Abs. 5 LugÜ Satz 1.

lösend ist nur die formell korrekte Zustellung des begründeten Exequaturentscheids[468]. Die für die Zustellung erforderliche Form richtet sich ausschliesslich nach dem Recht des Vollstreckungsstaats[469].

bb) Schuldner mit Wohnsitz/Sitz in einem anderen Vertragsstaat

Hat der Schuldner seinen Wohnsitz in einem anderen Vertragsstaat, so beträgt die Rechtsbehelfsfrist[470] zwei Monate und beginnt von dem Tage an zu laufen, an welchem die Vollstreckbarerklärung ihm entweder in Person[471] oder in seiner Wohnung[472] zugestellt worden ist[473]. Fristauslösend ist ausschliesslich die qualifizierte Zustellung gemäss den Vorgaben des Lugano-Übereinkommens[474], ansonsten die Frist nicht zu laufen beginnt. Dabei ist unbeachtlich, ob die Zustellung nach dem Recht des Vollstreckungs- und Zustellungsstaates gültig erfolgt ist[475].

---

468 Botschaft zum revLugÜ, S. 1813. Das innerstaatliche Recht des Vollstreckungsstaats kann die Möglichkeit einer Heilung von Zustellungsmängeln vorsehen. Solche Vorschriften können unter Umständen – namentlich im Rahmen des *effet utile* – auch im Anwendungsbereich des Lugano-Übereinkommens beachtlich sein. Vgl. dazu MANKOWSKI, zu Art. 43 Brüssel I-VO, in: Europäisches Zivilprozess- und Kollisionsrecht, N. 15a; kritisch EuGH, Gaetano Verdoliva/J. M. Van der Hoeven BV, Banco di Sardegna und San Paolo IMI SpA, Urteil vom 16. Februar 2006, Rs. C-3/05, Slg. 2006, S. I-1579 ff., N. 36 f.

469 Dazu KROPHOLLER/VON HEIN, zu Art. 43 EuGVO, in: Europäisches Zivilprozessrecht, N. 18 und 20; MANKOWSKI, zu Art. 43 Brüssel I-VO, in: Europäisches Zivilprozess- und Kollisionsrecht, N. 15.

470 Diese Frist ist nicht verlängerbar. Vgl. Art. 43 Abs. 5 Satz 3 LugÜ.

471 Aushändigung an den Schuldner persönlich. Vgl. HOFMANN/KUNZ, zu Art. 43 LugÜ, in: BSK, N. 69.

472 Aushändigung an eine Person, die in der vom Schuldner bewohnten Wohnung angetroffen wird und nach dem nationalen Recht des Zustellungsstaats zur Annahme befugt ist. Vgl. Jenard-Bericht, S. 51, Fn. 1. Bei der Zustellung an den Sitz von Gesellschaften ist *„Wohnung"* so auszulegen, dass die Aushändigung an eine Person erfolgt, die in den Büroräumlichkeiten der Gesellschaft angetroffen wird. Vgl. HOFMANN/KUNZ, zu Art. 43 LugÜ, in: BSK, N. 70. Zu beachten bleibt, dass die Zustellung am Wohnsitz respektive Sitz des Schuldners erfolgt. Es muss sich entsprechend bei der Wohnung des Schulderns nicht um dessen Wohnsitz handeln respektive sich die Büroräumlichkeiten der Gesellschaft nicht am formellen Sitz der Gesellschaft befinden. Vgl. HOFMANN/KUNZ, zu Art. 43 LugÜ, in: BSK, N. 71.

473 Art. 43 Abs. 5 Satz 2 LugÜ.

474 Dazu und mit weiteren Hinweisen MANKOWSKI, zu Art. 43 Brüssel I-VO, in: Europäisches Zivilprozess- und Kollisionsrecht, N. 16.

475 HOFMANN/KUNZ, zu Art. 43 LugÜ, in: BSK, N. 68.

cc) Schuldner ohne Wohnsitz/Sitz in einem Vertragsstaat

Hat der Schuldner überhaupt keinen Wohnsitz respektive Sitz oder keinen Wohnsitz respektive Sitz in einem Vertragsstaat, so ist der Rechtsbehelf gegen das Exequatur innerhalb eines Monats nach der Zustellung des Entscheids einzulegen[476]. Der Schuldner ohne Wohnsitz respektive Sitz in einem Vertragsstaat und der Schuldner überhaupt ohne Wohnsitz werden gleichbehandelt[477].

Fristauslösend ist – gleich wie beim Schuldner mit Wohnsitz respektive Sitz im Vollstreckungsstaat – die formell korrekte Zustellung[478]. Charakteristischerweise handelt es sich bei der Zustellung um eine internationale Zustellung und dabei müssen die diesbezüglich allfällig einschlägigen internationalen Übereinkommen berücksichtigt werden[479].

Der vom Lugano-Übereinkommen normierte Ausschluss einer Fristverlängerung in Art. 43 Abs. 5 Satz 3 LugÜ bezieht sich nach einhelliger Ansicht nur auf Satz 2 von Art. 43 Abs. 5 LugÜ und findet somit keine Anwendung bei einem Schuldner generell ohne Wohnsitz respektive Sitz und einem Schuldner ohne Wohnsitz respektive Sitz in einem Vertragsstaat[480].

dd) Antragsteller

Das Lugano-Übereinkommen sieht lediglich für den Rechtsbehelf des Schuldners gegen die Vollstreckbarerklärung eine Frist vor[481]. Für den Fall,

---

476 Art. 43 Abs. 5 LugÜ Satz 1. Vgl. HOFMANN/KUNZ, zu Art. 43 LugÜ, in: BSK, N. 75; Jenard-Bericht, S. 51; KROPHOLLER/VON HEIN, zu Art. 43 EuGVO, in: Europäisches Zivilprozessrecht, N. 21; a.A. GEIMER/GEIMER/GEIMER, zu Art. 43 EuGVVO, in: Europäisches Zivilverfahrensrecht, N. 25, wonach das nationale Recht eine längere Frist vorsehen kann.

477 BGE 133 III 252, E. 4; DONZALLAZ, La Convention de Lugano du 16 septembre 1988 concernant la compétence judiciaire et l'exécution des décisions en matière civile et commerciale, N. 3915 ; HOFMANN/KUNZ, zu Art. 43 LugÜ, in: BSK, N. 74; KROPHOLLER/VON HEIN, zu Art. 43 EuGVO, in: Europäisches Zivilprozessrecht, N. 21.

478 KROPHOLLER/VON HEIN, zu Art. 43 EuGVO, in: Europäisches Zivilprozessrecht, N. 18.

479 HOFMANN/KUNZ, zu Art. 43 LugÜ, in: BSK, N. 76.

480 Dazu Jenard-Bericht, S. 51; KROPHOLLER/VON HEIN, zu Art. 43 EuGVO, in: Europäisches Zivilprozessrecht, N. 21; MANKOWSKI, zu Art. 43 Brüssel I-VO, in: Europäisches Zivilprozess- und Kollisionsrecht, N. 17.

481 Art. 43 Abs. 5 LugÜ.

in welchem das erstinstanzliche Exequaturgericht den Antrag auf Vollstreckbarerklärung ablehnt, besteht keine Fristenregelung[482].

Der Europäische Gerichtshof scheint der Ansicht zu sein, dass der Rechtsbehelf des Antragstellers nicht fristgebunden ist[483]. Die herrschende Lehre in der Schweiz[484] vertritt demgegenüber die Ansicht, dass für die Frage der Rechtsbehelfsfrist des Antragstellers auf das nationale Rechts des Vollstreckungsstaates[485] abzustellen ist.

b) *Verfahren*

Die Form der Einreichung des Rechtsbehelfs richtet sich nach dem innerstaatlichen Recht des Vollstreckungsstaates. Das Übereinkommen enthält insofern keine Regelung[486]. Im Sinne eines Mindestinhaltes muss der Rechtsbehelf jedenfalls ein konkretes Begehren sowie eine kurze Begründung[487] enthalten[488]. Über den Rechtsbehelf wird gemäss den Vorgaben des

---

482 STAEHELIN/BOPP, zu Art. 43 LugÜ, in: SHK, N. 12.

483 EuGH, Gaetano Verdoliva/J. M. Van der Hoeven BV, Banco di Sardegna und San Paolo IMI SpA, Urteil vom 16. Februar 2006, Rs. C-3/05, Slg. 2006, S. I-1579 ff., N. 32; GEIMER/GEIMER/GEIMER, zu Art. 41 EuGVVO, in: Europäisches Zivilverfahrensrecht, N. 49, Fn. 57; KROPHOLLER/VON HEIN, zu Art. 43 EuGVO, in: Europäisches Zivilprozessrecht, N. 13; MANKOWSKI, zu Art. 43 Brüssel I-VO, in: Europäisches Zivilprozess- und Kollisionsrecht, N. 20.

484 So auch mit weiteren Hinweisen DOMEJ/OBERHAMMER, zu Art. 327a ZPO, in: Kurzkommentar ZPO, N. 9; Jenard-Bericht, S. 53; SOGO, Vollstreckung ausländischer Entscheide über Geldforderungen, S. 78, Fn. 148; SPÜHLER, zu Art. 327a ZPO, in: BSK, N. 11; STAEHELIN/BOPP, zu Art. 43 LugÜ, in: SHK, N. 12; offengelassen: Urteil des Appellationsgerichts Basel-Stadt (Ausschuss) vom 22.12.1994, BJM 1996, S. 142 ff., E. 1; zweifelnd: MANKOWSKI, zu Art. 43 Brüssel I-VO, in: Europäisches Zivilprozess- und Kollisionsrecht, N. 20.

485 Die schweizerische ZPO normiert keine besondere Frist für den Rechtsbehelf den Antragsteller. Aus der Botschaft geht aber hervor, dass sich die Rechtsbehelfsfrist für den Antragsteller nach Art. 321 ZPO bestimmt. Vgl. Botschaft zum revLugÜ, S. 1813 und 1826. Zu beachten ist, dass die Frist – aufgrund des summarischen Charakters des Exequaturverfahrens – bloss eine zehntägige ist (Art. 321 Abs. 2 ZPO).

486 Vgl. für weitere Ausführungen zur Form HOFMANN/KUNZ, zu Art. 43 LugÜ, in: BSK, N. 95 ff.

487 Es liegt selbstverständlich im Interesse des den Rechtsbehelf ergreifenden Titulargläubigers respektive Titularschuldners, die Voraussetzungen für die Erteilung des Exequaturs respektive die Anerkennungsverweigerungsgründe oder Gründe, die gegen eine Vollstreckbarerklärung sprechen, genügend zu belegen.

488 HOFMANN/KUNZ, zu Art. 43 LugÜ, in: BSK, N. 95 f.; STAEHELIN/BOPP, zu Art. 43 LugÜ, in: SHK, N. 17.

Lugano-Übereinkommens in einem kontradiktorischen Verfahren – also einem Verfahren, in welchem beiden Parteien das rechtliche Gehör gewährt wird – entschieden[489]. Die Frage, ob das rechtliche Gehör schriftlich oder mündlich zu gewähren ist, wird durch das Recht des Vollstreckungsstaates beantwortet[490].

Der Schuldner ist im Rechtsbehelfsverfahren zwingend anzuhören[491]. Er erhält erst in diesem Verfahrensabschnitt die Gelegenheit, seine Argumente gegen eine Vollstreckbarerklärung darzulegen[492]. Für den Schuldner stellt die Rechtsbehelfsinstanz die einzige Tatsacheninstanz dar[493].

Es besteht denn auch keine Ausnahme – auch in der Konstellation nicht, wo der Titulargläubiger einen Rechtsbehelf einlegt – von der Verpflichtung zur Anhörung des Schuldners[494]. Die zwingend damit einhergehende Information des Schuldners steht zwar in einem Spannungsverhältnis zu dem derartiger Verfahren inhärenten Überraschungseffekt[495]. Der Verlust des Überraschungseffektes auf dieser Stufe des Verfahrens, muss jedoch hingenommen werden und entspricht dem Bestreben des Lugano-Übereinkommens den Überraschungseffekt und die Gewährleistung des rechtlichen Gehörs miteinander zu vereinbaren[496]. Um sich gegen die Gefährdung des Vollstreckungssubstrats, welche mit der durch die Einlegung eines Rechtsbehelfs verbundenen Information des Schuldners einhergeht, abzusichern, steht dem Titulargläubiger einzig die Möglichkeit offen, Sicherungsmassnahmen zu beantragen[497]. Das Begehren auf Erlass um (superprovisorische) Sicherungsmassnahmen[498] kann er zusammen mit dem Rechtsbehelf einreichen.

---

489 Art. 43 Abs. 3 LugÜ.

490 HOFMANN/KUNZ, zu Art. 43 LugÜ, in: BSK, N. 106.

491 Botschaft zum revLugÜ, S. 1812.

492 GEIMER/GEIMER/GEIMER, zu Art. 43 EuGVVO, in: Europäisches Zivilverfahrensrecht, N. 46.

493 GEIMER REINHOLD, S. 338.

494 EuGH, Firma P/Firma K., Urteil vom 12. Juli 1984, Rs. 178/83, Slg. 1984, S. 705 ff., N. 8 ff. Vgl. für Ausführungen und Hinweise HOFMANN/KUNZ, zu Art. 43 LugÜ, in: BSK, N. 109 ff.

495 MANKOWSKI, zu Art. 43 Brüssel I-VO, in: Europäisches Zivilprozess- und Kollisionsrecht, N. 9.

496 EuGH, Firma P/Firma K., Urteil vom 12. Juli 1984, Rs. 178/83, Slg. 1984, S. 705 ff., N. 8 ff.

497 GEIMER/GEIMER/GEIMER, zu Art. 43 EuGVVO, in: Europäisches Zivilverfahrensrecht, N. 57; KROPHOLLER/VON HEIN, zu Art. 43 EuGVO, in: Europäisches Zivilprozessrecht, N. 9; MANKOWSKI, zu Art. 43 Brüssel I-VO, in: Europäisches Zivilprozess- und Kollisionsrecht, N. 10.

498 Gemäss Art. 47 Abs. 1 LugÜ.

Der Gläubiger hat aber keinen übereinkommensautonomen Anspruch auf Erlass einer Sicherungsmassnahme, da es gerade an einem erstinstanzlich erteilten Exequatur fehlt[499]. Unter Umständen kann es für den vor dem erstinstanzlichen Exequaturgericht unterlegenen Gläubiger – soweit zulässig[500] – ratsam[501] sein, anstelle der Ergreifung eines Rechtsbehelfs einen neuen Antrag zu stellen. Damit kann eine Information des Schuldners umgangen werden[502].

Der Rechtsbehelf gegen eine erstinstanzliche Vollstreckbarerklärung hat insofern aufschiebende Wirkung, als während der Rechtsbehelfsfrist[503] und des allenfalls anschliessenden Rechtsbehelfsverfahrens die Zwangsvollstreckung in das Vermögen des Schuldners nicht über Sicherungsmassnahmen hinausgehen darf[504].

Die Regelung in Art. 52 LugÜ, wonach im Vollstreckbarerklärungsverfahren keine nach dem Streitwert abgestuften Stempelabgaben oder Gebühren erhoben werden dürfen, gilt auch im Rechtsmittelverfahren[505]. Keine Anwendung findet diese Bestimmung auf die Frage der Parteientschädigung[506].

---

499 Art. 47 Abs. 2 LugÜ e contrario. Vgl. GEIMER/GEIMER/GEIMER, zu Art. 43 EuGVVO, in: Europäisches Zivilverfahrensrecht, N. 57; HOFMANN/KUNZ, zu Art. 43 LugÜ, in: BSK, N. 114; MANKOWSKI, zu Art. 43 Brüssel I-VO, in: Europäisches Zivilprozess- und Kollisionsrecht, N. 10.

500 Vgl. in der vorliegenden Arbeit unter § 3.V.4, S. 67 ff.

501 Neben der Unsicherheit in Bezug auf die Rechtskraft muss der Gläubiger damit rechnen, dass ihm die Kosten des (ersten) erstinstanzlichen Verfahrens auf Vollstreckbarerklärung definitv auferlegt werden. Vgl. HOFMANN/KUNZ, zu Art. 43 LugÜ, in: BSK, N. 115.

502 MANKOWSKI, zu Art. 43 Brüssel I-VO, in: Europäisches Zivilprozess- und Kollisionsrecht, N. 11b.

503 Nach Art. 43 Abs. 5 LugÜ.

504 Art. 47 Abs. 3 LugÜ. Vgl. auch OG ZH, II. Zivilkammer, Beschluss vom 9. Mai 1999, in: ZR, 99. Band, S. 94 f., E. 2; Botschaft zum revLugÜ, S 1813; DONZALLAZ, La Convention de Lugano du 16 septembre 1988 concernant la compétence judiciaire et l'exécution des décisions en matière civile et commerciale, N. 4109; SCHWANDER DANIEL, S. 685; STAEHELIN/BOPP, zu Art. 43 LugÜ, in: SHK, N. 3; a.A. MANKOWSKI, zu Art. 43 Brüssel I-VO, in: Europäisches Zivilprozess- und Kollisionsrecht, N. 2.

505 Mit weiteren Hinweisen HOFMANN/KUNZ, zu Art. 52 LugÜ, in: BSK, N. 2.

506 STAEHELIN/BOPP, zu Art. 43 LugÜ, in: SHK, N. 21.

Für den Fall, dass im Urteilsstaat gegen die Entscheidung in der Sache ein ordentliches Rechtsmittel ergriffen wird, steht es der Rechtsbehelfsinstanz frei, das Verfahren auf Antrag des Schuldners zu sistieren[507].

8. Entscheid

a) Nichteintretensentscheid

Tritt die Rechtsmittelinstanz gar nicht erst auf den Rechtsbehelf ein und fällt es entsprechend einen Nichteintretensentscheid, so besteht der Entscheid des erstinstanzlichen Exequaturgerichts fort. Diejenige Partei, auf deren Rechtsbehelf nicht eingetreten wurde, kann gegen den Nichteintretensentscheid einen Rechtbehelf gemäss Art. 44 LugÜ einlegen[508].

b) Gutheissung des Rechtsbehelfs

Wird der Rechtsbehelf des Schuldners gutgeheissen[509], so hebt die Rechtsbehelfsinstanz die erstinstanzlich gewährte Vollstreckbarerklärung sowie gegebenenfalls die Sicherungsmassnahmen[510] auf[511]. Dies erfolgt prinzipiell unter Kosten- und Entschädigungsfolge zulasten des Gläubigers[512].

Heisst das Rechtsbehelfsgericht den Antrag des Gläubigers gut[513], hebt das Rechtsbehelfsgericht den erstinstanzlichen, negativen Exequaturentscheid auf und spricht die Vollstreckbarerklärung aus[514]. Diese verleiht dem Gläu-

---

507 Art. 46 Abs. 1 LugÜ. HOFMANN/KUNZ, zu Art. 43 LugÜ, in: BSK, N. 135.

508 Dazu HOFMANN/KUNZ, zu Art. 43 LugÜ, in: BSK, N. 137 f.; ebenso für Deutschland GEIMER/GEIMER/GEIMER, zu Art. 43 EuGVVO, in: Europäisches Zivilverfahrensrecht, N. 61.

509 Vgl. dazu MANKOWSKI, zu Art. 43 Brüssel I-VO, in: Europäisches Zivilprozess- und Kollisionsrecht, N. 22 f.

510 Vgl. in der vorliegenden Arbeit unter § 4.II.4, S. 123.

511 HOFMANN/KUNZ, zu Art. 43 LugÜ, in: BSK, N. 139 ff.

512 Dies gilt grundsätzlich auch dann, wenn dem Antrag nur deshalb nicht stattgegeben werden kann, weil die vorläufige Vollstreckbarkeit im Urteilsstaat aufgehoben wurde. Vgl. KROPHOLLER/VON HEIN, zu Art. 43 EuGVO, in: Europäisches Zivilprozessrecht, N. 10.

513 Vgl. dazu MANKOWSKI, zu Art. 43 Brüssel I-VO, in: Europäisches Zivilprozess- und Kollisionsrecht, N. 21.

514 HOFMANN/KUNZ, zu Art. 43 LugÜ, in: BSK, N. 147.

biger den übereinkommensautonomen Anspruch auf Sicherungsmassnahmen[515]. Die Beschränkung nach Art. 47 Abs. 3 LugÜ auf Sicherungsmassnahmen fällt mit Entscheid der Rechtsmittelinstanz dahin, so dass der Gläubiger vor der Rechtsbehelfsinstanz auch Massnahmen beantragen kann, die über eine blosse Sicherung hinausgehen[516].

Beiden Parteien steht die Möglichkeit offen, einen Rechtsbehelf nach Art. 44 LugÜ einzulegen.

c) Abweisung des Rechtsbehelfs

Wird der Rechtsbehelf des Schuldners abgewiesen, bleibt das von der ersten Instanz erteilte Exequatur sowie die gegebenfalls angeordneten Sicherungsmassnahmen bestehen. Die Einschränkung der Vollstreckung nach Art. 47 Abs. 3 LugÜ auf Sicherungsmassnahmen endet grundsätzlich und eine Vollstreckung in das schuldnerische Vermögen wird zulässig[517].

Im Falle der Abweisung des Rechtsbehelfs des Gläubigers kann diejenige Instanz, die die Sicherungsmassnahmen angeordnet hat, diese auch wieder aufheben[518].

Gegen einen Abweisungsentscheid kann ein Rechtsbehelf nach Art. 44 LugÜ eingelegt werden[519].

VII. Rechtsbehelf nach Art. 44 LugÜ

1. Zulässige Rechtsmittel

Ein Entscheid über einen Rechtsbehelf nach Art. 43 LugÜ kann nur mit einem Rechtsbehelf nach Anhang IV angefochten werden[520]. Das Übereinkommen normiert die zulässigen innerstaatlichen Rechtsmittel abschliessend[521] und legt damit sowohl die sachliche wie auch die funktionelle Zuständigkeit für die Beurteilung des zweiten Rechtsbehelfs fest, womit

---

515 Art. 47 Abs. 2 LugÜ.

516 GEIMER/GEIMER/GEIMER, zu Art. 43 EuGVVO, in: Europäisches Zivilverfahrensrecht, N. 67; HOFMANN/KUNZ, zu Art. 43 LugÜ, in: BSK, N. 149.

517 Dazu HOFMANN/KUNZ, zu Art. 43 LugÜ, in: BSK, N. 143.

518 Vgl. in der vorliegenden Arbeit unter § 4.II.4, S. 123.

519 HOFMANN/KUNZ, zu Art. 43 LugÜ, in: BSK, N. 151.

520 Art. 44 LugÜ.

521 HOFMANN/KUNZ, zu Art. 44 LugÜ, in: BSK, N. 6.

gleichzeitig andere als die vorgeschriebenen Rechtsbehelfe untersagt werden[522].

Es ist einem gebundenen Staat erlaubt, ein Rechtsmittel als Rechtsbehelf gemäss Art. 44 LugÜ anzugeben, auch wenn das nationale Recht dieses Staates für dessen Behandlung weitere Voraussetzungen[523] aufstellt[524].

2. Anwendung von nationalem Recht

Vom Lugano-Übereinkommen selber werden bloss einige wenige Anforderungen an das Rechtsbehelfsverfahren nach Art. 44 LugÜ normiert. Diejenigen Apsekte, welche keine Regelung durch das Übereinkommen erfahren, richten sich nach dem nationalen Recht des jeweiligen Vollstreckungsstaates[525].

Die Aufnahme eines Rechtsmittels in Anhang IV des Lugano-Übereinkommens führt nicht zu einer *„Versteinerung"* der nationalen Vorschriften, so dass es den gebundenen Staaten offen steht, weiterhin ihre Normen zu diesem Rechtsmittel zu ändern[526].

3. Anfechtungsobjekt

Art. 44 LugÜ dient einer *„Kanalisierung"* des Rechtsmittelweges und damit einhergehend der Beschleunigung des Exequaturverfahrens[527]. Dem Schuldner soll – nachdem im Rechtsbehelfsverfahren nach Art. 43 LugÜ sein rechtliches Gehör gewahrt wurde und eine Prüfung sämtlicher Aspekte durch die Rechtsmittelinstanz möglich war – verunmöglicht werden, die

---

522 MANKOWSKI, zu Art. 44 Brüssel I-VO, in: Europäisches Zivilprozess- und Kollisionsrecht, N. 3a.

523 Wie namentlich Streitwertgrenzen.

524 HOFMANN/KUNZ, zu Art. 44 LugÜ, in: BSK, N. 8; Jenard-Bericht, S. 53.

525 Jenard-Bericht, S. 53; MANKOWSKI, zu Art. 44 Brüssel I-VO, in: Europäisches Zivilprozess- und Kollisionsrecht, N. 3b.

526 Dazu HOFMANN/KUNZ, zu Art. 44 LugÜ, in: BSK, N. 16; sowie im Zusammenhang mit der Rechtsbehelfsfrist GEIMER/GEIMER/GEIMER, zu Art. 44 EuGVVO, in: Europäisches Zivilverfahrensrecht, N. 7.

527 GEIMER/GEIMER/GEIMER, zu Art. 44 EuGVVO, in: Europäisches Zivilverfahrensrecht, N. 1; HOFMANN/KUNZ, zu Art. 44 LugÜ, in: BSK, N. 3; MANKOWSKI, zu Art. 44 Brüssel I-VO, in: Europäisches Zivilprozess- und Kollisionsrecht, N. 1; Schlosser-Bericht, S. 133 f., Ziff. 217.

Vollstreckbarerklärung durch die Einreichung weiterer Rechtsmittel nach dem innerstaatlichen Recht des Vollstreckungsstaates hinauszuzögern[528].

Um diese Zielsetzung zu erreichen, ist Art. 44 LugÜ dahingehend auszulegen, dass die Anzahl der zulässigen Rechtsbehelfe eine möglichst geringe ist. Insbesondere muss für die Frage der zulässigen Anfechtungsobjekte eine restriktive Auslegung vorgenommen werden[529].

Der Rechtsbehelf richtet sich einzig gegen Entscheide der Rechtsbehelfsinstanz im Sinne von Art. 43 Ziff. 2 LugÜ in Verbindung mit Anhang III[530]. Anfechtbar sind nur Endentscheide, nicht aber Vor- oder Zwischenentscheide. Das folgt direkt aus dem Wortlaut von Art. 44 LugÜ, welcher von der *„Entscheidung, die über den Rechtsbehelf ergangen ist“* spricht[531]. Der Europäische Gerichtshof führt zu diesem vorstehend zitierten Ausdruck aus, dass damit nur Entscheidungen gemeint sind,

---

528 GEIMER/GEIMER/GEIMER, zu Art. 44 EuGVVO, in: Europäisches Zivilverfahrensrecht, N. 1; Jenard-Bericht, S. 52; MANKOWSKI, zu Art. 44 Brüssel I-VO, in: Europäisches Zivilprozess- und Kollisionsrecht, N. 1.

529 EuGH, Schuhfabrik Brennero Sas/Wendel GmbH Schuhproduktion International, Urteil vom 27. November 1984, Rs. C-258/83, Slg. 1984, S. 3971 ff., N. 15; EuGH, B. J. van Dalfsen und andere/B. van Loon und T. Berendsen, Urteil vom 4. Oktober 1991, Rs. C-183/90, Slg. 1991, S. I-4743, N. 19; EuGH, Volker Sonntag/Hans Waidmann u. a., Urteil vom 21. April 1993, Rs. C-172/91, Slg. 1993, S. I-1963ff., N. 32; EuGH, Société d'informatique (SISRO) service réalisation organisation/Ampersand Software BV, Urteil vom 11. August 1995, Rs. C-432/93, Slg. 1995, S. I-2269 ff., N. 28 ff.; GEIMER/GEIMER/GEIMER, zu Art. 44 EuGVVO, in: Europäisches Zivilverfahrensrecht, N. 1; HOFMANN/KUNZ, zu Art. 44 LugÜ, in: BSK, N. 4; KROPHOLLER/VON HEIN, zu Art. 44 EuGVO, in: Europäisches Zivilprozessrecht, N. 4 f.; MANKOWSKI, zu Art. 44 Brüssel I-VO, in: Europäisches Zivilprozess- und Kollisionsrecht, N. 2.

530 GEIMER/GEIMER/GEIMER, zu Art. 44 EuGVVO, in: Europäisches Zivilverfahrensrecht, N. 3; HOFMANN/KUNZ, zu Art. 44 LugÜ, in: BSK, N. 17.

531 Dazu EuGH, Schuhfabrik Brennero Sas/Wendel GmbH Schuhproduktion International, Urteil vom 27. November 1984, Rs. C-258/83, Slg. 1984, S. 3971 ff., N. 15; EuGH, Société d'informatique (SISRO) service réalisation organisation/Ampersand Software BV, Urteil vom 11. August 1995, Rs. C-432/93, Slg. 1995, S. I-2269 ff., N. 29 f.; GEIMER/GEIMER/GEIMER, zu Art. 44 EuGVVO, in: Europäisches Zivilverfahrensrecht, N. 2 f.; KROPHOLLER/VON HEIN, zu Art. 44 EuGVO, in: Europäisches Zivilprozessrecht, N. 5; MANKOWSKI, zu Art. 44 Brüssel I-VO, in: Europäisches Zivilprozess- und Kollisionsrecht, N. 2; STAEHELIN/BOPP, zu Art. 44 LugÜ, in: SHK, N. 2.

„die über die Begründetheit des Rechtsbehelfs gegen die Zulassung der Vollstreckung einer in einem anderen Vertragsstaat ergangenen gerichtlichen Entscheidung befinden[532]*"*.

Entsprechend kann also insbesondere gegen Massnahmen des vorsorglichen Rechtsschutzes, welche von der ersten Rechtsmittelinstanz angeordnet wurden, kein Rechtsbehelf nach Art. 44 LugÜ eingereicht werden[533]. Davon zu unterscheiden ist jedoch der Fall, in welchem der Verfahrensgegenstand die Vollstreckbarerklärung einer Massnahme des einstweiligen Rechtsschutzes ist[534].

4. Legitimation

Zur Beschwerde legitimiert sind nach überwiegender Auffassung der Antragsteller und der Antragsgegner nicht aber Dritte[535]. Dritte haben – wie auch im Rahmen von Art. 43 LugÜ[536] – ihre Rechte im eigentlichen Zwangsvollstreckungsverfahren geltend zu machen[537].

---

532 EuGH, B. J. van Dalfsen und andere/B. van Loon und T. Berendsen, Urteil vom 4. Oktober 1991, Rs. C-183/90, Slg. 1991, S. I-4743, N. 21.

533 GEIMER/GEIMER/GEIMER, zu Art. 44 EuGVVO, in: Europäisches Zivilverfahrensrecht, N. 5.

534 GEIMER/GEIMER/GEIMER, zu Art. 44 EuGVVO, in: Europäisches Zivilverfahrensrecht, N. 4; HOFMANN/KUNZ, zu Art. 44 LugÜ, in: BSK, N. 21 und 43a.

535 EuGH, Volker Sonntag/Hans Waidmann u. a., Urteil vom 21. April 1993, Rs. C-172/91, Slg. 1993, S. I-1963ff., N. 33 f.; GEIMER/GEIMER/GEIMER, zu Art. 44 EuGVVO, in: Europäisches Zivilverfahrensrecht, N. 6; HOFMANN/KUNZ, zu Art. 44 LugÜ, in: BSK, N. 34; KROPHOLLER/VON HEIN, zu Art. 44 EuGVO, in: Europäisches Zivilprozessrecht, N. 6; MANKOWSKI, zu Art. 44 Brüssel I-VO, in: Europäisches Zivilprozess- und Kollisionsrecht, N. 3; STAEHELIN/BOPP, zu Art. 44 LugÜ, in: SHK, N. 3.

536 Vgl. in der vorliegenden Arbeit unter § 3.VI.4.c), S. 76 f.

537 EuGH, Deutsche Genossenschaftsbank/Brasserie du Pêcheur, Urteil vom 2. Juli 1985, Rs. 148/84, Slg. 1985, S. 1981 ff., N. 18; MANKOWSKI, zu Art. 44 Brüssel I-VO, in: Europäisches Zivilprozess- und Kollisionsrecht, N. 3.

5. Prüfung durch die zweite Rechtsbehelfsinstanz

a) *Kognition*

Nach der herrschenden Lehre[538] können mit einem Rechtsbehelf nach Art. 44 LugÜ lediglich Rechtsrügen und keine Sachverhaltsrügen vorgebracht werden. Dies ergibt sich zwar nicht direkt aus dem Wortlaut des Übereinkommens, ging aber explizit aus den Materialien zu Art. 41 EuGVÜ[539], welcher grundsätzlich heute Art. 44 LugÜ entspricht, hervor[540].

b) *Neue Tatsachen und Beweismittel*

Die überwiegende Ansicht[541] geht davon aus, dass die Rechtsbehelfsinstanz lediglich diejenigen neuen Tatsachen und Beweismitttel zu berücksichtigen hat, welche im Zusammenhang mit einer zwischenzeitlichen Änderung des Entscheids im Urteilsstaat stehen.

6. Rechtsbehelfsverfahren

Das Übereinkommen selber legt keine Frist für den Rechtsbehelf nach Art. 44 LugÜ fest, so dass sich die Frist zur Einreichung nach dem innerstaatlichen Recht des jeweiligen Vollstreckungsstaates richtet[542]. Das jeweils anwendbare nationale Recht hat aber – da es dem Sinn und Zweck des Übereinkommens und insbesondere dessen *effet utile* Rechnung zu tragen hat – eine solche Frist vorzusehen[543].

---

538 GEIMER/GEIMER/GEIMER, zu Art. 44 EuGVVO, in: Europäisches Zivilverfahrensrecht, N. 8; HOFMANN/KUNZ, zu Art. 44 LugÜ, in: BSK, N. 46; KROPHOLLER/VON HEIN, zu Art. 44 EuGVO, in: Europäisches Zivilprozessrecht, N. 2; MANKOWSKI, zu Art. 44 Brüssel I-VO, in: Europäisches Zivilprozess- und Kollisionsrecht, N. 1; Schlosser-Bericht, S. 133 f., Ziff. 217; STAEHELIN/BOPP, zu Art. 44 LugÜ, in: SHK, N. 7; STAEHELIN MATTHIAS, zu Art. 30a SchKG, in: BSK, N. 33.

539 Schlosser-Bericht, S. 133 f., Ziff. 217.

540 STAEHELIN MATTHIAS, zu Art. 30a SchKG, in: BSK, N. 33.

541 GEIMER/GEIMER/GEIMER, zu Art. 44 EuGVVO, in: Europäisches Zivilverfahrensrecht, N. 9; MANKOWSKI, zu Art. 44 Brüssel I-VO, in: Europäisches Zivilprozess- und Kollisionsrecht, N. 1; SCHLOSSER, zu Art. 37 EuGVÜ, in: EuGVÜ, N. 2.

542 GEIMER/GEIMER/GEIMER, zu Art. 44 EuGVVO, in: Europäisches Zivilverfahrensrecht, N. 7; Jenard-Bericht, S. 53; MANKOWSKI, zu Art. 44 Brüssel I-VO, in: Europäisches Zivilprozess- und Kollisionsrecht, N. 3b.

543 GEIMER/GEIMER/GEIMER, zu Art. 44 EuGVVO, in: Europäisches Zivilverfahrensrecht, N. 7; HOFMANN/KUNZ, zu Art. 44 LugÜ, in: BSK, N. 14 und 59; a.A. wohl

Zudem beantwortet das nationale Recht des Vollstreckungsstaates, ob dem Rechtsbehelf nach Art. 44 LugÜ Suspensivwirkung[544] zukommt oder nicht[545]. Art. 47 Abs. 3 LugÜ untersagt die Zwangsvollstreckung in das Vermögen des Schuldners, welche über Massnahmen zur Sicherung hinausgeht lediglich bis zum Entscheid der ersten Rechtsbehelfsinstanz nach Art. 43 LugÜ[546].

Das Lugano-Übereinkommen enthält ferner keine Vorgaben betreffend die Einreichung des Rechtsbehelfs, der Rechtsbehelfsantwort sowie der Kosten- und Entschädigungsfolge, so dass auch diese Fragen sich entsprechend allein nach den Vorschriften des Rechts des Vollstreckungsstaates richten[547].

MANKOWSKI, zu Art. 44 Brüssel I-VO, in: Europäisches Zivilprozess- und Kollisionsrecht, N. 3b.

544 Von Gesetzes wegen oder auf Anordnung des Gerichts.

545 BGH vom 16. Mai 1983, VIII ZB 8/83, E. II, 2., abgedruckt in: IPRax, 1985, Nr. 3, S. 156 f.; GEIMER/GEIMER/GEIMER, zu Art. 47 EuGVVO, in: Europäisches Zivilverfahrensrecht, N. 12; STADLER, S. 222; unklar MANKOWSKI, zu Art. 44 Brüssel I-VO, in: Europäisches Zivilprozess- und Kollisionsrecht, N. 1.

546 Dazu HOFMANN/KUNZ, zu Art. 44 LugÜ, in: BSK, N. 67 f.

547 Dazu mit weiteren Ausführungen zum Verfahren vor Bundesgericht HOFMANN/KUNZ, zu Art. 44 LugÜ, in: BSK, N. 61 ff. und 72 ff.

§ 4 Sicherung der Vollstreckung

Der Gläubiger, welcher sich aufgrund eines ausländischen Entscheids im Besitz eines vollstreckbaren Titels befindet, soll vermeiden können, dass der Schuldner der Zwangsvollstreckung Vollstreckungssubstrat entzieht[548]. Diesem Zweck dient zum einen die Ausgestaltung des vorgängig dargelegten Exequaturverfahrens als einseitiges Verfahren. Damit wird dem Gläubiger die Möglichkeit gegeben, eine Vollstreckbarerklärung des Entscheids zu erwirken, ohne dass der Schuldner über diesen Vorgang informiert wird. Zum anderen soll die Vollstreckung des Anspruchs des Gläubigers durch die Befugnis, Sicherungsmassnahmen verlangen zu können, gewährleistet werden. Art. 47 LugÜ ergänzt insofern die diesbezüglichen Vorschriften zum Exequturverfahren. Je nach Verfahrensstand bestehen sowohl unterschiedliche Zuständigkeiten als auch verschiedene Voraussetzungen[549].

I. Einstweilige Massnahmen vor der Vollstreckbarerklärung

1. Allgemeines

Im Anwendungsbereich des revidierten Lugano-Übereinkommens kann ein Antragsteller gestützt auf Art. 47 Abs. 1 LugÜ grundsätzlich immer einstweilige Massnahmen einschliesslich solcher, die auf Sicherung gerichtet sind, nach dem Recht des Vollstreckungsstaates verlangen. Dafür wird auch keine Vollstreckbarerklärung vorausgesetzt. Der Antragsteller kann folglich die vom jeweiligen nationalen Recht des Zweitstaates vorgesehenen einstweiligen Massnahmen bereits beantragen, bevor er eine Vollstreckbarerklärung nach Art. 41 LugÜ für seinen Entscheid erwirkt hat. Entsprechend können solche Massnahmen nach Art. 47 Abs. 1 LugÜ insbesondere auch dann gewährt werden, wenn das Vollstreckbarerklärungsverfahren nach Art. 46 Abs. 1 LugÜ ausgesetzt wird[550].

---

548 Jenard-Bericht, S. 52.

549 Zum Ganzen mit weiteren Literaturhinweisen HOFMANN/KUNZ, zu Art. 47 LugÜ, in: BSK, N. 1 f.

550 Zum Ganzen ALTHAMMER, zu Art. 47 LugÜ, in: Internationales Privatrecht, N. 3; Botschaft zum revLugÜ, S. 1816; GAUDEMET-TALLON, S. 481 f.

Diese neue Bestimmung in Art. 47 Abs. 1 LugÜ wurde dem belgischen Art. 1445 Code Judiciaire nachempfunden, wonach der Gläubiger einer ausländischen Entscheidung einen sogenannten *saisie-arrêt*[551] erwirken kann, ohne vorgängig eine Exequaturverfahren zu durchlaufen. Im Gegensatz zum revidierten Recht wies das alte Lugano-Übereinkommen 1988 keine entsprechende oder ähnliche Bestimmung auf. Gleichwohl gewährten Lehre und Praxis[552] dem Gläubiger bereits unter Geltung des damaligen Rechts einstweilige Massnahmen des Zweitstaates vor der Vollstreckbarerklärung[553].

Im Rahmen von Art. 47 Abs. 1 LugÜ gilt für sämtliche einstweiligen Massnahmen der nationalen Gesetzgebung das Verbot der Vorwegnahme der Hauptsache. Die Kommission[554] bezeichnet Art. 47 LugÜ (respektive Art. 47 EuGVO) als Fortsetzung von Art. 31 LugÜ (respektive Art. 31 EuGVO). Während Art. 31 LugÜ einstweilige Massnahmen vor der Entscheidung in der Hauptsache zum Gegenstand hat, ermöglicht Art. 47 Abs. 1 LugÜ die Zulässigkeit von einstweiligen Massnahmen direkt nach der Entscheidung in der Hauptsache[555]. Das Lugano-Übereinkommen normiert selbst keine neuen einstweiligen Massnahmen, vielmehr verweist das Übereinkommen auf die bereits in den nationalen Rechtsordnungen der Mitgliedstaaten bestehenden Mittel. Die Zulässigkeit zur Anordnung einstweiliger Massnahmen wie auch die Ausgestaltung dieses einstweiligen Rechtsschutzes ergeben sich somit alleine aus dem jeweils anwendbaren nationalen Recht des gebundenen Staates[556].

2. Beispiele für einstweilige Massnahmen

Als Beispiele für solche einstweiligen Massnahmen können insbesondere die englischen und irländischen *freezing injunctions*, die französischen *saisies conservatoires* und die italienischen *sequestri* erwähnt werden[557]. Im Deutschen Recht sind im Rahmen solcher einstweiligen Massnahmen eine

---

551 Eine vorläufige Beschlagnahme.

552 Insbesondere OG ZH, II. Zivilkammer, Beschluss vom 8. April 2002, in: ZR, 101. Band, S. 276 ff., E. 3.2; SCHWANDER DANIEL, S. 648; STAEHELIN DANIEL, zu Art. 34 aLugÜ, in: SHK, 1. Auflage, N. 18.

553 Zum Ganzen HOFMANN/KUNZ, zu Art. 47 LugÜ, in: BSK, N. 6 f.

554 Vorschlag der Kommission der Europäischen Gemeinschaften, S. 25 f.

555 KROPHOLLER/VON HEIN, zu Art. 47 EuGVO, in: Europäisches Zivilprozessrecht, N. 4.

556 Zum Ganzen ALTHAMMER, zu Art. 47 LugÜ, in: Internationales Privatrecht, N. 3.

557 ALTHAMMER, zu Art. 47 LugÜ, in: Internationales Privatrecht, N. 4.

Vorpfändung, ein Arrest wie auch eine einstweilige Verfügung denkbare Massnahmen[558].

3. Prüfung der Anerkennungsfähigkeit sowie Voraussetzungen von Art. 47 Abs. 1 LugÜ

Voraussetzung für die Anwendung von Art. 47 Abs. 1 LugÜ ist gemäss dem Wortlaut des Übereinkommens, dass *„eine Entscheidung nach diesem Übereinkommen anzuerkennen"* ist. Nach Vertretern der deutschen Lehre[559] muss das für die Anordnung der einstweiligen Massnahmen des nationalen Rechts zuständige Organ nachprüfen, ob die Angelegenheit überhaupt vom Anwendungsbereich des Lugano-Übereinkommens erfasst wird, ob es sich bei der Entscheidung um eine Entscheidung im Sinne von Art. 32 LugÜ handelt und ob diese gemäss Art. 33 ff. LugÜ anzuerkennen ist, namentlich ob Verweigerungsgründe nach den Art. 34 und Art. 35 LugÜ bestehen.

Zur Frage, ob eine Prüfung nach den Art. 34 und Art. 35 LugÜ stattfinden darf, finden sich in der Literatur[560] jedoch unterschiedliche Auffassungen. Ein Teil der Lehre[561] geht – wie vorstehend dargelegt sind dies vor allem Vertreter der deutschen Lehre – davon aus, dass einstweilige Massnahmen unzulässig sind, falls Anerkennungsverweigerungsgründe im Sinne von Art. 34 f. LugÜ vorliegen und leiten daraus ab, dass das um einstweilige Massnahmen ersuchte Gericht des Zweitstaates eine Prüfung der Verweigerungsgründe durchführen muss. Bei Vorliegen eines Verweigerungsgrundes hat das zweitstaatliche Gericht den Antrag auf Erlass einstweiliger Massnahmen abzulehnen.

---

558 GEIMER/GEIMER/GEIMER, zu Art. 47 EuGVVO, in: Europäisches Zivilverfahrensrecht, N. 22 ff.

559 ALTHAMMER, zu Art. 47 LugÜ, in: Internationales Privatrecht, N. 6; KROPHOLLER/VON HEIN, zu Art. 47 EuGVO, in: Europäisches Zivilprozessrecht, N. 5.

560 Für eine Prüfung der Versagungsgründe spricht sich KROPHOLLER/VON HEIN, zu Art. 47 EuGVO, in: Europäisches Zivilprozessrecht, N. 5 aus. Die Zulässigkeit einer Prüfung nach Art. 34 f. LugÜ wird demgegenüber insbesondere verneint von ALTHAMMER, zu Art. 47 LugÜ, in: Internationales Privatrecht, N. 6; GEIMER/GEIMER/GEIMER, zu Art. 47 EuGVVO, in: Europäisches Zivilverfahrensrecht, N. 3.

561 KROPHOLLER/VON HEIN, zu Art. 47 EuGVO, in: Europäisches Zivilprozessrecht, N. 5; MANKOWSKI, zu Art. 47 Brüssel I-VO, in: Europäisches Zivilprozess- und Kollisionsrecht, N. 7; STAEHELIN DANIEL, Sicherungsmassnahmen in der Realvollstreckung, S. 29.

Dieser Auffassung kann nach hier vertretener Ansicht nicht gefolgt werden[562]. Einstweilige Massnahmen können nach Massgabe des jeweils anwendbaren nationalen Rechts auch für einen voraussichtlich nicht anerkennungsfähigen Entscheid verlangt werden. Die grundsätzliche Zulässigkeit einstweiliger Massnahmen resultiert aus Art. 31 LugÜ. Diese Bestimmung gibt dem Gläubiger insbesondere während des Hauptverfahrens – respektive sogar bevor ein Hauptprozess überhaupt hängig ist – die Möglichkeit, Massnahmen nach dem jeweiligen nationalen Recht zu beantragen. Deshalb kann die Bestimmung in Art. 47 Abs. 1 LugÜ nicht so verstanden werden, als sie einstweilige Massnahmen nach Erlass des Entscheids in der Hauptsache im Erststaat untersagt, welche vor Erlass des Entscheids zulässig waren. Insoweit kommt Art. 47 Abs. 1 LugÜ lediglich deklaratorischen Charakter zu[563]. Ferner ist anzuführen, dass das Lugano-Übereinkommen vom Grundsatz der automatischen Anerkennung[564] ausländischer Urteilswirkungen[565] ausgeht und eine diesbezügliche Rechtsvermutung statuiert. Die Beweislast für das Vorhandensein von Anerkennungsverweigerungsgründen obliegt derjenigen Partei, welche die Anerkennung bestreitet.

Selbst das erstinstanzliche Gericht darf im Rahmen des Exequaturverfahrens gemäss Art. 41 LugÜ eine Überprüfung der Versagensgründe nach Art. 34 f. LugÜ nicht vornehmen. Eine solche in einem anderen Verfahren nach nationalem Recht bereits zu einem vorgängigen Zeitpunkt vorauszusetzen, würde ein klarer Widerspruch zum System des Übereinkommens bedeuten[566].

---

562 So unter anderem auch GEIMER/GEIMER/GEIMER, zu Art. 47 EuGVVO, in: Europäisches Zivilverfahrensrecht, N. 3; HOFMANN/KUNZ, zu Art. 47 LugÜ, in: BSK, N. 9 ff.; PÅLSSON, on Art. 47 Brussels I Regulation, in: European Commentaries on Private International Law, N. 4.

563 So auch mit weiteren Hinweisen HOFMANN/KUNZ, zu Art. 47 LugÜ, in: BSK, N. 9 ff.

564 Vom Grundsatz der automatischen Anerkennung der ausländischen Urteilswirkung muss eine Einschränkung angebracht werden. Die Ausdehnung der Vollstreckungswirkung auf das Inland tritt nicht *ipso iure* ein, sondern bedarf einer vorgängigen Vollstreckbarerklärung nach Art. 38 ff. LugÜ. Daneben kann bei Entscheidungen, welchen eine Feststellungs- oder Gestaltungswirkung zukommt, neben der Vollstreckbarerklärung gegebenenfalls auch eine gesonderte, selbstständige Anerkennung notwendig sein. Vgl. dazu WALTHER, zu Art. 33 LugÜ, in: SHK, N. 5 und 14 ff.

565 WALTHER, zu Art. 33 LugÜ, in: SHK, N. 1.

566 GEIMER/GEIMER/GEIMER, zu Art. 47 EuGVVO, in: Europäisches Zivilverfahrensrecht, N. 3; a.A. STAEHELIN DANIEL, Sicherungsmassnahmen in der Realvollstreckung, S. 29.

All diese Erwägungen legen den Schluss nahe, dass Sicherungsmassnahmen nach dem nationalen Recht auch zugunsten eines voraussichtlich nicht anerkennungsfähigen Entscheids zulässig sein müssen und entsprechend die Anerkennungsverweigerungsgründe – vorbehaltlich einer anders lautenden Regelung im nationalen Recht – im Rahmen von Art. 47 Abs. 1 LugÜ nicht zu prüfen sind[567].

Konsequenz aus den vorgängigen Ausführungen[568] ist, dass Art. 47 Abs. 1 LugÜ Massnahmen nach dem nationalen Recht des Vollstreckungsstaates in keiner Weise zuwiderläuft. Das Gericht des Zweitstaates hat im Rahmen der Anordnung einstweiliger Massnahmen vor einer allfälligen Vollstreckbarerklärung lediglich die Voraussetzungen nach seinem jeweiligen nationalen Recht zu prüfen und die Vorgaben aus Art. 31 LugÜ zu beachten[569]. Der Begriff der einstweiligen Massnahmen in Art. 47 LugÜ und Art. 31 LugÜ sind deckungsgleich[570]. Nachstehend werden nun diese Vorgaben von Art. 31 LugÜ respektive der Begriff der *„einstweiligen Massnahme“* im Sinne von Art. 31 und Art. 47 LugÜ dargestellt.

4. Implikationen von Art. 31 LugÜ

Die Kompetenz für die Gewährung vorsorglicher Massnahmen im Rahmen von Art. 47 Abs. 1 LugÜ liegt ausschliesslich beim Vollstreckungsstaat[571]. Die Zuständigkeit für den Erlass solcher einstweiliger Massnahmen wird durch Art. 31 LugÜ geregelt[572]. Art. 39 LugÜ findet in dieser Konstellation keine Anwendung, da diese Bestimmung im Kontext mit der Vollstreckbarerklärung und den damit zusammenhängenden Sicherungsmassnahmen steht[573].

Art. 31 LugÜ enthält Regelungen zum einstweiligen Rechtsschutz im europäischen Zivilverfahrensrecht. Die Partei, der durch die Dauer des Verfahrens des Hauptprozesses der Verlust ihres Anspruchs droht, soll ohne an die

---

567 Dazu HOFMANN/KUNZ, zu Art. 47 LugÜ, in: BSK, N. 9 ff.

568 Vgl. zur Kontroverse HOFMANN/KUNZ, zu Art. 47 LugÜ, in: BSK, N. 9 ff.

569 Dazu HOFMANN/KUNZ, zu Art. 47 LugÜ, in: BSK, N. 18

570 GEIMER/GEIMER/GEIMER, zu Art. 47 EuGVVO, in: Europäisches Zivilverfahrensrecht, N. 6/7.

571 Botschaft zum revLugÜ, S. 1816.

572 Vgl. für eine Aufstellung sowie Besprechung der kontrovers diskutierten Einzelfragen im Zusammenhang mit der Bestimmung Art. 31 LugÜ GROLIMUND, Vorsorglicher Rechtsschutz im neuen IZPR der Schweiz, S. 10 ff.

573 Zum Ganzen STAEHELIN DANIEL, zu Art. 47 LugÜ, in: SHK, N. 11.

Zuständigkeitsvorschriften für das Hauptverfahren gebunden zu sein, einstweiligen Rechtsschutz nach dem nationalen Recht des jeweiligen Mitgliedstaates beanspruchen können. Art. 31 LugÜ stellt eine Ausnahme zum einheitlichen europäischen Zuständigkeitssystem dar und bringt eine Erweiterung der Zuständigkeit in Verbindung mit dem nationalen Recht mit sich[574].

a) Begriff

Die Bestimmung in Art. 31 LugÜ verweist auf einstweilige Massnahmen nach dem nationalen Recht. Der Wortlaut dieser Bestimmung legt den Schluss nahe, dass alle Massnahmen des zur Anwendung gelangenden innerstaatlichen Rechts gewährt werden können. Dabei findet sich weder im Lugano-Übereinkommen (respektive der Verordnung (EG) Nr. 44/2001) noch in der Rechtsprechung des Europäischen Gerichtshofes eine klare Definition zum Begriff der einstweiligen Massnahmen im Sinne von Art. 31 LugÜ.

Der Europäische Gerichtshof[575] definiert den Begriff im folgendermassen:

> *„Unter «einstweiligen Massnahmen einschliesslich solcher, die auf eine Sicherung gerichtet sind», im Sinne von Artikel 24 [EuGVÜ] sind also Massnahmen zu verstehen, die auf in den Anwendungsbereich des Übereinkommens fallenden Rechtsgebieten ergehen und eine Sach- oder Rechtslage erhalten sollen, um Rechte zu sichern, deren Anerkennung im Übrigen bei dem in der Hauptsache zuständigen Gericht beantragt wird.“*

Aus dieser Passage des Urteils lassen sich insbesondere zwei Schlüsse ziehen: Einerseits hat die Massnahme erforderlich zu sein, einen Anspruch bis zum Entscheid im Hauptverfahren zu sichern, und andererseits muss die Massnahme einen vorübergehenden respektive einstweiligen Charakter aufweisen. Eine einstweilige Massnahme im Sinne des Lugano-Übereinkommens darf somit nicht zur endgültigen Klärung eines Rechtsverhältnisses führen und eine Prosequierung entbehrlich machen[576].

---

574 Zum Ganzen HOFMANN/KUNZ, zu Art. 31 LugÜ, in: BSK, N. 1 und 6; KOFMEL EHRENZELLER, zu Art. 31 LugÜ, in: SHK, N. 2 und 7 f.

575 EuGH, Mario Reichert u. a./Dresdner Bank AG, Urteil vom 26. März 1992, Rs. C-261/90, Slg. 1992, S. I-2149 ff., N. 34.

576 Zum Ganzen FAVALLI/AUGSBURGER, zu Art. 31 LugÜ, in: BSK, N. 24 f. und 31 f.

b) Arten von einstweiligen Massnahmen

Einstweilige Massnahmen werden klassischerweise in Sicherungsmassnahmen, Leistungsmassnahmen und Regelungsmassnahmen unterteilt, wobei nicht jede einstweilige Massnahme klar einer dieser Kategorien zugeteilt werden kann[577]. Das Lugano-Übereinkommen nimmt in seinem Art. 31 LugÜ auf diese Ordnung keinen Bezug und spricht bloss von *„einstweiligen Massnahmen einschliesslich solcher, die auf eine Sicherung gerichtet sind"*. Daraus ergibt sich, dass das Übereinkommen unter dem Begriff der einstweiligen Massnahmen neben Sicherungsmassnahmen auch weitere Massnahmen versteht[578].

aa) Sicherungsmassnahmen

Eine Sicherungsmassnahme konserviert einen bestehenden rechtlichen oder tatsächlichen Zustand bis zum Entscheid in der Hauptsache und sichert so den Anspruch. Sicherungsmassnahmen führen (noch) nicht zur Befriedung desjenigen, der die Massnahmen beantragt hat, sondern halten einen bereits bestehenden Zustand aufrecht[579]. Die Sicherungsmassnahmen lassen sich in sachbezogene (*in rem*) und personenbezogene (*in personam*) Sicherungsmassnahmen unterteilen. Die sachbezogenen Sicherungsmassnahmen beziehen sich auf Gegenstände, welche infolge der Massnahme der Verfügungsgewalt des Eigentümers oder Besitzers mit dinglicher Wirkung entzogen werden. Als Beispiele können insbesondere Beschlagnahmungen sowie einstweilige Registereintragungen oder -sperrungen angeführt werden. Personenbezogene Sicherungsmassnahmen betreffen demgegenüber den Antragsgegner persönlich und verbieten ihm bestimmte Verfügungen über sein Vermögen. Bekanntester Anwendungsfall personenbezogener Sicherungsmassnahmen ist die englische *(worldwide) freezing injunction*[580].

---

577 BGE 136 III 200, E. 2.3.2; KOFMEL EHRENZELLER, zu Art. 262 ZPO, in: Kurzkommentar ZPO, N. 5.

578 FAVALLI/AUGSBURGER, zu Art. 31 LugÜ, in: BSK, N. 35.

579 Zum Begriff der Sicherungsmassnahme allgemein KOFMEL EHRENZELLER, zu Art. 262 ZPO, in: Kurzkommentar ZPO, N. 6.

580 BGE 126 III 626, E. 1; FAVALLI/AUGSBURGER, zu Art. 31 LugÜ, in: BSK, N. 38 mit weiteren Hinweisen. Zur Unterscheidung zwischen sach- und personenbezogenen Sicherungsmassnahmen sowie weiteren Beispielen FAVALLI/AUGSBURGER, zu Art. 31 LugÜ, in: BSK, N. 37 f.

Die vorgängig dargelegten Einschränkungen des Europäischen Gerichtshofes bezüglich den einstweiligen Massnahmen stellen bei Sicherungsmassnahmen – unabhängig davon ob sach- oder personenbezogen – regelmässig keine Schwierigkeiten dar [581].

bb) Regelungsmassnahmen

Regelungsmassnahmen stellen auch einstweilige Massnahmen im Sinne von Art. 31 LugÜ dar. Sie finden auf Dauerrechtsverhältnisse Anwendung und regeln diese vorläufig, und zwar so lange bis die Streitfrage im Hauptverfahren entschieden wird. Die Regelungsmassnahmen dienen der Herstellung respektive der Sicherung des Rechtsfriedens und sichern somit auch die Verwirklichung eines subjektiven Rechts[582].

Die sogenannten selbstständigen Regelungsmassnahmen stellen einen Sonderfall der Regelungsmassnahmen dar. Auch sie regeln ein Dauerrechtsverhältnis, jedoch fehlt ihnen die Anknüpfung an ein (bevorstehendes) Hauptverfahren[583]. Bei den selbstständigen Regelungsmassnahmen kann nicht von einer einstweiligen Massnahme im Sinne von Art. 31 LugÜ[584] ausgegangen werden, da es am Kriterium der Einstweiligkeit fehlt[585].

cc) Beweissicherungsmasnahmen und einstweilige Feststellungsverfügungen

Schwieriger dagegen ist die Frage zu beantworten, ob die (selbstständigen) Beweissicherungsmassnahmen sowie die vorsorglichen oder einstweiligen Feststellungsverfügungen sich mit den Vorgaben des Europäischen Gerichtshofes vereinbaren lassen.

---

581 FAVALLI/AUGSBURGER, zu Art. 31 LugÜ, in: BSK, N. 33.

582 Zum Begriff der Regelungsmassnahme allgemein KOFMEL EHRENZELLER, zu Art. 262 ZPO, in: Kurzkommentar ZPO, N. 8.

583 Als Beispiel für selbstständige Regelungsmassnahmen können die Massnahmen, welche im schweizerischen Eheschutz verfügt werden, genannt werden. Vgl. für eine genauere Erläuterung die diesbezüglichen Ausführungen bei FAVALLI/AUGSBURGER, zu Art. 31 LugÜ, in: BSK, N. 44.

584 Eine Ausnahme davon besteht, wenn bei einem anderen Gericht bereits die Hauptsache hängig ist. In dieser Konstellation ist die Einstweiligkeit durch den hängigen Hauptprozess gegeben. Dazu FAVALLI/AUGSBURGER, zu Art. 31 LugÜ, in: BSK, N. 44.

585 Zum Begriff der selbstständigen Regelungsmassnahme und denn daraus herrührenden Konsequenzen FAVALLI/AUGSBURGER, zu Art. 31 LugÜ, in: BSK, N. 44 und SCHMUTZ, S. 69.

Beweissicherungsmassnahmen wollen verhindern, dass ein Beweismittel aufgrund einer langen Verfahrensdauer zum Nachteil einer Partei untergeht. Das Ziel dieser Massnahmen ist es, Rechte respektive deren Beweisbarkeit im Hinblick auf das Hauptverfahren zu sichern. Die Beweissicherungsmassnahmen[586] werden vom Anwendungsbereich von Art. 31 LugÜ erfasst[587].

Demgegegenüber werden sich Feststellungsverfügen in den meisten Fällen kaum unter die Vorgabe der Einstweiligkeit subsumieren lassen, da diese den Entscheid in der Hauptsache regelmässig präjudizieren. Eine Ausnahme ist dann denkbar, wenn eine derartige Feststellung im Verfahren in der Hauptsache nicht mehr möglich wäre[588].

dd) Leistungsmassnahmen

Leistungsmassnahmen führen zu einer Befriedigung des Antragstellers und gehen über eine blosse Sicherung hinaus. Die Anordnung einer Leistungsmassnahme verpflichtet den Antragsgegner, den geltend gemachten Anspruch oder einen Teil davon vor dem Entscheid in der Hauptsache zu erfüllen. Infolgedessen kann die Leistungsmassnahme zu einer (allenfalls teilweisen) Vollstreckung des noch hypothetischen Entscheids in der Hauptsache führen[589]. Mittels einer Leistungsmassnahme kann der Antragsgegner sowohl zu einer Geldzahlung wie auch zu einem Tun, Dulden oder Unterlassen verpflichtet werden[590].

---

586 Der Europäische Gerichtshof hat entschieden, dass Massnahmen, deren Erlass gemäss der jeweiligen nationalen Rechtsordnung keine speziellen Voraussetzungen verlangt und die lediglich dazu dienen, *„dem Antragsteller zu ermöglichen, die Zweckmässigkeit einer eventuellen Klage einzuschätzen, die Grundlage für eine solche Klage festzustellen und die Erheblichkeit der Klagegründe, die in diesem Rahmen geltend gemacht werden könnten, zu beurteilen"* nicht vom Anwendungsbereich der Bestimmung von Art. 24 EuGVÜ erfasst werden. Vgl. EuGH, St. Paul Dairy Industries NV/Unibel Exser BVBA, Urteil vom 28. April 2005, Rs. C-104/03, Slg. 2005, S. I-03481 ff., N. 16, 24 f. Zur Frage, inwieweit sich diese Rechtsprechung des Europäischen Gerichtshofes auf das Lugano-Übereinkommen übertragen lässt vgl. FAVALLI/AUGSBURGER, zu Art. 31 LugÜ, in: BSK, N. 49.

587 Zum Ganzen ACOCELLA, zu Art. 31 LugÜ, in: Dike, N. 22 f.

588 Zur Feststellungsverfügung vgl. FAVALLI/AUGSBURGER, zu Art. 31 LugÜ, in: BSK, N. 33.

589 Zum Begriff der Leistungsmassnahme allgemein KOFMEL EHRENZELLER, zu Art. 262 ZPO, in: Kurzkommentar ZPO, N. 7.

590 BGE 136 III 200, E. 2.3.2

Mit Blick auf die Rechtsordnungen anderer durch das Lugano-Übereinkommen gebundener Staaten ist vorab zu bemerken, dass andere Rechtsordnungen Leistungsmassnahmen grosszügiger zulassen als das Schweizer Recht. Eine vorsorgliche Massnahme, die in der Leistung einer Geldzahlung besteht, ist in der Schweiz nur in den vom Gesetz vorgesehenen Fällen[591] möglich (Art. 262 lit. e ZPO). Demgegegenüber kann nach der Deutschen Rechtsprechung eine vorläufige Geldzahlung des Beklagten in denjenigen Fällen angeordnet werden, in welchen der Kläger dringend auf eine Geldzahlung angewiesen ist. Auch Frankreich kennt die Möglichkeit des Gerichts, die vorläufige Zahlung einer Geldleistung (*référé-provision*) zu verfügen. Für den Erlass einer solchen vorläufigen Zahlung wird vorausgesetzt, dass der Bestand der Verbindlichkeit nicht ernsthaft bestritten werden kann. Ebenfalls lässt das italienische Recht vorläufige Zahlungsanordnungen – sogenannte *ordinanza ingiuntiva di pagamento* – zu[592]. Als Beispiele für Leistungsmassnahmen können weiter insbesondere noch die englische *payment order* sowie gewisse Entscheide des niederländischen *kort geding* Verfahrens angeführt werden[593].

Lange Zeit war umstritten, ob sich die Leistungsmassnahmen überhaupt unter den Begriff der einstweiligen Massnahmen im Sinne Art. 31 LugÜ subsumieren lassen[594]. Der Europäische Gerichtshof hat sich letztlich gegen den prinzipiellen Ausschluss von positiven Leistungsmassnahmen von Art. 31 LugÜ ausgesprochen[595] und lässt Leistungsmassnahmen – jedoch nur unter gewissen Auflagen – als einstweilige Massnahmen im Sinne des Lugano-Übereinkommens zu[596].

---

591 Beispielsweise Unterhaltsbeiträge im Scheidungsverfahren (Art. 276 ZGB) oder bei Unterhalts- und Vaterschaftsklagen (Art. 303 ZPO).

592 Zum Ganzen ACOCELLA, zu Art. 31 LugÜ, in: Dike, N. 32.

593 Mit weiteren Beispielen FAVALLI/AUGSBURGER, zu Art. 31 LugÜ, in: BSK, N. 41.

594 Für eine Übersicht über die Argumentationen sowie die befürwortenden und ablehnenden Lehrmeinungen BGE 125 III 451, E. 3.b.

595 EuGH, Van Uden Maritime BV, auch handelnd unter dem Namen Van Uden Africa Line/Kommanditgesellschaft in Firma Deco-Line u. a., Urteil vom 17. November 1998, Rs. C-391/95, Slg. 1998, S. I-7091 ff., N. 45 ff.

596 FAVALLI/AUGSBURGER, zu Art. 31 LugÜ, in: BSK, N. 33.

c) Einschränkungen des Europäischen Gerichtshofes bei Leistungsmassnahmen

Um den einstweiligen Sicherungscharakter auch bei Leistungsmassnahmen zu gewährleisten, hat der Europäische Gerichtshof in zwei Entscheiden[597] gewisse Vorgaben statuiert. Beiden Verfahren betrafen niederländische *kort geding*-Verfahren[598]. Verfahrensgegenstand war jeweils die Verurteilung des Antraggegners zur einstweiligen Bezahlung einer vertraglich geschuldeten Leistung. Dabei ist dem niederländischen *kort geding*-Verfahren eigen, dass keine Prosequierungspflicht des Antragstellers besteht und ein solches Verfahren somit nicht notwendigerweise mit einem Hauptverfahren verbunden ist[599].

Der Europäische Gerichtshof hat in diesem Zusammenhang festgehalten, dass die Anordnung der vorläufigen Erbringung einer vertraglichen Hauptleistung nur dann eine einstweilige Massnahme im Sinne von Art. 31 LugÜ darstellt,

> *„wenn die Rückzahlung des zugesprochenen Betrages an den Antragsgegner in dem Fall, dass der Antragsteller nicht in der Hauptsache obsiegt, gewährleistet ist und wenn die beantragte Massnahme nur bestimmte Vermögensgegenstände des Antragsgegners betrifft,*

---

597 EuGH, Van Uden Maritime BV, auch handelnd unter dem Namen Van Uden Africa Line/Kommanditgesellschaft in Firma Deco-Line u. a., Urteil vom 17. November 1998, Rs. C-391/95, Slg. 1998, S. I-7091 ff. und EuGH, Hans-Hermann Mietz/Intership Yachting Sneek BV, Urteil vom 27. April 1999, Rs. C-99/96, Slg. 1999, S. I-2277 ff.

598 Das *kort geding*-Verfahrens ist ein Schnellverfahren beziehungsweise summarisches Verfahren. Theoretisch ist das Urteil in einem solchen Verfahren ein sogenanntes Vorbehaltsurteil. In der Praxis betrachten die Parteien die Entscheidung des Richters im Rahmen eines *kort geding*-Verfahrens jedoch häufig als endgültig. Beim Verfahren handelt es sich um ein schnelles und einfaches Verfahren. Gewöhnlich wird das Verfahren durch eine schriftliche Eingabe eingeleitet, dann folgen die mündlichen Plädoyers und im Anschluss fällt der *kort geding rechter* das Urteil. Der Richter versucht in den meisten Fällen eine Entscheidung zu fällen, welche einer voraussichtlichen Entscheidung in einem allfälligen Hauptverfahren entsprechen könnte. Dazu ist er jedoch nicht verpflichtet und es kommt praktisch auch häufig vor, dass er seinen Entscheid ausschliesslich von der Schwere der jeweiligen Parteiinteressen abhängig macht. Vgl. zum *kort geding*-Verfahren CHORUS/GERVER/HONDIUS, S. 263.

599 Zum Ganzen FAVALLI/AUGSBURGER, zu Art. 31 LugÜ, in: BSK, N. 56. Vgl. für weitere Ausführungen zur Frage der Zuständigkeit nach Art. 31 LugÜ sowie für eine kritische Würdigung der Rechtsprechung des Europäischen Gerichtshofes GROLIMUND, Vorsorglicher Rechtsschutz im neuen IZPR der Schweiz, S. 10 ff.

die sich im örtlichen Zuständigkeitsbereich des angerufenen Gerichts befinden oder befinden müssten"[600].

Bezüglich der Tragweite dieser vom Europäischen Gerichtshof vorgenommenen Einschränkungen besteht jedoch eine grosse Unsicherheit[601]. Eine Interpretation[602] geht davon aus, dass diese Rechtsprechung nur einstweilen zu befriedigende Ansprüche gestützt auf vertraglich geschuldete Geldleistungen betreffe. Ein anderer Teil der Lehre[603] vertritt die Ansicht, dass diese Einschränkungen grundsätzlich für alle vertraglichen Leistungen – also nicht nur für Geldleistungen – Geltung beanspruche. Davon ausgenommen seien aber insbesondere deliktisch oder familienrechtlich begründete einstweilige Zahlungen. Daneben wird die Auslegung[604] vorgebracht, dass alle positiven Leistungsmassnahmen unter diese Vorgaben des Europäischen Gerichtshofes fallen. Abschliessend ist noch eine letzte Auffassung[605] zu nennen, gemäss welcher alle einstweiligen Massnahmen von diesen Einschränkungen betroffen seinen.

Unabhängig von der Art der Massnahme hat der Europäische Gerichtshof in seiner Rechtsprechung[606] betont, dass, damit eine Massnahme unter die Bestimmung von Art. 31 LugÜ subsumiert werden könne, die Einstweiligkeit zwingend gegeben sein müsse.

---

600 EuGH, Van Uden Maritime BV, auch handelnd unter dem Namen Van Uden Africa Line/Kommanditgesellschaft in Firma Deco-Line u. a., Urteil vom 17. November 1998, Rs. C-391/95, Slg. 1998, S. I-7091 ff., N. 47; EuGH, Hans-Hermann Mietz/Intership Yachting Sneek BV, Urteil vom 27. April 1999, Rs. C-99/96, Slg. 1999, S. I-2277 ff., N. 42.

601 Zum Ganzen und für einen weitergehenden Überblick der verschiedenen Interpretationen mit Angaben FAVALLI/AUGSBURGER, zu Art. 31 LugÜ, in: BSK, N. 57 ff.

602 FAVALLI/AUGSBURGER, zu Art. 31 LugÜ, in: BSK, N. 59; PERTEGÀS SENDER, on Art. 31 Brussels I Regulation, in: European Commentaries on Private International Law, N. 25.

603 GARBER, S. 137.

604 GEIMER/GEIMER/GEIMER, zu Art. 31 EuGVVO, in: Europäisches Zivilverfahrensrecht, N. 46 ff.; KOFMEL EHRENZELLER, zu Art. 31 LugÜ, in: SHK, N. 9; KROPHOLLER/VON HEIN, zu Art. 47 EuGVO, in: Europäisches Zivilprozessrecht, N. 7 wie auch 12 und 16.

605 DONZALLAZ, Les mesures provisionnelle dans la Convention de Lugano, S. 89.

606 EuGH, Van Uden Maritime BV, auch handelnd unter dem Namen Van Uden Africa Line/Kommanditgesellschaft in Firma Deco-Line u. a., Urteil vom 17. November 1998, Rs. C-391/95, Slg. 1998, S. I-7091 ff., N. 41 und 46 f.; EuGH, Mario Reichert u. a./Dresdner Bank AG, Urteil vom 26. März 1992, Rs. C-261/90, Slg. 1992, S. I-2149 ff., N. 34 f.; EuGH, Bernard Denilauler/SNC Couchet Frères, Urteil vom 21. Mai 1980, Rs. C-125/79, Slg. 1980, S. 1553 ff., N. 15 f.; EuGH, St.

Die vorliegend vertretene Ansicht geht davon aus, dass die Einschränkungen des Europäischen Gerichtshofes für alle Arten von Leistungsmassnahmen den Grundzügen nach zu gelten haben[607]. Das Umgehungspotential bei einer Sachleistung unterscheidet sich nicht wesentlich von jenem im Rahmen einer Geldleistung. Das Risiko – trotz Obsiegen im Hauptverfahren die geleistete Zahlung nicht zurückerstattet zu erhalten – besteht bei einer einstweiligen Erfüllung eines deliktischen Anspruches oder einer zu Unrecht geleisteten Unterhaltszahlung gleich wie bei einstweilen zu befriedigende Ansprüche gestützt auf vertraglich geschuldeten Geldleistungen. Die nachstehend dargelegten Einschränkungen müssen daher als Richtschnur für alle Typen von Leistungsmassnahmen gelten[608].

Nach vorliegendem Verständnis muss gemäss der Rechtsprechung[609] des Europäischen Gerichtshofes im Zusammenhang mit Leistungsmassnahmen zusammenfassend für eine Subsumtion unter Art. 31 LugÜ

- die Rückzahlung des zugesprochenen Betrages für den Fall, in welchem der Antragsteller im Hauptverfahren unterliegen sollte, gewährleistet sein (Erfordernis einer Sicherheitsleistung) und
- die beantragte Massnahme lediglich bestimmte Vermögenswerte des Antragsgegners, welche von der örtlichen Zuständigkeit des angerufenen Gerichts erfasst werden oder erfasst werden müssten, betreffen.

Offen gelassen hat der Europäische Gerichtshof bis *dato*, unter welchen Umständen das nationale Recht die Rückzahlung gewährleistet. Gewiss ist, dass

---

Paul Dairy Industries NV/Unibel Exser BVBA, Urteil vom 28. April 2005, Rs. C-104/03, Slg. 2005, S. I-3481 ff., N. 13 f.

607 So bereits FAVALLI/AUGSBURGER, zu Art. 31 LugÜ, in: BSK, N. 59 ff. und wohl auch BGE 125 III 451, E. 3.b.

608 So auch FAVALLI/AUGSBURGER, zu Art. 31 LugÜ, in: BSK, N. 60 f.

609 EuGH, Van Uden Maritime BV, auch handelnd unter dem Namen Van Uden Africa Line/Kommanditgesellschaft in Firma Deco-Line u. a., Urteil vom 17. November 1998, Rs. C-391/95, Slg. 1998, S. I-7091 ff., N. 41 und 46 f.; EuGH, Mario Reichert u. a./Dresdner Bank AG, Urteil vom 26. März 1992, Rs. C-261/90, Slg. 1992, S. I-2149 ff., N. 34 f.; EuGH, Bernard Denilauler/SNC Couchet Frères, Urteil vom 21. Mai 1980, Rs. C-125/79, Slg. 1980, S. 1553 ff., N. 15 f.; EuGH, St. Paul Dairy Industries NV/Unibel Exser BVBA, Urteil vom 28. April 2005, Rs. C-104/03, Slg. 2005, S. I-3481 ff., N. 13 f.; EuGH, Hans-Hermann Mietz/Intership Yachting Sneek BV, Urteil vom 27. April 1999, Rs. C-99/96, Slg. 1999, S. I-2277 ff., N. 42.

die Rückzahlung[610] im Falle einer Sicherheitsleistung[611] in entsprechender Höhe hinreichend gewährleistet ist und dass Schadenersatz- und Bereicherungsansprüche nicht ausreichen[612].

Für den alleine auf nationalem Recht gründenden einstweiligen Rechtsschutz[613] hat der Europäische Gerichtshof[614] die Anforderung der realen Verknüpfung des einstweiligen Rechtsschutzverfahrens zum Gerichtsstaat – respektive genauer gesagt zwischen dem Gegenstand der beantragten Massnahme und der gebietsbezogenen Zuständigkeit des Mitgliedstaates des angerufenen Gerichtes – aufgestellt. Bedauerlicherweise hat der Gerichtshof jedoch die Frage, wie das Kriterium der realen Verknüpfung genau zu verstehen ist, bis *dato* nicht beantwortet [615].

---

610 Bei Leistungsmassnahmen, welche den Antragsgegner zu einem Dulden oder Unterlassen verpflichten, ist das Erfordernis der Gewährung der Rückzahlung der Leistungsmassnahme für den Fall des Unterliegens im Hauptverfahren wenig geeignet. Es obliegt dem Gericht, eine vergleichbare und hinreichende Flankierung der Massnahme sicherzustellen. Zu beachten ist, dass für den Fall, in welchem der Antragsteller im Hauptverfahren nicht obsiegt, die Unumkehrbarkeit einer derartigen Massnahme zu einem nicht wiederherstellbaren Schaden führt, gar keine Massnahme nach Art. 31 LugÜ vorliegt. Zum Ganzen FAVALLI/AUGSBURGER, zu Art. 31 LugÜ, in: BSK, N. 67.

611 Die Ausgestaltung der Sicherheitsleistung richtet sich nach dem nationalen Recht. Räumt das jeweilige nationale Recht dem Richter jedoch ein Ermessen ein, so geht das Übereinkommen dem nationalen Recht insoweit vor, als dass der Richter im Anwendungsbereich von Art. 31 LugÜ eine Sicherheitsleistung – unabhängig von den Umständen des Einzelfalles – anordnen muss.

612 Zum Ganzen AUER/FÖRSTERLING/PÖRNBACHER/THIEL/TSCHAUNER/ZERR, Rz. 6; GEIMER/GEIMER/GEIMER, zu Art. 31 EuGVVO, in: Europäisches Zivilverfahrensrecht, N. 46 ff.

613 Zusätzlich respektive alternativ zum einstweiligen Rechtsschutz gemäss dem Lugano-Übereinkommen kann auch in dessen Anwendungsbereich die internationale Zuständigkeit für den Erlass einer einstweiligen Massnahme ausschliesslich auf die Zuständigkeit gemäss dem jeweilig einschlägigen nationalen Recht gestützt werden. Praktisch von Bedeutung ist dies vor allem dann, wenn das nationale Recht weitergehende Zuständigkeitsanknüpfungen normiert als dies gemäss dem Übereinkommen der Fall ist. Vgl. GEIMER/GEIMER/GEIMER, zu Art. 31 EuGVVO, in: Europäisches Zivilverfahrensrecht, N. 9.

614 EuGH, Bernard Denilauler/SNC Couchet Frères, Urteil vom 21. Mai 1980, Rs. C-125/79, Slg. 1980, S. 1553 ff., N. 15 ff.

615 Problematisch ist diese Rechtsprechung des Europäischen Gerichtshofes insbesondere beim deutschen *Arrest* mit unbeschränktem Vollstreckungsgegenstand sowie englischen *world-wide freezing orders*. Eine *world-wide freezing order* hat keine Realexekution durch eine Beschlagnahmung von Schuldnervermögen als Zweck,

Im Urteil *van Uden*[616] wird das Erfordernis der realen Verknüpfung[617] vom Europäischen Gerichtshof auch für den Begriff der einstweiligen Massnahme im Sine von Art. 31 LugÜ verlangt. Das bedeutet, dass die einstweilige Massnahme auf Vermögensgegenstände des Schuldners beziehungsweise Antraggegners im örtlichen Zuständigkeitsbereich des Gerichts Bezug nehmen muss. Bezüglich der Frage, wie diese Doppelung des Europäischen Gerichtshofes verstanden werden muss, besteht jedoch eine grosse Unsicherheit. Unklar ist einerseits, ob dem Erfordernis, dass *„die beantragte Massnahme nur bestimmte Vermögensgegenstände des Antragsgegners betrifft, die sich im örtlichen Zuständigkeitsbereich des angerufenen Gerichts befinden oder befinden müssten“*[618], neben der Voraussetzung der realen Verknüpfung eine selbstständige Bedeutung zukommt oder gerade eben nicht.

---

vielmehr ordnet sie ein Verfügungsverbot für den Schuldner an, welches bei Nichtbeachtung durch *contempt of court*-Strafen – durch Haft oder Zwangsgeld – durchgesetzt wird. Vgl. dazu AUER/FÖRSTERLING/PÖRNBACHER/THIEL/TSCHAUNER/ZERR, Rz. 6. Würde man das Erfordernis der realen Verknüpfung eng verstehen, dürften nur noch Massnahmen nach nationalem Recht in Verbindung mit Art. 31 LugÜ angeordnet werden, welche eine Realexekution zum Ziel hätten. Diese Auslegung würde jedoch die Ziele des Übereinkommens verfehlen. Vielmehr muss eine reale Zugriffsmöglichkeit im Erlassstaat genügen, um das Kriterium der realen Verknüpfung zu erfüllen. Ausreichend ist also, wenn das Zwangsgeld im Erlassstaat in das Vermögen des Schuldners vollstreckt werden kann. Vgl. zum Ganzen und mit weiterengehenden Ausführungen GEIMER/GEIMER/GEIMER, zu Art. 31 EuGVVO, in: Europäisches Zivilverfahrensrecht, N. 12.

616 EuGH, Van Uden Maritime BV, auch handelnd unter dem Namen Van Uden Africa Line/Kommanditgesellschaft in Firma Deco-Line u. a., Urteil vom 17. November 1998, Rs. C-391/95, Slg. 1998, S. I-7091 ff., N. 40.

617 Für weitergehende Ausführungen zum Erfordernis der realen Verknüpfung vgl. FAVALLI/AUGSBURGER, zu Art. 31 LugÜ, in: BSK, N. 153 ff.

618 EuGH, Van Uden Maritime BV, auch handelnd unter dem Namen Van Uden Africa Line/Kommanditgesellschaft in Firma Deco-Line u. a., Urteil vom 17. November 1998, Rs. C-391/95, Slg. 1998, S. I-7091 ff., N. 47.

In der Schweiz[619] wird davon ausgegangen, dass das Erfordernis[620] der realen Verknüpfung Geltung für alle einstweiligen Massnahmen beansprucht[621]. Demgegenüber stellt das Erfordernis der örtlichen Belegenheit der Vermögensgegenstände eine spezifische Einschränkung dar, welche nur bei Leistungsmassnahmen beachtet werden muss.

Andererseits bleibt offen, ob der Europäische Gerichtshof mit seiner Formulierung *„örtlichen Zuständigkeitsbereich des Gerichts"* über die internationale Zuständigkeit auch die örtliche Zuständigkeit anordnen wollte[622].

d) *Weitere Einschränkungen?*

aa) Vorrang des Hauptsachegerichts

Der Vorrang des Hauptsachegerichts meint, dass kein Hauptsachengericht in der Lage sein darf, rechtzeitig die jeweils gebotene Leistungsmassnahme zu erlassen. Soweit bisher ersichtlich hat der Europäische Gerichtshof keine entsprechende Einschränkung anerkannt; eine solche kann aber aus dem nationalen Recht resultieren[623].

---

619 FAVALLI/AUGSBURGER, zu Art. 31 LugÜ, in: BSK, N. 68.

620 Das Bundesgericht qualifizierte in BGE 129 III 626, E. 5.3.3 eine fehlende reale Verknüpfung als Anerkennungs- und Vollstreckungshindernis, wenn sich das Gericht, welches die einstweilige Massnahme erlässt, auf Art. 31 LugÜ [Art. 24 aLugÜ] in Verbindung mit seinem nationalen Recht stützt. Demgegenüber gehen FAVALLI/AUGSBURGER, zu Art. 31 LugÜ, in: BSK, N. 227 und GARBER, S. 160 f. von einer Zuständigkeitsvoraussetzung aus. welche nach Art. 35 Abs. 3 LugÜ im Anerkennungs- und Vollstreckungsverfahren nicht überprüft werden darf; entsprechend bildet das Kriterium der realen Verknüpfung nach dieser Auffassung – und entgegen vorgängig erwähnter bundesgerichtlicher Rechtsprechung – keine Vollstreckungsvoraussetzung.

621 So bereits BGE 129 III 626, E. 5.3.1.

622 Zum Ganzen GEIMER/GEIMER/GEIMER, zu Art. 31 EuGVVO, in: Europäisches Zivilverfahrensrecht, N. 51 sowie für weitergehende Ausführungen sowie einer Aufstellung der verschiedenen Lehrmeinungen FAVALLI/AUGSBURGER, zu Art. 31 LugÜ, in: BSK, N. 68 ff.

623 Zum Ganzen und mit weiteren Ausführungen FAVALLI/AUGSBURGER, zu Art. 31 LugÜ, in: BSK, N. 78; unklar BGE 125 III 451, E. 3.b, welcher keine saubere Unterscheidung zwischen nationalen Zuständigkeitsvoraussetzungen und Massnahmenvoraussetzungen und jenen gemäss dem Lugano-Übereinkommen trifft.

bb) Bundesgerichtliche Rechtsprechung

Das Bundesgericht[624] setzt für eine Leistungsmassnahme im Sinne von Art. 31 LugÜ voraus,

> *„dass die vorgezogene Befriedigung des Gläubigers zur Sicherstellung der Wirksamkeit des Urteils in der Hauptsache sachlich erforderlich und zeitlich dringend ist“.*

Dabei verkennt das Bundesgericht, dass die gebundenen Staaten in der Ausgestaltung ihres einstweiligen Rechtsschutzes – unter Berücksichtigung der Vorgaben des Lugano-Übereinkommens sowie der Rechtsprechung des Europäischen Gerichtshofes – frei sind. Weder die Rechtsprechung des Europäischen Gerichtshofes noch der Übereinkommenstext fordern die Dringlichkeit als Voraussetzung für eine einstweilige Massnahme im Sinne von Art. 31 LugÜ[625]. Für die Frage, ob Dringlichkeit für die Anordnung einer solchen Massnahme verlangt wird oder nicht, ist daher ausschliesslich auf das einschlägige nationale Recht abzustellen. Gewisse nationale Rechtsordnungen setzten denn auch Dringlichkeit für den Erlass einstweiliger Massnahmen voraus; jedoch kann dieses Erfordernis bei weitem nicht in allen nationalen Rechtsinstituten im Rahmen des einstweiligen Rechtschutzes angetroffen werden. Das explizite Dringlichkeitserfordernis, welches das Bundesgericht in der eingangs zitierten Rechtsprechung fordert, darf nur als Voraussetzung für den Erhalt einer vorsorglichen Leistungsmassnahme nach nationalem Schweizer Recht verstanden werden und ergibt sich nicht aus dem Lugano-Übereinkommen. Konsequenz daraus ist auch, dass ein Schweizer Gericht die Anerkennung und Vollstreckung einer ausländischen Massnahme nicht mit dem Grund, dass die Dringlichkeit nicht gegeben ist, verweigern darf[626].

5. Massnahmen nach nationalem Recht

Art. 47 Abs. 1 LugÜ verweist gleich wie Art. 31 LugÜ für die Voraussetzungen der einstweiligen Massnahmen auf die nationalen Rechtsordnungen. Entsprechend richten sich die Klassifizierung der Massnahme, die Art und der Wert der Gegenstände, die von der einstweiligen Massnahme betroffen

---

624 BGE 125 III 451, E. 3.b.

625 So auch PERTEGÀS SENDER, on Art. 31 Brussels I Regulation, in: European Commentaries on Private International Law, N. 20 f.; a.M. DONZALLAZ, Les mesures provisionnelle dans la Convention de Lugano, S. 95 f.; GARBER, S. 130 ff.

626 Zum Ganzen FAVALLI/AUGSBURGER, zu Art. 31 LugÜ, in: BSK, N. 75 ff.

sein können, die Voraussetzungen für die Gültigkeit der Massnahmen und die genauen Bestimmungen über ihre Vollstreckung sowie die Prüfung ihrer Rechtmässigkeit nach dem innerstaatlichen Recht des ersuchten Staates[627]. Das Lugano-Übereinkommen bringt auch im Rahmen von Art. 47 Abs. 1 LugÜ keine neuen Massnahmen hervor, sondern greift auf die bereits bestehenden Mittel der innerstaatlichen Rechtsordnungen zurück[628].

Die Regelung in Art. 47 Abs. 1 LugÜ gesteht dem Gläubiger die Möglichkeit zu, in mehreren Staaten des Lugano-Übereinkommens, in welchen schuldnerische Vermögenswerte liegen, einstweilige Massnahmen nach der dort geltenden nationalen Rechtsordnung zu beantragen, das Ergebnis abzuwarten und anschliessend zu entscheiden, in welchem Staat oder gegebenenfalls in welchen Staaten er nach Beantragung der Vollstreckbarerklärung eine vollständige Zwangsvollstreckung durchführen will, um die Verwertung der dort sistierten Vermögenswerte zu erreichen[629].

Im Zusammenhang mit dem Verweis auf das nationale Recht lässt sich dem Pocar-Bericht noch der nachstehend zitierte Hinweis entnehmen:

> *„[...] die Beantragung solcher Massnahmen bedeutet, dass der Gläubiger beabsichtigt, die Entscheidung vollstrecken zu lassen“*[630].

Aus dieser Aussage wie auch aus dem Übereinkommenstext selber darf und kann jedoch keine Vorgabe entnommen werden, ob und wie solche Massnahmen prosequiert werden müssen. Die Regelung dieser Frage bleibt dem nationalen Recht des Staates, in welchem die Massnahmen erlassen wurden, überlassen[631].

6. Kein übereinkommensautonomer Anspruch

Bei Vorliegen eines anerkennbaren, jedoch nicht vollstreckbaren Entscheids besteht kein übereinkommensautonomer Anspruch auf Sicherungsmassnahmen. Dies ergibt sich *e contrario* aus Art. 47 Abs. 2 LugÜ. Das Übereinkommen lässt bei einem anerkennbaren, nicht vollstreckbaren Entscheid lediglich einstweilige Massnahmen – Sicherungsmassnahmen eingeschlossen

---

627 Pocar-Bericht, S. 45, Ziff. 162.
628 ALTHAMMER, zu Art. 47 LugÜ, in: Internationales Privatrecht, N. 3.
629 Zum Ganzen KROPHOLLER/VON HEIN, zu Art. 47 EuGVO, in: Europäisches Zivilprozessrecht, N. 6.
630 Pocar-Bericht, S. 45, Ziff. 162.
631 Zum Ganzen STAEHELIN DANIEL, zu Art. 47 LugÜ, in: SHK, N. 12.

– zu; das heisst anders ausgedrückt, dass das Übereinkommen keine Beschränkung statuiert. Entsprechend stellt die Nichtgewährung einer derartigen einstweiligen Massnahme keinen Verstoss gegen die Vorgaben des Übereinkommens dar und kann grundsätzlich[632] auch nicht als Verletzung des Übereinkommens gerügt werden[633].

Ein möglicher Anspruch auf solche Sicherungsmassnahmen lässt sich unter Umständen aus Art. 6 Abs. 1 EMRK und Art. 14 Abs. 1 UNO-Pakt II entnehmen[634].

7. Zulässigkeit einer vorläufigen Vollstreckung

Die Zwangsvollstreckung in das schuldnerische Vermögen, welche über die Gewährung von Sicherungsmassnahmen geht, wird nach einer formellen erstinstanzlichen Vollstreckbarerklärung durch Art. 47 Abs. 3 LugÜ untersagt. Diese Beschränkung auf Sicherungsmassnahmen besteht, solange die Rechtsbehelfsfrist aus Art. 43 Abs. 5 LugÜ gegen die Vollstreckbarerklärung nicht verstrichen ist und solange über den Rechtsbehelf nicht entschieden worden ist. In Art. 47 Abs. 1 LugÜ spricht das Lugano-Übereinkommen von einstweilige Massnahmen[635] einschliesslich solcher, die auf eine Sicherung gerichtet sind. Es stellt sich somit die Frage, ob die Restriktion aus Art. 47 Abs. 3 LugÜ auch für Abs. 1 derselben Bestimmung Geltung beansprucht[636].

---

632 Eine Ausnahme besteht dann, wenn die Nichtgewährung der einstweiligen Massnahme darauf beruht, dass der ihr zugrunde liegende Entscheid gemäss den Bestimmungen des Lugano-Übereinkommens zu Unrecht nicht anerkannt wird.

633 Zum Ganzen Botschaft zum revLugÜ, S. 1816; STAEHELIN DANIEL, zu Art. 47 LugÜ, in: SHK, N. 7.

634 STAEHELIN DANIEL, zu Art. 47 LugÜ, in: SHK, N. 7. Zum Ganzen und mit weiteren Ausführungen KOFMEL EHRENZELLER, Der vorläufige Rechtsschutz im internationalen Verhältnis, S. 430 ff.

635 In diesem Zusammenhang ist die vorgängig zitierte und erörterte Rechtsprechung des Europäischen Gerichtshofes (EuGH, Van Uden Maritime BV, auch handelnd unter dem Namen Van Uden Africa Line/Kommanditgesellschaft in Firma Deco-Line u. a., Urteil vom 17. November 1998, Rs. C-391/95, Slg. 1998, S. I-7091 ff., N. 47) zu beachten, gemäss welcher einstweilige Massnahmen, welche die vorläufige Vollstreckung beinhalten, unter Berücksichtigung gewisser Einschränkungen zulässig sind. Vgl. in der vorliegenden Arbeit unter § 4.I.4.c), S. 107 ff.

636 Zum Ganzen STAEHELIN DANIEL, zu Art. 47 LugÜ, in: SHK, N. 14.

Ein Teil der Lehre[637] geht davon aus, dass die in Art. 47 Abs. 3 LugÜ normierte Einschränkung auch im Rahmen von Art. 47 Abs. 1 LugÜ Anwendung finden muss. Die (vorläufige) Verhinderung der vollständigen Durchführung der Zwangsvollstreckung diene dem Schutz des Schuldners. Er werde von der Vornahme von Vollstreckungshandlungen bis zum Entscheid über das Rechtsmittel gegen die erstinstanzliche Vollstreckbarerklärung geschützt, während der Gläubiger gleichzeitig die Gelegenheit eingeräumt erhalte, Sicherungsmassnahmen zu verlangen. Es werde somit im Sinne eines Kompromisses dem Antragsteller respektive Gläubiger gestattet, die Zwangsvollstreckung – genauer gesagt deren Vorbereitung und vor allem deren Sicherung mittels Sicherungsmassnahmen – bis zu dem Punkt, ab welchem der Schuldner der Gefahr einer ungerechtfertigten und nicht mehr wiedergutzumachenden Vollstreckung ausgeliefert ist, zu veranlassen. Folglich sei eine Zwangsvollstreckung in das Vermögen des Schuldners solange nicht zulässig, bis ein allfälliger Rechtsbehelf erledigt respektive die Frist dazu abgelaufen sei. Entsprechende Massnahmen, welche nicht bloss die Sicherung zum Ziele haben, dürfen sich bis zu diesem Zeitpunkt nur gegen Dritte richten und nicht gegen den Schuldner.

Die andere Auffassung[638] verneint diese Frage unter Hinweis auf den klaren Wortlaut von Art. 47 Abs. 1 LugÜ, wonach jede einstweilige Massnahme – inklusive einer auf Sicherung gerichteten Massnahme – zulässig sei. Aufgrund einer systematischen Auslegung werde diese Aussage noch unterstützt. Die Anwendung von Art. 47 Abs. 3 LugÜ bedinge das Vorhandensein der erstinstanzlichen Vollstreckbarerklärung. Dies ergebe sich aus dem Faktum, dass nur bei Vorliegen einer Vollstreckbarerklärung die Frist für den Rechtsbehelf laufen könne. Folglich erstrecke sich die Regelung in Abs. 3 nur auf Abs. 2 und nicht auch auf Abs. 1 von Art. 47 LugÜ. Auch bestünde auf Massnahmen gemäss Art. 47 Abs. 2 LugÜ – also bei Vorliegen einer erstinstanzlichen Vollstreckbarerklärung – ein unbedingter Anspruch des Gläubigers. Das Übereinkommen gewähre demgegenüber dem Gläubiger für Massnahmen nach Abs. 1 derselben Bestimmung eben gerade keinen unbedingten Anspruch; vielmehr müssten dort die Voraussetzungen des jeweilig einschlägigen nationalen Rechts erfüllt sein. Üblicherweise verlange das nationale Recht eine Gefährdung des Anspruchs wie auch Dringlichkeit. Ferner sei regelmässig auch die Auferlegung einer Sicherheit möglich. Seien

---

637 So insbesondere mit weiteren Hinweisen HOFMANN/KUNZ, zu Art. 47 LugÜ, in: BSK, N. 31, 225 f. sowie 228 ff.; Jenard-Bericht, S. 52.

638 Zum Ganzen STAEHELIN DANIEL, zu Art. 47 LugÜ, in: SHK, N. 14 f.; STAEHELIN DANIEL, Sicherungsmassnahmen in der Realvollstreckung, S. 30.

jedoch die Voraussetzungen des nationalen Rechts gegeben, untersage das Übereinkommen die vorläufige Zwangsvollstreckung in das schuldnerische Vermögen nicht.

Die vorliegend vertretene Ansicht geht davon aus, dass die Restriktion aus Art. 47 Abs. 3 LugÜ auf Abs. 1 der gleichen Bestimmung keine Anwendung findet. Neben den bereits dargelegten Argumenten muss die Rechtsprechung des Europäischen Gerichtshofes zu den einstweiligen Massnahmen – insbesondere den Leistungsmassnahmen – beachtet werden[639]. Der Europäische Gerichtshof hat aus Sorge um die Gewährleistung der Vorläufigkeit gewisse Einschränkungen im Rahmen von einstweiligen Massnahmen verlangt[640]. Diese Einschränkungen führen bereits zu einem Schutz des Schuldners. Auch wäre nicht nachvollziehbar, weshalb einem Gläubiger, welcher noch kein Urteil in der Hauptsache erstritten hat, gestützt auf Art. 31 LugÜ weitergehende Massnahmen zur Verfügung stehen sollten als einem Gläubiger, welcher bereits ein Titel gegen den Schuldner erwirkt hat.

II. Sicherungsmittel nach erstinstanzlicher Vollstreckbarerklärung

1. Anspruch auf einstweilige Sicherungsmassnahmen nach erstinstanzlicher Vollstreckbarerklärung

Das Sicherungsmittel des Gläubigers im Rahmen des Exequaturverfahrens wird im revidierten Lugano-Übereinkommen in Art. 47 LugÜ geregelt. Abs. 2 und Abs. 3 dieser Bestimmung entsprechen inhaltlich der Regelung von Art. 39 aLugÜ.

Die einstweiligen Massnahmen nach der Vollstreckbarerklärung gemäss Art. 47 Abs. 2 LugÜ sollen einer effizienten Rechtsverfolgung in Europa dienen[641]. Art. 47 Abs. 2 LugÜ gibt dem Gläubiger mit Erteilung der erstinstanzlichen Vollstreckbarerklärung die Möglichkeit, im Staat, in welchem das Urteil vollstreckt werden soll, Sicherungsmassnahmen zu verlangen. Dieses Recht entsteht *ipso iure* mit der Vollstreckbarerklärung, das heisst

---

[639] So auch STAEHELIN DANIEL, zu Art. 47 LugÜ, in: SHK, N. 15.

[640] Vgl. in der vorliegenden Arbeit unter mit Hinweisen § 4.I.4.c), S. 107 ff.

[641] ALTHAMMER, zu Art. 47 LugÜ, in: Internationales Privatrecht, N. 8.

mit anderen Worten dass die Vollstreckbarerklärung ohne Weiteres die Legitimation zu Sicherungsmassnahmen gewährt[642].

Im Jenard-Bericht[643] zum damals identischen Art. 39 Abs. 2 EuGVÜ wurde dies folgendermassen formuliert[644]:

> „*Diese Befugnis tritt automatisch ein. Der Antragsteller braucht nicht nachzuweisen, dass Dringlichkeit geboten oder Gefahr im Verzug ist, selbst wenn das innerstaatliche Recht eines Vertragsstaates dies vorsieht. Auch hängt die Befugnis zum Betreiben von Sicherungsmassregeln nicht von einer Genehmigung eines Vollstreckungsrichters ab.*“

Der Europäische Gerichtshof[645] bestätigten im Rahmen von Art. 39 aLugÜ (heute Art. 47 Abs. 2 und Abs. 3 LugÜ) diese Ausführungen:

> „*Wie die Kommission zutreffend ausgeführt hat, schliesst Artikel 39 es aus, von der Partei, auf deren Antrag die Zwangsvollstreckung zugelassen worden ist, zu verlangen, dass sie eine besondere, zusätzliche gerichtliche Ermächtigung erwirkt, um innerhalb des in Artikel 39 angegebenen Zeitraums Sicherungsmaßnahmen vorzunehmen, auch wenn eine solche Ermächtigung normalerweise nach dem innerstaatlichen Verfahrensrecht des Vollstreckungsstaats erforderlich ist*“.

Sowohl aus dem Jenard-Bericht wie auch aus der Rechtsprechung des Europäischen Gerichtshofes geht unmissverständlich hervor, dass keine besondere, zusätzliche gerichtliche Entscheidung über die Gewährung von Massnahmen der Zwangsvollstreckung im Sinne von Art. 47 Abs. 2 LugÜ verlangt werden darf. Dies gilt selbstverständlich wegen des Vorrangs der autonomen Regelung des Lugano-Übereinkommens auch dann, wenn das nationale Verfahrensrecht des Vollstreckungsstaats dies vorsehen sollte[646].

---

642 KROPHOLLER/VON HEIN, zu Art. 47 EuGVO, in: Europäisches Zivilprozessrecht, N. 8.

643 Jenard-Bericht, S. 52.

644 Zum Ganzen KROPHOLLER/VON HEIN, zu Art. 47 EuGVO, in: Europäisches Zivilprozessrecht, N. 9.

645 EuGH, P. Capelloni, F. Aquilini/J. C. J. Pelkmans, Urteil vom 3. Oktober 1985, Rs. C-119/84, Slg. 1985, S. 3147 ff., N. 24.

646 ALTHAMMER, zu Art. 47 LugÜ, in: Internationales Privatrecht, N. 9; vgl. dazu ferner GAUDEMET-TALLON, S. 482.

2. Inhalt der Massnahmen

Das Lugano-Übereinkommen bestimmt lediglich, welche Partei zu welchem Zeitpunkt Sicherungsmassnahmen begehren kann und äussert sich grundsätzlich nicht zur Ausgestaltung der Sicherungsmassnahmen[647]. Der Rechtsprechung des Europäischen Gerichtshofes[648] lässt sich in diesem Zusammenhang insbesondere folgende Aussagen entnehmen:

> *„Ebenso wie bei der eigentlichen Zwangsvollstreckung beschränkt sich das Übereinkommen jedoch auch bei den Sicherungsmassnahmen des Artikels 39 darauf, den Grundsatz aufzustellen, dass die Partei, die die Vollstreckung beantragt hat, innerhalb des in diesem Artikel angegebenen Zeitraums derartige Maßnahmen vornehmen darf. Dagegen überlässt es dem Verfahrensrecht des Vollstreckungsstaats die Regelung aller Fragen, die nicht Gegenstand spezieller Bestimmungen des Übereinkommens sind. Gleichwohl ist darauf hinzuweisen, dass die Anwendung der Vorschriften des innerstaatlichen Verfahrensrechts des Vollstreckungsstaats in keinem Fall dazu führen darf, dass die insoweit vom Übereinkommen selbst, und zwar insbesondere in Artikel 39 ausdrücklich oder stillschweigend aufgestellten Grundsätze in Frage gestellt werden. Die Frage, ob diese oder jene Vorschrift des innerstaatlichen Verfahrensrechts des Vollstreckungsstaats auf Sicherungsmassnahmen, die aufgrund von Artikel 39 getroffen worden sind, anwendbar ist, hängt daher vom Inhalt der einzelnen nationalen Vorschriften und ihrer Vereinbarkeit mit den in Artikel 39 aufgestellten Grundsätzen ab."*

Daraus folgt, dass das Lugano-Übereinkommen die Bezeichnung respektive die Ausgestaltung der konkreten Sicherungsmassnahme dem jeweils einschlägigen nationalen Recht des Vollstreckungsstaates überlässt[649]. Das Übereinkommen garantiert also gerade kein bestimmtes Sicherungsmittel[650] und lässt sowohl gegenstands- als auch personenbezogene Sicherungsmassnahmen zu[651].

---

647 STAEHELIN DANIEL, zu Art. 47 LugÜ, in: SHK, N. 38.

648 EuGH, P. Capelloni, F. Aquilini/J. C. J. Pelkmans, Urteil vom 3. Oktober 1985, Rs. C-119/84, Slg. 1985, S. 3147 ff., N. 20 f.

649 Vgl. in der vorliegenden Arbeit unter § 7.II.1.a), S. 217 ff.

650 Für diverse weiteren Hinweise vgl. HOFMANN/KUNZ, zu Art. 47 LugÜ, in: BSK, N. 134.

651 GEIMER/GEIMER/GEIMER, zu Art. 47 EuGVVO, in: Europäisches Zivilverfahrensrecht, N. 26.

Allerdings folgt aus dem Gebot des *effet utile*, dass die Massnahmen des jeweils anwendbaren nationalen Rechts sowie deren Anordnungsverfahren und konkrete Umsetzung nicht den vom Übereinkommen verfolgten Zweck vereiteln dürfen[652].

3. Voraussetzungen der Massnahmen

a) Erstinstanzliche Vollstreckbarerklärung

Der Anspruch auf Erlass einer Sicherungsmassnahme resultiert direkt aus dem Übereinkommen[653]. Nicht erforderlich ist, dass die Vollstreckbarerklärung endgültig erlassen wurde[654]. Voraussetzung nach Art. 47 Abs. 2 LugÜ ist ein selbstständiger positiver Exequaturentscheid gemäss Art. 38 LugÜ[655]. Auch verlangt der Anspruch auf Sicherungsmassnahmen weder eine Zustellung des Exequaturentscheids noch des zur Vollstreckung gebrachten ausländischen Entscheids an den Antragsgegner. Eine vorgängige Zustellung des Exequaturentscheids würde dem vom Übereinkommen gewollten Überraschungseffekt vielmehr widersprechen[656].

Falls keine Vollstreckbarerklärung nach dem Verständnis des Lugano-Übereinkommens vorliegt, so können – wie vorganängig ausgeführt[657] – nur Sicherheitsmassnahmen des nationalen Rechts verlangt werden[658]. Umgekehrt kann der Gläubiger auch bei Vorliegen der erstinstanzlichen Vollstreckbarerkärung (weitere oder andere) Massnahmen nach dem innerstaatlichen

---

652 Mit weiteren Hinweisen STAEHELIN DANIEL, zu Art. 47 LugÜ, in: SHK, N. 38.

653 ATTESLANDER-DÜRRENMATT, S. 194; KELLERHALS, Umsetzung des Lugano-Übereinkommens ins kantonale Recht, S. 86; LEUENBERGER, S. 972; NAEGELI/VETTER, S. 1321; STAEHELIN DANIEL, zu Art. 47 LugÜ, in: SHK, N. 52.; STOFFEL, Das Verfahren zur Anerkennung handelsrechtlicher Entscheide nach dem Lugano-Übereinkommen, S. 116; a.M. Obergericht AG, in: ZBJV, 2004, S. 783 ff.; SCHWANDER IVO, Chronik der Rechtssetzung: Ein erster Blick auf das Lugano-Übereinkommen, S. 98.

654 Mit anderen Worten besteht der Anspruch, wenn die Frist für den Rechtsbehelf noch läuft oder bereits ein Rechtsbehelf eingelegt wurde.

655 EuGH, P. Capelloni, F. Aquilini/J. C. J. Pelkmans, Urteil vom 3. Oktober 1985, Rs. C-119/84, Slg. 1985, S. 3147 ff., N. 25.

656 Dazu mit weiteren Hinweisen HOFMANN/KUNZ, zu Art. 47 LugÜ, in: BSK, N. 123.

657 Vgl. in der vorliegenden Arbeit unter § 4.I.1, S. 97 f.

658 STAEHELIN DANIEL, zu Art. 47 LugÜ, in: SHK, N. 52; STOFFEL, Das Verfahren zur Anerkennung handelsrechtlicher Entscheide nach dem Lugano-Übereinkommen, S. 118.

Rechts des Vollstreckungsstaates verlangen. Das Rechtsschutzinteresse besteht auch in dieser Konstellation weiterhin[659].

b) Anspruch ausschliesslich im jeweiligen Vollstreckungsstaat

Zu Sicherungsmassnahmen nach Art. 47 Abs. 2 LugÜ berechtigt ausschliesslich eine Vollstreckbarerklärung des Staates, in welchem auch die Massnahmen beantragt werden. Das folgt aus dem Umstand, dass ein Exequaturentscheid nur in dem Staat, in welchem er erlassen wurde, Wirkungen entfaltet[660], so dass also ein gutheissender Exequaturentscheid aus einem anderen gebundenen Staat keinen Anspruch auf Sicherungsmassnahmen zu begründen vermag[661].

c) Antrag auf Sicherungsmassnahmen sowie Erlass in einem einseitigen Verfahren

Eine Sicherungsmassnahme im Rahmen von Art. 47 Abs. 2 LugÜ kann nicht von Amtes wegen ausgesprochen werden. Vielmehr braucht es dafür einen Antrag gemäss den anwendbaren Verfahrensvorschriften des Vollstreckungsstaates[662]. Dabei kann der Antrag auf Erlass von Sicherungsmassnahmen nach Wahl des Gläubigers bereits zusammen mit dem Ersuchen um Erteilung der Vollstreckbarerklärung[663] oder auch erst nach Erteilung des erstinstanzlichen Exequaturs gestellt werden[664].

Auch wenn der Exequaturentscheid dem Schuldner eröffnet wurde und die Sicherungsmassnahmen erst im Anschluss beantragt werden, hat den Sicherungsmassnahmen gegenüber dem Schuldner grundsätzlich zwingend ein Überraschungseffekt inne zu sein. Die Massnahmen müssen gleich wie der

---

659 HOFMANN/KUNZ, zu Art. 47 LugÜ, in: BSK, N. 131 f.

660 Vgl. in der vorliegenden Arbeit unter § 3.V, S. 64 ff.

661 Dazu HOFMANN/KUNZ, zu Art. 47 LugÜ, in: BSK, N. 125.

662 Dazu DONZALLAZ, La Convention de Lugano du 16 septembre 1988 concernant la compétence judiciaire et l'exécution des décisions en matière civile et commerciale, N. 4121; HOFMANN/KUNZ, zu Art. 47 LugÜ, in: BSK, N. 113.

663 DONZALLAZ, La Convention de Lugano du 16 septembre 1988 concernant la compétence judiciaire et l'exécution des décisions en matière civile et commerciale, N. 4122.

664 EuGH, P. Capelloni, F. Aquilini/J. C. J. Pelkmans, Urteil vom 3. Oktober 1985, Rs. C-119/84, Slg. 1985, S. 3147 ff., N. 28 ff.

damit im Zusammenhang stehende Exequaturentscheid in einem einseitigen Verfahren ohne Anhörung des Schuldners ergehen[665].

d) Verbot weiterer Voraussetzungen nach dem Recht des jeweiligen Vollstreckungsstaates

Neben dem Vorliegen einer erstinstanzlichen Vollstreckbarerklärung dürfen vom nationalen Recht des jeweiligen Vollstreckungsstaates keine weiteren materiellen Erfordernisse statuiert werden. Insbesondere darf der Anspruch auf Sicherungsmassnahmen nicht von einem konketen Sicherungsbedürfnis wie namentlich der Dringlichkeit oder Gefährdung des Anspruches abhängig gemacht werden[666].

Die Anordnung von Sichungsmassnahmen nach Art. 47 Abs. 2 LugÜ liegt nicht im Ermessen der nach dem nationalen Recht des jeweiligen Vollstreckungsstaates zuständigen Gerichte oder Behörden. Mit Erteilung des Exequaturs durch die erste Instanz ist der übereinkommensautonome Anspruch *eo ipso* entstanden und das Gericht oder die zuständige Behörde ist entsprechend bei Vorliegen eines Antrags zur Anordnung der Sicherungsmassnahmen gehalten[667].

Aus der Tatsache, dass das nationale Recht keine weiteren materiellen Voraussetzungen verlangen darf, folgert der Europäische Gerichtshof[668], dass die Anordung und auch die Weitergeltung von sichernden Massnahmen nicht von einem zusätzlichen, gesonderten Gerichtsentscheid abhängig gemacht werden dürfen[669].

---

665 HOFMANN/KUNZ, zu Art. 47 LugÜ, in: BSK, N. 116; STAEHELIN DANIEL, zu Art. 47 LugÜ, in: SHK, N. 36.

666 ATTESLANDER-DÜRRENMATT, S. 184 f.; GAUDEMET-TALLON, S. 482; GEIMER/GEIMER/GEIMER, zu Art. 47 EuGVVO, in: Europäisches Zivilverfahrensrecht, N. 15; mit weiteren Hinweisen HOFMANN/KUNZ, zu Art. 47 LugÜ, in: BSK, N. 118; Jenard-Bericht, S. 52; Botschaft zum revLugÜ, S. 1815; PÅLSSON, on Art. 47 Brussels I Regulation, in: European Commentaries on Private International Law, N. 8; SCHWANDER DANIEL, S. 676; STAEHELIN DANIEL, zu Art. 47 LugÜ, in: SHK, N. 35.

667 Dazu HOFMANN/KUNZ, zu Art. 47 LugÜ, in: BSK, N. 118.

668 EuGH, P. Capelloni, F. Aquilini/J. C. J. Pelkmans, Urteil vom 3. Oktober 1985, Rs. C-119/84, Slg. 1985, S. 3147 ff., N. 31 ff.

669 ATTESLANDER-DÜRRENMATT, S. 184 f.; Botschaft zum revLugÜ, S. 1809 und 1815; GEIMER/GEIMER/GEIMER, zu Art. 47 EuGVVO, in: Europäisches Zivilverfahrensrecht, N. 15; Jenard-Bericht, S. 52; KROPHOLLER/VON HEIN, zu

e) Anspruch des Antragstellers

Der Anspruch nach Art. 47 Abs. 2 LugÜ steht ausschliesslich derjenigen Person[670] zu, welche den Antrag auf Vollstreckbarerklärung des ausländischen Entscheids stellt und im erstinstanzlichen Exequaturverfahren obsiegt, nicht aber anderen Titelgläubigern[671]. Einem Exequaturentscheid kommt lediglich *inter partes* und keine *erga omnes* Wirkung zu[672].

4. Zeitliche Dauer der Sicherungsmassnahme

Das Recht, Sicherungsmassnahmen zu verlangen, ergibt sich aus der Vollstreckbarerklärung nach Art. 41 LugÜ und währt grundsätzlich bis zur Ausrichtung der definitiven Vollstreckung respektive bis zum Ablauf der für die Einleitung der definitiven Vollstreckung angesetzten Frist oder bis zur allfälligen Aufhebung der Vollstreckbarerklärung durch die zweite Instanz fort[673].

Die Rechtskraft der Vollstreckbarerklärung führt nicht *eo ipso* zur Einstellung der Sicherungsmassnahmen nach Art. 47 Abs. 2 LugÜ[674]. Vielmehr müssen die Sicherungsmassnahmen formell aufgehoben werden. Andernfalls würde das Risiko bestehen, dass der Schuldner Vermögenswerte beiseite schafft, bevor das Verfahren der definitiven Zwangsvollstreckung eröffnet ist[675]. Die Zuständigkeit zur Aufhebung der Sicherungsmassnahmen liegt grundsätzlich bei der Rechtsmittelinstanz. Im Falle, dass der Gläubiger die Prosequierungspflicht ungenutzt verstreichen lässt, ist diejenige Instanz zuständig, welche die Massnahmen vorgängig angeordnet hat[676].

Art. 47 EuGVO, in: Europäisches Zivilprozessrecht, N. 9; RODRIGUEZ, S. 1556; vgl. in der vorliegenden Arbeit unter § 4.II.1, S. 117 f.

670 Sowie dessen Rechtsnachfolger.

671 Anderen Personen wie auch einem Antragsteller, dessen Antrag auf Vollstreckbarerklärung abgelehnt worden ist, steht die Möglichkeit offen, Massnahmen nach Art. 47 Abs. 1 LugÜ nach Massgabe des jeweiligs einschlägigen nationalen Rechts zu beantragen.

672 Dazu HOFMANN/KUNZ, zu Art. 47 LugÜ, in: BSK, N. 126 f.

673 STAEHELIN DANIEL, zu Art. 47 LugÜ, in: SHK, N. 40.

674 STAEHELIN DANIEL, zu Art. 47 LugÜ, in: SHK, N. 40.

675 DONZALLAZ, La Convention de Lugano du 16 septembre 1988 concernant la compétence judiciaire et l'exécution des décisions en matière civile et commerciale, N. 4131 ff.; STAEHELIN DANIEL, zu Art. 47 LugÜ, in: SHK, N. 40.

676 STAEHELIN DANIEL, zu Art. 47 LugÜ, in: SHK, N. 40.

III. Einschränkung auf Sicherungsvollstreckung

1. Grundsätzliches

Das Lugano-Übereinkommen verbietet eine über blosse Sicherung hinausgehende Zwangsvollstreckung solange bis die in Art. 43 Abs. 5 LugÜ vorgesehene Frist für den Rechtsbehelf gegen die Vollstreckbarerklärung abgelaufen ist und solange bis über den Rechtsbehelf nicht entschieden worden ist. Dies ergibt sich aus dem Charakter des erstinstanzlichen Exequaturverfahrens als einseitiges Verfahren, welches angemessenerweise nur solche Massnahmen gegen den Schuldner gestattet, welche gegebenenfalls auch wieder rückgängig gemacht werden können[677].

Der Schuldner erhält vor dem mit dem Rechtsmittel befassten Gericht erstmals die Gelegenheit, seine Argumente gegen die Vollstreckbarerklärung vorzutragen[678], wobei der Rechtsmittelinstanz im Gegensatz zum Gericht respektive der zuständigen Behörde im erstinstanzlichen Verfahren volle Kognition zukommt[679]. Mit Blick auf den Schutz des Schuldners schien es angebracht, die endgültige Zwangsvollstreckung solange zu verbieten, als nicht mit voller Kognition und endgültig über allfällige Anerkennungsverweigerungsgründe und über die Vollstreckbarerklärung an sich entschieden wird[680].

Das Lugano-Übereinkommen legt den Fokus aber nicht nur auf den Schutz des Schuldners. Auch die Interessen des Gläubigers finden angemessen Berücksichtigung. Im Sinne eines Kompromisses gibt das Übereinkommen dem Gläubiger die Möglichkeit, die Zwangsvollstreckung einzuleiten und auch bis an den Punkt, an dem der Schuldner dem Risiko einer ungerechtfertigten und nicht wieder gutzumachenden Vollstreckung noch nicht ausgesetzt wird, durchzuführen. Zusätzlich kann sich der Gläubiger mittels Sicherungsmassnahmen vor willkürlichen Dispositionen des Schuldners schützen und dadurch möglicherweise verhindern, dass die Zwangsvollstreckung ins Leere läuft[681].

---

[677] Jenard-Bericht, S. 52.

[678] Etwaige Anerkennungsverweigerungsgründe können in diesem Stadium des Verfahrens zum ersten Mal vom Schuldner vorgebracht und einer gerichtlichen Prüfung unterzogen werden.

[679] Vgl. in der vorliegenden Arbeit unter § 3.VI.6, S. 78 ff.

[680] Zum Ganzen HOFMANN/KUNZ, zu Art. 47 LugÜ, in: BSK, N. 224.

[681] Zum Ganzen ALTHAMMER, zu Art. 47 LugÜ, in: Internationales Privatrecht, N. 1 und 12; HOFMANN/KUNZ, zu Art. 47 LugÜ, in: BSK, N. 224 ff.; Jenard-Bericht,

2. Beschränkung auf Massnahmen zur Sicherung

a) Begriff „Massnahmen zur Sicherung"

Das Lugano-Übereinkommen untersagt mit der Einschränkung auf blosse Massnahmen zur Sicherung *„endgültige Schritte"* respektive *„irreversible Massnahmen"* bis zum in Art. 47 Abs. 3 LugÜ umschriebenen Zeitpunkt[682]. Insbesondere sind keine eigentlichen Vollstreckungsmassnahmen oder andere in das schuldnerische Vermögen eingreifende Massnahmen zulässig[683]. Damit soll sichergestellt werden, dass in diesem Zeitraum keine Gegenstände des Schuldners verwertet[684] – insbesondere versteigert – werden und es nicht zu einer Befriedigung des Gläubigers kommen kann[685]. Eine Befriedigungsvollstreckung ist erst nach Eintritt der Rechtskraft zulässig[686]. Auf Antrag kann aber beispielsweise eine Pfändung durchgeführt oder die Eintragung einer Hypothek vorgenommen werden[687].

b) In das schuldnerische Vermögen

Der Wortlaut von Art. 47 Abs. 3 LugÜ untersagt lediglich eine *„Zwangsvollstreckung in das Vermögen des Schuldners"*. Daraus darf aber weder die Schlussfolgerung gezogen werden, dass eine Vollstreckung in das Vermögen eines Dritten angeordnet noch dass eine solche untersagt wird[688]. Ob

---

S. 52; KROPHOLLER/VON HEIN, zu Art. 47 EuGVO, in: Europäisches Zivilprozessrecht, N. 1 f.

682 MANKOWSKI, zu Art. 47 Brüssel I-VO, in: Europäisches Zivilprozess- und Kollisionsrecht, N. 13; ferner ATTESLANDER-DÜRRENMATT, S. 185.

683 EuGH, Schuhfabrik Brennero Sas/Wendel GmbH Schuhproduktion International, Urteil vom 27. November 1984, Rs. C-258/83, Slg. 1984, S. 3971 ff., N. 11; EuGH, P. Capelloni, F. Aquilini/J. C. J. Pelkmans, Urteil vom 3. Oktober 1985, Rs. C-119/84, Slg. 1985, S. 3147 ff., N 18; Botschaft zum revLugÜ, S. 1826; RODRIGUEZ, S. 1556.

684 Zur Frage der Zulässigkeit der Verwertung von verderblichen oder im Unterhalt kostspieligen Sachen gemäss nationalem Recht vgl. HOFMANN/KUNZ, zu Art. 47 LugÜ, in: BSK, N. 230; KROPHOLLER/VON HEIN, zu Art. 47 EuGVO, in: Europäisches Zivilprozessrecht, N. 13.

685 Jenard-Bericht, S. 52.

686 ALTHAMMER, zu Art. 47 LugÜ, in: Internationales Privatrecht, N. 10.

687 Dazu GEIMER/GEIMER/GEIMER, zu Art. 47 EuGVVO, in: Europäisches Zivilverfahrensrecht, N. 12.

688 HOFMANN/KUNZ, zu Art. 47 LugÜ, in: BSK, N. 232; KROPHOLLER/VON HEIN, zu Art. 47 EuGVO, in: Europäisches Zivilprozessrecht, N. 12; MANKOWSKI, zu Art. 47 Brüssel I-VO, in: Europäisches Zivilprozess- und Kollisionsrecht, N. 2;

eine Vollstreckung in das Vermögen Dritter – auch vor einer endgültigen Vollstreckbarerklärung – zulässig ist, beantwortet das jeweils zur Anwendung gelangende nationale Recht[689]. Auch aus dem innerstaatlichen Recht des Vollstreckungsstaates ergibt sich, ob und unter welchen Voraussetzungen eine Sicherungsvollstreckung nach Art. 47 Abs. 2 LugÜ gegen einen Dritten beziehungsweise eine andere Person als den Schuldner gestattet ist[690]. Das Lugano-Übereinkommen selber verbietet Vollstreckungsmassnahmen gegenüber Dritten nicht und überlässt die Regelung dieser Frage den Rechtsordnungen der gebundenen Staaten[691].

3. Zulässigkeit einer Sicherheitsleistung

a) Zwangsvollstreckung gegen Auflage einer Sicherheit (Art. 46 Abs. 3 LugÜ)

Ist gegen den Entscheid im Erststaat beziehungsweise im Urteilsstaat ein ordentliches Rechtsmittel eingelegt werden oder ist die Einlegung eines solchen noch möglich, so steht es dem Gericht offen, die Zwangsvollstreckung von der Leistung einer Sicherheit, die es bestimmt, abhängig zu machen[692].

Die Bestimmung von Art. 46 Abs. 3 LugÜ muss mit Blick auf Art. 47 Abs. 3 LugÜ gelesen werden. Die Schutzbereiche der beiden Absätze komplettieren einander: Art. 46 LugÜ gewährt dem Schuldner Schutz für den Fall, dass die zu vollstreckende Entscheidung im Erststaat in Folge eines Rechtsbehelfes aufgehoben wird. Ergänzend dazu schützt Art. 47 Abs. 3 LugÜ den Schuldner insofern, als die Vollstreckbarerklärung im Vollstreckungsstaat zu Unrecht erteilt wird[693].

Schlosser-Bericht, S. 134 f., Ziff. 221; STAEHELIN DANIEL, zu Art. 39 aLugÜ, in: SHK, 1. Auflage, N. 12.

689 HOFMANN/KUNZ, zu Art. 47 LugÜ, in: BSK, N. 233; MANKOWSKI, zu Art. 47 Brüssel I-VO, in: Europäisches Zivilprozess- und Kollisionsrecht, N. 17b; Schlosser-Bericht, S. 134 f., Ziff. 221. Die Anerkennung und Vollstreckung einer Anordnung, die ohne vorherige Anhörung eines Dritten ergangen ist und dessen Rechte von dieser Anordnung betroffen können, kann nicht als Verletzung der öffentlichen Ordnung des Mitgliedstaates, in dem sie geltend gemacht werden, angesehen werden. Vgl. dazu EuGH, Rudolfs Meroni/Recoletos Limited, Urteil vom 25. Mai 2016, Rs. C-559/14, noch nicht veröffentlicht.

690 STAEHELIN DANIEL, zu Art. 47 LugÜ, in: SHK, N. 39.

691 Schlosser-Bericht, S. 134 f., Ziff. 221.

692 Art. 46 Abs. 3 LugÜ.

693 Zum Ganzen HOFMANN/KUNZ, zu Art. 46 LugÜ, in: BSK, N.102 f.

Art. 46 Abs. 3 LugÜ hat keinerlei Einfluss auf die Vollstreckungssperre gemäss Art. 47 Abs. 3 LugÜ. Mit anderen Worten sind Vollstreckungsmassnahmen – unabhängig davon ob eine Sicherheitsleistung geleistet wird – erst zulässig, wenn die Voraussetzungen für das Erteilen des Exequaturs sowie die Anerkennungsverweigerungsgründe in einem zweiseitigen Verfahren überprüft worden sind oder die Frist, diese Überprüfung zu verlangen, ungenutzt verstrichen ist[694].

Das erstinstanzliche Exequaturgericht ist nie – auch nicht gegen Leistung einer Sicherheit – kompetent, die Zwangsvollstreckung zu gewähren[695]. Erst die Rechtsmittelinstanz[696] kann die Zulassung zur Zwangsvollstreckung bewilligen und ist damit auch die erste Instanz, welche eine Vollstreckung gegen Sicherheitsleistung in ihrem Endentscheid im Rahmen von Art. 46 Abs. 3 LugÜ anordnen kann. Ebenso ist die zweite Rechtsmittelinstanz[697] zur Anordnung der Vollstreckung gegen Sicherheit zuständig[698]. Keine Kompetenz zum Erlass einer Sicherheitsleistung im Sinne von Art. 46 Abs. 3 LugÜ haben die Gerichte des Erststaates respektive Urteilsstaates[699]. Ihnen steht aber die Möglichkeit offen, die Vollstreckbarkeit des Entscheids von einer Sicherheitsleistung abhängig zu machen[700].

Das mit einem Rechtsmittel gegen die erstinstanzliche Vollstreckbarerklärung befasste Gericht darf seine Befugnis aus Art. 46 Abs. 3 LugÜ ausschliesslich im Endentscheid und nicht schon in einem allfälligen Zwischenentscheid nutzen [701].

---

694 Dazu HOFMANN/KUNZ, zu Art. 46 LugÜ, in: BSK, N.105.

695 GEIMER/GEIMER/GEIMER, zu Art. 46 EuGVVO, in: Europäisches Zivilverfahrensrecht, N. 32.

696 Art. 43 Abs. 2 LugÜ in Verbindung mit Anhang III.

697 Art. 44 LugÜ in Verbindung mit Anhang IV.

698 Dazu HOFMANN/KUNZ, zu Art. 46 LugÜ, in: BSK, N.107 und 109.

699 HOFMANN/KUNZ, zu Art. 46 LugÜ, in: BSK, N.110.

700 MANKOWSKI, zu Art. 46 Brüssel I-VO, in: Europäisches Zivilprozess- und Kollisionsrecht, N. 17b; STAEHELIN DANIEL, zu Art. 38 aLugÜ, in: SHK, 1. Auflage, N. 9.

701 EuGH, Schuhfabrik Brennero Sas/Wendel GmbH Schuhproduktion International, Urteil vom 27. November 1984, Rs. C-258/83, Slg. 1984, S. 3971 ff., N. 13; DONZALLAZ, La Convention de Lugano du 16 septembre 1988 concernant la compétence judiciaire et l'exécution des décisions en matière civile et commerciale, N. 4102; KROPHOLLER/VON HEIN, zu Art. 46 EuGVO, in: Europäisches Zivilprozessrecht, N. 8; MANKOWSKI, zu Art. 46 Brüssel I-VO, in: Europäisches Zivilprozess- und Kollisionsrecht, N. 18 f.; STAEHELIN DANIEL, zu Art. 38 aLugÜ, in: SHK, 1. Auflage, N. 13.

Die Zwangsvollstreckung gegen Sicherheitsleistung erlangt grundsätzlich nur in zwei Konstellationen Bedeutung. Einerseits wenn die erste Rechtsmittelinstanz die Vollstreckbarerklärung für einen Entscheid, gegen welchen im Urteilsstaat noch ein ordentliches Rechtsmittel eingelegt werden kann oder eingelegt worden ist, ausspricht oder bestätigt[702] und andererseits wenn die zweite Rechtsmittelinstanz im Sinne von Art. 44 LugÜ[703] das Exequatur erteilt oder gutgeheissen hat und der Entscheid im Urteilsstaat weiterhin noch nicht in Rechtskraft erwachsen ist[704].

b) *Keine Sicherheitsleistung bei blossen Sicherungsmassnahmen*

Vor dem Entscheid der ersten Rechtsmittelinstanz über die Vollstreckbarerklärung darf gemäss den vorstehenden Ausführungen die Zwangsvollstreckung in das Vermögen des Schuldners in keinem Fall – also auch nicht gegen die Leistung einer Sicherheit – über Massnahmen zur Sicherung hinausgehen[705]. Der Europäische Gerichtshof[706] hat bestätigt, dass Art. 46 LugÜ so auszulegen ist, dass das zuständige Gericht die Zwangsvollstreckung nur dann von einer Sicherheitsleistung abhängig machen darf, wenn es über den Rechtsbehelf gemäss Art. 43 LugÜ urteilt. Entsprechend darf nach Art. 46 Abs. 3 LugÜ die Leistung einer Sicherheit erst im Rahmen der Befriedigungsvollstreckung angeordnet werden[707] und ist bei der Sicherheitsvollstreckung grundsätzlich unzulässig[708].

Beachtet werden muss, dass bereits Sicherungsmassnahmen einschneidende wirtschaftliche Nachteile für den Schuldner zur Folge haben können. Insbesondere ist dabei an die Situation zu denken, in welcher ein grosser Teil des schuldnerischen Vermögens eingefroren wird[709]. Dem Schuldner bleibt lediglich, sich an die Gerichte im Erststaat beziehungsweise Urteilsstaat nach

---

702 HOFMANN/KUNZ, zu Art. 46 LugÜ, in: BSK, N.106.

703 Vgl. Wortlaut von Art. 46 Abs. 3 LugÜ, welcher neben Art. 43 LugÜ auch auf Art. 44 LugÜ verweist.

704 HOFMANN/KUNZ, zu Art. 46 LugÜ, in: BSK, N.106; STADLER, S. 222, Fn. 25.

705 Vgl. in der vorliegenden Arbeit unter § 4.III.3.a), S. 126 ff.

706 EuGH, Schuhfabrik Brennero Sas/Wendel GmbH Schuhproduktion International, Urteil vom 27. November 1984, Rs. C-258/83, Slg. 1984, S. 3971 ff., N. 13.

707 Zum Ganzen Althammer, zu Art. 47 LugÜ, in: Internationales Privatrecht, N. 11.f.

708 DONZALLAZ, La Convention de Lugano du 16 septembre 1988 concernant la compétence judiciaire et l'exécution des décisions en matière civile et commerciale, N. 4129 ; Pocar-Bericht, S. 45, Ziff. 163.

709 Dazu KROPHOLLER/VON HEIN, zu Art. 46 EuGVO, in: Europäisches Zivilprozessrecht, N. 8; MANKOWSKI, zu Art. 46 Brüssel I-VO, in: Europäisches Zivilprozess- und Kollisionsrecht, N. 19; STADLER, S. 221 f.

Massgabe des jeweiligen nationalen Rechts zu wenden. Dabei sind zwei Möglichkeiten denkbar: Die Gerichte können zum einen die Vollstreckbarkeit des Entscheids aufschieben oder diese zum anderen von der Leistung einer Sicherheit abhängig machen[710]. Alternativ dazu kann der Schuldner versuchen, die Sicherungsmassnahmen gemäss dem nationalen Recht des Vollstreckungsstaates dadurch zu verhindern, indem er selber eine Sicherheit stellt[711].

4. Zeitliche Dauer der Begrenzung

a) Beginn und Ende der Beschränkung

Der vom Übereinkommen gewährte Schutz nach Art. 47 Abs. 3 LugÜ[712] vor einer definitiven Zwangsvollstreckung dauert vor und während des erstinstanzlichen Exequaturverfahrens, der in Art. 43 Abs. 5 LugÜ vorgesehenen Rechtsbehelfsfrist[713] gegen die erstinstanzliche Vollstreckbarerklärung sowie während des gesamten allfälligen Rechtsbehelfsverfahrens gemäss Art. 43 LugÜ an[714].

Die Beschränkung sowie das Ende dieser Beschränkung richten sich lediglich nach dem Stand des Exequatur- und Rechtsbehelfsverfahren im Zweit- respektive Vollstreckungsstaat. Nicht von Bedeutung ist im Rahmen von Art. 47 Abs. 3 LugÜ, ob im Erststaat beziehungsweise Urteilsstaat ein Rechtsmittel ergriffen wurde oder die Rechtsmittelfrist noch läuft[715]. Wird gegen die Entscheidung im Ursprungsstaat ein ordentlicher Rechtsbehelf

---

710 Dazu HOFMANN/KUNZ, zu Art. 46 LugÜ, in: BSK, N.113; STADLER, S. 221 f.; KROPHOLLER/VON HEIN, zu Art. 46 EuGVO, in: Europäisches Zivilprozessrecht, N. 8.

711 MANKOWSKI, zu Art. 46 Brüssel I-VO, in: Europäisches Zivilprozess- und Kollisionsrecht, N. 20; STADLER, S. 221 f.

712 Diese Beschränkung auf Sicherungsmassnahmen muss von Amtes wegen beachtet werden und ein entsprechender Antrag des Titelschuldners ist dem Gesagten zufolge nicht erforderlich. Vgl. HESS/PFEIFFER/SCHLOSSER, S. 153, Rz. 521.

713 Gemeint ist die Rechtsbehelfsfrist für die Einreichung eines Rechtsbehelfes an die zweite Instanz, wie der Verweis auf Art. 43 LugÜ zeigt. In der Schweiz ist dies das obere kantonale Gericht.

714 Mit weiteren Ausführungen und Hinweisen HOFMANN/KUNZ, zu Art. 47 LugÜ, in: BSK, N. 237 ff.

715 Zum Ganzen HOFMANN/KUNZ, zu Art. 47 LugÜ, in: BSK, N. 235; MANKOWSKI, zu Art. 47 Brüssel I-VO, in: Europäisches Zivilprozess- und Kollisionsrecht, N. 13.

eingelegt oder ist die Frist für einen solchen Rechtsbehelf noch nicht verstrichen, so besteht die Möglichkeit des mit dem Rechtsbehelf gegen die Vollstreckbarerklärung befassten Gerichts das Verfahren nach Art. 46 LugÜ auszusetzen oder die Zwangsvollstreckung von der Leistung einer Sicherheit abhängig zu machen[716].

Die Einschränkung nach Art. 47 Abs. 3 LugÜ auf blosse Sicherungsmassnahmen fällt dahin, wenn der Schuldner innert Frist kein Rechtsmittel gegen die erstinstanzliche Vollstreckbarerklärung einlegt oder wenn die zweite Instanz über den Rechtsbehelf entschieden hat[717]. Es geht hierbei ausschliesslich um die zweite Instanz respektive den Rechtsmittelentscheid der ersten Rechtsmittelinstanz und zwar unabhängig davon, ob noch ein Rechtsbehelf nach Art. 44 LugÜ zur Verfügung steht[718]. Die Weiterführung der Zwangsvollstreckung ist grundsätzlich erlaubt, sobald die Rechtsmittelinstanz im Sinne von Art. 43 LugÜ das Rechtsmittel des Schuldners abgewiesen hat oder gar nicht erst darauf eintgetreten ist. Eine Ausnahme besteht lediglich, wenn ein Rechtsmittel nach Art. 44 LugÜ ergriffen wurde und diesem die aufschiebende Wirkung zukommt[719].

---

716 HOFMANN/KUNZ, zu Art. 47 LugÜ, in: BSK, N. 236.

717 Zum Ganzen HOFMANN/KUNZ, zu Art. 47 LugÜ, in: BSK, N. 241 f.

718 Vgl. EuGH, Schuhfabrik Brennero Sas/Wendel GmbH Schuhproduktion International, Urteil vom 27. November 1984, Rs. C-258/83, Slg. 1984, S. 3971 ff., N. 12; GEIMER/GEIMER/GEIMER, zu Art. 47 EuGVVO, in: Europäisches Zivilverfahrensrecht, N. 12; MANKOWSKI, zu Art. 47 Brüssel I-VO, in: Europäisches Zivilprozess- und Kollisionsrecht, N. 17a; PÅLSSON, on Art. 47 Brussels I Regulation, in: European Commentaries on Private International Law, N. 14. Das nationale Recht des Vollstreckungsstaates kann jedoch dem Rechtsbehelf gemäss Art. 44 LugÜ aufschiebende Wirkung – sowohl *ex lege* wie auch auf Antrag – zusprechen. Gemäss dem Schweizer Recht hat die Beschwerde an das Bundesgericht in der Regel von Gesetzes wegen keine aufschiebende Wirkung; diese kann jedoch vom Instruktionsrichter von Amtes wegen oder auf Antrag einer Partei angeordnet werden (vgl. Art. 103 BGG). Das Gesetz normiert in Art. 103 Abs. 2 lit. a BGG den einzigen Fall, in welchem einer Beschwerde an das Bundesgericht von Gesetzes wegen die aufschiebende Wirkung zukommt. Vgl. dazu HOFMANN/KUNZ, zu Art. 47 LugÜ, in: BSK, N. 243 sowie HOFMANN/KUNZ, zu Art. 44 LugÜ, in: BSK, N. 67 ff.

719 Dazu HOFMANN/KUNZ, zu Art. 47 LugÜ, in: BSK, N. 243 f.

b) Nach Dahinfallen der Sperre

Sobald die Beschränkung nach Art. 47 Abs. 3 LugÜ endet, kann das nationale Recht dem Gläubiger eine endgültige Zwangsvollstreckung seines Anspruchs und damit insbesondere die Verwertung von schuldnerischem Vermögen bewilligen[720].

Das Lugano-Übereinkommen gibt dem Gläubiger keinen übereinkommensautonomen Anspruch auf das Zwangsvollstreckungsverfahren. Der Anspruch besteht ausschliesslich nach Massgabe des nationalen Rechts. Dies ergibt sich ohne Weiteres aus dem Umstand, dass das Zwangsvollstreckungsverfahren dem innerstaatlichen Recht des Vollstreckungsstaates und nicht den Vorgaben des Lugano-Übereinkommens untersteht[721].

---

720 MANKOWSKI, zu Art. 47 Brüssel I-VO, in: Europäisches Zivilprozess- und Kollisionsrecht, N. 17a; PÅLSSON, on Art. 47 Brussels I Regulation, in: European Commentaries on Private International Law, N. 14.

721 Zum Ganzen HOFMANN/KUNZ, zu Art. 47 LugÜ, in: BSK, N. 249.

3. Teil: Vollstreckbarerklärung und Sicherung im Schweizer Recht

§ 5 Überblick über die Umsetzung des Lugano Übereinkommens

I. Allgemeines

1. Einführung

Das Inkrafttreten des revidierten Lugano-Übereinkommens gab die Möglichkeit einen Teil der Streitfragen[722], welche sich unter Geltung des alten Rechts gestellt haben, auf Gesetzesebene zu regeln. Der entsprechende Vorentwurf des Bundesamtes für Justiz wurde im Rahmen des Vernehmlassungsverfahrens[723] grundsätzlich weitgehend begrüsst, so dass der Bundesrat am 18. Februar 2009 die Botschaft zum Bundesbeschluss über die Genehmigung und die Umsetzung des revidierten Lugano-Übereinkommens unterbreitete. Das Parlament nahm den Entwurf zu diesem Bundesbeschluss ohne Änderungen und Diskussion am 11. Dezember 2009 an. Mit Annahme durch das Parlament wurde das Lugano-Übereinkommen genehmigt sowie gleichzeitig dem Bundesrat die Ermächtigung erteilt, das Übereinkommen zu ratifizieren und die beschlossenen Vorbehalte und Erklärungen abzugeben[724].

Das Lugano-Übereinkommen geht von einem einheitlichen Exequaturverfahren aus und unterscheidet nicht zwischen Urteilen auf eine Geldzahlung und solchen auf eine andere Leistung. Im Gegensatz dazu sieht das Schweizer Recht ein unterschiedliches System für die Vollstreckung von Entscheiden, welche auf Leistung einer Geldzahlung lauten und solchen die auf eine andere Leistung lauten, vor. Die Konsequenz aus dieser Dualität im Vollstreckungsrecht ist, dass die Vorgaben des Übereinkommens betreffend das Exequaturverfahren sowohl mit den Bestimmungen des Bundesgesetzes

---

722 Vgl. dazu in der vorliegenden Arbeit unter § 2.II, S. 13 ff.

723 Vgl. für eine Übersicht über die Ergebnisse des Vernehmlassungsverfahrens sowie für für einen Verweis auf die Vernehmlassungsunterlagen Botschaft zum rev-LugÜ, S. 1786 f.; OETIKER/WEIBEL, Einleitung LugÜ, in: BSK, N. 31. Vgl. ferner in der vorliegenden Arbeit unter § 1.III.1, S. 5 ff.

724 Dazu STAEHELIN/BOPP, zu Art. 38 LugÜ, in: SHK, N. 16.

über Schuldbetreibung und Konkurs wie auch mit der Schweizerischen Zivilprozessordnung in Übereinstimmung gebracht werden mussten. Im Zuge der Annahme des Lugano-Übereinkommens kam es zu Änderungen im Bundesgesetz über Schuldbetreibung und Konkurs, der Schweizerischen Zivilprozessordnung sowie dem Bundesgesetz über das internationale Privatrecht[725].

2. Überblick über die Änderungen im Schweizer Recht

Im Rahmen der Einführungsgesetzgebung wurden insbesondere Anpassungen im Bundesgesetz über Schuldbetreibung und Konkurs und in der Schweizerischen Zivilprozessordnung[726] vorgenommen. Für die vorliegende Arbeit sind namentlich folgende Anpassungen relevant[727]:

- Aufhebung der Möglichkeit einer Schutzschrift gegen eine Vollstreckbarerklärung im Rahmen des Lugano-Übereinkommens (Art. 270 Abs. 1 ZPO);
- Ausschluss des Arrestes vom Rechtsmittel der Berufung (Art. 309 lit. b Ziff. 6 ZPO);
- Einführung einer besonderen Beschwerde gegen den erstinstanzlichen Entscheid über die Vollstreckbarerklärung nach dem Lugano-Übereinkommen (Art. 327a ZPO);
- Einführung sichernder Massnahmen ohne zwingende vorgängige Anhörung der Gegenpartei im Rahmen der Realvollstreckung (Art. 340 ZPO);
- Normierung des Prinzips der materiellen Rechtskraft von selbstständigen Exequaturentscheidungen (Art. 81 Abs. 3 SchKG);
- Einführung des Arrestgrundes des definitven Rechtsöffnungstitels (Art. 271 Abs. 1 Ziff. 6 SchKG);
- Kompetenzkonzentration des Gerichtes zur Vollstreckbarerklärung und der darauf beruhenden Arrestbewilligung im Anwendungsbereich des Lugano-Übereinkommens (Art. 271 Abs. 3 SchKG);

---

725 Vgl. dazu Botschaft zum revLugÜ, S. 1807.

726 Im Zeitpunkt der Anpassung der nationalen Einführungsgesetzgebung an das revidierte Lugano-Übereinkommen war die Schweizerische Zivilprozessordnung noch gar nicht in Kraft, so dass die ursprünglichen Fassungen dieser Bestimmungen nie Geltung beanspruchten. Die beiden Regelwerke wurden gleichzeitig in Kraft gesetzt. Vgl. OETIKER/WEIBEL, Einleitung LugÜ, in: BSK, N. 143.

727 Dazu STAEHELIN/BOPP, zu Art. 38 LugÜ, in: SHK, N. 17.

- Ausweitung der örtlichen Zuständigkeit zur Arrestbewilligung auf das Gericht am Betreibungsort (Art. 272 Abs. 1 SchKG);
- Beschwerdemöglichkeit gegen einen Einspracheentscheid über eine Arrestbewilligung (Art. 278 Abs. 3 SchKG);
- Stillstand der Fristen zur Arrestprosequierung während der Dauer des Exequaturverfahrens sowie bei Einlegung eines Rechtsbehelfs gegen den erstinstanzlichen Exequaturentscheid gemäss Lugano-Übereinkommen (Art. 279 Abs. 5 Ziff. 2 SchKG).

Wie aus der vorstehenden Aufzählung hervorgeht, betrafen die Änderungen in der Schweizerischen Zivilprozessordnung in erster Linie das Rechtsmittelsystem. Insbesondere wurde als Rechtsmittel im Sinne von Art. 43 LugÜ die an die Vorgaben des Übereinkommens angeglichene Beschwerde nach Art. 327a ZPO eingeführt[728].

Im Rahmen der Anpassungen der Zivilprozessordnung an das revidierte Lugano-Übereinkommen wurden gleichzeitig auch im Bundesgesetz über das internationale Privatrecht gewisse Anpassungen im Bereich der örtlichen Zuständigkeiten zwecks Harmonisierung dieser beiden Gesetze vorgenommen. Diese Änderungen im Bundesgesetz über das internationale Privatrecht standen jedoch nicht in einem direkten Zusammenhang mit der Revision des Lugano-Übereinkommens und dessen Umsetzung in das nationale Schweizer Recht. Vielmehr handelte es sich bei diesen Gesetzesänderungen um eine inhaltliche wie auch zeitliche Abstimmung mit dieser Revision[729].

Der Bundesrat hat ferner per 1. Januar 2011 Anhang II LugÜ so formuliert, dass Anträge für die Exequaturerteilung – unabhängig davon, ob der zu vollstreckende Entscheid auf Zahlung eines Geldbetrages lautet oder nicht – in der Schweiz beim *„kantonalen Vollstreckungsgericht“* einzureichen sind[730]. Die Zuständigkeit des kantonalen Vollstreckungsgerichts für alle Vollstreckungsmassnahmen – also sowohl für den Erlass der Vollstreckbarerklärung als auch für das darauf basierende Sicherungsmittels – stellt ein Eckpfeiler der Umsetzung des Exequatur- und Vollstreckungsverfahrens gemäss den Vorgaben des Lugano-Übereinkommens dar[731].

---

[728] Mit weiteren Hinweisen OETIKER/WEIBEL, Einleitung LugÜ, in: BSK, N. 143 f.

[729] Vgl. dazu und für weitergehende Ausführungen OETIKER/WEIBEL, Einleitung LugÜ, in: BSK, N. 146 f.

[730] STAEHELIN/BOPP, zu Art. 38 LugÜ, in: SHK, N. 17.

[731] Botschaft zum revLugÜ, S. 1808.

II. Ausgewählte Anpassungen des Bundesgesetzes über Schuldbetreibung und Konkurs respektive Einführungsgesetzgebung

Unter Geltung des Lugano-Übereinkommens 1988 wurde bewusst von einer Anpassung des Bundesgesetzes über Schuldbetreibung und Konkurs abgesehen. Erst im Zuge der Revision des Lugano-Übereinkommens wurden nun – wie vorgängig dargelegt – punktuelle Anpassungen in diesem Bundesgesetz vorgenommen[732].

Wie einleitend erwähnt, ist ein Pfeiler der Umsetzung des Übereinkommens die Zuständigkeit des Vollstreckungsgerichts für sämtliche Vollstreckungsmassnahmen. Daneben stellt die Wahl des Arrests als Sicherungsmittel für Geldschulden im Sinne des revidierten Lugano-Übereinkommens den zweiten Pfeiler dar[733]. Der Arrest hat dafür eine prozessuale Aufwertung im Zuge der Revision des Übereinkommens erfahren. Er kann neu alternativ auch am Betreibungsort begehrt und vom Gericht auf sämtliche sich in der Schweiz befindende Vermögensgegenstände gelegt werden. Das Gericht entscheidet im Rahmen der Arrestanordnung vorgängig auch über die Vollstreckbarkeit des Entscheids (Art. 271 Abs. 3 SchKG)[734].

1. Arrestgrund (Art. 271 Abs. 1 Ziff. 6 SchKG)

Mit Art. 271 Abs. 1 Ziff. 6 SchKG wurde ein neuer Arrestgrund eingeführt. Neu kann ein Gläubiger bereits einen Arrest verlangen, sobald er gegen den Schuldner einen definitiven Rechtsöffnungstitel besitzt.

Mit der Einführung dieses zusätzlichen Arrestgrundes hat sich der Gesetzgeber für den Arrest als Sicherungsmassnahme im Sinne von Art. 47 Abs. 2 LugÜ für Geldschulden ausgesprochen[735]. Dieser gesetzgeberische Entscheid[736] wurde damit begründet, dass das Bundesgesetz über Schuldbetreibung und Konkurs ein einseitiges Verfahren ohne Teilnahme des Ge-

---

[732] OETIKER/WEIBEL, Einleitung LugÜ, in: BSK, N. 137 ff.

[733] Botschaft zum revLugÜ, S. 1808.

[734] Vgl. dazu Botschaft zum revLugÜ, S. 1808 ff.; OETIKER/WEIBEL, Einleitung LugÜ, in: BSK, N. 141.

[735] Botschaft zum revLugÜ, S. 1808; vgl. in der vorliegenden Arbeit unter § 7.II.1.b), S. 220.

[736] Kritisch NAEF, Die Anpassung des SchKG an das revidierte LugÜ, S. 2, Rz. 7 f.; OETIKER/WEIBEL, Einleitung LugÜ, in: BSK, N. 145.

suchgegners – so wie das Lugano-Übereinkommen dies für das Exequaturverfahren vorsieht – mit dem Arrestverfahren gemäss Art. 272 ff. SchKG bereits kenne. Es sei daher nahe gelegen, das Arrestverfahren als Exequaturverfahren nach dem revidierten Lugano-Übereinkommen vorzusehen, wenn parallel dazu noch um die Sicherung einer Geldschuld ersucht wird[737].

Mit der Wahl des Arrestes hat sich der Gesetzgeber insbesondere gegen die provisorische Pfändung entschieden[738]. In der Botschaft[739] wird erwähnt, dass die provisorische Pfändung gegenüber dem Arrest auch in manchen Punkten Vorteile habe. Insbesondere treffe den Gläubiger bei der provisorischen Pfändung keine Obliegenheit, die mit Beschlag zu belegenden Vermögenswerte zu bezeichnen. Das Hauptargument jedoch, welches gegen die provisorische Pfändung gesprochen habe, sei, dass sich eine Angleichung an die Vorgaben des Übereinkommens nur mit gravierenden Eingriffen in das Einleitungsverfahren des Bundesgesetzes über Schuldbetreibung und Konkurs hätte realisieren lassen. Zudem hätten dogmatische Zweifel an der Zulässigkeit einer provisorischen Pfändung gegen einen der Konkursbetreibung unterliegenden Schuldner bestanden.

Dank des neuen Arrestgrunds in Art. 271 Abs. 1 Ziff. 6 SchKG profitieren auch Gläubiger mit einem schweizerischen definitiven Rechtsöffnungstitel von den allenfalls günstigeren Verfahrensvorschriften, welche sich aus dem Lugano-Übereinkommen ergeben[740]. Vor der Revision waren Lugano-Entscheide gegenüber inländischen Entscheiden privilegiert. Nur für die Lugano-Entscheide konnte unmittelbar nach ihrer erstinstanzlichen Vollstreckbarerklärung ohne weitere Voraussetzungen Sicherungsmassnahmen gefordert werden. Inländische vollstreckbare Entscheide konnten mittels provisorischer Pfändung respektive Güterverzeichnis erst gesichert werden, nachdem sie das Rechtsöffnungsverfahren durchlaufen hatten und die provisorische Rechtsöffnung erteilt wurde[741].

---

737 Zum Ganzen Botschaft zum revLugÜ, S. 1808.

738 Das Güterverzeichnis wurde aufgrund praktischer Bedenken abgelehnt.

739 Zum Ganzen Botschaft zum revLugÜ, S. 1817.

740 RODRIGUEZ, S. 1557.

741 Dazu STAEHELIN DANIEL, Neues Arrestrecht ab 2011, S. 3, Rz. 7.

2. Schweizweiter Arrest (Art. 271 Abs. 1 SchKG)

Die neue Formulierung[742] des Einleitungssatzes von Art. 271 Abs. 1 SchKG, wonach *„der Gläubiger [...] für eine fällige Forderung [...] Vermögensstücke des Schuldners, die sich in der Schweiz befinden, mit Arrest belegen lassen"* kann, beinhaltet zwei Elemente. Einerseits wird darin festgehalten, dass nur Vermögenswerte, die sich in der Schweiz befinden, verarrestiert werden können. Bei dieser Aussage handelt es sich lediglich um eine Klarstellung, denn aufgrund des Territorialitätsprinzips im schweizerischen Schuldbetreibungs- und Konkursrecht beansprucht diese Aussage seit jeher Geltung. Beim zweiten Element hingegen handelt es sich um eine Novität, welche dem Richter ermöglicht, einen schweizweiten Arrest zu bewilligen bzw. einen Arrestbefehl an Betreibungsämter[743] in der gesamten Schweiz zu erlassen [744].

Bis anhin war ausschliesslich im Anwendungsbereich des Lugano-Übereinkommens zulässig, dass das zuständige Gericht Arrestbefehle an Betreibungsämter ausserhalb seines Gerichtskreises verfügte[745]. Ausserhalb des Anwendungsbereichs des Übereinkommens hatte für jeden Vermögenswert einzeln der örtlich zuständige Richter den Arrest zu erteilen, falls sich die zu verarrestierenden Vermögenswerte in unterschiedlichen Amtskreisen befanden. Der Gläubiger musste gegebenenfalls mehrere Arrestbegehren stellen und infolgedessen konnte es zu mehreren parallelen Arrestbefehlen und darauf basierend Vollzügen kommen. Für den Gläubiger hatte dies unter ande-

---

742 *„Der Gläubiger kann für eine fällige Forderung [...] Vermögensstücke des Schuldners, die sich in der Schweiz befinden, mit Arrest belegen lassen"*. Im Gegensatz dazu normierte der frühere Gesetzestext: *„Der Gläubiger kann für eine fällige Forderung [...] Vermögensstücke des Schuldners mit Arrest belegen lassen"*.

743 In diesem Zusammenhang soll noch darauf hingewiesen werden, dass wenn Gerichte Arrestbefehle an Betreibungsämter ausserhalb ihres Gerichtskreises erlassen, es diesen Betreibungsämtern – gleich wie den Betreibungsämtern innerhalb des Gerichtskreises – untersagt ist, die örtliche Zuständigkeit für den Arrestvollzug abweichend vom Gericht zu beurteilen und in der Folge den Arrestvollzug zu verweigern. Auch die Aufsichtsbehörde am Ort des Vollzugs kann die örtliche Zuständigkeit nicht mehr einer Prüfung unterziehen, sollte der Schuldner Beschwerde gegen den Arrestvollzug erheben. Vgl. MEIER-DIETERLE, Arrestpraxis ab 1. Januar 2011, S. 1213, N. 10.

744 Zum Ganzen REISER, Überblick über die Arrestrevision 2009, S. 334.

745 MEIER-DIETERLE, zu Art. 272 SchKG, in: Kurzkommentar SchKG, N. 2 f.

rem zur Konsequenz, dass er die Arreste an den verschiedenen Orten prosequieren musste. Die Koordination mehrerer Arreste war beschwerlich und zeitraubend[746].

3. Örtliche Zuständigkeit für Anordnung des Arrestes (Art. 272 Abs. 1 SchKG)

Der Arrest kann in der Schweiz heute[747] *„vom Gericht[748] am Betreibungsort oder am Ort, wo die Vermögensgegenstände sich befinden"* bewilligt werden[749]. Dem Gläubiger steht seit der Revision offen, ob er sein Betreibungsbegehren beim Gericht am Ort, wo sich die zu verarrestierenden Vermögenswerte befinden, oder beim Gericht am Betreibungsort stellt.

Dabei muss aber beachtet werden, dass das Lugano-Übereinkommen[750] selber bereits die örtliche Zuständigkeit für das Exequaturverfahren vorschreibt. Art. 39 Abs. 2 LugÜ legt fest, dass *„die örtliche Zuständigkeit [...] nach dem Wohnsitz des Schuldners oder dem Ort, an dem die Zwangsvollstreckung durchgeführt werden soll, bestimmt"* wird[751]. Die Zuständigkeitsvorschriften des Übereinkommens beanspruchen auch dann Geltung, wenn gleichzeitig mit dem Antrag auf Vollstreckbarerklärung ein Gesuch um Sicherungsmassnahmen respektive ein Arrestbegehren eingereicht wird. Die Aussage in der Botschaft zum revidierten Lugano-Übereinkommen[752], wonach sich die örtliche Zuständigkeit in einem solchen Fall aus den Bestimmungen des Bundesgesetzes über Schuldbetreibung- und Konkurs ergebe,

---

746 Dazu MEIER-DIETERLE, Arrestpraxis ab 1. Januar 2011, S. 1212, N. 8.

747 Unter dem alten Recht wurde der Arrest nach Art. 272 Abs. 1 aSchKG *„vom Richter des Ortes bewilligt, wo die Vermögensgegenstände sich befinden"*.

748 Das Schuldbetreibungs- und Konkursgesetz spricht neu in Art. 272 sowie auch in Art. 274 und Art. 278 SchKG nicht mehr vom *„Arrestgericht"* sondern schlicht nur noch vom *„Gericht"*. Gemäss den Ausführungen in der Botschaft wird damit zu Ausdruck gebracht, *„dass diesem Gericht die Kompetenz zum Erlass sämtlicher mit der Vollstreckung und deren Sicherung zusammenhängenden Massnahmen – zu denen auch der Arrest gehört – zugewiesen werden kann und im Rahmen des revLugÜ durch die entsprechende Erklärung zugewiesen wird."* Vgl. Botschaft zum revLugÜ, S. 1808.

749 Art. 272 Abs. 1 SchKG.

750 Vor der Revision des Lugano-Übereinkommens bestimmte sich die örtliche Zuständigkeit für die Vollstreckbarerklärung gemäss Art. 32 Abs. 2 aLugÜ nach dem Wohnsitz des Schuldners und, wenn er keinen Wohnsitz im Vollstreckungsstaat hatte, subsidiär nach dem Ort, an welchem die Zwangsvollstreckung durchgeführt werden sollte.

751 Vgl. in der vorliegenden Arbeit unter § 3.IV.4, S. 52 ff.

752 Botschaft zum revLugÜ, S. 1786 und 1811.

ist entsprechend zu relativieren. Ein solcher Vorbehalt der Bestimmungen des Bundesgesetzes über Schuldbetreibung und Konkurs könnte höchstens im Rahmen von Sicherungsmassnahmen gelten, jedoch nie für das Exequaturverfahren, da dort die örtliche Zuständigkeit unstrittig vom Übereinkommen abschliessend bestimmt wird. Aufgrund der Tatsache, dass die Zuständigkeitsordnung des Arrests – mit der Möglichkeit der Arrestlegung am Betreibungsort und somit in der Regel am Wohnsitz – an jene des Lugano-Übereinkommens angeglichen wurde[753], ist diese Frage wenn überhaupt von akademischer nicht aber von grosser praktische Relevanz[754].

Die Ausdehnung der örtlichen Zuständigkeit in Art. 272 Abs. 1 SchKG wurde zum Zwecke der Harmonisierung des innerstaatlichen Rechts mit dem Staatsvertragsrecht vorgenommen[755].

---

753 Botschaft zum revLugÜ, S. 1811.

754 HOFMANN/KUNZ, zu Art. 39 LugÜ, in: BSK, N. 53; vgl. in der vorliegenden Arbeit unter § 7.II.3.b), S. 223 ff.

755 Zum Ganzen MEIER-DIETERLE, Arrestpraxis ab 1. Januar 2011, S. 1217, N. 41; SCHWANDER DANIEL, S. 662 f.

§ 6 Umsetzung des Exequaturverfahrens in das nationale Schweizer Recht

I. Allgemeines

Möchte der Gläubiger eine in einem ausländischen Lugano-Entscheid ausgewiesene Geldschuld vollstrecken lassen, so stehen ihm als Besonderheit des schweizerischen Systems grundsätzlich zwei alternative Vollstreckungswege offen.

Einerseits – und dabei handelt es sich aus Sicht des Lugano-Übereinkommens um den Normalfall – kann der Gläubiger den Weg über das Exequaturverfahren beim kantonalen Vollstreckungsgericht gehen. An das Exequaturverfahren schliesst dann die Betreibung beziehungsweise Zwangsvollstreckung an[756].

Dem Gläubiger steht andererseits aber auch die Möglichkeit offen, den Weg über die Betreibung zu wählen. Bei dieser Vorgehensweise wird, sofern der Schuldner Rechtsvorschlag erhebt, über die Vollstreckbarerklärung im Rahmen des zweiseitigen Rechtsöffnungsverfahrens entschieden. Dabei muss zwischen zwei unterschiedlichen Ausprägungen unterschieden werden: Die Vollstreckbarerklärung kann entweder vorfrageweise bei der Rechtsöffnung erfolgen oder es kann im Rechtsöffnungsverfahren ein separates Begehren auf Vollstreckbarerklärung eingereicht werden[757], so dass die Vollstreckbarerklärung zu einem eigenen Urteilsbestandteil wird[758].

Wählt der Gläubiger das Exequaturverfahren, welches sich im eurointernationalen Verhältnis nach den Vorschriften des Lugano-Übereinkommens richtet, so ist nach Erteilung der Vollstreckbarerklärung die Betreibung einzuleiten und allenfalls – sollte der Schuldner Rechtsvorschlag erheben – die

---

756 Das Lugano-Übereinkommen geht grundsätzlich davon aus, dass dem Vollstreckungsverfahren das Exequaturverfahren vorausgeht.

757 Diese Möglichkeit besteht nur dann, wenn das kantonale Recht die Beurteilung der beiden Begehren (Begehren um Erteilung der definitiven Rechtsöffnung sowie Begehren um Vollstreckbarerklärung) in die Zuständigkeit der gleichen Instanz legt. Vgl. dazu STAEHELIN/BOPP, zu Art. 38 LugÜ, in: SHK, N. 24 ff. sowie in der vorliegenden Arbeit unter § 6.III.3.b), S. 169.

758 Zum Ganzen HOFMANN/KUNZ, zu Art. 38 LugÜ, in: BSK, N. 283 und 288 f.

definitive Rechtsöffnung zu verlangen[759]. Diese Vorgehensweise bedarf somit möglicherweise dreier Gerichtsurteile: den Entscheid des ausländischen Erkenntnisgerichts, den Exequaturentscheid des Schweizer Vollstreckungsgerichts und den Rechtsöffnungsentscheid des Rechtsöffnungsrichters.

Bei der Vollstreckbarerklärung im Rahmen des Betreibungsverfahrens wird das Exequatur im Rechtsöffnungsverfahren erteilt und es werden dabei lediglich zwei Gerichtsurteile benötigt: das Urteil des ausländischen Erkenntnisgerichts und das Urteil des schweizerischen Vollstreckungsgerichts, welches das ausländische Urteil bei einem entsprechenden Antrag für vollstreckbar erklärt und gleichzeitig die definitive Rechtsöffnung erteilt[760].

Das Exequaturverfahren gemäss den Vorschriften des Lugano-Übereinkommens erscheint unter Berücksichtigung der vorgenannten Aspekte dann sinnvoll, wenn gleichzeitig mit dem Begehren um Vollstreckbarerklärung auch Sicherungsmassnahmen beantragt werden. Nur dann kann sich der Gläubiger den durch das Lugano-Übereinkommen – mit seinem im Gegensatz zum kontradiktorischen Betreibungsverfahren zuerst einseitigen Verfahren – gewährleistete Überraschungseffekt zu Nutzen machen[761].

II. Exequaturverfahren beim kantonalen Vollstreckungsgericht

Entscheidet der Gläubiger sich für die selbstständige Vollstreckbarerklärung eines Lugano-Entscheids unabhängig von einem Betreibungsverfahren, kommen die Vorschriften des Lugano-Übereinkommens zur Anwendung. Soweit das Übereinkommen keine Regelungen enthält, finden gegebenenfalls Staatsverträge, das IPRG respektive die ZPO Anwendung[762].

---

759 A.M. GASSMANN, Der neue Titelarrest bei LugÜ-Titeln, S. 56. Gemäss dem Autor führt es zu einer unnötigen Verkomplizierung des Verfahrens, wenn bei Vorliegen eines definitiven Exequaturentscheids der Rechtsvorschlag des Schuldners durch definitive Rechtsöffnung beseitigt werden muss.

760 Zum Ganzen ROTH JÜRG, Vorläufige Vollstreckbarkeit und Vollstreckung, S. 775.

761 Daz ROTH JÜRG, Vorläufige Vollstreckbarkeit und Vollstreckung, S. 775; vgl. auch STAEHELIN DANIEL, zu Art. 47 LugÜ, in: SHK, N. 52. Vgl. zu den Argumenten der Befürwortern einer Exequaturerteilung im Rechtsöfnungsverfahren in der vorliegenden Arbeit unter § 6.III.2.a).aa), S. 153 ff.

762 Art. 335 Abs. 3 ZPO. Dazu auch PLUTSCHOW, zu Art. 38 LugÜ, in: Dike, N. 12.

1. Zuständigkeit

a) *Sachliche Zuständigkeit*

Der Antrag auf Vollstreckbarerklärung ist in der Schweiz gemäss Art. 39 Abs. 1 LugÜ in Verbindung mit Anhang II des Lugano-Übereinkommens beim *„kantonalen Vollstreckungsgericht“*[763] nach Art. 338 ff. ZPO einzureichen, wobei es den Kantonen vorbehalten ist, zu bestimmen, welche Gerichtsbehörde als Vollstreckungsgericht eingesetzt wird[764].

b) *Örtliche Zuständigkeit*

Grundsätzlich ergibt sich die örtliche Zuständigkeit direkt aus dem Übereinkommen. Art. 39 Abs. 2 LugÜ räumt dem Gläubiger zwei alternative Gerichtsstände ein, einen am Wohnsitz respektive Sitz[765] des Schuldners und einen anderen Gerichtsstand an dem Ort, an dem die Zwangsvollstreckung durchgeführt werden soll.

Unklar dabei ist in der Schweiz bei der Vollstreckung von Geld- oder Sicherheitsleistungen, ob sich der Ort, an dem die Zwangsvollstreckung durchgeführt werden soll, nach dem Bundesgesetz über Schuldbetreibung und Konkurs oder der Schweizerischen Zivilprozessordnung[766] bestimmt[767]. Diese Meinungsdifferenz ist jedoch nicht von grosser Bedeutung, da über den Verweis von Art. 339 Abs. 1 lit. b ZPO die Zuständigkeitsordnung des Bundesgesetzes über Schuldbetreibung und Konkurs je nach dem zumindest

---

763 Der Wortlaut *„beim kantonalen Vollstreckungsgericht“* in Anhang II soll wohl nicht so verstanden werden, dass zwingend nur ein einziges Vollstreckunsgericht für das gesamte Kantonsgebiet eingesetzt werden darf. Vielmehr ist beziehungsweise sind damit die vom kantonalen Recht für die Vollstreckung zuständig erklärten Gerichte respektive das vom kantonalen Recht für die Vollstreckung für zuständig erklärte Gericht gemeint. Vgl. SCHWANDER DANIEL, S. 661, Fn. 79.

764 Art. 4 Abs. 1 ZPO.

765 Für die Frage, wo der Schuldner Wohnsitz respektive Sitz hat, sind die Art. 59 f. LugÜ zu konsultieren. Das Recht des Vollstreckungsstaates bestimmt also, ob der Schuldner Wohnsitz im Vollstreckungsstaat hat oder nicht. In der Schweiz richtet sich diese Frage nach Art. 20 IPRG.

766 Art. 339 ZPO.

767 Im Wesentlichen geht es dabei um die Frage, ob Art. 335 Abs. 2 ZPO im internationalen Verhältnis wegen Art. 335 Abs. 3 ZPO Anwendung findet oder nicht. Dagegen SOGO, Vollstreckung ausländischer Entscheide über Geldforderungen, S. 41. Vgl. für weitere Ausführungen zu diesem Meinungsstreit sowie für weitere Hinweise HOFMANN/KUNZ, zu Art. 39 LugÜ, in: BSK, N. 52.

indirekt zur Anwendung gelangt [768]. Folglich bestimmt sich der nach dem Lugano-Übereinkommen für die Zuständigkeit bei der Vollstreckung von Geld- und Sicherheitsleistungen massgebliche Ort[769], an dem die Zwangsvollstreckung durchgeführt werden soll, im Ergebnis sowieso nach den Art. 46 ff. SchKG[770].

2. Verfahren

a) Anwendbare Vorschriften

Das Verfahren vor dem kantonalen Vollstreckungsgericht richtet sich nach den Vorgaben des Lugano-Übereinkommens. Nur für die nicht durch das Übereinkommen geregelten Einzelaspekte des Verfahrens finden die Vorschriften der Schweizerischen Zivilprozessordnung[771] Anwendung.

b) Summarisches Verfahren

Das selbstständige Exequaturverfahren wird in der Schweiz als Summarverfahren durchgeführt[772]. Die Kognition des Gerichtes ist dabei – obschon es sich um ein Verfahren mit summarischem Charakter handelt – grundsätzlich frei[773]. Auch das Vollstreckunsgericht untersteht dem Grundsatz der Rechtsanwendung von Amtes wegen (*iura novit curia*)[774]. Lediglich Einwände, die aufgrund des Sachrechts nur bei entsprechendem Vorbringen überprüft werden dürfen, können auch vom Vollstreckungsgericht nur bei Vorliegen einer entsprechenden Einrede berücksichtigt werden[775].

---

768 So auch BGer 5A_364/2012 und BGer 5A_375/2012, E. 4.2.1; HOFMANN/KUNZ, zu Art. 39 LugÜ, in: BSK, N. 52 ff.

769 Zur Frage, was im Falle einer Änderung des Wohnsitzes oder Belegenheitsortes während der Dauer des Verfahrens passiert, vgl. in der vorliegenden Arbeit unter § 7.II.3.b).dd), S. 226 f.

770 Mit weiteren Ausführungen zu diesen Zuständigkeitsvorschriften STAEHELIN/BOPP, zu Art. 38 LugÜ, in: SHK, N. 9; vgl. in der vorliegenden Arbeit unter § 7.II.3.b), S. 223 ff.

771 Insbesondere Art. 335 ff. ZPO.

772 Art. 339 Abs. 3 ZPO. Ergibt sich aus Botschaft zum revLugÜ, S. 1812.

773 BGer 5A_162/2009, E. 6.1.

774 Art. 57 ZPO.

775 DROESE, zu Art. 339 ZPO, in: BSK, N. 21. In diesem Zusammenhang vgl. zur strittigen Frage, wann materielle Einreden und Einwände in den Prozess eingebracht werden können in der vorliegenden Arbeit unter § 3.VI.6.a).dd), S. 80 ff.

Die Beweismittelbeschränkung des summarischen Verfahrens nach Art. 254 ZPO findet prinzipiell auch im Rahmen des Exequaturverfahrens Anwendung. Dadurch ist der Beweis generell durch Urkunden zu erbringen[776], wobei dieser Grundsatz nicht ausnahmslos gilt[777]. Insbesondere entfällt diese Beweismittelbeschränkung dann, wenn das Gericht – wie dies bei den Exequaturvoraussetzungen der Fall ist[778] – den Sachverhalt von Amtes wegen festzustellen hat[779].

c) *Gesuch*

Die Frage, wie der Antrag[780] auf Vollstreckbarerklärung konkret zu stellen ist, richtet sich ausschliesslich nach dem innerstaatlichen Recht des Vollstreckungsstaates.

In der Schweiz wird das Verfahren durch ein Gesuch um Vollstreckbarerklärung eingeleitet. Das Gesuch ist dabei in der Amtssprache des zuständigen Kantons in Papierform oder elektronisch, wobei es mit einer handschriftlichen oder elektronischen Unterschrift versehen sein muss, einzureichen[781] und hat eine Begründung zu enthalten[782]. Dabei sollte das Gesuch in einem Summarverfahren sorgfältig begründet werden, da in diesem Verfahren grundsätzlich keine *„Nachbesserung“* im Rahmen einer Replik möglich ist. Die Parteien dürfen im Summarverfahren nicht mit einem zweiten Schiftenwechsel rechnen und sind entsprechend gehalten, ihre Vorbringen im Rahmen des ersten Schriftenwechsels vorzutragen. Ein formeller zweiter Schriftenwechsel hat die Ausnahme zu bleiben, da das Summarverfahren beschleunigt durchgeführt werden soll[783]. Die Begründung kann – da das Verfahren ein summarisches ist – sehr kurz gehalten werden. Dem allgemeinen Prinzip entsprechend sind die Tatsachen in der Rechtsschrift selber zu behaupten und dürfen sich nicht lediglich aus den Beilagen entnehmen lassen. Da jedoch auf die Frage der Exequaturvoraussetzungen

---

776 Art. 254 Abs. 1 ZPO. Dies ist im Rahmen des Exequaturverfahrens nicht von grosser praktischer Bedeutung, da insofern vom Übereinkommen sowieso primär der Urkundenbeweis vorgeschrieben wird.

777 Art. 254 Abs. 2 ZPO.

778 Vgl. in der vorliegenden Arbeit unter § 3.VI.6.c), S. 82 f.

779 Dazu HOFMANN/KUNZ, zu Art. 41 LugÜ, in: BSK, N. 60.

780 Insbesondere seine Form und sein Inhalt.

781 Vgl. für dringende Fälle Art. 252 Abs. 2 ZPO.

782 Art. 219 ZPO i.V.m. Art. 221 Abs. 1 lit. d und e ZPO. MAZAN, zu Art. 252 ZPO, in: BSK, N. 10.

783 Dazu BGer 5A_82/2015, E. 4.2.1.

die Untersuchungsmaxime Anwendung findet, sind die Anforderungen weniger strikt[784]. Eine rechtliche Begründung muss das Gesuch nicht beinhalten[785].

Die Behauptungs- und Beweislast für das Vorliegen der Exequaturvoraussetzungen liegen grundsätzlich beim Antragsteller[786]. Zu beachten ist, dass das Gericht die Vollstreckbarkeit der Entscheidung von Amtes wegen zu prüfen hat[787]. Im Rahmen dieses einseitigen Verfahrens führt dies in erster Linie dazu, dass das Exequaturgericht die Vollständigkeit und Aussagekraft der vom Gesuchsteller unabdingbar beizubringenden Unterlagen (Ausfertigung des Entscheids aus dem Urspruchsstaat, Formular nach Anhang V[788])[789] selbstständig zu überprüfen hat[790].

Bei unklaren, widersprüchlichen, unbestimmten oder offensichtlich unvollständigen Angaben hat das Gericht dem Antragsteller Gelegenheit zu geben, seine Vorbringen und/oder seine Behauptungen und Beilagen nachzubessern[791].

d) Ablauf des Verfahrens

Gestützt auf die Vorschriften des Lugano-Übereinkommens ist in diesem Verfahrensstadium das Verfahren einseitig auszugestalten und dem Schuldner ist keine Gelegenheit zu geben, eine Erklärung abzugeben[792]. Somit kann

---

784 Entsprechend muss die vollstreckbar zu erklärende ausländische Entscheidung oder das Formular V nicht wörtlich in die Rechtsschrift respektive das Gesuch integriert werden. Es ist ausreichend, wenn aus dem Antrag zusammen mit den Beilagen hervorgeht, welche Entscheidung inwiefern vollstreckbar erklärt werden soll. HOFMANN/KUNZ, zu Art. 40 LugÜ, in: BSK, N. 80.

785 Art. 219 ZPO i.V.m. Art. 221 Abs. 3 ZPO.

786 Dazu HOFMANN/KUNZ, zu Art. 41 LugÜ, in: BSK, N. 72 ff.

787 BGer 5A_389/2010, E. 3.1; DROESE, zu Art. 341 ZPO, in: BSK, N. 4; HOFMANN/KUNZ, zu Art. 41 LugÜ, in: BSK, N. 73 f. mit weiteren Hinweisen; KROPHOLLER/VON HEIN, zu Art. 38 EuGVO, in: Europäisches Zivilprozessrecht, N. 7; STAEHELIN/BOPP, zu Art. 41 LugÜ, in: SHK, N. 10; a.A. GEIMER/GEIMER/GEIMER, zu Art. 34 EuGVVO, in: Europäisches Zivilverfahrensrecht, N. 62 ff. Vgl. auch Art. 341 Abs. 1 ZPO.

788 Art. 53 f. LugÜ i.V.m. Anhang V. Das Gericht kann den Antragsteller allenfalls von dieser Pflicht befreien (Art. 55 Abs. 1 LugÜ).

789 Vgl. zu den zwingend einzureichenden Urkunden in der vorliegenden Arbeit unter § 3.III.9.a), S. 45 f.

790 BGE 138 III 82, E. 3.5.3.

791 Zum Ganzen HOFMANN/KUNZ, zu Art. 40 LugÜ, in: BSK, N. 82.

792 Art. 341 Abs. 2 ZPO findet im Anwendungsbereich des Lugano-Übereinkommens keine Anwendung.

das Gericht direkt nach Eingang des Gesuchs eine formelle und materielle Prüfung desselben vornehmen[793].

Dem Vollstreckungsgericht steht die Möglichkeit offen, für die Dauer des Exequaturverfahrens provisorische Massnahmen nach dem Schweizer Recht anzuordnen[794].

e) Entscheid

aa) Allgemeines

Die Form des Entscheids und grundsätzlich auch das Begründungserfordernis folgen den Vorschriften des nationalen Rechts des Vollstreckungsstaates, wobei Art. 6 EMRK vorgibt, dass ein ablehnender Entscheid begründet werden muss[795].

In der Schweiz hat ein Entscheid bezüglich seiner Form die Vorgaben von Art. 238 ZPO zu erfüllen[796]. Für die Frage der Eröffnung und Begründung ist in der Schweiz generell Art. 239 ZPO[797] einschlägig, wonach das Gericht seinen Entscheid (vorerst) im Dispositiv ohne schriftliche Begründung eröffnen kann[798]. Verlangt sodann eine Partei innert zehn Tagen seit der Eröffnung eine schriftliche Begründung, ist diese nachzuliefern. Mit Zustellung der Begründung fängt die Rechtsmittelfrist zu laufen an[799]. Wird innert der zehntägigen Frist keine Begründung verlangt, gilt das ohne Weiteres als Verzicht auf die Anfechtung des Entscheids[800].

Die Regelung der Schweizerischen Zivilprozessordnung und des Lugano-Übereinkommens bezüglich der Rechtsmittelfristen beziehungsweise deren Beginn decken sich nicht. Das Übereinkommen sieht für den Rechtsbehelf des Schuldners grundsätzlich eine Frist von einem Monat ab Zustellung des Exequaturentscheids vor. Eine längere Frist von zwei Monaten besteht,

---

793 HOFMANN/KUNZ, zu Art. 41 LugÜ, in: BSK, N. 68.

794 Art. 47 Abs. 1 LugÜ. HOFMANN/KUNZ, zu Art. 41 LugÜ, in: BSK, N. 76.

795 HOFMANN/KUNZ, zu Art. 41 LugÜ, in: BSK, N. 84.

796 Dazu HOFMANN/KUNZ, zu Art. 41 LugÜ, in: BSK, N. 85.

797 Diese Bestimmung gilt aufgrund Art. 219 ZPO nicht nur für das ordentliche Verfahren, sondern auch für die anderen Verfahrensarten.

798 Art. 239 Abs. 1 ZPO.

799 Vgl. Art. 311 Abs. 1 ZPO und Art. 321 Abs. 1 und 2 ZPO.

800 Art. 239 Abs. 2 ZPO.

wenn der Schuldner seinen Wohnsitz respektive Sitz nicht im Vollstreckungsstaat sondern in einem anderen Lugano-Staat hat[801]. Es stellt sich daher im Anwendungsbereich des Lugano-Übereinkommens die Frage, ob die in der Schweizerischen Zivilprozessordnung vorgesehene Fristenregelung übereinkommenskonform ist, ob die Frist auf einen Monat respektive zwei Monate zu verlängern ist, oder ob der Exequaturentscheid stets begründet eröffnen werden muss.

Grundsätzlich bestimmt das Übereinkommen abschliessend den Beginn und die Dauer der Rechtsmittelfrist. Im Anwendungsbereich des Lugano-Übereinkommens wäre daher jeder Entscheid begründet zu eröffnen[802], wobei die Begründung – da im erstinstanzlichen Verfahren bloss Formalien geprüft werden – eine summarische sein könnte[803]. Zu berücksichtigen ist jedoch, dass ein solches Vorgehen in der Praxis kaum durchführbar ist, wenn gleichzeitig eine rasche Erledigung des Gesuchs um Vollstreckbarerklärung gefordert wird. Es müsste dann ausnahmslos jeder Exequaturentscheid begründet werden, was dazu führen würde, dass sich die Dauer bis zur Eröffnung des Exequturentscheids an die Parteien verlängern würde. Ein Ziel der Revision des Lugano-Übereinkommens war jedoch gerade die Vereinfachung und Beschleunigung des Vollstreckungsverfahrens[804]. Unter Berücksichtigung des zeitlichen Aspekts ist die Schweizer Regelung daher auch im Anwendungsbereich des Lugano-Übereinkommens vertretbar. Die in der Schweizerischen Zivilprozessordnung vorgsehene Lösung verlangt in der zehntägigen Frist nicht die Einlegung eines begründeten Rechtsmittels, sondern lediglich das Verlangen der Begründung des erstinstanzlichen Exequaturentscheids. Erst nach der Zustellung des begründeten Exequaturentscheids beginnt sodann die eigentliche Rechtsmittelfrist zu laufen. Der Schuldner hat somit unter dem Strich länger Zeit, eine begründete Beschwerde einzureichen als im Rahmen der einmonatigen Rechtsbehelfsfrist des Lugano-Übereinkommens[805].

---

801 Vgl. in der vorliegenden Arbeit unter § 3.VI.7.a), S. 84 ff.

802 So HOFMANN/KUNZ, zu Art. 41 LugÜ, in: BSK, N. 86; SCHWANDER DANIEL, S. 684; SOGO, Vollstreckung ausländischer Entscheide über Geldforderungen, S. 52 f.; STAEHELIN DANIEL, Neues Arrestrecht ab 2011, S. 7, Rz. 33.

803 HOFMANN/KUNZ, zu Art. 41 LugÜ, in: BSK, N. 87.

804 Botschaft zum revLugÜ, S. 1805.

805 Botschaft zum revLugÜ, S. 1813; RODRIGUEZ, S. 1559 f.

Verlangt die unterlegene Partei innert dieser Frist von zehn Tagen keine Begründung des Exequaturentscheids, wird darin ein Rechtsmittelverzicht gesehen, der auch im Anwendungsbereich des Lugano-Übereinkommens seine Wirkung entfaltet[806].

bb) Materielle Rechtskraft

Wie an anderer Stelle dieser Arbeit bereits dargelegt, kann der Exequaturentscheid grundsätzlich materielle Rechtskraft entfalten[807].

Die Gutheissung des Vollstreckungsantrages erwächst – sofern nicht eine Aufhebung durch die Rechtsmittelinstanz stattfindet – in materielle Rechtskraft[808]. Den nach der Erteilung des Exequaturs tätigen Vollstreckungsbehörden und Vollstreckungsgerichten ist es infolgedessen nicht mehr gestattet, diejenigen Fragen einer Prüfung zu unterziehen, welche ein Exequaturgericht bereits beurteilt hat respektive hätte beurteilen können. Insbesondere kann die Vollstreckung nicht mit dem Argument verwehrt werden, es lägen Anerkennungshindernisse vor oder es fehle an einer respektive mehreren Exequaturvoraussetzungen[809].

In der Schweiz gilt dies vor allem für den gegebenenfalls später tätig werdenden Rechtsöffnungsrichter[810]. Die Präklusivwirkung hat in der Schweiz über Art. 81 Abs. 3 SchKG Eingang ins Gesetz gefunden. Danach können Einwendungen aus einem Staatsvertrag oder, wenn ein solcher fehlt, aus dem Bundesgesetz über das Internationale Privatrecht im Rechtsöffnungsverfahren geltend gemacht werden, sofern nicht bereits ein schweizerisches

---

806 Botschaft zum revLugÜ, S. 1813.

807 Es muss für die Frage der materiellen Rechtskraft je nach Ausgang des Verfahrens respektive des Grundes für die Rückweisung des Antrages differenziert werden. Vgl. dazu die Ausführungen mit Hinweisen in der vorliegenden Arbeit unter § 3.V.4, S. 67 ff.

808 Vgl. dazu die Ausführungen in der vorliegenden Arbeit unter § 3.V.4, S. 67 ff.

809 Dazu GEIMER/GEIMER/GEIMER, zu Art. 38 EuGVVO, in: Europäisches Zivilverfahrensrecht, N. 18; HOFMANN/KUNZ, zu Art. 38 LugÜ, in: BSK, N. 253.

810 Botschaft zum revLugÜ, S. 1820; ATTESLANDER-DÜRRENMATT, S. 184; GASSMANN, Arrest im internationalen Rechtsverkehr, S. 204 f.; HOFMANN/KUNZ, zu Art. 38 LugÜ, in: BSK, N. 253; LORANDI/SCHALLER, S. 798; MEIER-DIETERLE, Arrestpraxis ab 1. Januar 2011, S. 1223, N. 81; RODRIGUEZ, S. 1555; ROTH JÜRG, Vorläufige Vollstreckbarkeit und Vollstreckung, S. 775; SOGO, Vollstreckung ausländischer Entscheide über Geldforderungen, S. 43; STAEHELIN DANIEL, Neues Arrestrecht ab 2011, S. 9, Rz. 44; STÜCHELI, S. 270; offengelassen in BGer 5A_79/2008, E. 4.2.

Gericht über diese Einwendungen entschieden hat. Wobei ergänzend anzufügen ist, dass sich die Präklusivwirkung auch auf Einwendungen erstreckt, über welche ein schweizerisches Gericht bereits hätte entscheiden können[811].

Nach vorliegender Ansicht dürfen materielle Einreden – wie Stundung, Tilgung, Verjährung – nicht von der Rechtsbehelfsinstanz geprüft werden[812], womit diese nicht von der Präklusivwirkung des rechtskräftigen Exequaturentscheides erfasst werden. Das bedeutet, dass diese Einreden im Rechtsöffnungsverfahren vorgebracht werden können[813].

Auch keine Präklusivwirkung tritt für neue Tatsachen, also Vorkommnisse, welche sich nach dem Exequaturentscheid ereignet haben, ein[814]. Diese neuen Tatsachen können vom Rechtsöffnungsrichter beachtet werden und zwar selbst dann, wenn sie Exequaturvoraussetzungen anbelangen[815].

Ein Exequaturentscheid, welcher eine Abweisung des Antrages zum Inhalt hat, erwächst nur in gewissen Konstellationen in materielle Rechtskraft[816]. In jenen Fällen, in welchen die Abweisung in Rechtskraft erwächst, darf nach den Grundsätzen der *res iudicata* nicht auf ein zweites Gesuch um Vollstreckbarerklärung desselben ausländischen Entscheids eingetreten werden. Der Abweisungsentscheid bindet ausnahmslos alle Instanzen im jeweiligen Vollstreckungsstaat[817]. Dem Antragsteller steht es aber offen, alternativ in der Schweiz ein neues (materielles) Verfahren in der Hauptsache einzuleiten, sofern hierfür ein Gerichtstand besteht. Art. 27 LugÜ steht zu einem solchen Vorgehen nicht im Widerspruch. Bildet die Frage, ob ein Entscheid für vollstreckbar zu erklären ist, als solche den Gegenstand eines Pro-

---

811 Dazu HOFMANN/KUNZ, zu Art. 38 LugÜ, in: BSK, N. 254 f.

812 Vgl. in der vorliegenden Arbeit unter § 3.VI.6.a).dd), S. 80 ff.

813 Botschaft zum revLugÜ, S. 1820; so bereits LEUENBERGER, S. 970.

814 HOFMANN/KUNZ, zu Art. 38 LugÜ, in: BSK, N. 258.

815 Vgl. dazu sowie für einen Überblick über weitere Vorgehensweisen die Ausführungen im Zusammenhang mit der Aufhebung der Vollstreckbarkeit des Entscheids im Urteilsstaat, nachdem die Vollstreckbarerklärung in der Schweiz in Rechtskraft erwachsen ist, in der vorliegenden Arbeit unter § 3.III.6.d), Fn. 197.

816 Vgl. in der vorliegenden Arbeit unter § 3.V.4, S. 67 ff.

817 Ergeht jedoch ein zweiter, unter Missachtung der Sperrwirkung konträrer Entscheid, so kann der Schuldner einen Rechtsbehelf gegen diesen zweiten Entscheid einlegen. Zum Ganzen GEIMER/GEIMER/GEIMER, zu Art. 41 EuGVVO, in: Europäisches Zivilverfahrensrecht, N. 51; HOFMANN/KUNZ, zu Art. 38 LugÜ, in: BSK, N. 269; MANKOWSKI, zu Art. 38 Brüssel I-VO, in: Europäisches Zivilprozess- und Kollisionsrecht, N. 4b.

zesses, erwächst das Urteil, das die Vollstreckung des ausländischen Entscheides in der Schweiz verweigert, im Prinzip in materielle Rechtskraft. Der nicht anerkannte und für vollstreckbar erklärte ausländische Entscheid entfaltet in der Schweiz keine Wirkung der abgeurteilten Sache (res iudicata)[818].

f) Kosten- und Entschädigungsfolgen

Für die Prozesskosten sind die Bestimmungen der Art. 95 ff. ZPO einschlägig.

Es steht dem Gericht auch im Anwendungsbereich des Lugano-Übereinkommens offen, einen Kostenvorschuss zu verlangen[819]. Im Endentscheid hat das Gericht einen Kostenentscheid zu treffen. Dabei sind die Gerichtskosten von Amtes wegen festzusetzen und zu verteilen, wogegen eine Parteientschädigung nur auf Antrag zugesprochen wird[820]. Die Höhe der Kosten richtet sich nach dem kantonalen Tarif[821], wobei die Gerichtsgebühren kraft Vorgabe des Lugano-Übereinkommens streitwertunabhängig ausgestaltet sein müssen[822].

III. Betreibung und Exequaturerteilung im Rechtsöffnungsverfahren

1. Inzidentes versus separates Exequatur

a) Wahl des Gläubigers

Entscheidet der Gläubiger sich für das Exequatur im Rahmen des Rechtsöffnungsverfahrens, so stehen im grundsätzlich zwei Möglichkeiten offen: Er kann entweder die vorfrageweise Vollstreckbarerklärung oder aber einen

---

818 BGE 138 III 174, E. 5.2.

819 Art. 98 ZPO. (Nicht gestattet ist im Summarverfahren die Auferlegung einer Sicherheitsleistung für die Parteientschädigung, was in diesem Zusammenhang aufgrund der Einseitigkeit des Verfahrens sowieso nicht von Relevanz ist; vgl. Art. 99 Abs. 3 lit. c ZPO.)

820 Art. 105 Abs. 1 ZPO *e contrario*.

821 Vgl. für Ausführungen HOFMANN/KUNZ, zu Art. 52 LugÜ, in: BSK, N. 12 ff. sowie zu Art. 41 LugÜ, in: BSK, N. 88 ff.

822 Art. 52 LugÜ.

selbstständigen Exequaturentscheid[823] beantragen[824]. Wobei die zweite Möglichkeit nur besteht, falls das kantonale Recht die Beurteilung der beiden Begehren (Begehren um Erteilung der definitiven Rechtsöffnung sowie Begehren um Vollstreckbarerklärung) in die Zuständigkeit der gleichen Instanz legt[825].

b) Gemeinsamkeit

Unabhängig davon, für welche Vorgehensweise der Gläubiger sich entscheidet, muss er das Einleitungsverfahren durchlaufen: Das Einleitungsverfahren beginnt mit der Einreichung eines Betreibungsbegehrens (Art. 67 SchKG), was zum Erlass eines Zahlungsbefehls[826] (Art. 69 SchKG) gegen den Schuldner führt. Der Zahlungsbefehl wird ohne eine Prüfung des Bestands der Schuld oder deren Vollstreckbarkeit direkt dem Schuldner zugestellt. Der Schuldner kann innert zehn Tagen Rechtsvorschlag (Art. 74 SchKG) erheben, wobei dieser grundsätzlich nicht begründet werden muss (Art. 75 SchKG). Der Rechtsvorschlag bewirkt die Einstellung der Betreibung (Art. 78 SchKG) und zwingt den Gläubiger – falls dieser die Betreibung weiter führen will – zur Beseitigung des Rechtsvorschlags im definitven Rechtsöffnungsverfahren[827].

Das Rechtsöffnungsverfahren setzt eine vorgängige Betreibung voraus[828]. Kein Rechtsöffnungsverfahren wird durchgeführt, wenn der Gläubiger den Schuldner zwar betreibt, dieser es aber unterlässt, Rechtsvorschlag zu erheben. Der Gläubiger kann in dieser Konstellation direkt nach Ablauf von zwanzig Tagen nach Zustellung des Zahlungsbefehls an den Schuldner das Fortsetzungsbegehren stellen[829] und damit die Vollstreckung in das Vermögen des Schuldners veranlassen.

---

823 Dabei wird das Rechtsöffnungsbegehren mit einem Antrag auf Vollstreckbarerklärung verbunden.

824 HOFMANN/KUNZ, zu Art. 38 LugÜ, in: BSK, N. 303.

825 Vgl. dazu STAEHELIN/BOPP, zu Art. 38 LugÜ, in: SHK, N. 24 ff.

826 Vgl. für die Zuständigkeit zum Erlass des Zahlungsbefehls die Ausführungen bei HOFMANN/KUNZ, zu Art. 38 LugÜ, in: BSK, N. 305.

827 Zum Ganzen HOFMANN/KUNZ, zu Art. 38 LugÜ, in: BSK, N. 305 f.; STAEHELIN/BOPP, zu Art. 38 LugÜ, in: SHK, N. 7.

828 STAEHELIN/BOPP, zu Art. 38 LugÜ, in: SHK, N. 7.

829 Art. 88 Abs. 1 SchKG.

2. Inzidente Vollstreckbarerklärung

a) Zulässigkeit

aa) Argumentationen der Befürworter

Die Botschaft[830] zum Bundesbeschluss über die Genehmigung und die Umsetzung des revidierten Übereinkommens von Lugano geht ohne Weiteres von einer Zulässigkeit der vorfrageweisen Vollstreckbarerklärung aus, indes ohne dass dies im Gesetz verankert wird. Auch die Lehre[831] bejaht überwiegend eine Zulässigkeit der vorfrageweisen Vollstreckbarerklärung[832]. Mittlerweile ist die Rechtsprechung[833] der Ansicht der herrschenden Lehre gefolgt, so dass unter dem revidierten Lugano-Übereinkommen eine vorfrageweise Exequaturerteilung im Rahmen des Rechtsöffnungsverfahrens weiterhin – zumindest bis zu einem anders lautenden höchstrichterlichen Entscheid – statthaft ist[834].

Gemäss den Ausführungen in der Botschaft[835] kann die vorfrageweise Vollstreckbarerklärung eine prüfenswerte Alternative für denjenigen Gläubiger sein, der weder von einem Sicherungsmittel noch vom Überraschungseffekt

---

830 Botschaft zum revLugÜ, S. 1810.

831 MEIER-DIETERLE, Arrestpraxis ab 1. Januar 2011, S. 1216, N. 35; NAEF, Die Anpassung des SchKG an das revidierte LugÜ, S. 6, Rz. 30; PLUTSCHOW, zu Art. 38 LugÜ, in: Dike, N. 15; RODRIGUEZ, S. 1561; SOGO, Vollstreckung ausländischer Entscheide über Geldforderungen, S. 30; STAEHELIN/BOPP, zu Art. 38 LugÜ, in: SHK, N. 18 ff.; STAEHELIN DANIEL, zu Art. 47 LugÜ, in: SHK, N. 16; STAEHELIN DANIEL, zu Art. 80 SchKG, in: BSK, N. 68a; STAEHELIN/STAEHELIN/GROLIMUND, S. 567, Rz. 39; STOFFEL, zu Art. 271 SchKG, in: BSK, N. 110; kritisch DOMEJ/OBERHAMMER, zu Art. 327a ZPO, in: Kurzkommentar ZPO, N. 1; HOFMANN/KUNZ, zu Art. 38 LugÜ, in: BSK, N. 291 ff.; a.A. SCHWANDER DANIEL, S. 698 f.

832 Auch die Schweizer Praxis hat die Zulässigkeit immer bejaht. Vgl. dazu die Aufstellungen von Entscheiden, welche unter dem alten Lugano-Übereinkommen vom 16. September 1988 ergangen sind, bei HOFMANN/KUNZ, zu Art. 38 LugÜ, in: BSK, N. 291. Das Bundesgericht hat im Entscheid BGE 135 III 324, E. 3.3 in einem *obiter dictum* bestätigt, dass auch das revidierte Lugano-Übereinkommen daran nichts ändern wird: *„La Convention de Lugano révisée, signée le 30 octobre 2007 et actuellement soumise à ratification, prévoit les deux possibilités."*

833 KG GR, Schuldbetreibungs- und Konkurskammer, Entscheid vom 28. Mai 2013, Ref.: KSK 13 24, E. II.2.c; OG ZH, I. Zivilkammer, Urteil vom 30. Januar 2013, Geschäfts-Nr.: RT120156, E. III.1.b; noch offen gelassen in BGer 5A_366/2013, E. 3.

834 HOFMANN/KUNZ, zu Art. 38 LugÜ, in: BSK, N. 295.

835 Botschaft zum revLugÜ, S. 1810.

Gebrauch machen möchte. Zudem stehe gegen einen Rechtsöffnungsentscheid und damit verbunden gegen die vorfrageweise Vollstreckbarerklärung lediglich die Beschwerde nach Art. 319 f. ZPO zur Verfügung[836], wobei die Rechtsmittelfrist für eine Beschwerde gemäss den Vorschriften der Schweizer Zivilprozessordnung[837] wesentlich kürzer sei als die Rechtsmittelfrist aus dem Lugano-Übereinkommen[838]. Ferner habe die Beschwerde grundsätzlich keine aufschiebende Wirkung[839] und der Gläubiger könne nach Erteilung der definitiven Rechtsöffnung sowie nach Verstreichen der Frist aus Art. 88 Abs. 1 SchKG direkt das Fortsetzungsbegehren stellen.

In der Lehre[840] wird daneben ergänzend vorgebracht, dass ein in einem Forderungsprozess rechtskräftig unterlegener Schuldner annehmen müsse, dass das Urteil gegen ihn vollstreckt werde und dem Überraschungseffekt in vielen Fällen aufgrund dessen keine allzu grosse Bedeutung zugemessen werden solle. Zudem benötige der Gläubiger einen richterlichen Entscheid weniger, wenn er sich für den Weg der ordentlichen Betreibung mit vorfrageweiser Vollstreckbarerklärung und gegen das Exequaturverfahren vor dem kantonalen Vollstreckungsgericht entscheide[841].

Für die Zulässigkeit der vorfrageweisen Vollstreckbarerklärung im Rechtsöffnungsverfahren wird als Begründung vorgetragen, dass es sich dabei bloss um eine vorfrageweise Anerkennung[842] handle[843]. Die Vorschrift in Art. 38 LugÜ untersage sodann eine vorfrageweise Vollstreckbarerklärung nicht, solange dem Gläubiger die Möglichkeit einer Vollstreckbarerklärung nach den Vorschriften des Lugano-Übereinkommens offen stehe[844]. Mittels der vorfrageweisen Vollstreckbarerklärung im Rahmen des Rechtsöffnungsverfahrens werde das Ziel des Übereinkommens, eine rasche und effiziente Vollstreckung sicherzustellen, noch besser umgesetzt als mit dem vom

---

836 Die Rechtsöffnung (Art. 80 ff. SchKG) fällt in den Ausnahmekatalog und ist nicht mit dem Rechtsmittel der Berufung anfechtbar (vgl. Art. 309 lit. b Ziff. 3 ZPO).

837 Art. 321 Abs. 2 ZPO.

838 Art. 43 Abs. 5 LugÜ. Vgl. in der vorliegenden Arbeit unter § 3.VI.7.a), S. 84 ff.

839 Art. 325 ZPO.

840 Vgl. dazu RODRIGUEZ, S. 1561 f.

841 Vgl. in der vorliegenden Arbeit unter § 6.I, S. 141 f.

842 Im Sinne von Art. 33 Abs. 3 LugÜ (Art. 26 Abs. 3 aLugÜ).

843 STAEHELIN/BOPP, zu Art. 38 LugÜ, in: SHK, N. 15 und 18 ff.; STAEHELIN DANIEL, zu Art. 31 aLugÜ, in: SHK, 1. Auflage, N. 8.

844 SCHWANDER IVO, Exequatur für Entscheidungen nach Lugano Übereinkommen, S. 658; STAEHELIN/BOPP, zu Art. 38 LugÜ, in: SHK, N. 21; vgl. ferner Jenard/Möller-Bericht, S. 79, Ziff. 69; STAEHELIN DANIEL, zu Art. 34 aLugÜ, in: SHK, 1. Auflage, N. 18.

Lugano-Übereinkommen vorgesehenen selbstständigen Exequaturverfahren[845]. Der Schuldner erfahre dabei keine Schlechterstellung, da das Rechtsöffnungsverfahren bereits ein kontradiktorisches Verfahren darstelle und er entsprechend schon vor der ersten Instanz anzuhören sei[846]. Ebenfalls in die Wertung einbezogen werden müsse, dass seit dem 10. Januar 2015 mit der Verordnung (EU) Nr. 1215/2012 das Exequturverfahren grundsätzlich abgeschafft worden sei und die vorfrageweise Vollstreckbarerklärung von Entscheiden entsprechend nicht zum Sinn und Geist der revidierten Verordnung im Widerspruch stehe. Angemerkt wird schliesslich noch, dass die Konventionskonformität der Schweizerischen Praxis bereits unter Geltung des früheren Rechts fraglich gewesen sei, die Schweiz jedoch damals beschlossen habe, an ihrer Praxis festzuhalten, und deshalb kein Grund ersichtlich sei, dies nun unter dem neuen Recht zu ändern[847].

bb) Stellungnahme

Das Lugano-Übereinkommen geht davon aus, dass für eine definitive Vollstreckung eine Vollstreckbarerklärung vorausgesetzt wird; es darf mit anderen Worten im Anwendungsbereich des Übereinkommens keine definitive Vollstreckung ohne Vollstreckbarerklärung durchgeführt werden. Art. 47 Abs. 3 LugÜ untersagt denn auch eine Zwangsvollstreckung in das Vermögen des Schuldners, welche über Sicherungsmassnahmen hinausgeht, solange die Rechtsbehelfsfrist gegen die Vollstreckbarerklärung läuft und solange über den Rechtsbehelf nicht entschieden ist. Die bis anhin praktizierte vorfrageweise Vollstreckbarerklärung im Rechtsöffnungsverfahren eröffnet aber gerade den Weg zur definitiven Zwangsvollstreckung ohne Vollstreckbarerklärung. Daraus folgt, dass sich eine definitive Zwangsvollstreckung lediglich gestützt auf eine inzidente Vollstreckbarerklärung nicht mit dem Grundgedanken des Übereinkommens vereinbaren lässt[848].

Gegen das Argument, dass es sich bei der vorfrageweisen Exequaturerteilung im Rechtsöffnungsverfahren bloss um eine vorfrageweise Anerkennung im Sinne von Art. 33 LugÜ handle, lässt sich einwenden, dass eine Anerkennung keine Vollstreckbarkeit mit sich zu bringen vermag[849]. Die

---

[845] SCHWANDER IVO, Exequatur für Entscheidungen nach Lugano Übereinkommen, S. 658; STAEHELIN/BOPP, zu Art. 38 LugÜ, in: SHK, N. 21.

[846] SOGO, Vollstreckung ausländischer Entscheide über Geldforderungen, S. 38; STAEHELIN/BOPP, zu Art. 38 LugÜ, in: SHK, N. 21.

[847] Dazu STAEHELIN/BOPP, zu Art. 38 LugÜ, in: SHK, N. 22.

[848] STAEHELIN/BOPP, zu Art. 38 LugÜ, in: SHK, N. 18 f.

[849] HOFMANN/KUNZ, zu Art. 38 LugÜ, in: BSK, N. 292; vgl. auch STAEHELIN/BOPP, zu Art. 46 LugÜ, in: SHK, N. 18.

Auffassung, wonach das Übereinkommen die vorfrageweise Vollstreckbarkeit nicht verbiete, solange der Gläubiger das Verfahren auf Vollstreckbarerklärung nach Art. 38 ff. LugÜ beanspruchen kann, vermag nicht restlos zu überzeugen. Das Übereinkommen sieht die vorfrageweise Anerkennung explizit vor, schweigt jedoch zur Frage einer vorfrageweisen Vollstreckbarerklärung. Es kann also durchaus auch der Umkehrschluss vertreten werden, dass das Übereinkommen die vorfrageweise Vollstreckbarerklärung eben gerade nicht zulassen will[850]. Ebenso kann aus der Bestimmung in Art. 47 Abs. 1 LugÜ, wonach Sicherungsmassnahmen vor einer Vollstreckbarerklärung zulässig sind, nicht abgeleitet werden, dass darüber hinausgehende Massnahmen auch gestattet sein sollen[851]. Für alle weiteren Schritte wird das Vorliegen einer Vollstreckbarerklärung gefordert[852]. Daneben scheint es zweifelhaft, ob eine vorfrageweise Vollstreckbarerklärung Gestaltungswirkung haben kann[853].

Zu beachten ist, dass das Lugano-Übereinkommen 1988 selber bestimmte, dass die Vollstreckbarerklärung von Entscheidungen, die zu einer Geldleistung verpflichteten, vom *„Rechtsöffnungsrichter im Rahmen des Rechtsöffnungsverfahrens nach den Artikeln 80 und 81 des Bundesgesetzes über Schuldbetreibung und Konkurs"* vorgenommen wurde[854]. Eine solche Vorschrift findet sich im revidierten Lugano-Übereinkommen 2007 nicht mehr[855]. Mit anderen Worten konnte unter Geltung des Lugano-Übereinkommens 1988 der Widerspruch zwischen der Schweizer Praxis und den Vorgaben des Lugano-Übereinkommens mit Verweis auf die vorstehend zitierte Bestimmung von Art. 32 Abs. 1 aLugÜ begründet werden. Das Fehlen dieser Bestimmung spricht dafür, dass (zumindest) unter Geltung des revidierten Lugano-Übereinkommens das inzidente Exequatur im Rechtsöffnungsverfahren im Widerspruch zum Übereinkommen steht[856].

---

850 So auch HOFMANN/KUNZ, zu Art. 38 LugÜ, in: BSK, N. 292; vgl. SCHWANDER DANIEL, S. 699, welcher von einem *„qualifizierten Schweigen"* spricht.

851 HOFMANN/KUNZ, zu Art. 38 LugÜ, in: BSK, N. 292.

852 So auch HOFMANN/KUNZ, zu Art. 38 LugÜ, in: BSK, N. 292.

853 HOFMANN/KUNZ, zu Art. 38 LugÜ, in: BSK, N. 292; vgl. auch (wenn auch in anderem Zusammenhang) WALTHER, Die Rechtsprechung des Bundesgerichts zum Zivilprozessrecht im Jahr 2013, S. 287. Vgl. zur Gestaltungswirkung in der vorliegenden Arbeit unter § 3.IV.1, S. 50.

854 Art. 32 Abs. 1 aLugÜ.

855 Ähnlich bereits HOFMANN/KUNZ, zu Art. 38 LugÜ, in: BSK, N. 293, welche daraus ableiten, dass diese Gegebenheit zu Zweifel Anlass gegeben sollte.

856 A.A. STAEHELIN/BOPP, zu Art. 38 LugÜ, in: SHK, N. 22.

Im Rahmen dieser Thematik hat ferner die Rechtsprechung des Europäischen Gerichtshofes Beachtung zu finden. Der Europäische Gerichtshof hat in einem Entscheid[857] aus dem Jahr 1995 festgehalten, es

> *„ [...] ergibt sich aus der Rechtsprechung, [...] dass das Übereinkommen ein Verfahren über die Zulassung der Zwangsvollstreckung geschaffen hat, das auch für den Bereich der Rechtsschutzmöglichkeiten ein* ***eigenständiges und geschlossenes System*** *darstellt, und dass der Grundsatz der Rechtssicherheit in der Gemeinschaftsrechtsordnung sowie die Ziele des Übereinkommens gemäss dem ihm zugrundeliegenden Artikel 220 des Vertrages eine in allen Mitgliedstaaten* ***einheitliche*** *Anwendung der Vorschriften des Übereinkommens und der vom Gerichtshof hierzu entwickelten Rechtsprechung erfordern[858] ".*

Das Verfahren über die Zulassung der Zwangsvollstreckung bildet gemäss der Rechtsprechung des Europäischen Gerichtshofes[859] ein *"geschlossenes System"*, das eine *"einheitliche Anwendung"* innerhalb der Mitgliedstaaten erfordert. Indem das nationale Schweizer Recht die Möglichkeit einer vorfrageweisen Vollstreckbarerklärung im Rahmen des Rechtsöffnungsverfahrens gestattet und insofern die anwendbaren Bestimmungen des Lugano-Übereinkommens derogiert, erweist es sich als nicht konventionskonform. Die Vorschriften des Übereinkommens sind zum einen abschliessend und zum anderen zwingend. Wäre dem nicht so, stünde jedem gebundenen Staat die Möglichkeit offen, dem Gläubiger neben dem Exequaturverfahren nach Art. 38 ff. LugÜ ein weiteres Verfahren, in welchem dem zu vollstreckenden Entscheid lediglich vorfrageweise die Vollstreckbarerklärung erteilt wird und welches die Vorschriften des Übereinkommens derogiert, zur Verfügung zu stellen. Eine solche Auffassung stünde aber offensichtlich im Widerspruch zum Gedanken der Rechtsvereinheitlichung[860].

---

857 EuGH, Société d'informatique (SISRO) service réalisation organisation/Ampersand Software BV, Urteil vom 11. August 1995, Rs. C-432/93, Slg. 1995, S. I-2269, N. 39.

858 Hervorhebungen hinzugefügt.

859 EuGH, Société d'informatique (SISRO) service réalisation organisation/Ampersand Software BV, Urteil vom 11. August 1995, Rs. C-432/93, Slg. 1995, S. I-2269, N. 39.

860 Zum Ganzen vgl. auch SCHWANDER DANIEL, S. 698 f.

Klar erscheint jedoch, dass die Schweizer Gerichte[861] wie auch die überwiegende Lehre[862] keinen Anlass sehen, die unter dem bisherigen Lugano-Übereinkommen weit verbreitete und in der Lehre breit abgestützte Praxis der vorfrageweisen Vollstreckbarerklärung in Rechtsöffnungsverfahren aufzugeben. Nicht von der Hand zu weisen ist, dass die inzidente Vollstreckbarerklärung massive praktische Vorteile aufweist. Es besteht insbesondere kein Risiko einer rechtskräftigen Abweisung[863], es werden bei dieser Vorgehensweise lediglich zwei Gerichtsurteile[864] benötigt und gemäss der herrschenden Lehre[865] richtet sich das Rechtsmittel[866] nicht nach dem Lugano-Übereinkommen,die sondern dem Schweizer Recht. Auch die Botschaft[867] zum Bundesbeschluss über die Genehmigung und die Umsetzung des revidierten Übereinkommens von Lugano bezeichnet den Weg über das inzidente Exequatur ausdrücklich als zulässig.

Die Schweizer Praxis setzt sich nach vorliegend vertretener Ansicht in Widerspruch zum Sinn und Geist des Lugano-Übereinkommens und der Verordnung (EG) Nr. 44/2001[868]. Die Rechtslage in der Europäischen Union hat sich jedoch mit Inkrafttreten der Verordnung (EU) Nr. 1215/2012, welche die Verordnung (EG) Nr. 44/2001 abgelöst hat, am 10. Januar 2015 verändert. Innerhalb der Europäischen Union wurde das Vollstreckbarerklärungsverfahren ausländischer Entscheidungen abgeschafft und entsprechend

---

861 KG GR, Schuldbetreibungs- und Konkurskammer, Entscheid vom 31. Mai 2013, KSK 13 24, E. II.2.c; OG ZH, I. Zivilkammer, Urteil vom 30. Januar 2013, Geschäfts-Nr.: RT120156, E. III.1.b; offen gelassen in BGer 5A366/2013, E. 3; vgl. aber auch BGE 135 III 324, E. 3.3 (*obiter dictum*).

862 MEIER-DIETERLE, Arrestpraxis ab 1. Januar 2011, S. 1216, N. 35; NAEF, Die Anpassung des SchKG an das revidierte LugÜ, S. 6, Rz. 30; SOGO, Vollstreckung ausländischer Entscheide über Geldforderungen, S. 30; STAEHELIN/BOPP, zu Art. 38 LugÜ, in: SHK, N. 18 ff.; STAEHELIN DANIEL, zu Art. 80 SchKG, in: BSK, N. 68a.; STAEHELIN/STAEHELIN/GROLIMUND, S. 567, Rz. 39; STOFFEL, zu Art. 271 SchKG, in: BSK, N. 110.

863 HOFMANN/KUNZ, zu Art. 38 LugÜ, in: BSK, N. 295.

864 Das Urteil des ausländischen Erkenntnisgerichts und das Urteil des schweizerischen Exequaturgerichts. Vgl. dazu auch ROTH JÜRG, Vorläufige Vollstreckbarkeit und Vollstreckung, S. 775.

865 Vgl. in der vorliegenden Arbeit unter § 6.III.2.f), S. 163 f.

866 Dabei bestehen im Vergleich zum Rechtsbehelf gemäss dem Lugano-Übereinkommen kürzere Fristen. Ferner hat die Beschwerde grundsätzlich keine aufschiebende Wirkung.

867 Botschaft zum revLugÜ, S. 1810.

868 So auch STAEHELIN/BOPP, zu Art. 38 LugÜ, in: SHK, N. 20; kritisch auch HOFMANN/KUNZ, zu Art. 38 LugÜ, in: BSK, N. 291 ff.

ist in der Europäischen Union heute eine in einem Mitgliedstaat vollstreckbare Entscheidung in einem anderen Mitgliedstaat vollstreckbar, ohne dass es einer Vollstreckbarerklärung bedarf[869]. Vor diesem Hintergrund kann festgehalten werden, dass die vorfrageweise Vollstreckbarerklärung, wie sie in der Schweiz praktiziert wird, zumindest im Einklang mit der gegenwärtigen Rechtsauffassung in der Europäischen Union in der geltenden Verordnung (EU) Nr. 1215/2012 steht.

b) Beschränkte Anwendbarkeit der Vorschriften des Lugano-Übereinkommens

Wird die Vollstreckbarerklärung im Rahmen des Rechtsöffnungsverfahrens ausgesprochen, so müssen gleichwohl dieselben materiellen Anforderungen für ein Exequatur gelten wie im Verfahren nach Art. 38 ff. LugÜ. Es müssen also insbesondere die Exequaturvoraussetzungen[870] gegeben sein und es dürfen keine Anerkennungsverweigerungsgründe[871] vorliegen[872]. Wäre dem nicht so, würde dies zu einer *„Aushöhlung der materiellen Vorschriften"* des Lugano-Übereinkommens führen[873].

Beschliesst der Gläubiger, seinen ausländischen Entscheid im Rahmen des Rechtsöffnungsverfahrens für vollstreckbar erklären zu lassen, so verzichtet er damit auf die prozessualen Vorzüge, welche ihm das Lugano-Übereinkommen gewähren würde[874]. Das Verfahren bei einer *„hilfsweisen Vollstreckbarerklärung"* richtet sich nach dem Schweizer Recht und die Verfahrensvorschriften des Lugano-Übereinkommens finden keine Anwendung.[875]. Denn gemäss der herrschenden Lehre[876] genügt, dass neben dem

---

869 Vgl. zu den Hintergründen für die Abschaffung des Vollstreckbarerklärungsverfahrens in der vorliegenden Arbeit unter § 8.III.1.b), S. 277 f.

870 Vgl. in der vorliegenden Arbeit unter § 3.III, S. 25 ff.

871 Vgl. in der vorliegenden Arbeit unter § 3.VI.6.a).aa), S. 78 f.

872 Dazu Botschaft zum revLugÜ, S. 1810; HOFMANN/KUNZ, zu Art. 38 LugÜ, in: BSK, N. 297.

873 HOFMANN/KUNZ, zu Art. 38 LugÜ, in: BSK, N. 302.

874 ATTESLANDER-DÜRRENMATT, S. 183; Botschaft zum revLugÜ, S. 1810.

875 BGE 125 III 386, E. 3.a mit Hinweisen insbesondere auf BGer 5P.15/1998, E. 3.a sowie BGer 5P.494/1997, E. 3; BGer 5P.275/2002, E. 2.3; OG ZH, II. Zivilkammer, Beschluss vom 11. Dezember 2001, in: ZR, 101. Band, S. 165 ff., E. II.2; AMONN/WALTHER, S. 144, Rz. 29; ATTESLANDER-DÜRRENMATT, S. 183; Botschaft zum revLugÜ, S. 1810; FÜLLEMANN, S. 664; RODRIGUEZ, S. 1561; SOGO, Vollstreckung ausländischer Entscheide über Geldforderungen, S. 36 f.; STAEHELIN DANIEL, zu Art. 80 SchKG, in: BSK, N. 68a.

876 ATTESLANDER-DÜRRENMATT, S. 183; FÜLLEMANN, S. 664; vgl. dazu ferner auch SOGO, Vollstreckung ausländischer Entscheide über Geldforderungen, S. 37.

(nicht konventionskonformen) Rechtsöffnungsverfahren ein selbstständiges Exequaturverfahren zur Vefügung gestellt wird und dem Gläubiger die Wahl zwischen diesen beiden Verfahren offen steht. Diese Wahlmöglichkeit des Gläubigers schaffe einen Ausgleich zur Nichtvereinbarkeit des Rechtsöffnungsverfahrens mit den Vorgaben des Lugano-Übereinkommens und mache dadurch eine Anpassung des Rechtsöffnungsverfahrens an die Vorschriften des Übereinkommens nicht notwendig[877].

Dieser Ansicht ist entgegen zu halten, dass das Lugano-Übereinkommen neben Verfahrensvorschriften zugunsten des Gläubigers auch solche Verfahrensvorschriften kennt, welche den Schuldner schützen[878] respektive begünstigen wollen[879]. Im Gegensatz zum Gläubiger kann der Schuldner nicht entscheiden, ob er auf die Verfahrensgarantien des Übereinkommens verzichten will oder nicht[880]. Entsprechend sind dem Schuldner die Garantien, welche das Übereinkommen zu seinem Schutze normiert, auch dann zu gewähren, wenn der Gläubiger sich für eine Vollstreckbarerklärung im Rahmen des Rechtsöffnungsverfahrens entscheidet[881]. Die Schlussfolgerung, wonach im Rechtsöffnungsverfahren die Bestimmungen des Übereinkommens überhaupt keine Anwendung finden, greift deshalb zu kurz[882]. Die Frage, was konkret die Konsequenzen sind, ist nicht einfach zu beantworten. In der Lehre wird vertreten, dass die Anhörung des Schuldners bereits auf Stufe des erstinstanzlichen Rechtsöffnungsverfahrens die Einschränkungen im Rahmen des Rechtsbehelfsverfahrens zu kompensieren vermag und auch die weiteren Verfahrensvorschriften des Lugano-Übereinkommens zum Schutze des Schuldners im Rechtsöffnungsverfahren gewahrt würden[883]. Dieser Ansicht kann nicht ohne Weiteres gefolgt werden[884] und es ist in den

---

877 HOFMANN/KUNZ, zu Art. 38 LugÜ, in: BSK, N. 299.

878 Insbesondere die Vollstreckungssperre nach Art. 47 Abs. 3 LugÜ.

879 HOFMANN/KUNZ, zu Art. 38 LugÜ, in: BSK, N. 300.

880 GASSMANN, Arrest im internationalen Rechtsverkehr, S. 157; LEUENBERGER, S. 970; SCHWANDER IVO, Exequatur für Entscheidungen nach Lugano Übereinkommen, S. 659; SOGO, Vollstreckung ausländischer Entscheide über Geldforderungen, S. 37.

881 HOFMANN/KUNZ, zu Art. 38 LugÜ, in: BSK, N. 300 f.; SOGO, Vollstreckung ausländischer Entscheide über Geldforderungen, S. 37.

882 HOFMANN/KUNZ, zu Art. 38 LugÜ, in: BSK, N. 301.

883 So etwa ausführlich SOGO, Vollstreckung ausländischer Entscheide über Geldforderungen, S. 37 f.; ferner FÜLLEMANN, S. 664.

884 So auch HOFMANN/KUNZ, zu Art. 38 LugÜ, in: BSK, N. 301.

nachstehenden Ausführungen[885] zu den Einzelheiten des Rechtsöffnungsverfahrens auf diese Problematik zurückzukommen.

c) Rechtsbegehren/Rechtskraft

Entscheidet sich der Gläubiger für eine vorfrageweise Vollstreckbarerklärung im Rechtsöffnungsverfahren, so hat er in seinem Rechtsbegehren nur die Erteilung der Rechtsöffnung zu verlangen. Dabei muss er die Vollstreckbarerklärung entweder überhaupt nicht erwähnen, oder bloss die vorfrageweise Vollstreckbarerklärung begehren[886].

Da im Verfahren auf definitve Rechtsöffnung die Dispositionsmaxime Geltung beansprucht, ist es dem Gericht nicht gestattet, bei einem Begehren auf die Erteilung des inzidenten Exequaturs eine selbstständige Vollstreckbarerklärung zu gewähren[887].

Im Falle der Gutheissung des Rechtsöffnungsbegehrens wird im Entscheid ausschliesslich die Rechtsöffnung erteilt[888]. Im Dispositiv findet sich keine Entscheidung betreffend das Exequatur. Der Rechtsöffnungsentscheid entfaltet seine Wirkung lediglich in der konkreten Betreibung[889], so dass der Entscheid über die vorfrageweise Vollstreckbarerklärung nicht in Rechtskraft erwächst[890].

---

885 Vgl. in der vorliegenden Arbeit unter § 6.III.2.f), S. 163 f. und § 6.III.2.g), S. 164 ff.

886 Dazu mit weiteren Hinweisen HOFMANN/KUNZ, zu Art. 38 LugÜ, in: BSK, N. 309.

887 Dazu OG ZH, II. Zivilkammer, Beschluss vom 30. November 2006, in: ZR, 106. Band, S. 82 ff., E. II. 1; FÜLLEMANN, S. 664; MEIER ISAAK, S. 41, Fn. 99; SOGO, Vollstreckung ausländischer Entscheide über Geldforderungen, S. 44; STAEHELIN DANIEL, zu Art. 80 SchKG, in: BSK, N. 60.

888 BGer 5P.275/2002, E. 2.3; OG ZH, II. Zivilkammer, Beschluss vom 30. November 2006, in: ZR, 106. Band, S. 82 ff., E. II. 1.

889 BGE 110 III 48, E. 3; STAEHELIN DANIEL, zu Art. 84 SchKG, in: BSK, N. 80 f.

890 OG ZH, II. Zivilkammer, Beschluss vom 19. Juli 1996, in: ZR, 96. Band, S. 229 ff., E. 4; GROZ, S. 685; SOGO, Vollstreckung ausländischer Entscheide über Geldforderungen, S. 44; STAEHELIN DANIEL, zu Art. 80 SchKG, in: BSK, N. 60; STAEHELIN/STAEHELIN/GROLIMUND, S. 568, Rz. 40.

d) *Zuständigkeit*

Nach überwiegender Lehre[891] findet Art. 39 LugÜ keine Anwendung, wenn das Exequatur im Rahmen des Rechtsöffnungsverfahrens erteilt wird. Die Zuständigkeit richtet sich in diesem Fall entsprechend ausschliesslich nach dem Bundesgesetz über Schuldbetreibung und Konkurs. Zuständig ist nach Art. 84 Abs. 1 SchKG der Richter am Betreibungsort, welcher dem Ort der Zwangsvollstreckung gemäss Art. 22 Ziff. 5 LugÜ entspricht.

Der Einwand, dass die Gerichtsstandsbestimmung aus Art. 39 LugÜ auch beziehungsweise gerade dem Schutz des Schuldners diene und entsprechend der Verzicht des Gläubigers nicht zu beachten sei, ist unter geltendem Recht hinfällig. Ein Verweis auf das nationale Recht bringt nämlich wiederum eine Zuständigkeit am Betreibungsort – also insbesondere am Wohnsitz respektive Sitz oder an einem besonderen Betreibungsort – mit sich. Das revidierte Übereinkommen lässt neu eine alternative Zuständigkeit des Gerichts am Vollstreckungsort zu, so dass materiell nahezu keine Unterschiede bestehen respektive keine Unterschiede, welche einen Nachteil für den Schuldner bedeuten könnten[892].

e) *Zweiseitigkeit des Verfahrens*

Entscheidet sich der Gläubiger für das inzidente Exequatur im Rahmen des Rechtsöffnungsverfahrens, so verzichtet er auf das einseitige Exequaturverfahren und auf den damit einhergehenden Überraschungseffekt, welche ihm das Lugano-Übereinkommen gewähren würde[893]. Der Schuldner erlangt bereits im Zeitpunkt der Zustellung des Zahlungsbefehls von der Vollstreckungsabsicht der Gläubigers Kenntnis. Art. 84 Abs. 2 SchKG, wonach der Rechtsöffnungsrichter dem Schuldner sofort nach Eingang des Gesuches Gelegenheit zur mündlichen oder schriftlichen Stellungnahme gibt, findet uneingeschränkte Anwendung. Der Schuldner kann sich sowohl zu den

[891] Dazu OG ZH, II. Zivilkammer, Beschluss vom 11. Dezember 2001, in: ZR, 101. Band, S. 165 ff., E. II, 2; DONZALLAZ, La Convention de Lugano du 16 septembre 1988 concernant la compétence judiciaire et l'exécution des décisions en matière civile et commerciale, N. 3636; STAEHELIN/BOPP, zu Art. 39 LugÜ, in: SHK, N. 11.

[892] Zum Ganzen HOFMANN/KUNZ, zu Art. 39 LugÜ, in: BSK, N. 60.

[893] Vgl. mit weiteren Hinweisen in der vorliegenden Arbeit unter § 6.III.2.b), S. 159 ff.

Rechtsöffnungsvoraussetzungen wie auch zu den Exequaturvoraussetzungen und den Anerkennungshindernissen äussern[894].

f) Rechtsmittel

Gegen den Rechtsöffnungsentscheid sowie die dabei inzident erteilte Vollstreckbarerklärung stehen nach herrschender Lehre die herkömmlichen Rechtsbehelfe nach dem nationalen Recht und nicht jene des Übereinkommens zur Verfügung[895]. Der erstinstanzliche Rechtsöffnungsentscheid ist entsprechend mit der Beschwerde nach Art. 319 ff. ZPO anzufechten, wobei die in Art. 327a ZPO normierten Spezialvorschriften für die Lugano-Beschwerde keine Anwendung finden[896]. Der Rechtsmittelentscheid der oberen kantonalen Instanz kann mit der Beschwerde in Zivilsachen beim Bundesgericht angefochten werden[897].

Dem Schuldner stehen im Rechtsmittelverfahren nach rein nationalem Recht bedeutend weniger Schutzmechanismen zur Verfügung als im Rechtsmittelsystem des Übereinkommens. Das Lugano-Übereinkommen sieht längere Rechtsmittelfristen, eine freie Kognition, die Zulässigkeit von Noven und die aufschiebende Wirkung *ex lege* vor[898]. Wenn nun in der Lehre[899] argumentiert wird, dass diese Einbusse an Rechtsschutz durch die Gewährung des rechtlichen Gehörs bereits vor der ersten Instanz aufgewogen werde, so vermag dies nicht zu überzeugen[900]. Möglicherweise kann die Äusserungsmöglichkeit vor der ersten Instanz eine gewisse Einschränkung der Rügen begründen, aber eine dermassen massive Verkürzung der Rechtsmittelfrist ist damit nicht zu rechtfertigen[901]. Auch kommt der Beschwerde

---

894 BGer 5A_260/2010, E. 3; HOFMANN/KUNZ, zu Art. 38 LugÜ, in: BSK, N. 315.

895 BGer 5A_112/2010 und 5A_114/2010, E. 2 (implizit); DOMEJ/OBERHAMMER, zu Art. 327a ZPO, in: Kurzkommentar ZPO, N. 1; RODRIGUEZ, S. 1562; STAEHELIN DANIEL, zu Art. 80 SchKG, in: BSK, N. 68a; zum Ganzen Botschaft zum rev-LugÜ, S. 1810.

896 HOFMANN/KUNZ, zu Art. 38 LugÜ, in: BSK, N. 316.

897 Vgl. etwa BGer 5A_160/2010, E. 1.1. Dabei müssen die gewöhnlichen Streitwertgrenzen (Art. 74 BGG) erreicht werden und es gelten die herkömmlichen Einschränkungen der Rügen (Art. 95 BGG),vgl. BGer 5A_389/2010, E. 1.

898 Dazu HOFMANN/KUNZ, zu Art. 38 LugÜ, in: BSK, N. 317 f.

899 SOGO, Vollstreckung ausländischer Entscheide über Geldforderungen, S. 37 f.

900 So bereits auch HOFMANN/KUNZ, zu Art. 38 LugÜ, in: BSK, N. 319.

901 HOFMANN/KUNZ, zu Art. 38 LugÜ, in: BSK, N. 319; NAEF, Die Anpassung des SchKG an das revidierte LugÜ, S. 5, Rz. 22.

nach rein nationalem Recht im Gegensatz zur Lugano-Beschwerde grundsätzlich keine aufschiebende Wirkung zu, was ein Verstoss gegen den Vollstreckungsschutz von Art. 47 Abs. 3 LugÜ darstellt[902].

Die Garantien, welche das Lugano-Übereinkommen dem Schuldner im Verfahren zugesteht, können nach hier vertretener Ansicht nicht durch beliebige andere Verteidigungsrechte ersetzt beziehungsweise kompensiert werden. Entsprechend sollten auch bei einer inzidenten Vollstreckbarerklärung im Rechtsmittelverfahren – zumindest dann wenn der Schuldner das Rechtsmittel eingelegt hat – die Bestimmungen des Lugano-Übereinkommens jedenfalls für die Frage der Frist zur Anfechtung des Entscheids sowie in Bezug auf die aufschiebende Wirkung Anwendung finden[903]. Würde man die Garantien, welche das Übereinkommen dem Schuldner gewährt, ausser Acht lassen, so würde dies im Resultat zu einer Benachteiligung von Schuldnern mit Wohnsitz in der Schweiz führen. Zuständig für die Durchführung des Rechtsöffnungsverfahrens ist der Richter am Betreibungsort und somit grundsätzlich der Richter am Sitz respektive Wohnsitz des Schuldners[904].

g) *Vollstreckungssperre gemäss Art. 47 Abs. 3 LugÜ*

Teilweise wird die Auffassung vertreten[905], dass die Vollstreckungssperre nach Art. 47 Abs. 3 LugÜ im Rahmen des inzidenten Exequaturs kein Problem darstelle, da die Fortsetzung der Betreibung[906] erst nach dem Eintritt der formellen Rechtskraft des Entscheids über die Rechtsöffnung fortgesetzt werden könne.

Dabei muss jedoch beachtet werden, dass dem gegen einen Rechtsöffnungsentscheid einschlägigen Rechtsmittel – der Beschwerde nach Art. 319 ff. ZPO – *ex lege* keine aufschiebende Wirkung zukommt. Seit dem Inkrafttreten der Schweizerischen Zivilprozessordnung könnte also das

---

902 NAEF, Die Anpassung des SchKG an das revidierte LugÜ, S. 5, Rz. 22.

903 So auch HOFMANN/KUNZ, zu Art. 38 LugÜ, in: BSK, N. 319 f.

904 Ausnahmen bestehen nur im Rahmen der besonderen Betreibungsorte nach Art. 48 ff. SchKG. Vgl. in der vorliegenden Arbeit unter § 6.III.2.d), S. 162.

905 So LEBRECHT, zu Art. 88 SchKG, in: BSK, N. 6; SOGO, Vollstreckung ausländischer Entscheide über Geldforderungen, S. 38; STAEHELIN DANIEL, zu Art. 47 LugÜ, in: SHK, N. 53, wonach Art. 47 Abs. 3 LugÜ mangels Rechtsbehelf nach Art. 43 LugÜ nicht anwendbar sei.

906 Nach Art. 81 Abs. 1 LugÜ.

Fortsetzungsbegehren direkt nach Erlass des erstinstanzlichen Rechtsöffnungsentscheids und dem Ablauf der Frist von zwanzig Tagen gemäss Art. 88 SchKG gestellt werden[907].

In der Lehre wird in diesem Zusammenhang – sofern überhaupt die Zulässigkeit einer inzidenten Exequaturerteilung bejaht wird – die Frage aufgeworfen, ob die Regelung, wonach das Fortsetzungsbegehren nach Vorliegen des Rechtsöffnungsentscheids der ersten Instanz gestellt werden könne, vor der Vollstreckungssperre des Lugano-Übereinkommens standhalte[908].

Diese Frage wird sodann dahingehend beantwortet, dass eigentliche Vollstreckungsmassnahmen nicht vor Ablauf der (entsprechend den Vorgaben des Übereinkommens verlängerten[909]) Beschwerdefrist beziehungsweise vor dem Entscheid der Beschwerdeinstanz zulässig seien. Der Beschwerde müsse insofern auch im Rahmen des inzidenten Exequaturverfahrens aufschiebende Wirkung zukommen. Das Fortsetzungsbegehren stelle bereits eine über die Sicherung hinausgehende Massnahme, welche durch Art. 47 Abs. 3 LugÜ untersagt würde, dar. Das summarische – wenn auch zweiseitige – Rechtsöffnungsverfahren könne nicht mit der Konstellation gleichgesetzt werden, in welcher ein erstinstanzliches Gericht von Amtes wegen die Voraussetzungen für die Exequaturerteilung geprüft und als gegeben erachtet habe, dem Schuldner eine längere Frist zur Einlegung eines Rechtsbehelfs zur Verfügung gestanden habe und ein Verfahren vor einer Rechtsbehelfinstanz möglich gewesen sei, in welchem neben der zweiseitigen Verhandlung der Anerkennungsvoraussetzungen auch der Entscheid des erstinstanzlichen Exequaturgerichts überprüft werden konnte. Als Begründung wird weiter noch angeführt, dass es nicht korrekt erscheine, wenn die Schweiz dem Gläubiger die Möglichkeit eines nicht konventionskonformen Verfahrens eröffne, welches eine frühere Zwangsvollstreckung in das schuldnerische Vermögen gestatte. Das Übereinkommen verlange den Vollstreckungsschutz des Schuldners für die Dauer der Rechtsbehelfsfrist wie auch während des Rechtsbehelfsverfahrens[910].

Sofern von einer Zulässigkeit der vorfrageweisen Vollstreckbarerklärung ausgegangen wird, ist zumindest davon auszugehen, dass die Schweiz im

---

907 Vgl. dazu und für weitere Ausführungen HOFMANN/KUNZ, zu Art. 38 LugÜ, in: BSK, N. 323.

908 So HOFMANN/KUNZ, zu Art. 38 LugÜ, in: BSK, N. 324.

909 Vgl. in der vorliegenden Arbeit unter § 6.III.2.f), S. 163 f.

910 Zum Ganzen mit weiteren Ausführungen zur Begründung dieser Auffassung HOFMANN/KUNZ, zu Art. 38 LugÜ, in: BSK, N. 321 ff.

Anwendungsbereich des Lugano-Übereinkommens nicht die Freiheit besitzt, ein Verfahren vorzusehen, dass dem Gläubiger eine frühere Vollstreckung ermöglicht als das Übereinkommen selber. Die vorstehend aufgezeite Lehrmeinung verdient insbesondere unter dem Gesichtspunkt des abschliessenden und eigenständigen Charakters des Übereinkommens[911] sowie dessen Vorrangigkeit vor dem jeweiligen nationalen Recht Zustimmung. Der Beschwerde des Schuldners gegen den Rechtsöffnungsentscheid muss – auch im Rahmen der inzidenten Exequaturerteilung – die aufschiebende Wirkung dahingehend zukommen, dass die Vollstreckung nicht über die Sicherung hinausgehen darf.

h) *Anspruch auf Sicherungsmassnahmen gemäss Art. 47 Abs.2 LugÜ*

Der Gläubiger hat mangels Vorliegen einer selbstständigen erstinstanzlichen Vollstreckbarerklärung keinen Anspruch auf Sicherungsmassnahmen gemäss Art. 47 Abs. 2 LugÜ[912]. Mit der Wahl des inzidenten Exequaturs im Rechtsöffnungsverfahren hat er auf die Anwendung der Verfahrensvorschriften des Lugano-Übereinkommens und entsprechend auch auf den übereinkommensautonomen Sicherungsanspruch verzichtet.

Der Gläubiger hat aber die Möglichkeit, Sicherungsmassnahmen nach der Vorgabe des nationalen Rechts zu begehren[913].

i) *Schuldnerschutz bei noch nicht rechtskräftigem Entscheid im Urteilsstaat*

Dem Schuldner eines vollstreckbaren, noch nicht rechtskräftigen Entscheids muss der Schutz nach Art. 46 LugÜ zukommen. Art. 46 LugÜ ist entsprechend auch im Rahmen der vorfrageweisen Vollstreckbarerklärung im Rechtsöffnungsverfahren vom Rechtsöffnungsgericht zu beachten. Gegebenenfalls ist das Verfahren entweder zu sistieren oder die Rechtsöffnung nur gegen Sicherheitsleistung zu erteilen.

Dies muss insbesondere unter dem Aspekt des Schuldnerschutzes so sein, da die erstinstanzliche Erteilung der Rechtsöffnung – im Gegensatz zum

---

911 Vgl. insbesondere in der vorliegenden Arbeit unter § 6.III.2.a).bb), S. 155 ff.

912 HOFMANN/KUNZ, zu Art. 38 LugÜ, in: BSK, N. 330; STAEHELIN DANIEL, zu Art. 47 LugÜ, in: SHK, N. 52.

913 STAEHELIN DANIEL, zu Art. 47 LugÜ, in: SHK, N. 52.

System des Lugano-Übereinkommens – bereits zur Zwangsvollstreckung führen kann[914].

j) Kosten und Entschädigung

Die Gebühren für ein Rechtsöffnungsverfahren mit inzidenter Vollstreckbarerklärung richten sich nach der Gebührenverordnung zum Bundesgesetz über Schuldbetreibung und Konkurs und sind streitwertabhängig[915].

Die Parteientschädigung ist nur geschuldet, wenn die obsiegende Partei dies begehrt hat. Sie richtet sich nach dem kantonalen Tarif[916].

3. Ausdrückliche Exequaturerteilung

a) Zulässigkeit

Soweit ersichtlich wird sowohl in der Lehre wie auch in der Rechtsprechung nicht bestritten, dass der Gläubiger sich ebenfalls dafür entscheiden kann, nach Einleitung der Berteibung gleichzeitig mit dem Antrag auf Rechtsöffnung einen selbstständigen Exequaturantrag zu stellen[917]. Umstritten ist hingegen, ob der Gläubiger dabei auf die Verfahrensgarantien des Lugano-Übereinkommens – insbesondere auf den Anspruch auf Sicherungsmassnahmen aus Art. 47 Abs. 2 LugÜ – verzichtet oder nicht[918]. Nach der vorliegend vertretenen Ansicht bedeutet die Wahl der ausdrücklichen Exequaturerteilung keinen Verzicht des Gläubigers auf die Verfahrensvorschriften des Übereinkommens[919]. Der Gläubiger hat aufgrund der Bestimmungen des Lugano-Übereinkommens das Recht, eine selbstständige Vollstreckbarerklärung zu verlangen, wobei der selbstständige Exequaturentscheid – anders als im Rahmen der inzidenten Vollstreckbarerklärung – in Rechtskraft erwächst[920]. Die aus der Vollstreckbarerklärung resultierenden Rechte können

---

914 Zum Ganzen STAEHELIN/BOPP, zu Art. 46 LugÜ, in: SHK, N. 18.

915 Vgl. für weitere Ausführungen und zur Zulässigkeit der Streitwertabhängigkeit HOFMANN/KUNZ, zu Art. 52 LugÜ, in: BSK, N. 13 und 19 ff.

916 Dazu STAEHELIN DANIEL, zu Art. 84 SchKG, in: BSK, N. 74.

917 OG ZH, II. Zivilkammer, Beschluss vom 30. November 2006, in: ZR, 106. Band, S. 82 ff., E. II. 1; FÜLLEMANN, S. 664; GROZ, S. 684 f.; SOGO, Vollstreckung ausländischer Entscheide über Geldforderungen, S. 45.

918 Vgl. HOFMANN/KUNZ, zu Art. 38 LugÜ, in: BSK, N. 338.

919 So bereits STAEHELIN DANIEL, zu Art. 34 aLugÜ, in: SHK, 1. Auflage, N. 18 ff.; a.A. FÜLLEMANN, S. 664; HOFMANN/KUNZ, zu Art. 38 LugÜ, in: BSK, N. 339; SOGO, Vollstreckung ausländischer Entscheide über Geldforderungen, S. 45.

920 Vgl. in der vorliegenden Arbeit unter § 6.III.3.b), S. 169.

nicht deshalb beschränkt werden, weil der Gläubiger seinen Antrag auf Rechtsöffnung bereits vor (oder gleichzeitig mit) der Erteilung des Exequaturs stellt und nicht erst danach[921]. Vielmehr ist das *„Verfahren inhaltlich, aber nicht formell zu teilen“*[922]. Gemeint ist, dass sich die Rechtsöffnung nach den Vorschriften des Bundesgesetzes über Schuldbetreibung und Konkurs richtet, die Vollstreckbarerklärung jedoch nach den Vorgaben des Übereinkommens zu erteilen ist[923]. Durch die Anwendung der Verfahrensvorschriften des Lugano-Übereinkommens muss den Verfahrensgarantien des Schuldners nicht gesondert Rechnung getragen werden.

Es stellt sich im Anschluss an diese Ausführungen die Frage, ob das Schweizer Recht eine Zusammenlegung des Exequatur- und des Rechtsöffnungsverfahrens überhaupt zulässt. Nur wenn die Zulässigkeit bejaht werden kann, kann der Antrag auf Vollstreckbarerklärung mit dem Begehren um Rechtsöffnung verbunden sowie in einem Verfahren verhandelt und beurteilt werden[924]. Dogmatisch handelt es sich bei einem Antrag auf Vollstreckbarerklärung verbunden mit einem Begehren auf definitve Rechtsöffnung um eine objektive Klagehäufung[925]. Für die Zulässigkeit einer objektiven Klagehäufung[926] wird vorausgesetzt, dass für beide Begehren das gleiche Gericht sachlich zuständig und die gleiche Verfahrensart anwendbar ist[927]. Grundsätzlich muss auch dieselbe örtliche Zuständigkeit vorliegen[928]. Von diesen Voraussetzungen kann – abhängig vom kantonalen Recht – einzig

---

921 Dazu STAEHELIN DANIEL, zu Art. 34 aLugÜ, in: SHK, 1. Auflage, N. 19 f.

922 STAEHELIN DANIEL, zu Art. 34 aLugÜ, in: SHK, 1. Auflage, N. 19.

923 So auch STAEHELIN DANIEL, zu Art. 80 SchKG, in: BSK, N. 68b; WALDER, S. 150.

924 Vgl. dazu HOFMANN/KUNZ, zu Art. 38 LugÜ, in: BSK, N. 340.

925 OG ZH, II. Zivilkammer, Beschluss vom 30. November 2006, in: ZR, 106. Band, S. 82 ff., E. II. 1; FÜLLEMANN, S. 664; GROZ, S. 684; SOGO, Vollstreckung ausländischer Entscheide über Geldforderungen, S. 45; STAEHELIN DANIEL, zu Art. 80 SchKG, in: BSK, N. 68b. Vgl. zum Begriff der objektiven Klagehäufung SPÜHLER/WEBER, zu Art. 90 ZPO, in: BSK, N. 1.

926 Vgl. Art. 90 ZPO.

927 Dazu und für weitere Ausführungen SPÜHLER/WEBER, zu Art. 90 ZPO, in: BSK, N. 6 ff.; GSCHWEND/BORNATICO, zu Art. 125 ZPO, in: BSK, N. 15.

928 Vom Erfordernis der gleichen örtlichen Zuständigkeit bestehen Ausnahmen. Ist die einheitliche örtlliche Zuständigkeit des angerufenen Gerichts nicht gegeben, so ist zu fragen, ob die mit derselben Klage geltend gemachten Ansprüche einen sachlichen Zusammenhang aufweisen. Kann dies bejaht werden, besteht gestützt auf Art. 15 Abs. 2 ZPO für alle Ansprüche derselbe Gerichtsstand und es ist mit anderen Worten dieselbe örtliche Zuständigkeit für sämtliche Ansprüche gegeben. SPÜHLER/WEBER, zu Art. 90 ZPO, in: BSK, N. 6.

das Erfordernis der gleichen sachlichen Zuständigkeit Probleme bereiten[929]. Das kantonale Recht legt fest, ob die Beurteilung der beiden Anträge in die Zuständigkeit derselben Instanz fällt[930] und die Rechtsöffnung sowie die Vollstreckbarerklärung in einem einzigen Verfahren erfolgen können[931].

b) Rechtsbegehren und Rechtskraft

Der Gläubiger hat die explizite Exequaturerteilung in seinem Rechtsbegehren zu verlangen[932].

Im Dispositiv des Entscheids wird bei der ausdrücklichen Exequaturerteilung im Rechtsöffnungsverfahren einerseits die Rechtsöffnung erteilt und andererseits der Entscheid für vollstreckbar erklärt[933]. Gleich wie im Rahmen des selbstständigen Exequaturverfahrens erwächst die Vollstreckbarerklärung in Rechtskraft[934].

---

929 Denn für beide Verfahren finden die Vorschriften über das summarische Verfahren (sowie im Rahmen des Exequaturverfahrens auch die Verfahrensgarantien des Lugano-Übereinkommens) Anwendung und beide Verfahren sind am Wohnsitz bzw. am Betreibungsort durchzuführen.Vgl. dazu HOFMANN/KUNZ, zu Art. 38 LugÜ, in: BSK, N. 340.

930 Also ob die Funktion des Rechtsöffnungsgerichts und diejenige des Exequaturgerichts vom gleichen Gerichtskörper ausgeführt wird.

931 Zu beachten ist ferner, dass dem Gericht nach Art. 125 lit. b ZPO die Möglichkeit offen steht, gemeinsam eingereichte Klagen zu trennen. Umgekehrt kann das Gericht auch selbstständig eingereichte Klagen vereinigen (Art. 125 lit. c ZPO). Vgl. dazu STAEHELIN/BOPP, zu Art. 38 LugÜ, in: SHK, N. 25. Gemäss diesen Autoren ist der Verfahrensweg bei einer solchen objektiven Klagehäufung nicht restlos vorhersehbar, weshalb sie davon abraten.

932 OG ZH, II. Zivilkammer, Beschluss vom 30. November 2006, in: ZR, 106. Band, S. 82 ff., E. II. 1; HOFMANN/KUNZ, zu Art. 38 LugÜ, in: BSK, N. 336.

933 Das Rechtsöffnungsgericht darf die Vollstreckbarerklärung jedoch nicht von sich aus ohne einen entsprechenden Antrag des Gläubigers erteilen respektive im Dispositiv aufnehmen. Vgl. OG ZH, II. Zivilkammer, Beschluss vom 30. November 2006, in: ZR, 106. Band, S. 82 ff., E. II. 1.

934 OG ZH, II. Zivilkammer, Beschluss vom 30. November 2006, in: ZR, 106. Band, S. 82 ff., E. II. 1; OG ZH, II. Zivilkammer, Beschluss vom 19. Juli 1996, in: ZR, 96. Band, S. 229 ff., E. 4; SOGO, Vollstreckung ausländischer Entscheide über Geldforderungen, S. 45; mit weiteren Hinweisen STAEHELIN DANIEL, zu Art. 80 SchKG, in: BSK, N. 59; STÜCHELI, S. 272.

c) *Zuständigkeit*

Es können beide Verfahren am Wohnsitz respektive am Betreibungsort durchgeführt werden[935].

d) *Zweiseitigkeit des Verfahrens*

Das Rechtsöffnungsverfahren des Schweizer Schuldbetreibungs- und Konkursrechts ist im Gegensatz zum Exequaturverfahren des Lugano-Übereinkommens zweiseitig ausgestaltet. Anders als der Schuldner hat der Gläubiger die Wahl, für welches dieser Verfahren er sich entscheidet. Entscheidet er sich für die Rechtsöffnung mit ausdrücklicher Exequaturerteilung, so hat der Gläubiger auch die Eigenheiten des Rechtsöffnungsverfahrens – also insbesondere dessen kontradiktorischen Charakter – hinzunehmen[936]. Eine – wie teilweise in der Literatur vorgeschlagen – Spaltung des Verfahrens[937] ist nach vorliegend vertretener Ansicht nicht erforderlich, da dem Gläubiger der Weg über das selbstständige Exequaturverfahren offen stand, und würde dem Gläubiger in gewissem Masse *Rosinenpickerei* gestatten.

Aufgrund dieser Zweiseitigkeit des Rechtsöffnungsverfahrens ist der Schuldner sowohl zu den Rechtsöffnungs- als auch zu den Exequaturvoraussetzungen sowie den Anerkennungshindernissen anzuhören[938].

e) *Rechtsmittel*

Bezüglich der Rechtsmittel im Rahmen der Rechtsöffnung mit ausdrücklicher Exequaturerteilung fragt sich einmal mehr, inwiefern die Vorschriften des Lugano-Übereinkommens die Schweizer Vorschriften verdrängen[939].

---

935 HOFMANN/KUNZ, zu Art. 38 LugÜ, in: BSK, N. 340.

936 So auch HOFMANN/KUNZ, zu Art. 38 LugÜ, in: BSK, N. 343.

937 Der Gläubiger soll nach dieser Ansicht verlangen können, dass zuerst ohne Anhörung des Schuldners die Vollstreckbarerklärung vom Gericht ausgesprochen wird und danach unter Einräumung des rechtlichen Gehörs des Schuldners über die Rechtsöffnung entschieden wird. Vgl. STAEHELIN DANIEL, zu Art. 80 SchKG, in: BSK, N. 68b; STAEHELIN DANIEL, zu Art. 34 aLugÜ, in: SHK, 1. Auflage, N. 21; zweifelnd HOFMANN/KUNZ, zu Art. 38 LugÜ, in: BSK, N. 343.

938 HOFMANN/KUNZ, zu Art. 38 LugÜ, in: BSK, N. 342; STAEHELIN DANIEL, zu Art. 80 SchKG, in: BSK, N. 68b.

939 Vgl. für eine Darstellung der unterschiedlichen Auffassungen mit Hinweisen HOFMANN/KUNZ, zu Art. 38 LugÜ, in: BSK, N. 344 ff.

Nach der einen Ansicht[940] ist auch gegen das Exequatur ausschliesslich die Beschwerde nach Art. 319 ff. ZPO – ohne die Modifikationen[941] von Art. 327a ZPO – zulässig. Dies ergebe sich aus dem Umstand, dass dieses Verfahren alternativ zu Verfügung stehe.

Dagegen wird vorgebracht[942], dass sich das zulässige Rechtsmittel gegen die Vollstreckbarerklärung aus dem Lugano-Übereinkommen ergebe, während gegen die Rechtsöffnung die normale Beschwerde nach Art. 319 ff. ZPO zu ergreifen sei. Diese Auffassung hat also eine Separierung respektive Gabelung der Rechtsmittelwege zur Folge. Es gelten diesfalls namentlich unterschiedliche Rechtsmittelfristen und Kognitionen der Rechtsbehelfsinstanz[943]. Unter Geltung des kantonalen zürcherischen Prozessrechts kam es zu einer solchen Spaltung des Rechtsmittelweges, was das Rechtsmittelsystem beträchtlich verkomplizierte[944]. Um eine Vereinfachung zu erzielen, hat die Zürcher Praxis sich damals entschieden, die beiden Rechtsmittel zu vereinen, wobei das Rechtsmittel gegen den Rechtsöffnungsentscheid an die Vorgaben des Lugano-Übereinkommens angepasst wurde[945].

Auch heute bringt eine Spaltung respektive Gabelung des Rechtsmittelweges durch zwei unterschiedliche Rechtsmittel gegen denselben Entscheid (respektive gegen dessen verschiedene Teile) mit insbesondere ungleichen Rechtsmittelfristen und unterschiedlichen Rügegründen Unklarheiten mit sich[946]. Andererseits bedeutet eine Zusammenfassung der beiden Rechtsmittel eine Erweiterung des Rechtsschutzes gegen Rechtsöffnungsentscheide, was wiederum in Folgeprobleme beziehungsweise Unvereinbarkeiten vor allem in Bezug auf nationale Titel resultiert[947].

---

940 SOGO, Vollstreckung ausländischer Entscheide über Geldforderungen, S. 55 f.; im Rahmen einer Willkürkognition im Ergebnis auch BGE 125 III 386, E. 3.b.

941 Insbesondere ohne aufschiebende Wirkung und mit eingeschränkter Kognition im Bezug auf Tatsachenrügen.

942 KG BL, vom 13. Januar 2004, 98-03/764/RUM, E. 2, abrufbar unter http://www.baselland.ch/004-htm.291130.0.html; STAEHELIN DANIEL, zu Art. 80 SchKG, in: BSK, N. 68b.

943 Dazu HOFMANN/KUNZ, zu Art. 38 LugÜ, in: BSK, N. 345.

944 Zur Zürcher Praxis und Praxisänderung mit weiteren Hinweisen SOGO, Vollstreckung ausländischer Entscheide über Geldforderungen, S. 53 ff.

945 OG ZH, II. Zivilkammer, Beschluss vom 30. November 2006, in: ZR, 106. Band, S. 82 ff., E. II. 2.

946 So auch HOFMANN/KUNZ, zu Art. 38 LugÜ, in: BSK, N. 345.

947 HOFMANN/KUNZ, zu Art. 38 LugÜ, in: BSK, N. 345; vgl. für weitergehende Ausführungen insbesondere zur Problematik im Zusammenhang mit nationalen Titeln SOGO, Vollstreckung ausländischer Entscheide über Geldforderungen, S. 54 f.

Nach hier vertretener Auffassung[948] sind auch bei einer Rechtsöffnung mit gleichzeitiger Vollstreckbarerklärung die Verfahrensgarantien, welche das Übereinkommen dem Schuldner gewährt, anzuwenden. Entsprechend müssen also die längeren Fristen des Übereinkommens sowie die aufschiebende Wirkung des Rechtsmittels von Gesetzes wegen gelten. Auch eine Einschränkung der Kognition ist nicht zulässig. Wie bereits im Rahmen der inzidenten Vollstreckbarkeit dargelegt[949], dürfen die Verfahrensgarantien des Übereinkommens nicht beliebig durch anderen Verteidigungsmöglichkeiten des Schuldners ausgetauscht beziehungsweise ersetzt werden. Einer Vollstreckbarerklärung, welche gleichzeitig mit der Rechtsöffnung begehrt wurde, sollen daneben die gleichen Wirkungen zukommen wie einer Vollstreckbarerklärung, welche in einem separaten Exequaturverfahren ergangen ist[950].

f) Vollstreckungssperre gemäss Art. 47 Abs. 3 LugÜ

Ob und unter welchen Bedingungen die Vollstreckungssperre nach Art. 47 Abs. 3 LugÜ bei einer expliziten Vollstreckbarerklärung im Rahmen des Rechtsöffnungsverfahrens Anwendung finden soll, wird kontrovers diskutiert[951]. Fraglich dabei ist wiederum, ob das Stellen des Fortsetzungsbegehrens bereits nach Vorliegen des erstinstanzlichen Rechtsöffnungsentscheids vor der Vollstreckungssperre des Lugano-Übereinkommens standhält.

In der Lehre[952] wurde die Auffassung vertreten, dass die definitive Rechtsöffnung erst ab dem Zeitpunkt, in welchem der Exequaturentscheid in Rechtskraft erwachse, gewährt werden könne. Jedoch könne das Rechtsöffnungsverfahren nicht bis zum rechtskräftigen Abschluss des Exequatur- und Rechtsbehelfsverfahrens sistiert werden. Deshalb habe das Gericht im Rahmen des Rechtsöffnungsverfahrens parallel ein selbstständiges und vorfrageweises Exequaturverfahren durchzuführen, wobei dem Schulder grundsätzlich bereits Gelegenheit zu geben sei, sich zu den Exequaturvoraussetzungen zu äussern. Sobald der Rechtsöffnungsentscheid in Rechtskraft erwächst, kann – nach dieser Ansicht – das Fortsetzungsbegehren gestellt werden.

---

948 Vgl. zum Ganzen bereits HOFMANN/KUNZ, zu Art. 38 LugÜ, in: BSK, N. 346.

949 Vgl. in der vorliegenden Arbeit unter § 6.III.2.f), S. 163 f.

950 Vgl. dazu STAEHELIN DANIEL, zu Art. 34 aLugÜ, in: SHK, 1. Auflage, N. 19.

951 Mit Hinweisen HOFMANN/KUNZ, zu Art. 38 LugÜ, in: BSK, N. 347.

952 Dazu STAEHELIN DANIEL, zu Art. 80 SchKG, in: BSK, N. 68b; STAEHELIN DANIEL, zu Art. 34 aLugÜ, in: SHK, 1. Auflage, N. 20.

Ein solches Vorgehen schützt entgegen den Vorschriften des Übereinkommens den Schuldner entsprechend nicht vor einer über blosse Sicherung hinausgehenden Vollstreckung, bevor nicht die Rechtsmittelinstanz über die Exequaturvoraussetzungen rechtskräftig geurteilt hat respektive die Rechtsmittelfrist unbenützt verstrichen ist[953]. Nach zutreffender Auffassung[954] muss Art. 47 Abs. 3 LugÜ daher auch in diesem Verfahren Anwendung finden. Den praktischen Problemen, wie die Verfahrensvorschriften des Lugano-Übereinkommens in das Rechtsöffnungsverfahren zu intergrieren sind, ist in diesem Zusammenhang dahingehen zu begegnen, dass die längeren Rechtsmittelfristen des Übereinkommens gelten und dem Rechtsmittel *ex lege* aufschiebende Wirkung zukommt[955]. Einer Spaltung des Rechtsmittelwegs ist dadurch zu vermeiden, dass die grosszügigeren Regeln des Lugano-Übereinkommens auf den Entscheid insgesamt – also auch auf den Rechtsöffnungsentscheid – angewendet werden[956].

g) *Anspruch auf Sicherungsmassnahmen gemäss Art. 47 Abs. 2 LugÜ*

Der Entscheid, in welchem im Dispositiv einerseits die Rechtsöffnung und andererseits die Vollstreckbarerklärung erteilt wird, räumt dem Gläubiger gleich wie ein selbstständiger erstinstanzlicher Exequaturentscheid einen übereinkommensautonomen Anspruch auf Sicherungsmassnahmen ein[957].

Wie bereits aufgezeigt[958], kann nicht gestützt auf den Umstand, dass der Gläubiger seinen Antrag auf Vollstreckbarerklärung zusammen mit jenem auf Rechtsöffnung stellt und somit auf die Einseitigkeit des erstinstanzlichen Verfahrens verzichtet, angenommen werden, er verzichte weiter auch auf die Verfahrensvorschriften des Lugano-Übereinkommens. Zumal der Exequaturentscheid gleich wie im selbstständigen Exequaturverfahren Rechtskraft erlangt[959].

---

953 HOFMANN/KUNZ, zu Art. 38 LugÜ, in: BSK, N. 324 ff.; vgl. in der vorliegenden Arbeit unter § 6.III.2.g). S. 164 ff.

954 HOFMANN/KUNZ, zu Art. 38 LugÜ, in: BSK, N. 349.

955 Vgl. in der vorliegenden Arbeit unter § 6.III.3.e), S. 170 ff.

956 So HOFMANN/KUNZ, zu Art. 38 LugÜ, in: BSK, N. 349.

957 So bereits STAEHELIN DANIEL, zu Art. 34 aLugÜ, in: SHK, 1. Auflage, N. 18 f. und 23; STAEHELIN DANIEL, zu Art. 39 aLugÜ, in: SHK, 1. Auflage, N. 13; a.A. FÜLLEMANN, S. 664; SOGO, Vollstreckung ausländischer Entscheide über Geldforderungen, S. 45.

958 Vgl. in der vorliegenden Arbeit unter § 6.III.3.a), S. 167 ff.

959 Dazu auch STAEHELIN DANIEL, zu Art. 34 aLugÜ, in: SHK, 1. Auflage, N. 18 f.

h) Schutz Schuldner bei noch nicht rechtskräftigem Entscheid im Urteilsstaat

Der Schuldner kann sich auch bei einer expliziten Vollstreckbarerklärung im Rechtsöffnungsverfahren auf den Schutz aus Art. 46 LugÜ berufen. Insofern kann auf die Ausführungen im Rahmen der inzidenten Vollstreckbarerklärung verwiesen werden[960].

i) Kosten und Entschädigung

Bezüglich der Frage, wie die Kosten und Gebühren zu bemessen sind, wenn der Gläubiger im Rechtsöffnungsverfahren noch ein ausdrückliches Begehren auf Vollstreckbarerklärung einreicht, herrscht Uneinigkeit[961]. Die einschlägige Bestimmung des Lugano-Übereinkommens[962] untersagt lediglich, die Erhebung einer streitwertabhängigen Gebühr für die im Rahmen des Rechtsöffnungsverfahrens erteilte Vollstreckbarerklärung[963].

Eine Auffassung[964] geht davon aus, dass die Gebührenverordnung zum Bundesgesetz über Schuldbetreibung und Konkurs (namentlich Art. 48 GebV-SchKG) anzuwenden sei und Zuschläge basierend auf kantonalem Recht ausgeschlossen seien. Ein anderer Teil der Lehre[965] vertritt demgegenüber, dass die Mehrleistungen im Zusammenhang mit einer ausdrücklichen Vollstreckbarerklärung abgegolten werden müssen. Nach dieser Ansicht richten sich entsprechend die Gerichtskosten für das Exequatur nach dem kantonalen Tarif gemäss Zivilprozessordnung – welcher den Vorgaben aus Art. 52 LugÜ zu entsprechen hat – und die Kosten für das Rechtsöffnungsverfahren nach der Gebührenverordnung zum Bundesgesetz über Schuldbetreibung und Konkurs. Die gesamthaft erhobenen Kosten seien gegebenenfalls der Gesamtbedeutung Streitigkeit sowie der durch die Zusammenfassung von Exequatur- und Rechtsöffnungsentscheid resultierende Vereinfachung anzupassen.

---

960 Vgl. in der vorliegenden Arbeit unter § 6.III.2.i), S. 166 f.

961 Vgl. für einen Überblick über die vertretenen Auffassungen mit Hinweisen HOFMANN/KUNZ, zu Art. 52 LugÜ, in: BSK, N. 22 ff.

962 Art. 52 LugÜ.

963 SOGO, Vollstreckung ausländischer Entscheide über Geldforderungen, S. 48 f.

964 BERNET/VOSER, S. 466 ff.

965 SOGO, Vollstreckung ausländischer Entscheide über Geldforderungen, S. 48 f.; STAEHELIN DANIEL, zu Art. 80 SchKG, in: BSK, N. 68b.

Die Parteientschädigung bestimmt sich nach dem kantonalen Tarif und kann nur dann zugesprochen werden, wenn die obsiegende Partei einen entsprechenden Antrag gestellt hat[966].

[966] STAEHELIN DANIEL, zu Art. 84 SchKG, in: BSK, N. 74.

§ 7 Arrest als Sicherungsmittel gemäss dem nationalen Schweizer Recht bei Geld- und Sicherheitsforderungen

I. Einstweilige Massnahmen vor der Vollstreckbarerklärung (Art. 41 Abs. 1 LugÜ)

1. Allgemeines

a) Ausgestaltung der Massnahme nach dem nationalen Recht des Vollstreckungsstaates

Ein Gläubiger kann die im Vollstreckungsstaat nach dessen nationalen Recht zulässigen einstweiligen Massnahmen auch dann beantragen, wenn der aus einem anderen gebundenen Staat ergangene Entscheid (noch) nicht vollstreckbar erklärt wurde. Das Lugano-Übereinkommen gibt dem Gläubiger jedoch keinen übereinkommensautonomen Anspruch auf einstweilige Massnahmen vor der Vollstreckbarerklärung[967].

In erster Linie entfaltet die neue Bestimmung in Abs. 1 von Art. 47 LugÜ für die Schweiz rein deklaratorische Wirkung. Bereits vor dem 1. Januar 2011 war es einem Gläubiger bei Vorliegen der entsprechenden Voraussetzungen unbenommen, Sicherungsmassnahmen zu verlangen[968].

Das Lugano-Übereinkommen enthält keine Beschränkung der Art der möglichen einstweiligen Massnahmen. Zulässig sind somit grundsätzlich alle Arten von Massnahmen. Namentlich können sowohl Massnahmen *in rem* wie auch *in personam* durch das nationale Recht vorgesehen und im Anwendungsbereich von Art. 47 Abs. 1 LugÜ verlangt werden. Das Übereinkommen führt keine neuen Massnahmen ein, sondern verweist auf die vom nationalen Recht des jeweiligen Vollstreckungsstaates bereitgehaltenen Instrumente und Massnahmen[969]. Entsprechend richten sich insbesondere die zulässigen Massnahmen, deren Voraussetzungen sowie das Verfahren, in

---

967 Vgl. in der vorliegenden Arbeit unter § 4.I, S. 97 ff.

968 Botschaft zum revLugÜ, S. 1816.

969 Dazu HOFMANN/KUNZ, zu Art. 47 LugÜ, in: BSK, N. 29; MANKOWSKI, zu Art. 47 Brüssel I-VO, in: Europäisches Zivilprozess- und Kollisionsrecht, N. 2; SOGO, Vollstreckung ausländischer Entscheide über Geldforderungen, S. 66, Fn. 44.

welchem sie angeordnet werden[970], nach dem nationalen Recht des Vollstreckungsstaates[971]. *Effet utile*-Überlegungen vermögen im Anwendungsbereich von Art. 47 Abs. 1 LugÜ keine Abweichungen vom jeweils anwendbaren nationalen Recht zu begründen. Die Voraussetzungen des nationalen Rechts erfahren in diesem Zusammenhang keine Modifikationen durch das Lugano-Übereinkommen[972]. Die im Zusammenhang mit Art. 47 Abs. 1 LugÜ nachstehend beschriebenen Sicherungsmassnahmen richten sich ausschliesslich nach dem Schweizer Recht und stellen keine Lugano-Sicherungsmassnahme dar.

b) Überblick über die einstweiligen Massnahmen für Geldforderungen nach Schweizer Recht

Im Schweizer Recht ist die einschlägige vorsorgliche Massnahme bei Forderungen, die auf eine Geldleistung gerichtet sind, der Arrest. Ferner stehen zur Sicherstellung der Erfüllung eines auf Geld lautenden Anspruchs die provisorische Pfändung nach Art. 83 Abs. 1 SchKG sowie im Rahmen einer Betreibung auf Konkurs das Güterverzeichnis nach Art. 162 ff. SchKG zur Verfügung[973].

---

970 Ferner ergibt sich aus dem nationalen Recht des Vollstreckungsstaates, ob Massnahmen auch gegen Dritte angeordnet werden können und wie bei mehrfachen Sicherungsmassnahmen zu verfahren ist. Vgl. dazu GEIMER/GEIMER/GEIMER, zu Art. 47 EuGVVO, in: Europäisches Zivilverfahrensrecht, N. 2; HOFMANN/KUNZ, zu Art. 47 LugÜ, in: BSK, N. 34; MANKOWSKI, zu Art. 47 Brüssel I-VO, in: Europäisches Zivilprozess- und Kollisionsrecht, N. 2.

971 Botschaft zum revLugÜ, S. 1816; HOFMANN/KUNZ, zu Art. 47 LugÜ, in: BSK, N. 32; KROPHOLLER/VON HEIN, zu Art. 47 EuGVO, in: Europäisches Zivilprozessrecht, N. 4; MANKOWSKI, zu Art. 47 Brüssel I-VO, in: Europäisches Zivilprozess- und Kollisionsrecht, N. 9; SOGO, Kleine Arrestrevision, grosse Auswirkungen, S. 96; STAEHELIN DANIEL, zu Art. 47 LugÜ, in: SHK, N. 9. Teilweise a.A. HOFMANN/KUNZ, zu Art. 47 LugÜ, in: BSK, N. 31, wonach die in Art. 47 Abs. 3 LugÜ aufgestellte Schranke auch im Rahmen von Art. 47 Abs. 1 LugÜ Beachtung finden muss. Vgl. ferner zu dieser Kontroverse in der vorliegenden Arbeit unter § 4.I.7, S. 115 ff.

972 Dazu HOFMANN/KUNZ, zu Art. 47 LugÜ, in: BSK, N. 33.

973 Dazu HOFMANN/KUNZ, zu Art. 47 LugÜ, in: BSK, N. 35.

2. Arrest

a) Wesen des Arrests

Der Arrest ist die provisorische betreibungsamtliche Beschlagnahmung[974] einzelner im Inland liegender Vermögenswerte des Schuldners auf Antrag des Gläubigers hinsichtlich einer bereits eingeleiteten oder noch bevorstehenden Zwangsvollstreckung[975]. Er kann nicht nur im Rahmen der Vollstreckung eines Titels beantragt werden, sondern auch ausserhalb eines Verfahrens respektive bevor ein Verfahren überhaupt eingeleitet wurde. Der Arrest ist jedoch zu prosequieren, weshalb er nie komplett losgelöst von einem Betreibungs- oder Gerichtsverfahren besteht[976].

Dem Arrest eigen ist eine reine Sicherungsfunktion; er stellt also weder eine Betreibungshandlung noch eine Vollstreckungsmassnahme dar[977]. Es handelt sich bei einem Arrest vielmehr um eine superprovisorische Massnahme[978]. Die Bewilligung des Arrests erfolgt durch das Gericht auf Gesuch eines Gläubigers hin überfallartig und in einem einseitigen Verfahren, wenn der Gläubiger die materiellen Voraussetzungen glaubhaft machen kann[979]. Die Möglichkeit eines Arrests besteht grundsätzlich gegen jeden Schuldner – also auch einen der Konkursbetreibung unterliegenden Schuldner[980]. Das Betreibungsamt vollzieht den Arrestbefehl des Gerichts, ohne dass der Vollzug dem Schuldner angekündigt wird[981].

---

974 Damit wird ein unter Straffolge stehendes Verfügungsverbot bewirkt. Vgl. ATTESLANDER-DÜRRENMATT, S. 188.

975 AMONN/WALTHER, S. 456, Rz. 1 und 2; STOFFEL, zu Art. 271 SchKG, in: BSK, N. 1.

976 Dazu HOFMANN/KUNZ, zu Art. 47 LugÜ, in: BSK, N. 39.

977 BGE 133 III 589, E. 1; AMONN/WALTHER, S. 468, Rz. 2; SPÜHLER, Schuldbetreibungs- und Konkursrecht I, S. 192, Rz. 657.

978 BGE 133 III 589, E. 1; STOFFEL, zu Art. 271 SchKG, in: BSK, N. 1.

979 HOFMANN/KUNZ, zu Art. 47 LugÜ, in: BSK, N. 37; MEIER-DIETERLE, Formelles Arrestrecht - eine Checkliste, S. 1224.

980 Art. 39 SchKG. Die Arrestprosequierung bei einem nach Schweizer Recht konkursfähigen Schuldner führt aber nicht zu einer Pfändung der verarrestierten Vermögenswerte sondern zur Konkurseröffnung. Dabei besteht das Risiko, dass die mit Arrest belegten Vermögenswerte schliesslich in die Konkursmasse fallen und sich der Arrest im Nachhinein als nutzlos herausstellt. Vgl. Art. 279 Abs. 3 Satz 3 SchKG, Art. 199 Abs. 1 SchKG und Art. 281 Abs. 3 SchKG. SCHWANDER DANIEL, S. 666; STAEHELIN DANIEL, zu Art. 47 LugÜ, in: SHK, N. 56.

981 Art. 274 Abs. 1 SchKG. Vgl. dazu ATTESLANDER-DÜRRENMATT, S. 188.

Bei einem Schweizer Arrest handelt es sich um eine Massnahme *in rem*, da der Arrest sich ausschliesslich auf die im Arrestbefehl aufgeführten Vermögenswerte bezieht[982]. Er räumt dem Gläubiger, welchen ihn erwirkt hat, jedoch weder ein Vorrecht auf die mit Beschlag belegten Vermögenswerte[983] noch ein Recht auf deren Aushändigung ein[984].

b) *Örtliche Zuständigkeit*

Soll mit einem Arrest eine untitulierte Forderung gesichert werden, so stellt der Arrest eine einstweilige Massnahme im Sinne von Art. 31 LugÜ dar[985]. Massnahmen des nationalen Rechts können gemäss dieser Bestimmung bei den Gerichten dieses Staates beantragt werden. Und dies auch dann, wenn für den (potentiellen) Entscheid in der Hauptsache ein Gericht eines anderen gebundenen Staates örtlich zuständig ist.

In der Schweiz ist für die Anordnung eines Arrests alternativ das Gericht am Betreibungsort oder am Ort, an welchem sich die zu verarrestierenden Vermögensgegenstände befinden[986], örtlich zuständig[987]. Dabei kann das angerufene und zuständige Gericht seit dem 1. Januar 2011 nicht nur die Verarrestierung von Vermögenswerten in seinem Gerichtskreis anordnen, sondern schweizweit Arrestbefehle erlassen (sogenannt schweizweiter Arrest)[988].

c) *Sachliche Zuständigkeit*

Die sachliche Zuständigkeit wird vom jeweils anwendbaren kantonalen Recht bestimmt[989].

---

982 HOFMANN/KUNZ, zu Art. 47 LugÜ, in: BSK, N. 38.

983 Art. 281 Abs. 3 SchKG.

984 MEIER-DIETERLE, Formelles Arrestrecht - eine Checkliste, S. 1224.

985 Soll mit einem Arrest demgegenüber eine titulierte Forderung gesichert werden, so handelt es sich um eine Zwangsvollstreckung im Sinne von Art. 22 Ziff. 5 LugÜ. Vgl. dazu HOFMANN/KUNZ, zu Art. 47 LugÜ, in: BSK, N. 44.

986 Vgl. für Erläuterungen zum Lageort der Vermögenswerte REISER, Arrest in Theorie und Praxis, S. 175 ff.

987 Art. 272 Abs. 1 LugÜ.

988 SCHWANDER DANIEL, S. 663.

989 HOFMANN/KUNZ, zu Art. 47 LugÜ, in: BSK, N. 47.

d) Arrestvoraussetzungen

aa) Arrestforderung

Damit eine Forderung zu einem Arrest berechtigt, hat sie grundsätzlich bloss fällig zu sein[990]. Der Gläubiger muss nach Art. 272 Abs. 1 Ziff. 1 SchKG den Bestand seiner Forderung glaubhaft machen[991].

Falls der Gläubiger einen anerkennbaren Entscheid[992] – unabhängig davon, ob dieser Entscheid bereits in Rechtskraft erwachsen oder vollstreckbar ist – erstritten hat und im Arrestverfahren vorlegt, ist der Bestand der Arrestforderung glaubhaft gemacht[993].

Eine Forderung, welche vollständig durch ein Pfand gesichert ist, berechtigt nicht zu einem Arrest[994]. Dabei ist der Begriff Pfand nicht zu eng zu begreifen. Auch sonstige Sicherungsgeschäfte[995] können als Pfand verstanden werden[996].

---

990 Nur bei Vorliegen eines Arrestgrundes nach Art. 271 Abs. 1 Ziff. 1 und 2 SchKG kann der Arrest auch für eine nicht fällige Forderung verlangt werden (Art. 271 Abs. 1 SchKG). Der Gläubiger ist in diesen Konstellationen speziell gefährdet, weil der Schuldner entweder keinen festen Wohnsitz hat, oder schuldenflüchtig ist. Der Arrest bewirkt gegenüber dem Schuldner die Fälligkeit der Forderung. Vgl. REISER, Arrest in Theorie und Praxis, S. 171 f.

991 Vgl. zur Glaubhaftmachung in der vorliegenden Arbeit unter § 7.I.2.e).cc), S. 204.

992 Art. 47 Abs. 1 LugÜ. Vgl. zur Prüfung der Anerkennungshindernisse und der damit verbundenen Kontroverse in der vorliegenden Arbeit unter § 4.I.3, S. 99 ff.

993 STAEHELIN DANIEL, zu Art. 47 LugÜ, in: SHK, N. 19.

994 Art. 271 Abs. 1 SchKG.

995 Auch die Sicherungsübereignung, Sicherungszession und Sicherungshinterlegung sind (je nach Ausgestaltung) funktional dem Pfandrecht gleichzusetzen, da der Vermögenswert dem Gläubiger unmittelbar zur Vorabbefriedigung zur Verfügung steht. Personalsicherheiten wie Bürgschaften und Garantien lassen sich demgegenüber nicht unter den Pfandbegriff subsumieren. Mit weiteren Hinweisen BOLLER, Der neue Arrestgrund, S.195 f.

996 Zum Ganzen mit weiteren Hinweisen HOFMANN/KUNZ, zu Art. 47 LugÜ, in: BSK, N. 76 f.

bb) Arrestgründe

aaa) Arrest gemäss Art. 271 Abs. 1 Ziff. 1-5 SchKG

Der Arrest als Mittel des einstweiligen Rechtschutzes wird generell mit der Gefährdung von Gläubigerinteressen begründet[997]. Das Gesetz[998] definiert die notwendige Gefährdung in den Arrestgründen in Art. 271 Abs. 1 Ziff. 1 - 5 SchKG.

Der Gläubiger kann die Arrestlegung verlangen,

- *„wenn der Schuldner keinen festen Wohnistz hat*[999]*;*
- *wenn der Schuldner in der Absicht, sich der Erfüllung seiner Verbindlichkeiten zu entziehen, Vermögensgegenstände beiseite schafft, sich flüchtig macht oder Anstalten zur Flucht trifft*[1000]*;*
- *wenn der Schuldner auf der Durchreise begriffen ist oder zu den Personen gehört, welche Messen und Märkte besuchen, für Forderungen, die ihrer Natur nach sofort zu erfüllen sind*[1001]*;*
- *wenn der Schuldner nicht in der Schweiz wohnt, kein anderer Arrestgrund gegeben ist, die Forderung aber einen genügenden Bezug zur Schweiz aufweist oder auf einer Schuldanerkennung im Sinne von Art. 82 Abs. 1 SchKG beruht*[1002]*;*
- *und wenn der Gläubiger gegen den Schuldner einen provisorischen oder einen definitiven Verlustschein besitzt*[1003] *“.*

Bei allen Tatbeständen erscheint die künftige Vollstreckung als gefährdet, wenn zuerst ein ordentliches Betreibungsverfahren eingeleitet werden müsste[1004]. Die Gefährdung ergibt sich dabei entweder aus dem Verhalten des Schuldners oder seiner Person oder andererseits aus den äusseren Gegebenheiten[1005].

---

997 STOFFEL, zu Art. 271 SchKG, in: BSK, N. 4.

998 Neben den arrestrechtlichen Bestimmungen im Bundesgesetz über Schuldbetreibung und Konkurs hat der Gesetzgeber weitere arrestrechtliche Bestimmungen in Spezialgesetzen erlassen. Vgl. für eine Übersicht REISER, Arrest in Theorie und Praxis, S. 170 f.

999 Art. 271 Abs. 1 Ziff. 1 SchKG.

1000 Art. 271 Abs. 2 Ziff. 1 SchKG.

1001 Art. 271 Abs. 1 Ziff. 3 SchKG.

1002 Art. 271 Abs. 1 Ziff. 4 SchKG.

1003 Art. 271 Abs. 1 Ziff. 5 SchKG.

1004 BOLLER, Der neue Arrestgrund, S. 189.

1005 STOFFEL, zu Art. 271 SchKG, in: BSK, N. 4.

Der Gläubiger muss das Vorliegen von mindestens einem Arrestgrund vor Gericht glaubhaft machen[1006]. Es kommt mitunter vor, dass das Gericht den vom Gläubiger angerufene Arrestgrund als nicht für glaubhaft gemacht erachtet, das Arrestbegehren aber gestützt auf einen anderen, vom Gläubiger nicht angerufenen Arrestgrund gutgeheissen werden könnte. Es stellt sich die Frage, ob das Gericht in einem solchen Fall den Arrest gestützt auf einen vom Gläubiger nicht vorgebrachten Arrestgrund bewilligen darf. Die vorliegend vertretene Ansicht geht gestützt auf den Grundsatz *iura novit curia* davon aus, dass das Gericht in einem solchen Fall den Arrest gleichwohl gewähren kann. Ausschlaggebend ist lediglich, dass die tatbestandlichen Voraussetzungen vom Gläubiger glaubhaft gemacht werden. Das Kantonsgericht Basel-Landschaft[1007] entschied in diesem Zusammenhang jedoch, dass im Rahmen des Beschwerdeverfahrens kein anderer Arrestgrund als der, der vom Gläubiger vorgebracht wurde, für anwendbar erklärt werden könne. Es obliege dem Gläubiger, die tatbestandlichen Voraussetzungen glaubhaft zu machen, die für den Arrestgrund konstitutiv seien und den Arrestgrund zu bezeichnen, den er für gegeben halte[1008].

bbb) Titelarrest gemäss Art. 271 Abs. 1 Ziff. 6 SchKG

aaaa) Überblick

Mit dem Inkrafttreten des revidierten Lugano-Übereinkommens wurde ein neuer Arrestgrund eingeführt und es fand eine teilweise[1009] Anpassung der bisherigen Arrestgründe statt.

1006 Art. 272 Abs. 1 Ziff. 2 SchKG. Vgl. zur Glaubhaftmachung in der vorliegenden Arbeit unter § 7.I.2.e).cc), S. 204.

1007 KG BL, Urteil vom 13. August 2013, E. 2.2, in: BlSchK, 2014, Nr. 5, S. 191 f.

1008 Dazu BOLLER, Neuere Rechtsprechung im Arrestrecht, S. 1294.

1009 Insbesondere fand im Zuge der Einführung des neuen Arrestgrundes eine Anpassung des Ausländerarrests statt. Der Ausländerarrest war vor der Revision in Art. 272 Abs. 1 Ziff. 4 aSchKG geregelt und folgendermassen formuliert: „*wenn der Schuldner nicht in der Schweiz wohnt, kein anderer Arrestgrund gegeben ist, die Forderung aber einen genügenden Bezug zur Schweiz aufweist oder auf einem vollstreckbaren gerichtlichen Urteil oder auf einer Schuldanerkennung im Sinne von Artikel 82 Absatz 1 beruht*“. Im neuen Recht findet sich der Ausländerarrest abhängig von der Art des vorliegenden Titels in Art. 271 Abs. 1 Ziff. 4 oder Ziff. 6 SchKG. Art. 271 Abs. 1 Ziff. 4 SchKG ist einschlägig, wenn der Gesuchsteller keinen oder einen provisorischen Rechtsöffnungstitel hat. Art. 271 Abs. 1 Ziff. 6 SchKG demgegenüber wird angerufen, wenn ein definitiver Rechtsöffnungstitel gegeben ist. Der Gläubiger, welcher einen provisorischen Rechtsöffnungstitel vorweisen kann, kann sich nur auf Ziff. 4 berufen, wenn der Arrestschuldner nicht in der Schweiz wohnt und kein anderer Arrestgrund einschlägig

Der neu eingeführte Arrestgrund verlangt einzig das Vorliegen eines definitiven Rechtsöffnungstitels und verzichtet darauf, eine abstrakte Gefährdung vorauszusetzen[1010]. Art. 271 Abs. 1 Ziff. 6 SchKG nimmt damit Bezug auf Art. 80 SchKG. Ein definitiver Rechtsöffnungsentscheid liegt nach dieser Bestimmung einerseits bei *„einem vollstreckbaren gerichtlichen Entscheid"*[1011] und andererseits bei einem solchen Entscheid gleichgestellten Titeln – wie namentlich einem gerichtlichen Vergleich, einer gerichtlichen Schuldanerkennung, einer vollstreckbaren öffentlichen Urkunde sowie einer Verfügung einer schweizerischen Verwaltungsbehörde – vor[1012]. Die Vollstreckbarkeit wird durch Art. 336 Abs. 1 ZPO definiert. Danach ist ein Entscheid vollstreckbar, wenn er rechtskräftig ist und das Gericht die Vollstreckung nicht aufgeschoben hat oder er noch nicht rechtskräftig ist, jedoch die vorzeitige Vollstreckung bewilligt worden ist. Unter Geltung der Schweizerischen Zivilprozessordnung wird für die Vollstreckbarkeit der Eintritt der Rechtskraft nicht mehr vorausgesetzt[1013].

bbbb) Nicht-Lugano-Titel als Arrestgrund

In der Lehre und Rechtsprechung entstand eine Meinungsverschiedenheit wie der neue Arrestgrund richtig anzuwenden sei. Insbesondere bestanden unterschiedliche Auffassungen zur Frage, unter welchen Voraussetzungen ein ausländischer Titel zu einem Arrest nach Art. 271 Abs. 1 Ziff. 6 SchKG berechtigt[1014]. Insbesondere war umstritten, ob für einen ausländischen Titel aus einem Staat, welcher nicht durch das Lugano-Übereinkommen gebun-

---

ist. Der definitive Rechtsöffnungstitel berechtigt demgegenüber von sich aus bereits immer zum Arrest. Auch unter dem revidierten Recht bleibt eine gewisse Diskriminierung bestehen, da gestützt auf einen provisorischen Rechtsöffnungstitel nur bei einem Schuldner ohne Wohnsitz in der Schweiz Arrest verlangt werden kann. Vgl. dazu SCHWANDER DANIEL, S. 649 f.; SOGO, Vollstreckung ausländischer Entscheide über Geldforderungen, S. 42 f.

1010 MEIER-DIETERLE, Arrestpraxis ab 1. Januar 2011, S. 1214, N. 21 f.; STAEHELIN DANIEL, Neues Arrestrecht ab 2011, S. 3, Rz. 7.

1011 Art. 80 Abs. 1 SchKG.

1012 Art. 80 Abs. 2 SchKG.

1013 Dazu MEIER-DIETERLE, Arrestpraxis ab 1. Januar 2011, S. 1213, N. 14; SCHWANDER DANIEL, S. 650; STAEHELIN DANIEL, Neues Arrestrecht ab 2011, S. 3 f., Rz. 10.

1014 Vgl. für Einzelheiten mit Hinweisen auf Rechtsprechung und Literatur DOMEJ, Das neue schweizerische Arrestrecht, S. 103 ff., insbesondere S. 112 ff. sowie NAEGELI/MARZORATI.

den ist, auch ein Titelarrest verlangt werden kann und falls ja, ob der ausländische Titel zuvor in einem kontradiktorischen Verfahren für vollstreckbar erklärt werden muss[1015].

aaaaa) Bundesgerichtliche Rechtsprechung

Das Bundesgericht hat im Entscheid BGE 139 III 135 vom 21. Dezemeber 2012[1016] wesentliche Punkte dieser Kontroversen entschieden. Nach diesem Entscheid sind ausländische Titel einschliesslich Schiedsurteilen – unabhängig davon, ob sie aus einem vom Lugano-Übereinkommen gebundenen Staat stammen oder nicht – definitve Rechtsöffnungstitel im Sinne von Art. 271 Abs. 1 Ziff. 6 SchKG. Entsprechend ist auch für Nicht-Lugano-Entscheide ein Arrest gestützt auf den neu eingeführten Arrestgrund möglich und der Arrest ist insofern nicht auf den Ausländerarrest nach Art. 271 Abs. 1 Ziff. 4 LugÜ zu stützen. Weiter hat das Bundesgericht bestätigt, dass der ausländische Nicht-Lugano-Titel nicht zwingend in einem kontradiktorischen Verfahren vorgängig für vollstreckbar erklärt werden muss, um Gegenstand eines Titelarrests sein zu können. Vielmehr kann das Gericht wie bis anhin vorfrageweise und ohne Rechtskraftwirkung aufgrund einer summarischen Prüfung des glaubhaft gemachten Sachverhalts beurteilen, ob die Vollstreckbarkeit des Titels gegeben ist[1017].

Begründet wurde dies damit, dass Art. 271 Abs. 1 Ziff. 6 SchKG von einem *„definitiven Rechtsöffnungstitel“* spreche und nach Art. 80 Abs. 1 SchKG

1015 Vgl. dazu und für eine Übersicht über die umstrittenen Fragen bezüglich der Anwendung von Art. 271 Abs. 1 Ziff. 6 SchKG NAEGELI, S. 2, Rz. 2.

1016 In diesem Bundesgerichtsentscheid ging es um die Vollstreckung eines Schiedsurteiles, welches am 14. April 2011 durch ein Schiedsgericht in London gefällt wurde. In diesem Schiedsurteil wurde der Beschwerdeführer sowie die mit ihm eingeklagte Partei zur Zahlung von USD 5`000`000.00 plus Zins und Kosten verurteilt. Der Beschwerdegegner verlangte gestützt auf dieses Urteil beim Friedensrichter des Bezirks Nyon die Erteilung eines Arrests gemäss Art. 271 Abs. 1 Ziff. 6 SchKG. Der Friedensrichter bewilligte den Arrest. Dagegen erhob der Beschwerdeführer Einspruch mit der Begründung, dass das Schiedsurteil nicht vollstreckbar erklärt wurde und es sich somit nicht um einen definitven Rechtsöffnungstitel handle. Entsprechend seien die Voraussetzungen von Art. 271 Abs. 1 Ziff. 6 SchKG nicht erfüllt. In Entscheid vom 11. Oktober 2011 schützte der Friedensrichter die Einsprache. Daraufhin erhob der Beschwerdegegner Beschwerde beim *Tribunal cantonal vaudois*, welches den angefochtenen Entscheid aufhob und den ursprünglichen Arrestbefehl bestätigte. Gegen diesen Entscheid reichte der Beschwerdeführer Beschwerde beim Bundesgericht ein. Vgl. dazu die ausführliche Zusammenfassung bei NAEGELI, S. 3, Rz. 8 ff.

1017 BGE 139 III 135. Zum Ganzen NAEGELI, S. 2, Rz. 4.

ein *„vollstreckbares Urteil"* einen definitiven Rechtsöffnungstitel darstelle. Beide Bestimmungen würden nicht zwischen in der Schweiz und im Ausland erlassenen Urteilen differenzieren. Dass auch Entscheide aus dem Ausland unter die definitiven Rechtsöffnungstitel zu subsumieren seien, gehe aus Art. 81 Abs. 3 SchKG hervor. Sodann unterscheiden diese Bestimmungen nicht zwischen einen Lugano-Titel und einem Nicht-Lugano-Titel[1018].

Daneben bemerkte das Bundesgericht, dass vor der Revision von Art. 271 SchKG der Gläubiger eines vollstreckbaren ausländischen Urteils sein Arrestbegehren gegen einen Schuldner mit ausländischem Wohnsitz auf den sogenannten Ausländerarrest in Art. 271 Abs. 1 Ziff. 4 aSchKG stützen konnte. Gemäss dieser Bestimmung konnte der Gläubiger Arrest verlangen,

> *„wenn der Schuldner nicht in der Schweiz wohnt, kein anderer Arrestgrund gegeben ist, die Forderung aber einen genügenden Bezug zur Schweiz aufweist* ***oder auf einem vollstreckbaren gerichtlichen Urteil*** *oder auf einer Schuldanerkennung im Sinne von Artikel 82 Absatz 1 beruht"*[1019].

Dabei sei ein vorgängiges Exequaturverfahren nicht erforderlich gewesen. Der Arrestrichter habe vielmehr selber mittels einer summarischen rechtlichen Prüfung des glaubhaft gemachten Sachverhalts inzident über dessen Vollstreckbarkeit entscheiden können[1020].

Das Bundesgericht stellte sodann fest, dass der neue Arrestgrund über die Zielsetzung des revidierten Lugano-Übereinkommens hinausgehe, da er auch auf schweizerische Entscheide sowie grundsätzlich auch auf ausländischen Nicht-Lugano-Entscheid Anwendung finde. Daher sei der Hinweis auf vollstreckbare Urteile im Ausländerarrest in Art. 271 Abs. 1 Ziff. 4 SchKG hinfällig und entsprechend gestrichen worden, so dass der Gläubiger Vermögensstücke des Schuldners gestützt auf den Ausländerarrest mit Arrest belegen lassen kann,

> *„wenn der Schuldner nicht in der Schweiz wohnt, kein anderer Arrestgrund gegeben ist, die Forderung aber einen genügenden Bezug zur Schweiz aufweist oder auf einer Schuldanerkennung im Sinne von Artikel 82 Absatz 1 beruht".*

1018 Zum Ganzen BGE 139 III 135, E. 4.2; NAEGELI, S. 3, Rz. 13.

1019 Hervorhebungen hinzugefügt.

1020 Dazu BGE 139 III 135, E. 4.3.1; NAEGELI, S. 3, Rz. 14.

Sobald ein vollstreckbarer gerichtlicher Entscheid vorliege, seien die Voraussetzungen des Titelarrests nach Art. 271 Abs. 1 Ziff. 6 SchKG erfüllt und die weiteren Anforderungen für einen Ausländerarrest müssten nicht mehr geprüft werden. In der Botschaft[1021] werde betont, dass die Aufwertungen des Arrests als Sicherungsmittel des revidierten Lugano-Übereinkommens nicht nur Gläubigern aus dem Lugano-Raum zugute kommen. Es könne also aus der Botschaft kein Wille des Gesetzgebers abgeleitet werden, die Situation der Gläubiger von Nicht-Lugano-Entscheiden zu verschlechtern[1022].

Das Bundesgericht äusserte sich in diesem Entscheid auch zu der in der Lehre[1023] vertretenen Ansicht, wonach Nicht-Lugano-Entscheide vorab in einem kontradiktorischen Verfahren die Vollstreckbarerklärung erteilt werden müsse, damit sie zu einem Titelarrest berechtigen. Es führte dazu aus, dass die Annahme, dass Nicht-Lugano-Entscheide (einschliesslich Schiedsurteile) definitive Rechtsöffnungstitel im Sinne von Art. 271 Abs. 1 Ziff. 6 SchKG seien, nicht willkürlich sei. Art. 80 Abs. 1 SchKG bestimme, dass die definitive Rechtsöffnung bei Vorliegen eines *„vollstreckbaren gerichtlichen Entscheids"* verlangt werden könne. Dabei sei nicht umstritten, dass die definitive Rechtsöffnung sowohl gestützt auf ein schweizerisches Urteil wie auch ein ausländisches verlangt werden könne, was sich auch aus Art. 81 Abs. 3 SchKG ergebe. Auch die Bestimmung in Art. 271 Abs. 1 Ziff. 6 SchKG differenziere nicht nach der Herkunft des Entscheids. Der Botschaft[1024] lasse sich zudem klar entnehmen, dass auch ausländische Nicht-Lugano-Entscheide definitive Rechtsöffnungstitel im Sinne des neuen Arrestgrundes seien. Aufgrund dessen könne keine Willkür angenommen werden, wenn grundsätzlich alle Entscheide – unabhängig von ihrer Herkunft – gleich behandelt werden[1025].

Das Bundesgericht kam zum Schluss, die Annahme, dass das Gericht neben dem Arrest auch vorfrageweise über die Vollstreckbarkeit des vorgelegten

---

1021 Botschaft zum revLugÜ, S. 1821.

1022 Zum Ganzen BGE 139 III 135, E. 4.3.2; NAEGELI, S. 2, Rz. 6 sowie S. 3, Rz. 15.

1023 So insbesondere JENT-SØRENSEN/REISER, S. 458 f.; RODRIGUEZ, S. 1557; STAEHELIN DANIEL, Neues Arrestrecht ab 2011, S. 8 f., Rz. 39 ff.; STAEHELIN DANIEL, zu Art. 47 LugÜ, in: SHK, N. 20 ff.; STOFFEL, zu Art. 272 SchKG, in: BSK, N. 109. Vgl. zu einer ausführlichen Darstellung zu dieser Kontroverse mit den jeweilig vorgetragenen Begründungen NAEGELI/MARZORATI, S. 4 ff., Rz. 16 ff.

1024 Botschaft zum revLugÜ, S. 1821.

1025 Zum Ganzen BGE 139 III 135, E. 4.5.1; NAEGELI, S. 3 f., Rz. 16.

Nicht-Lugano-Titels entscheiden könne, sei nicht willkürlich. Der Gesuchsteller müsse aufzeigen, dass im Rahmen dieser summarischen Prüfung keine Gründe bestehen, die einer Anerkennung und Vollstreckung des Titels entgegen stehen. Eine vertiefte Prüfung der Voraussetzungen nach Art. 25 ff. IPRG respektive bei Schiedsurteilen nach dem New Yorker Übereinkommen[1026] erfolge in einem allfälligen späteren Einspracheverfahren nach Art. 278 SchKG. Das Bundesgericht konstatierte, dass der Wortlaut des Gesetzes in Art. 271 Abs. 1 Ziff. 6 SchKG nicht ganz klar sei und mehrere Interpretationen möglich erscheinen. Aus der Botschaft[1027] ergebe sich aber, dass der Gesetzgeber einen Arrestgrund für sämtliche Gläubiger eines vollstreckbaren Titels – ungeachtet ihrer Herkunft – habe einführen wollen und es sei nicht die Absicht des Gesetzgebers gewesen, die Rechtslage der Gläubiger aus Nicht-Lugano-Entscheiden gegenüber der alten Fassung von Art. 271 Abs. 1 Ziff. 4 aSchKG zu verschlechtern und neu für einen Titelarrest das Erfordernis einer vorgängigen Vollstreckbarerklärung einzuführen[1028].

bbbbb) Argumente der Gegner

Im Schrifttum[1029] wird entgegen dem Bundesgericht die Auffassung vertreten, dass Art. 271 Abs. 1 Ziff. 6 SchKG nur dann Anwendung auf ausländische Entscheide ausserhalb des Lugano-Übereinkommens finde, wenn diesen vorgängig das Exequatur erteilt worden sei[1030].

Vertreter der abweichenden Ansicht gestehen zu, dass gemäss dem Wortlaut von Art. 271 Abs. 1 Ziff. 6 SchKG durchaus ein ausländischer Entscheid ausserhalb des Lugano-Übereinkommens zu einem Arrest berechtigen

---

1026 Übereinkommen über die Anerkennung und Vollstreckung ausländischer Schiedssprüche, SR-Nummer 0.277.12.

1027 Botschaft zum revLugÜ, S. 1821.

1028 Zum Ganzen BGE 139 III 135, E. 4.5.2 (*obiter*); NAEGELI, S. 2, Rz. 6 sowie S. 4, Rz. 17.

1029 JENT-SØRENSEN/REISER, S. 458 f.; RODRIGUEZ, S. 1557; STAEHELIN DANIEL, Neues Arrestrecht ab 2011, S. 8 f., Rz. 39 ff.; STAEHELIN DANIEL, zu Art. 47 LugÜ, in: SHK, N. 20 ff.; STOFFEL, zu Art. 271 SchKG, in: BSK, N. 109.

1030 Zu beachten ist aber, dass diese Kontroverse vor Erlass des vorstehend thematisierten Bundesgerichtsentscheides geführt wurde. Dies ändert jedoch nichts an den vorgebrachten Argumenten sowie den geäusserten Bedenken an der Rechtslage, für welche sich die bundesgerichtliche Rechtsprechung im Entscheid BGE 139 III 135 ausgesprochen hat.

müsste[1031]. Jedoch müsse im Sinne einer historischen Auslegung die Ausgangslage bei der Einführung des neuen Arrestgrundes beachtet werden. Dabei sei das Ziel lediglich die Gleichstellung von Schweizer Entscheiden mit Lugano-Entscheiden gewesen. Entscheide im Anwendungsbereich des Lugano-Übereinkommens würden jedoch nur zu einem Arrest berechtigen, nachdem sie in einem selbstständigen Entscheid erstinstanzlich für vollstreckbar erklärt worden seien[1032]. Ausländische Entscheide aus Staaten, welche nicht durch das Übereinkommen gebunden seien, können sodann nicht eine grössere Wirkung entfalten als Entscheide, welche im Rahmen des Lugano-Übereinkommens ergangen seien. Daher seien auch Nicht-Lugano-Entscheide zuerst in einem selbstständigen Entscheid nach Massgabe von Art. 25 ff. IPRG respektive gegebenenfalls einem einschlägigen Staatsvertrag vollstreckbar zu erklären, bevor ein Arrest gestützt auf den Titelarrest verlangt werden könne[1033]. Erst die Vollstreckbarerklärung bilde den definitiven Rechtsöffnungstitel im Sinne von Art. 271 Abs. 1 Ziff. 6 SchKG[1034].

Sowohl eine systematische wie auch eine teleologische Auslegung würden zum selben Resultat führen[1035]. Das Lugano-Übereinkommen schreibe vor, dass ein durch die erste Instanz für vollstreckbar erklärter Entscheid einen Anspruch auf ein Sicherungsmittel gebe. Es sei systematisch richtig, dass

---

1031 STAEHELIN DANIEL, Neues Arrestrecht ab 2011, S. 8, Rz. 39; STAEHELIN DANIEL, zu Art. 47 LugÜ, in: SHK, N. 20.

1032 Dazu STAEHELIN DANIEL, Neues Arrestrecht ab 2011, S. 8, Rz. 40; STAEHELIN DANIEL, zu Art. 47 LugÜ, in: SHK, N. 21; STOFFEL, zu Art. 271 SchKG, in: BSK, N. 109. A.A. MEIER-DIETERLE, Ausländische „nicht LugÜ-Entscheide" als Arrestgrund, S. 3, Rz. 7 ff. Gemäss diesem Autor hat der Gesetzgeber das Arrestrecht bewusst in einem Mass angepasst und geändert, welches die Vorgaben des Lugano-Übereinkommens übersteigt. Die Botschaft (Botschaft zum revLugÜ, S. 1821) erwähne daneben explizit ausländische Entscheide ausserhalb des Lugano-Übereinkommens, obschon diese bereits vom Begriff des definitiven Rechtsöffnungstitels erfasst werden würden. Die Begründung dafür, dass Art. 271 Abs. 1 Ziff. 6 SchKG ausländische Nicht-Lugano-Titel nicht erfasse, auf das ursprüngliche Motiv des Gesetzgebers – die Beseitigung der Inländerdiskriminierung – stützen zu wollen, sei daher unzutreffend. Der Gesetzestext ist nach dieser Auffassung klar und auch nicht auslegungsbedürftig. Vgl. dazu auch NAEGELI/MARZORATI, S. 4, Rz. 20.

1033 So JENT-SØRENSEN/REISER, S. 458 f.; RODRIGUEZ, S. 1557; STAEHELIN DANIEL, Neues Arrestrecht ab 2011, S. 8, Rz. 40; STAEHELIN DANIEL, zu Art. 47 LugÜ, in: SHK, N. 22.

1034 Zum Ganzen STAEHELIN DANIEL, Neues Arrestrecht ab 2011, S. 8, Rz. 40; STAEHELIN DANIEL, zu Art. 47 LugÜ, in: SHK, N. 22.

1035 STAEHELIN DANIEL, Neues Arrestrecht ab 2011, S. 8 f., Rz. 41 f.

Schweizer Entscheide, welche ihrerseits *ex lege* vollstreckbar seien und folglich *per se* keiner Vollstreckbarerklärung bedürfen, nicht schlechter gestellt werden. Die ausländischen Titel ausserhalb des Lugano-Übereinkommens seien aber ebenfalls für vollstreckbar zu erklären; ansonsten würden diese Titel gegenüber Lugano-Titeln bevorzugt[1036]. Im Ergebnis bedeute dies, dass ohne eine erstinstanzliche Vollstreckbarerklärung kein Arrest gemäss Art. 271 Abs. 1 Ziff. 6 SchKG angeordnet werden dürfe[1037].

1036 A.A. BOLLER, Arrest gestützt auf ausländische Entscheide, S. 40; MEIER-DIETERLE, Ausländische „nicht LugÜ-Entscheide" als Arrestgrund, S. 5, Rz. 20; vgl. ferner für eine Übersicht NAEGELI/MARZORATI, S. 5, Rz. 26. Eine Benachteiligung von Lugano-Titeln existiere nur bei isolierter Betrachtung. Der Schuldner eines Entscheids ausserhalb des Lugano-Übereinkommens könne aber später – im Rahmen einer Arresteinsprache sowie im Rechtsöffnungsverfahren – vorbringen, die Voraussetzungen der Vollstreckbarerklärung hätten nicht vorgelegen. Des Weiteren handle es sich in der Praxis bei einer Vollstreckbarerklärung um eine reine Formalität. Die Glaubhaftmachung der Vollstreckbarerklärung stelle sodann höhere Anforderungen an die Beweisführung als die auf Formalien beruhende Vollstreckbarerklärung nach dem Lugano-Übereinkommen.

1037 Dazu STAEHELIN DANIEL, zu Art. 47 LugÜ, in: SHK, N. 23; ferner auch STAEHELIN DANIEL, Neues Arrestrecht ab 2011, S. 8 f., Rz. 41. A.A. MEIER-DIETERLE, Ausländische „nicht LugÜ-Entscheide" als Arrestgrund, S. 4 f., Rz. 14 ff. Der Autor hält unter Bezugnahme auf die Formulierung der Bestimmung sowie der Botschaft fest, dass Art. 271 Abs. 3 SchKG nur für Lugano-Entscheide gelte. Der Gesetzgeber habe bestimmt, dass der neue Titelarrest auch Nicht-Lugano-Entscheide umfasst und das Gericht lediglich im Anwendungsbereich des Übereinkommens von Amtes wegen über das Exequatur als Voraussetzung für die Arrestbewilligung entscheiden müsse. Die Vorgaben bezüglich des Beweismasses in Art. 272 SchKG seien im Rahmen der Revision nicht geändert worden; die Arrestvoraussetzungen sind nach wie vor glaubhaft zu machen. Die Tatsache, dass das Lugano-Übereinkommen eine Vollstreckbarerklärung als Voraussetzung für einen Anspruch auf Sicherungsmassnahmen vorschreibe, sowie der Umstand, dass das Beweismass nach Art. 272 SchKG gleich geblieben sei, lasse nicht zu, dass Art. 271 Abs. 1 Ziff. 6 SchKG lediglich auf für vollstreckbar erklärte Entscheide angewendet werde und andere Entscheide ausgeschlossen werden. Daher sei eine Argumentation, dass in jedem Falle eine Vollstreckbarerklärung vorliegen müsse, gesetzeswidrig. Entsprechend sei im Rahmen von Art. 271 Abs. 1 Ziff. 6 SchKG weiterhin eine inzidente Vollstreckbarerklärung für Entscheide ausserhalb des Lugano-Übereinkommens zulässig. Vgl. zu dieser Darstellung auch NAEGELI/MARZORATI, S. 4 f., Rz. 21 f. Eine Reihe weiterer Autoren (vgl. unter anderem GASSER/MÜLLER/PIETSCH-KOJAN, S. 14 f.; LAZOPOULOS, S. 610; SCHWANDER DANIEL, S. 654 ff.) vertreten dieselbe Ansicht.
Eingewendet wird daneben, dass die Vollstreckbarerklärung im Rahmen des Lugano-Übereinkommens sich nach einem anderen System richte und der Gesetzgeber die Ungleichbehandlung von Lugano-Titeln und Titeln ausserhalb des Übereinkommens bewusst vorgesehen habe. Es sei nach dem Verfassungsgrundsatz,

Der Anspruch aus dem Lugano-Übereinkommen auf eine Sicherungsmassnahme könne auch einen Schuldner mit Schweizer Wohnsitz treffen. Dabei werde im Rahmen des Lugano-Übereinkommens davon ausgegangen, dass sich jeder Schuldner innerhalb von Europa in einem Erkenntnisverfahren hinreichend verteidigen könne. Diese Vermutung lasse sich nun aber nicht auch ohne Weiteres auf ausserkontinentale Titel ausdehnen. Im Sinne einer teleologischen Reduktion sei daher unter den Begriff „*Rechtsöffnungstitel*" in Art. 271 Abs. 1 Ziff. 6 SchKG neben einem Schweizer Entscheid nur ein für vollstreckbar erklärter ausländischer Entscheid zu subsumieren[1038].

ccccc) Stellungnahme

Das Bundesgericht hat – obwohl es den Entscheid der Vorinstanz nur auf Willkür prüfen konnte – seine Ansichten detailliert begründet[1039]. Der Bundesgerichtsentscheid steht im Einklang mit der Botschaft. Dies ergibt sich aus der expliziten Aussage in der Botschaft[1040], wonach

> „*der neue Arrestgrund [...] grundsätzlich auch den Berechtigten aus einem ausländischen Entscheid (oder einem diesem gleichgestellten Titel, etwa einer ausländischen vollstreckbaren öffentlichen Urkunde) ausserhalb des Anwendungsbereichs des revLugÜ zur Verfügung*" steht.

Der Einwand, dass Urteile aus einem durch das Lugano-Übereinkommen gebundenen Staat ein erhöhtes Vertrauen geniessen, trifft unzweifelhaft zu. Zieht man daraus aber den Schluss, dass Entscheide aus Drittstaaten zwingend vorgängig für vollstreckbar erklärt werden müssen, so führt dies grundsätzlich zu einer Benachteiligung der Gläubiger von Nicht-Lugano-Titeln im Vergleich zur Rechtslage vor der Revision[1041]. Sie könnten erst nach der Erteilung des Exequaturs in einem kontradiktorischen Verfahren – womit sie dem Überraschungseffekt verlustig würden – einen Titelarrest erwirken.

---

gemäss welchem „*Ungleiches nach Massgabe seiner Ungleichheit ungleich*" zu behandeln sei, zulässig oder allenfalls sogar angezeigt, bei Nicht-Lugano-Titel anders vorzugehen und entsprechend auf die Vollstreckbarerklärung als Voraussetzung für einen Arrest zu verzichten. Vgl. dazu ROTH JÜRG, Neues Arrestrecht im Nicht-LugÜ-Bereich, S. 73 ff., insbesondere S. 74 f. sowie 77; für Nicht-Lugano-Titel vgl. auch GASSMANN, Der neue Titelarrest bei LugÜ-Titeln, S. 59 f.

1038 Dazu STAEHELIN DANIEL, zu Art. 47 LugÜ, in: SHK, N. 24; STAEHELIN DANIEL, Neues Arrestrecht ab 2011, S. 9, Rz. 42.

1039 So auch NAEGELI, S. 4, Rz. 20 ff.

1040 Botschaft zum revLugÜ, S. 1821.

1041 Vgl. dazu ROTH JÜRG, Neues Arrestrecht im Nicht-LugÜ-Bereich, S. 73.

De facto wären somit die Nicht-Lugano-Entscheide von der Arrestlegung gestützt auf Art. 271 Abs. 1 Ziff. 6 SchKG ausgeschlossen[1042]. Es kann nicht davon ausgegangen werden, dass der Gesetzgeber eine derartige Minderung der Gläubigerrechte angestrebt hat. Auch lässt sich aus der Botschaft[1043] eher Gegenteiliges entnehmen[1044]:

> „*Mit der neuen Ziffer 6 wird der Hinweis in Ziffer 4 auf vollstreckbare gerichtliche Urteile überflüssig. Wo ein solches Urteil vorliegt, ist neu der Arrestgrund von Ziffer 6 gegeben, und die weiteren Voraussetzungen in Ziffer 4 müssen nicht geprüft werden. Entsprechend wird der Satzteil «oder auf einem vollstreckbaren gerichtlichen Urteil» in Artikel 271 Absatz 1 Ziffer 4 SchKG gestrichen.*"

Die Rechtsprechung des Bundesgerichts hat dazu geführt, dass Urteile aus Drittstaaten nicht nur keine Schlechterstellung, sondern vielmehr eine Besserstellung erfahren. Es stellt sich – insbesondere mit Blick auf das Vertrauen in die Justizsysteme von Drittstaaten – die Frage, ob diese Besserstellung gerechtfertigt ist. Diese Frage kann aber nach vorliegend vertretener Auffassung offen bleiben und diese Besserstellung ist hinzunehmen; der Entscheid des Bundesgerichts ist deutlich und dogmatisch richtig.

Der Gläubiger eines Entscheids aus einem Drittstaat hat also – um einen Titelarrest zu erwirken – dem Gericht glaubhaft nachzuweisen, dass der ausländische Entscheid nach den Regeln des Bundesgesetzes über das Internationale Privatrecht[1045] in der Schweiz vollstreckbar wird[1046]. Dabei hat er den ausländischen Entscheid einzureichen und glaubhaft darzulegen, dass dieser formell rechtskräftig ist[1047]. Das Gericht prüft im Arrestverfahren die Frage der Vollstreckbarkeit aufgrund der Dringlichkeit des Arrests nur im Sinne einer *Prima-facie*-Prüfung[1048]. Handelt es sich bei dem eingereichten Entscheid um ein Säumnisurteil, so muss der Gläubiger zusätzlich noch

---

1042 So auch ROTH JÜRG, Neues Arrestrecht im Nicht-LugÜ-Bereich, S. 73.
1043 Botschaft zum revLugÜ, S. 1821.
1044 Vgl. dazu auch NAEGELI/MARZORATI, S. 10, Rz. 62.
1045 Vgl. Art. 25 ff. IPRG.
1046 FRENKEL, S. 102 f.; SCHWANDER DANIEL, S. 657.
1047 Eine Rechtskraftbescheinigung ist nicht verlangt.
1048 BOLLER, Der neue Arrestgrund, S. 190; FRENKEL, S. 103; SOGO, Kleine Arrestrevision, grosse Auswirkungen, S. 96 f.

glaubhaft machen, dass die beklagte Partei gehörig und rechtzeitig geladen worden ist[1049].

cccc) Lugano-Titel als Arrestgrund

aaaaa) Ausgangslage

Um die Bedeutung von Art. 271 Abs. 3 SchKG zu erkennen, ist vorab die Situation unter Geltung des alten Rechts[1050] in Erinnerung zu rufen. Früher konnte der Gläubiger einen Arrest gestützt auf einen Lugano-Entscheid verlangen, ohne gleichzeitig einen Antrag auf Vollstreckbarerklärung einreichen zu müssen. Das Gericht prüfte die Vollstreckbarkeit dann lediglich vorfrageweise. Das Erfordernis der Vollstreckbarkeit unterlag, gleich wie die anderen Arrestvoraussetzungen, dem Beweismass der Glaubhaftmachung[1051]. Anerkannte das Gericht die Vollstreckbarkeit im Arrestbewilligungsverfahren und wurde im Anschluss das Arrestbegehren gutgeheissen, wurde die eigentliche Vollstreckbarerklärung gegebenenfalls – bei Vorliegen eines entsprechenden Antrags – erst innerhalb des Verfahrens über die definitive Rechtsöffnung erteilt. Die im Arrestbewilligungsverfahren gewährte Vollstreckbarkeit wies keine Rechtskraft für das definitive Rechtsöffnungsverfahren auf. Die Rechtsmittelfrist aus Art. 36 aLugÜ begann somit erst im Zeitpunkt der Vollstreckbarerklärung im definitiven Rechtsöffnungsverfahren und nicht bereits im Zeitpunkt der Vollstreckbarerklärung im Arrestverfahren zu laufen. Daneben bestand die Möglichkeit, dass die Vollstreckbarkeit auch im Rechtsöffnungsverfahren vom Gericht bloss als Vorfrage geprüft wurde[1052].

Die zweite Möglichkeit, die dem Gläubiger unter altem Recht offen stand, war das Arrestbegehren zu stellen und gleichzeitig einen Antrag auf Vollstreckbarerklärung einzureichen. Entschied sich der Gläubiger für diese Vorgehensweise[1053], wurde die Vollstreckbarkeit in einem gesonderten Verfahren als Hauptfrage geprüft, wobei die Vollstreckbarerklärung in einem

---

1049 Dazu BERNET/VOSER, S. 460 ff.; mit weiteren Hinweisen DROESE, zu Art. 338 ZPO, in: BSK, N. 24; STAEHELIN DANIEL, zu Art. 80 SchKG, in: BSK, N. 53 und 100.

1050 Zu beachten ist, dass die folgenden Ausführungen nur dann Gültigkeit haben, wenn das kantonale Recht den Arrest als Sicherungsmittel im Anwendungsbereich von Art. 39 aLugÜ bestimmte.

1051 Vgl. Art. 272 Abs. 1 SchKG.

1052 Zum Ganzen SCHWANDER DANIEL, S. 654 f.

1053 Diese Vorgehensweise war für den Gläubiger generell weniger günstig und folglich in der Praxis seltener.

eigenen Entscheid, welcher Rechtskraft für das anschliessende definitive Rechtsöffnungsverfahren entfaltete, erging. Im Gegensatz zur vorfrageweisen Überprüfung konnten in diesem Verfahren die Voraussetzungen der Vollstreckbarerklärung nicht bloss glaubhaft gemacht werden. Die Rechtsmittelfrist aus Art. 36 aLugÜ begann mit diesem selbstständigen Entscheid über die Vollstreckbarkeit zu laufen[1054].

Die Frage, ob heute unter Geltung des revidierten Rechts bei Vorliegen eines Lugano-Titels ein Arrest nach Art. 271 Abs. 1 Ziff. 6 SchKG lediglich gestützt auf eine inzidente Prüfung der Vollstreckbarkeit zulässig ist, ist umstritten. Dabei ist insbesondere die Frage entscheidend, welchen Zweck der Gesetzgeber mit der Bestimmung in Art. 271 Abs. 3 LugÜ verfolgen wollte. Einerseits kann dieser Absatz als Zuständigkeitsnorm verstanden werden. In diesem Fall würde damit im Hinblick auf Art. 47 Abs. 2 LugÜ die Koordination der Zuständigkeit zwischen dem Arrest- und dem Exequaturgericht festgelegt werden. Andererseits kann die Norm als Sachnorm gelesen werden, die bestimmt, dass bei einem Lugano-Titel immer zwingend gleichzeitig mit dem Arrest auch über die Vollstreckbarkeit zu entscheiden ist. Dieses Verständnis hätte zur Folge, dass Art. 271 Abs. 1 Ziff. 6 SchKG im Rahmen von Art. 47 Abs. 1 LugÜ keine Anwendung finden könnte[1055].

bbbbb) Mögliche Interpretationen

Das Bundesgerichts hat – wenn auch nicht in aller wünschbaren Deutlichkeit – im vorstehend dargestellten Entscheid BGE 139 III 135 vom 21. Dezember 2012 in einem *obiter dictum* festgestellt, dass es für Lugano-Entscheide die Zulässigkeit eines Arrest nach Art. 271 Abs. 1 Ziff. 6 SchKG bei einer bloss vorfrageweisen Prüfung der Vollstreckbarkeit ablehnen würde[1056]. Es führte im Zusammenhang mit der vorfrageweisen Vollstreckbarerklärung von Nicht-Lugano-Titeln aus, dass für neurechtliche Lugano-Titel[1057] aufgrund von Art. 271 Abs. 3 SchKG eine andere Regelung gelte als für Nicht-

---

1054 Vgl. zum Ganzen und für weitere Ausführungen SCHWANDER DANIEL, S. 655.

1055 Vgl. dazu GASSMANN, Der neue Titelarrest bei LugÜ-Titeln, S. 59 f.

1056 So auch BOLLER, Neuere Rechtsprechung im Arrestrecht, S. 1291; NAEGELI, S. 2, Rz. 6 sowie S. 4, Rz. 18.

1057 Im Gegensatz dazu steht die Rechtsprechung des Kantonsgerichts Graubünden. In einem Entscheid – welcher nach BGE 139 III 135 ergangen ist – kommt das Kantonsgericht zum Schluss, dass auch für Urteile, die vom Anwendungsbereich des alten Lugano-Übereinkommens erfasst werden, die Exequaturerteilung zwingend vorausgesetzt werde. Vgl. KG GR, Schuldbetreibungs- und Konkurskammer, Entscheid vom 22. Mai 2013, KSK 12 47, in: CAN, 2014, Nr. 15, S. 38 ff., E. 6; BOLLER, Neuere Rechtsprechung im Arrestrecht, S. 1291.

Lugano-Titel[1058]. Die abweichende Regelung rechtfertige sich aufgrund der erleichterten Exequaturvoraussetzungen sowie des raschen und einfachen Verfahrens, welche das Lugano-Übereinkommen einem Gläubiger zur Verfügung stelle[1059]. Die Bestimmungen des Übereinkommens gewähren dem Gläubiger auch dann einen Überraschungseffekt, wenn das Gericht gleichzeitig mit der Bewilligung des Arrests das Exequatur erteile. Anders sei die Situation jedoch bei Nicht-Lugano-Entscheiden. Dort sei das Exequaturverfahren kontradiktorisch ausgestaltet[1060].

Nachstehend ist zu analysieren, ob die zitierte Rechtsprechung des Bundesgerichts in sich stimmig ist. Dafür werden die drei Möglichkeiten, wie die Formulierungen in Art. 271 Abs. 1 Ziff. 6 SchKG und Art. 271 Abs. 3 SchKG verstanden werden können, aufgezeigt und kritisch gewürdigt.

Die erste Variante besteht darin, den Titelarrest so zu verstehen, dass sowohl Lugano-Entscheide wie auch Entscheide aus Drittstaaten vollstreckbar erklärt werden müssen, um zu einem Titelarrest zu berechtigen[1061]. Diese Möglichkeit wurde jedoch wie vorstehend dargestellt vom Bundesgericht explizit verworfen[1062].

Die zweite Variante ist die vom Bundesgericht angetönte Auslegung, wonach im Anwendungsbereich des revidierten Lugano-Übereinkommens[1063] ein Titelarrest nach Art. 271 Abs. 1 Ziff. 6 SchKG für Lugano-Entscheide vor respektive ohne Exequaturerteilung nicht zulässig ist. Der Titelarrest

---

1058 So bereits unkritisch RODRIGUEZ, S. 1558; SCHWANDER DANIEL, S. 654 ff.

1059 Ähnlich auch MEIER-DIETERLE, Ausländische „nicht LugÜ-Entscheide" als Arrestgrund, S. 5, Rz. 20; NAEGELI/MARZORATI, S. 11, Rz. 75. Vgl. für weitere Hinweise HOFMANN/KUNZ, zu Art. 47 LugÜ, in: BSK, N. 59 und 62.

1060 Zum Ganzen BGE 139 III 135, E. 4.5.2; NAEGELI, S. 2, Rz. 6 sowie S. 4, Rz. 18.

1061 So insbesondere JENT-SØRENSEN/REISER, S. 458 f.; RODRIGUEZ, S. 1557; STAEHELIN DANIEL, Neues Arrestrecht ab 2011, S. 8 f., Rz. 39 ff.; STAEHELIN DANIEL, zu Art. 47 LugÜ, in: SHK, N. 20 ff.; STOFFEL, zu Art. 271 SchKG, in: BSK, N. 109; vgl. in der vorliegenden Arbeit unter § 7.I.2.d).bb).bbb).bbbb).bbbbb), S. 188 ff.

1062 BGE 139 III 135; vgl. in der vorliegenden Arbeit unter § 7.I.2.d).bb).bbb).bbbb).aaaaa), S. 185 ff.

1063 Diese Ausführungen beanspruchen keine Geltung für Entscheide, die nach dem alten Lugano-Übereinkommen vollstreckbar erklärt werden. Die Bestimmung in Art. 271 Abs. 3 SchKG nimmt ausschliesslich auf das revidierte Lugano-Übereinkommen Bezug. Für Entscheide im Anwendungsbereich des alten Lugano-Übereinkommens ist es für einen Titelarrest – gleich wie bei Nicht-Lugano-Entscheiden – ausreichend, wenn deren Vollstreckbarkeit lediglich glaubhaft gemacht wird. Vgl. dazu mit weiteren Hinweisen HOFMANN/KUNZ, zu Art. 47 LugÜ, in: BSK, N. 61.

kann für einen Lugano-Entscheid – im Gegensatz zu einem Entscheid aus einem Drittstaat – nur dann bewilligt werden, wenn ihm zugleich die Vollstreckbarerklärung erteilt wird. Nicht zulässig ist demnach ein auf Art. 271 Abs. 1 Ziff. 6 SchKG gestützter Arrest bei Vorliegen einer lediglich inzidenten Vollstreckbarerklärung[1064].

Diese vom Bundesgericht vorgebrachte Interpretation birgt gewisse Schwierigkeiten. Erstens stellt sich die Frage, wie bei einem Antrag auf einen Arrest gestützt auf Art. 271 Abs. 1 Ziff. 6 LugÜ ohne gleichzeitigen Antrag auf Vollstreckbarerklärung zu verfahren ist. Das Obergericht Zürich[1065] verwies in einem jüngeren Entscheid auf seine Praxis hierzu, gemäss welcher es zwingend eines Exequaturantrags des Gläubigers bedarf, ansonsten das Arrestbegehren nicht gutgeheissen wird. Teilweise wird aber vertreten, dass die Vollstreckbarerklärung auch ohne entsprechenden Antrag von Amtes wegen zu erteilen ist[1066]. Dagegen spricht einerseits, dass diese Vorgehensweise eine Verletzung der Dispositionsmaxime darstellt[1067]. Andererseits geht die bundesgerichtliche Rechtsprechung davon aus, dass die Abweisung eines Exequturantrags grundsätzlich[1068] Rechtskraftswirkung entfaltet[1069].

1064 OG ZH, II. Zivilkammer, Urteil vom 18. Dezember 2014, Geschäfts-Nr.: PS140239, E. II. 4.3; OG ZH, II. Zivilkammer, Urteil vom 14. März 2014, Geschäfts-Nr.: PS140031, E. II.6; OG ZH, II. Zivilkammer, Urteil vom 8. November 2011, Geschäfts-Nr.: PS110169, E. III. 3; OG ZH, II. Zivilkammer, Beschluss vom 31. Oktober 2011, Geschäfts-Nr.: PS110177, E. III. 2; JENT-SØRENSEN/REISER, S. 454; RODRIGUEZ, S. 1557; ROTH JÜRG, Vorläufige Vollstreckbarkeit und Vollstreckung, S. 781; SCHWANDER DANIEL, S. 654 und 656; STAEHELIN DANIEL, Neues Arrestrecht ab 2011, S. 8 f., Rz. 39 ff. Vgl. zum Ganzen mit weiteren Hinweisen HOFMANN/KUNZ, zu Art. 47 LugÜ, in: BSK, N. 59.

1065 OG ZH, II. Zivilkammer, Urteil vom 18. Dezember 2014, Geschäfts-Nr.: PS140239, E. 4.3.

1066 Insbesondere Botschaft zum revLugÜ, S. 1821; KREN KOSTKIEWICZ, zu Art. 47 LugÜ, in: IPRG/LugÜ Kommentar, N. 10; STAEHELIN MATTHIAS, zu Art. 30a SchKG, in: BSK, N. 38. Weiter wird in der Lehre argumentiert, es sei kein Antrag auf Vollstreckbarkeit erforderlich, weil die staatsvertragliche Pflicht zum Exequatur die bundesgesetzlich verankerte Dispositionsmaxime derogiere. Vgl. dazu MEIER-DIETERLE, Ausländische „nicht LugÜ-Entscheide“ als Arrestgrund, S. 4, Rz. 16 f.

1067 So OG ZH, II. Zivilkammer, Urteil vom 5. April 2013, Geschäfts-Nr.: PS120140, E. II. 4; DOMEJ/OBERHAMMER, zu Art. 327a ZPO, in: Kurzkommentar ZPO, N. 7; JENT-SØRENSEN/REISER, S. 454 f.; mit weiteren Hinweisen NAEGELI/MARZORATI, S. 7 ff., Rz. 42 ff.; PLUTSCHOW, zu Art. 38 LugÜ, in: Dike, N. 14; WALTER/DOMEJ, S. 519 f.

1068 Lediglich ein Antrag, welcher aufgrund fehlender Urkunden abgewiesen wurde, kann erneut eingereicht werden. Vgl. BGE 138 III 174, E. 6.5.

1069 BGE 138 III 174, E. 6.5; vgl. in der vorliegenden Arbeit unter § 3.V.4, S. 67 ff.

Damit läuft der Gläubiger Gefahr, dass das Gericht von Amtes wegen die Vollstreckbarerklärung prüft und allenfalls mit der Konsequenz verneint, dass der erfolglos gebliebene Gläubiger den Entscheid endgültig nicht mehr in der Schweiz vollstreckbar erklären lassen kann[1070]. Geht man demgegenüber davon aus, dass der Antrag nicht von Amtes wegen zu erteilen ist, so ist unklar, ob der Arrest nicht wenigstens gestützt auf den Ausländerarrest in Art. 271 Abs. 1 Ziff. 4 SchKG bewilligt werden kann[1071]. Im Rahmen des Ausländerarrests findet lediglich eine inzidente Prüfung der Vollstreckbarkeit statt. Gemäss der Praxis des Zürcher Obergerichts[1072] ist ein Arrest gemäss Art. 271 Abs. 1 Ziff. 4 SchKG gestützt auf einen vollstreckbaren gerichtlichen Entscheid – unabhängig davon, ob es sich um einen Lugano-Entscheid oder einen anderen Entscheid handelt – zulässig. Das Obergericht berücksichtigte in seinem Entscheid, dass das Bundesgericht[1073] die alternative Anwendbarkeit von Art. 271 Abs. 1 Ziff. 4 SchKG eher verneinen würde, verwies aber auf seine eigene Praxis. Zu beachten ist in diesem Zusammenhang allerdings, dass der Ausländerarrest gemäss des Wortlauts von Art. 271 Abs. 1 Ziff. 4 SchKG nicht gegenüber Personen mit Wohnsitz in der Schweiz verlangt werden kann. Somit erfahren die Gläubiger, die ihren Arrest auf einen noch nicht vollstreckbar erklärten Lugano-Entscheid stützen, gegenüber den Gläubigern eines wiederum noch nicht vollstreckbar erklärten Nicht-Lugano-Entscheids eine Benachteiligung, da diese ihren Arrest auf den Titelarrest in Art. 271 Abs. 1 Ziff. 6 SchKG stützen können und diesen auch gegenüber Schuldner mit Wohnsitz in der Schweiz verlangen können[1074].

Die dritte Variante besteht darin, Art. 271 Abs. 3 SchKG als reine Zuständigkeitsnorm zu erkennen. Folgt man dieser Auslegung, werden Lugano-Entscheide gleich wie Entscheide aus Drittstaaten behandelt. Auch die Lugano-Entscheide berechtigen dann zu einem Titelarrest, ohne dass sie zwingend gleichzeitig respektive vorab vollstreckbar erklärt werden müs-

---

1070 Vgl. dazu auch SCHWANDER DANIEL, S. 655, Fn. 60 und S. 688, Fn. 183; HOFMANN/KUNZ, zu Art. 47 LugÜ, in: BSK, N. 63.

1071 Vgl. dazu BOLLER, Neuere Rechtsprechung im Arrestrecht, S. 1291 f.

1072 OG ZH, II. Zivilkammer, Urteil vom 18. Dezember 2014, Geschäfts-Nr.: PS140239, E. II.5.2. Im vorstehenden Entscheid wird unter anderem auf das in diesem Punkt ausführlich begründete Urteil OG ZH, II. Zivilkammer, Urteil vom 20. April 2012, Geschäfts-Nr.: PS120035, E. II.4.1.1 verwiesen.

1073 In BGE 139 III 135.

1074 Ähnlich HOFMANN/KUNZ, zu Art. 47 LugÜ, in: BSK, N. 66 ff., insbesondere N. 73.

sen. Die Arrestlegung ist entsprechend ebenfalls für einen Lugano-Entscheid im Rahmen von Art. 271 Abs. 1 Ziff. 6 SchKG gestützt auf ein lediglich inzidentes Exequatur zulässig[1075]. Für diese Auffassung spricht, dass – entgegen der Auffassung des Bundesgerichts, wonach das Erfordernis des vorgängigen Exequaturs keine Schlechterstellung darstellt[1076] – ein Unterschied zwischen einer inzidenten Prüfung, in deren Rahmen die Vollstreckbarkeit nach Art. 272 Abs. 1 SchKG bloss glaubhaft gemacht werden muss, und einem eigentlichen Nachweis der Exequaturvoraussetzungen existiert[1077]. Es ist denkbar, dass dem Gläubiger zwar die Glaubhaftmachung eines vollstreckbaren Titels gelingt, er jedoch (noch) nicht den eigentlichen Beweis für das Vorliegen der Exequaturvoraussetzungen erbringen kann, aber bereits dringend auf einen Arrest angewiesen ist[1078]. Ferner stellt sich die Frage, ob Art. 47 Abs. 1 LugÜ es nicht sogar verbietet, für den Erlass von blossen Sicherungsmassnahmen eine ausdrückliche Vollstreckbarerklärung vorauszusetzen. Es kann von einem Titelgläubiger nicht verlangt werden, eine Vollstreckbarerklärung zu beantragen, damit er eine Sicherungsmassnahme erhält, die das nationale Recht für alle anderen Entscheide – namentlich für ausländische Nicht-Lugano-Entscheide und Entscheide, welche vom Anwendungsbereich des alten Lugano-Übereinkommens 1988 erfasst sind – zur Verfügung stellt[1079]. Auch würde dies eine deutliche Verschlechterung gegenüber der Rechtslage vor dem 1. Januar 2011 bedeuten, wo dem Titelgläubiger der Ausländerarrest offen stand. Für eine solche Reduktion der Arrestmöglichkeiten bestand keine Absicht[1080]. Vielmehr ging

1075 Dahingehend DOMEJ/OBERHAMMER, zu Art. 327a ZPO, in: Kurzkommentar ZPO, N. 7; HOFMANN/KUNZ, zu Art. 47 LugÜ, in: BSK, N. 62; MEIER-DIETERLE, zu Art. 271 SchKG, in: Kurzkommentar SchKG, N. 17n; ROTH JÜRG, Neues Arrestrecht im Nicht-LugÜ-Bereich, S. 75 f.; ROTH JÜRG, Vorläufige Vollstreckbarkeit und Vollstreckung, S. 781 und 784; SOGO, Kleine Arrestrevision, grosse Auswirkungen, S. 97.

1076 BGE 139 III 135, E. 4.5.2.

1077 Für das Exequaturverfahren gelten in der Schweiz die Bestimmungen des summarischen Verfahrens. Auch im Summarverfahren ist grundsätzlich der strikte Beweis zu erbringen und es gelten nicht etwa tiefere Anforderungen an das Beweismass. Vgl. dazu HOFMANN/KUNZ, zu Art. 41 LugÜ, in: BSK, N. 61; KLINGLER, zu Art. 254 ZPO, in: Kommentar zur Schweizerischen Zivilprozessordnung, N. 4; MAZAN, zu Art. 254 ZPO, in: BSK, N. 9; a.M. (Glaubhaftmachung sei ausreichend) OG ZH, I. Zivilkammer, Urteil vom 7. November 2012, Geschäfts-Nr.: RV110006, E. III. 4.2; OG ZH, I. Zivilkammer, Urteil vom 23. Dezember 2011, in: ZR, 111. Band, S. 61 ff., E. 2.3.

1078 So HOFMANN/KUNZ, zu Art. 47 LugÜ, in: BSK, N. 63.

1079 Diese Frage bejahend HOFMANN/KUNZ, zu Art. 47 LugÜ, in: BSK, N. 63.

1080 Mit Verweis auf BGE 139 III 135, E. 4.3.2 (*obiter*): „*Cependant, la révision a dépassé cet objectif initial pour s'étendre à l'ensemble des jugements, qu'ils soient* die Botschaft[1081] davon aus, dass die Sachverhalte, welche zuvor vom Ausländerarrest erfasst wurden, neu vollständig unter den Titelarrest subsumiert werden können. Auch die Entstehungsgeschichte von Art. 271 Abs. 3 SchKG zeigt, dass man sich der Verschlechterung der Position von Titelgläubigern mit Lugano-Titeln nicht bewusst war. Die Bestimmung von Art. 271 Abs. 3 SchKG wurde erst nach der Vernehmlassung ins Gesetz aufgenommen und war im Vorentwurf noch nicht enthalten. Ihre Aufnahme wurde damit begründet[1082], dass die gleiche Rechtslage im Anwendungsbereich der Schweizerischen Zivilprozessordnung (bei der Sicherung von anderen als Geldforderungen) bestünde. Diese Begründung ist so indessen nicht ganz korrekt. Gemäss der Vorschrift von Art. 341 Abs. 1 ZPO ist zwar die Vollstreckbarkeit von Amtes wegen zu prüfen, dies kann aber nicht so verstanden werden, dass für Sicherungsmassnahmen zwingend eine vorgängige explizite Vollstreckbarerklärung des Entscheids verlangt wird. Deshalb muss auch eine Arrestlegung als Sicherungsmassnahme im Rahmen von Geldforderungen gestützt auf einen Lugano-Entscheid vor einer ausdrücklichen Exequaturerteilung möglich sein, vorausgesetzt die Vollstreckbarkeit wird in der Schweiz glaubhaft gemacht[1083].

Daneben wird in der Lehre ein Kompromiss zwischen der zweiten und dritten Variante vorgeschlagen. Dafür wird Art. 271 Abs. 3 SchKG dahingehend ausgelegt, dass die Bestimmung nicht zwingend eine gleichzeitige beziehungsweise vorgängige Exequaturerteilung verlangt, sondern das Arrestgericht *„auch“* über die Vollstreckbarkeit *„entscheide“*[1084]. Entsprechend besteht die Möglichkeit, dass das Arrestgericht den Verfahrensgegenstand vorerst auf die Arrestgewährung eingeschränkt und lediglich vorfrageweise prüft, ob die Vollstreckbarkeit glaubhaft gemacht wurde. Erst nach dem erteilten Arrest findet eine substantielle Prüfung der Exequaturvoraussetzungen statt, wobei dem Antragsteller gegebenenfalls eine Frist anzusetzen ist, um fehlende Unterlagen nachzureichen. Sollte das Gericht dann zum Schluss kommen, es fehlt selbst an einer Glaubhaftmachung, so kann es dem Antragsteller die Möglichkeit zum Rückzug seines Antrags gewähren und dadurch eine negative Rechtskraftwirkung vermeinden. Insofern findet

---

suisses ou étrangers - «Lugano» ou «non Lugano» - et améliorer ainsi la situation de tous les créanciers.“

1081 Botschaft zum revLugÜ, S. 1821.

1082 Vgl. diesbezüglich Botschaft zum revLugÜ, S. 1821.

1083 So zum Ganzen HOFMANN/KUNZ, zu Art. 47 LugÜ, in: BSK, N. 64.

1084 BOLLER, Arrest gestützt auf ausländische Entscheide, S. 38 f.

Art. 271 Abs. 3 SchKG bloss bei einem gutgeheissenen Arrestbegehren Anwendung[1085].

ccccc) Stellungnahme

Das Bundesgericht ist mit seiner Rechtsprechung[1086], dass Entscheide aus Drittstaaten keiner vorgängigen Vollstreckbarerklärung bedürfen, um zu einem Arrest nach Art. 271 Abs. 1 Ziff. 6 SchKG zu berechtigen, den ersten Schritt gegangen. Konsequenterweise müsste das Bundesgericht nun auch den zweiten Schritt gehen und die Zulässigkeit einer inzidenten Prüfung der Vollstreckbarkeit im Rahmen des Titelarrests für Entscheide aus Lugano-Staaten ebenfalls bejahen. Dieses Vorgehen wäre vom – ungeschickt formulierten – Wortlaut von Art. 271 Abs. 3 SchKG gedeckt respektive würde zu diesem nicht im Widerspruch stehen.

Das Lugano-Übereinkommen schafft mit dem Anspruch auf Sicherungsmassnahmen in Art. 47 Abs. 2 LugÜ einen Mindeststandard und verbietet eine grosszügigere Regelung des nationalen Rechts betreffend Sicherungsmassnahmen nicht. Das Lugano-Übereinkommen verlangt lediglich, dass das nationale Recht dem Gläubiger bei Vorliegen einer erstinstanzlichen Vollstreckbarerklärung ohne weitere Voraussetzungen eine Sicherungsmassnahme zur Verfügung stellt[1087]. Der Schweiz steht es aber frei, den Titelarrest bereits gestützt auf eine vorfrageweise Vollstreckbarerklärung zuzulassen und somit über die Vorgaben des Lugano-Übereinkommens zu gehen.

Das Schweizer Recht – insbesondere die diesbezügliche Rechtsprechung des Bundesgerichts – ist im Rahmen der Gewährung eines Titelarrests grundsätzlich grosszügig. Ausgenommen von dieser Grosszügigkeit sind einzig die Lugano-Entscheide. Für diese gelten verglichen mit Entscheiden aus Drittstaaten strengere Voraussetzungen. Dieser Zustand ist stossend und widerspricht dem Sinn und Zweck des Lugano-Übereinkommens. Das Übereinkommen wollte aufgrund des gegenseitigen, erhöhten Vertrauens in die Justizsysteme, welches unter den Lugano-Staaten herrscht, erleichterte – und sicherlich keine erhöhten Voraussetzungen – schaffen.

1085 So BOLLER, Arrest gestützt auf ausländische Entscheide, S. 39 f.; MEIER-DIETERLE, zu Art. 271 SchKG, in: Kurzkommentar SchKG, N. 17o; zustimmend auch HOFMANN/KUNZ, zu Art. 47 LugÜ, in: BSK, N. 65.

1086 BGE 139 III 135.

1087 Art. 47 Abs. 2 LugÜ.

Mit Blick auf das doch klare *obiter dictum* im Entscheid des Bundesgerichtes BGE 139 III 135, die Rechtsprechung des Zürcher Obergerichts[1088] wie auch die überwiegende Meinung im Schriftum[1089] ist dem Praktiker – mindestens bis das Bundesgericht die Frage explizit geklärt hat – anzuraten, mit dem Antrag auf einen Arrest nach Art. 271 Abs. 1 Ziff. 6 LugÜ gestützt auf einen Lugano-Titel gleichzeitig auch einen Antrag auf Vollstreckbarerklärung zu stellen. In der vorliegenden Arbeit wird daher in der Folge die Situation dargestellt, dass eine bloss vorfrageweise Vollstreckbarerklärung des Lugano-Entscheids im Rahmen von Art. 271 Abs. 1 Ziff. 6 LugÜ nicht ausreicht und ein Titelarrest nach Art. 271 Abs. 1 Ziff. 6 SchKG für Lugano-Entscheide vor respektive ohne Exequaturerteilung – also im Rahmen von Art. 47 Abs. 1 LugÜ – nicht zulässig ist. Der Titelarrest kann für einen Lugano-Entscheid – im Gegensatz zu einem Entscheid aus einem Drittstaat – demnach nur dann bewilligt werden, wenn dem ausländischen Entscheid vorab die Vollstreckbarerklärung erteilt wird. Der Titelarrest kommt entsprechend für Lugano-Entscheide nur als Massnahme gemäss Art. 47 Abs. 2 LugÜ zur Anwendung.

cc) Vermögensgegenstände des Schuldners

Als letzte Voraussetzung für eine Arrestbewilligung hat der Gläubiger das Vorhandensein von verarrestierbaren Vermögensgegenständen glaubhaft zu machen[1090].

Der Arrest bezweckt die Absicherung einer späteren Verwertung. Entsprechend kann vom Arrest nur Vermögen des Schuldners erfasst werden, welches realisierbar und in der Schweiz belegen ist. Damit Vermögenswerte verarrestiert werden dürfen, müssen diese auch pfändbar respektive allenfalls beschränkt pfändbar sein[1091]. Aus Art. 271 Abs. 1 und Art. 272 Abs. 1

1088 OG ZH, II. Zivilkammer, Urteil vom 18. Dezember 2014, Geschäfts-Nr.: PS140239, E. 4.3; OG ZH, II. Zivilkammer, Urteil vom 14. März 2014, Geschäfts-Nr.: PS140031, E. II.6; OG ZH, II. Zivilkammer, Urteil vom 8. November 2011, Geschäfts-Nr.: PS110169, E. III.3; OG ZH, II. Zivilkammer, Beschluss vom 31. Oktober 2011, Geschäfts-Nr.: PS110177, E. III.2.

1089 JENT-SØRENSEN/REISER, S. 454; RODRIGUEZ, S. 1557; ROTH JÜRG, Vorläufige Vollstreckbarkeit und Vollstreckung, S. 781; SCHWANDER DANIEL, S. 654 und 656; STAEHELIN DANIEL, Neues Arrestrecht ab 2011, S. 8 f., Rz. 39 ff. Vgl. zum Ganzen mit weiteren Hinweisen HOFMANN/KUNZ, zu Art. 47 LugÜ, in: BSK, N. 59.

1090 Art. 272 Abs. 1 Ziff. 3 SchKG.

1091 Vgl. dazu BGE 113 III 26, E. 3.c.

Ziff. 3 SchKG ergibt sich, dass die mit Arrest zu belegenden Vermögenswerte dem Schuldner gehören müssen. In den Fällen, in welchen die Vermögensverhältnisse nicht offensichtlich sind, obliegt es dem Gläubiger, die Vermögensverhältnisse glaubhaft zu machen[1092]. Anders als im Rahmen einer Pfändung ist es Sache des Gläubigers, die zu verarrestierenden Vermögenswerte des Schuldners zu bezeichnen[1093] und deren Standort darzutun[1094]. Ohne diese Informationen kann der Richter keinen vollstreckbaren Arrestbefehl erlassen (vgl. Art. 271 Abs. 2 Ziff. 4 SchKG). Eine endgültige Klärung der Eigentumsverhältnisse erfolgt in einem (allfälligen) Widerspruchsverfahren [1095].

Aus dieser Voraussetzung leitet sich das Verbot eines Sucharrestes ab. Ein Sucharrest oder Ausforschungsarrest – also eine Arrest ohne wirkliche Anhaltspunkte über das Vorhandensein von schuldnerischen Vermögenswerten – stellt ein Rechtsmissbrauch dar[1096]. Die Konsequenz dieses Verbots ist, dass eine Arrestlegung oftmals scheitert, wenn der Gläubiger nicht im Stande ist, spezifische Vermögenswerte des Schuldners zu bezeichnen, oder die Glaubhaftmachung der Vermögenswerte vor Gericht misslingt[1097].

Beim Erfordernis der Glaubhaftmachung von Arrestgegenständen handelt es sich um eine Besonderheit des Schweizer Arrestrechtrechts[1098]. Grundsätzlich beansprucht dieses Erfordernis in sämtlichen Konstellationen Geltung. Jedoch wird im Schriftum vertreten, dass in der Interessenabwägung zu berücksichtigen sei, dass der Gläubiger bereits ein Urteil erstritten hat[1099]. Dieser ausgewiesene Anspruch lasse die Voraussetzung der Glaubhaftmachung der Arrestgegenstände zwar nicht entfallen; nichts desto trotz sollte

---

1092 Die Vermutungen, die sich aus dem Besitz einer Sache oder der Bezeichnung als Gläubiger einer Forderung ergeben, gelten auch im Rahmen der Arrestbewilligung.

1093 Vgl. zur Bezeichnung der einzelnen Vermögenswerte und zum Gattungsarrest die Ausführungen bei REISER, Arrest in Theorie und Praxis, S. 173.

1094 Art. 272 Abs. 1 Ziff. 3 SchKG.

1095 Vgl. für diesbezügliche weitere Ausführungen REISER, Arrest in Theorie und Praxis, S. 172 f.

1096 Anschaulich BGer 5P.256/2006, E. 2.4; zum Ganzen REISER, Arrest in Theorie und Praxis, S. 172 ff.

1097 Dazu HOFMANN/KUNZ, zu Art. 47 LugÜ, in: BSK, N. 74.

1098 HOFMANN/KUNZ, zu Art. 47 LugÜ, in: BSK, N. 74.

1099 Vgl. BERNET/VOSER, S. 456 f. mit Verweis auf einen Entscheid des Zürcher Obergerichts vom 20. Mai 1997 im Verfahren NN970086, auszugsweise wiedergegeben und kommentiert bei BREITSCHMID, S. 1010 f.; SCHWANDER DANIEL, S. 680 f.; ferner OG ZH, II. Zivilkammer, Beschluss vom 3. April 1987, in: ZR, 86. Band, S. 142 ff, Regeste.

die unterschiedlichen Interessenlage eine gewisse Herabsetzung der Anforderungen an die Glaubhaftmachung des Vorhandenseins und der Spezifizierung des Arrestgegenstände zulassen[1100].

e) *Verfahren*

aa) Grundsätzliches

Ein Arrest wird durch das Gericht in einem summarischen und einseitig ausgestalteten Verfahren angeordnet[1101]. Im summarischen Verfahren sind die Beweismittel beschränkt. Die Beweise müssen in erster Linie durch Urkunden erbracht werden; andere Beweismittel sind grundsätzlich nur dann zulässig, wenn sie das Verfahren nicht wesentlich verzögern[1102].

bb) Schutzschrift

Ein Schuldner, welcher mit einer Arrestlegung rechnet, hat die Möglichkeit, seinen Standpunkt vorgängig mittels Schutzschrift darzulegen[1103]. Sobald das Arrestbegehren tatsächlich eingereicht wird, ist die Schutzschrift dem Antragsteller zuzustellen und es ist ihm die Gelegenheit zu geben, zur Schutzschrift Stellung zu beziehen[1104].

Mittels Einreichung einer Schutzschrift kann der Schuldner den Richter namentlich auf eine bestehende Pfandhaft, welche einer Arrestbewilligung entgegensteht, wie auch auf die Unpfändbarkeit einzelner Vermögensgegenstände aufmerksam machen[1105]. Dabei hat der Schuldner aber zu bedenken, dass der künftige Antragsteller möglichweise erst durch die Schutzschrift

---

1100 Dazu BERNET/VOSER, S. 456 f.; vgl. auch HOFMANN/KUNZ, zu Art. 47 LugÜ, in: BSK, N. 75.

1101 Art. 251 lit. a ZPO; ferner zur dieser Problematik im Rahmen eines Arrestes als Sicherungsmittel nach Art. 47 Abs. 2 LugÜ in der vorliegenden Arbeit unter § 7.II.4.c), S. 236 ff.

1102 Art. 254 Abs. 1 und Abs. 2 lit. a ZPO. Und ferner nach Art. 254 Abs. 2 lit. b und c ZPO, auch wenn der Verahrenszweck es erfordert oder das Gericht den Sachverhalt von Amtes wegen festzustellen hat. Vgl. dazu STOFFEL, zu Art. 272 SchKG, in: BSK, N. 53 f.

1103 Art. 270 ZPO. HOFMANN/KUNZ, zu Art. 47 LugÜ, in: BSK, N. 43; HOFMANN/KUNZ, zu Art. 41 LugÜ, in: BSK, N. 55. Diese gilt auch dann, wenn der Arrest als Sicherungsmassnahme im Sinne von Art. 47 Abs. 2 LugÜ bewilligt wird.

1104 Vgl. dazu mit weiteren Hinweisen HOFMANN/KUNZ, zu Art. 41 LugÜ, in: BSK, N. 56.

1105 Botschaft zum revLugÜ, S. 1825; BOLLER, Der neue Arrestgrund, S.196.

Kenntnis von diesen Vermögenswerten erhält und diese sodann glaubhaft machen kann. Der Schuldner muss vorgängig also abwägen, ob eine Schutzschrift sinnvoll ist oder sich diese nicht sogar kontraproduktiv auswirken könnte[1106].

Nicht völlig verständlich ist, wie die ungenügende Spezifizierung der Arrestgegenstände ohne Kenntnis des Arrestbegehrens prophylaktisch vorgebracht werden kann[1107].

cc) Glaubhaftmachung

Der Gläubiger muss mittels seiner vorgelegten Beweismittel die prozessgenügliche Wahrscheinlichkeit erstellen, wobei Art. 272 Abs. 1 SchKG für das Arrestbewilligungsverfahren verlangt, dass er die Arrestvoraussetzungen glaubhaft macht[1108]. Das Gesetz selber äussert sich nicht zu den Anforderungen an die Glaubhaftmachung, so dass dem gerichtlichen Ermessen eine wesentliche Bedeutung zukommt[1109].

Nach der bundesgerichtlichen Rechtsprechung ist eine Tatsache glaubhaft gemacht, wenn das Gericht sie aufgrund plausibler Darlegung des Gläubigers als wahrscheinlich einstuft. An die Wahrscheinlichkeit seien dabei keine überhöhten Anforderungen zu stellen[1110]. Für ihren Nachweis

> *„braucht somit nicht die volle Überzeugung des Gerichts vom Vorhandensein dieser Tatsachen herbeigeführt zu werden, sondern es genügt, wenn eine gewisse Wahrscheinlichkeit dafür spricht, auch wenn das Gericht noch mit der Möglichkeit rechnet, dass sie sich nicht verwirklicht haben könnten[1111]“.*

dd) Sicherheitsleistung des Antragstellers

Der Gläubiger haftet dem Schuldner wie auch einem Dritten für den Schaden, welcher aus einem ungerechtfertigten Arrest entsteht[1112]. Ist die Gefahr

---

1106 Dazu HOFMANN/KUNZ, zu Art. 41 LugÜ, in: BSK, N. 55.

1107 So aber Botschaft zum revLugÜ, S. 1825.

1108 STOFFEL, zu Art. 272 SchKG, in: BSK, N. 54. Vgl. für weitergehende Ausführungen FRENKEL, S. 21 ff. sowie für eine vertiefte Auseinandersetzung mit dem Beweismass der Glaubhaftmachung BERGER-STEINER, S. 269 ff., Rz. 06.124 ff.

1109 KREN KOSTKIEWICZ, Schuldbetreibungs- und Konkursrecht, S. 399 f., Rz. 1506 f.

1110 Vgl. dazu insbesondere BGer 5A_836/2010, E. 4.1.1; BGer 5A_301/2007, E. 2.1; BGer 5P.248/2002, E. 2.3.

1111 BGE 120 II 393, E. 4.c.

1112 Art. 273 Abs. 1 SchKG.

einer Schädigung bereits im Zeitpunkt der Arrestlegung abzusehen, so kann das Gericht den Gläubiger zu einer Sicherheitsleistung verpflichten.

Dem Gericht stehen dabei zwei Vorgehensweisen zur Verfügung: Einerseits kann das Gericht die Anordnung des Arrests von der Leistung einer Sicherheit innert einer angemessenen Frist abhängig machen. Die Massnahme wird dann bis zur Leistung der Sicherheit aufgeschoben. Andererseits kann das Gericht auch den sofortigen Vollzug des Arrestes anordnen, dessen Aufrechterhaltung jedoch von der Sicherheitsleistung innert einer angemessenen Frist abhängig machen[1113]. Wenn offensichtlich Gefahr im Verzuge ist, hat das Gericht nach pflichtgemässem Ermessen letztere Variante zu wählen[1114].

ee) Entscheid

Das Gericht hat seinen Entscheid sofort zu fällen, wobei es sich grundsätzlich lediglich auf die Vorbringen des Antragstellers stützt[1115]. Es handelt sich beim Entscheid über das Arrestbegehren um einen Massnahmeentscheid, welcher nicht in materielle Rechtskraft erwächst. Das Gericht kann den Entscheid sowohl auf Begehren einer Partei wie auch von Amtes wegen abändern. Namentlich kann es – sollten seiner Ansicht nach die jeweiligen Voraussetzungen vorliegen – den Massnahmeentscheid aufheben oder von einer höheren Arrestkaution abhängig machen[1116].

Heisst das Gericht das Begehren gut, so bewilligt es den Arrest und erlässt einen entsprechenden Arrestbefehl[1117], wobei dieser an das Betreibungsamt und nicht an den Schuldner gerichtet ist[1118]. Mit der Mitteilung des Arrest-

---

1113 Art. 273 Abs. 1 SchKG und Art. 270 ZPO. HOFMANN/KUNZ, zu Art. 47 LugÜ, in: BSK, N. 78; MEIER-DIETERLE, Formelles Arrestrecht - eine Checkliste, S. 1226.

1114 Zum Ganzen STOFFEL, zu Art. 272 SchKG, in: BSK, N. 60.

1115 Wenn es notwendig ist, sollte der Entscheid noch in derselben Stunde oder an demselben Tag getroffen werden. Wenn es die Umstände jedoch erlauben, kann der Entscheid auch nach zwei oder drei Tagen ergehen. Vgl. dazu STOFFEL, zu Art. 272 SchKG, in: BSK, N. 56.

1116 Zum Ganzen STOFFEL, zu Art. 272 SchKG, in: BSK, N. 62.

1117 Vgl. zum Inhalt des Arrestbefehls Art. 274 Abs. 2 SchKG.

1118 Art. 274 Abs. 1 SchKG.

befehls an das Betreibungsamt wechselt das Verfahren in den Verfahrensabschnitt des Arrestvollzugs[1119]. Der Arrestbefehl ist sofort vollstreckbar[1120]. Eine Einsprache gegen den Arrestbefehl hemmt die Wirkung des Arrests nicht[1121].

ff) Sicherheitsleistung des Schuldners

Der Schuldner kann den Arrest abwenden und die Arrestgegenstände wiederum zur freien Verfügung überlassen erhalten, wenn er Sicherheit leistet. Die Sicherheit ist durch Hinterlegung, Solidarbürgschaft oder eine andere gleichwertige Sicherheit zu leisten[1122].

gg) Kosten, Kostenvorschuss und Parteientschädigung

aaa) Kosten und Kostenvorschuss

Die Spruchgebühr für einen gerichtlichen Entscheid respektive einen Arrcstbefehl wird durch Art. 48 GebV SchKG festgelegt. Die Kosten werden stets dem Antragsteller auferlegt. Er kann im Rahmen der Arrestprosequierung durch eine Betreibung oder durch einen ordentlichen Zivilprozess Ersatz dieser Kosten fordern[1123]. Dem Antragsteller ist der Abzug der Kosten von einer Zahlung des Schuldners auch dann gestattet, wenn die Arrestlegung eigentlich gar nicht notwendig gewesen wäre[1124].

Im Arrestbewilligungsverfahren besteht bei Vorliegen der Voraussetzungen ebenfalls einen Anspruch auf unentgeltliche Rechtspflege[1125] sowie – falls notwendig – für Verbeiständung[1126].

1119 Vgl. dazu STOFFEL, zu Art. 272 SchKG, in: BSK, N. 57.

1120 STOFFEL, zu Art. 272 SchKG, in: BSK, N. 59.

1121 Art. 278 Abs. 4 SchKG.

1122 Art. 277 SchKG. Vgl. auch HOFMANN/KUNZ, zu Art. 47 LugÜ, in: BSK, N. 82.

1123 Vgl. Art. 68 SchKG sowie Art. 281 Abs. 2 SchKG. Zum Ganzen MEIER-DIETERLE, Formelles Arrestrecht - eine Checkliste, S. 1226.

1124 HOFMANN/KUNZ, zu Art. 47 LugÜ, in: BSK, N. 81.

1125 Vgl. für das SchKG-Beschwerdeverfahren BGE 122 I 8; dazu STOFFEL, zu Art. 272 SchKG, in: BSK, N. 67.

1126 Vgl. für das SchKG-Beschwerdeverfahren BGE 122 III 392; dazu STOFFEL, zu Art. 272 SchKG, in: BSK, N. 67.

bbb) Parteientschädigung

Der Gläubiger kann für das Arrestbewilligungsverfahren keine Parteientschädigung geltend machen, da es sich um ein einseitiges Verfahren ohne eine Beteiligung des Schuldners handelt[1127].

hh) Rechtsmittel

Die Erteilung des Arrestbefehls wird dem Schuldner mitgeteilt. Vollumfängliche Kenntnis vom bewilligten Arrest erhält er erstmals im Zeitpunkt der Zustellung der Arrestvollzugsurkunde durch den Betreibungsbeamten oder im Zeitpunkt des Arrestvollzuges, falls er persönlich anwesend ist. Der Sicherungszweck des Arrests kann nur so gewahrt werden.

Gegen den vollzogenen Arrest stehen grundsätzlich zwei Rechtsbehelfe zur Verfügung. Es kann einerseits gegen einen Arrestbefehl Einsprache beim Gericht erhoben werden (Art. 278 SchKG). Andererseits kann gegen den Arrestvollzug eine Beschwerde an die Aufsichtsbehörde des Betreibungsamtes eingereicht werden (Art. 17 SchKG)[1128].

aaa) Einsprache nach Art. 278 SchKG

Der Schuldner wie auch Dritte, die durch den Arrest in ihren Rechten betroffen sind, können innert zehn Tagen nach Kenntnisnahme des bewilligten und vollzogenen Arrests eine Einsprache beim Gericht erheben[1129]. Die Einsprache dient der Wahrung des rechtlichen Gehörs und ermöglicht die Erwirkung einer Entscheidung über den Fortbestand des Arrestes[1130]. Das Gericht kann im Einspracheverfahren den Arrest ganz oder teilweise bestätigen, abändern oder aufheben; wobei es die Bestätigung oder Aufhebung mit einer Sicherheitsleistung verbinden kann[1131].

Das Rechtsmittel der Einsprachen ist beim erstinstanzlichen Gericht einzureichen, das bereits den Arrest angeordnet hat[1132]. Wurde der Arrest von der

---

1127 BOLLER, Der neue Arrestgrund, S. 193; MEIER-DIETERLE, Formelles Arrestrecht - eine Checkliste, S. 1226.

1128 STAEHELIN DANIEL, Neues Arrestrecht ab 2011, S. 6, Rz. 28.

1129 Art. 278 Abs. 1 SchKG.

1130 Dazu HOFMANN/KUNZ, zu Art. 47 LugÜ, in: BSK, N. 83.

1131 Dazu REISER, zu Art. 278 SchKG, in: BSK, N. 6.

1132 SCHWANDER DANIEL, S. 683.

zweiten Instanz bewilligt, so bleibt gleichwohl das erstinstanzliche Gericht für die Beurteilung der Einsprache zuständig[1133].

Mittels einer Einsprache können sowohl verfahrensrechtliche Einwendungen wie insbesondere die fehlende sachliche oder örtliche Zuständigkeit des Gerichts gerügt wie auch die Arrestvoraussetzungen bestritten werden. Werden die Arrestvoraussetzungen bestritten, so wird sich die Einspache entweder gegen den Arrestgrund richten, oder es wird eingewendet, dass die rechtsgenügliche Wahrscheinlichkeit von Bestand, Höhe und Fälligkeit der Forderung nicht gegeben ist. Stützt der Gläubiger sich für die Forderung auf einen Titel, so kann er die Titelqualität als vollstreckbaren Entscheid[1134] beziehungsweise als Schuldanerkennung[1135] bestreiten[1136].

Bei einem Arrest, welcher nur durch Zufall zu einer Verarrestierung von Vermögenswerte geführt hat, ist im Einspracheverfahren die Berufung auf einen unzulässigen Sucharrest vorzubringen[1137].

Ist Vermögen eines Dritten als Vermögen des Schuldners verarrestiert worden, ist in der Einsprache das Arrestobjekt zu bestreiten. Denn erst im Rahmen des Arrestvollzugs wird klar, ob die im Arrestbefehl aufgeführten schuldnerischen Vermögenswerte so auch wirklich existieren[1138]. Es wird dann – provisorisch und unter Vorbehalt des Widerspruchsverfahrens – die Frage beurteilt, ob die Vermögenswerte, die auf den Namen eines Dritten lauten, nach genügender Wahrscheinlichkeit tatsächlich rechtlich dem

---

1133 REISER, zu Art. 278 SchKG, in: BSK, N. 2.

1134 Eine Besonderheit gilt im Rahmen des Lugano-Übereinkommens bei Vorliegen eines Exequaturentscheids im Rahmen einer Sicherungsmassnahme im Sinne von Art. 47 Abs. 2 LugÜ. Vgl. dazu REISER, zu Art. 278 SchKG, in: BSK, N. 10a; vgl. in der vorliegenden Arbeit unter § 7.II.9.c).bb), S. 255 ff.

1135 Präsentiert der Gläubiger einen zweiseitigen Vertrag als Schuldanerkennung, ist – anders als im Rechtsöffnungsverfahren – die blosse Behauptung des Schuldners, dass die Gegenleistung nicht gehörig erbracht wurde, nicht ausreichend. Der Gläubiger muss nämlich im Rahmen des Arrestes die Schuldanerkennung nur glaubhaft machen. Vgl. STAEHELIN DANIEL, Die internationale Zuständigkeit der Schweiz im Schuldbetreibungs- und Konkursrecht, S. 269.

1136 Zum Ganzen REISER, zu Art. 278 SchKG, in: BSK, N. 10.

1137 REISER, zu Art. 278 SchKG, in: BSK, N. 12.

1138 Dazu REISER, zu Art. 278 SchKG, in: BSK, N. 11.

Schuldner gehören[1139]. Der Gläubiger muss Gegebenheiten aufzeigen, gemäss welchen sich die tatsächlichen Verhältnisse entgegen einem anderen Rechtsschein als glaubhaft darstellen[1140].

Der Schuldner kann im Rahmen einer Einspache ferner die Pfändbarkeit[1141] des Arrestobjekts bestreiten. Die Pfändbarkeit stellt eine Voraussetzung für die Tauglichkeit eines Vermögenswertes als Arrestobjekt dar[1142]. Auch mit dem Rechtsmittel der Einsprache ist die Einrede der Pfandsicherheit zu erheben.

Ausserdem kann in einem Einspracheverfahren vorgebracht werden, der Arrestbefehl sei mangelhaft oder auf rechtsmissbräuchliche Art und Weise erwirkt worden[1143].

Der Schuldner oder der Dritte können im Rahmen des Einspracheverfahrens die Neufestsetzung respektive die Auferlegung einer Arrestkaution verlangen[1144].

Der Einspracheentscheid seinerseits ist mit einer Beschwerde[1145] nach Art. 319 ff. ZPO bei der zweiten kantonalen Instanz anzufechten[1146]. Dabei dürfen die Wirkungen des Arrestes durch eine Beschwerde nicht gehemmt werden (Art. 278 Abs. 4 SchKG). Gestützt auf Art. 278 Abs. 3 SchKG ist es zulässig, vor der Beschwerdeinstanz neue Tatsachen[1147] geltend zu machen.

1139 Vgl. für einen Überblich über die bundesgerichtliche Rechtsprechung zu Treuhandverhältnissen REISER, zu Art. 278 SchKG, in: BSK, N. 11.

1140 BGE 109 III 120; BGE 107 III 33.

1141 Dabei ist zwischen der Rüge der Unpfändarkeit (Art. 92 SchKG) und der beschränkten Pfändbarkeit (Art. 93 SchKG) zu unterscheiden. Die Unpfändbarkeit des Arrestobjektes betrifft den Arrestbefehl und ist somit in erster Linie mittels Einsprache vorzubringen. Demgegenüber ist die Frage der beschränkten Pfändbarkeit grundsätzlich eine Frage des Vollzugs und ist vom Betreibungsbeamten zu prüfen. Der diesbezügliche Entscheid des Betreibungsbeamten ist auf dem Beschwerdeweg anzufechten. Vgl. Entscheid der Aufsichtsbehörde über das Betreibungs- und Konkursamt vom 15.5.2003, BJM 2005, S. 42 ff.; REISER, zu Art. 278 SchKG, in: BSK, N. 14.

1142 Dazu REISER, zu Art. 278 SchKG, in: BSK, N. 14.

1143 Mit weiteren Hinweisen REISER, zu Art. 278 SchKG, in: BSK, N. 8 und 16.

1144 REISER, zu Art. 278 SchKG, in: BSK, N. 17.

1145 Art. 309 lit. b Ziff. 6 ZPO sowie Art. 319 lit. a ZPO.

1146 Art. 278 Abs. 3 ZPO.

1147 Vgl. zum Novenrecht in der vorliegenden Arbeit unter § 7.II.9.c).dd), S. 257 f.

bbb) Beschwerde nach Art. 17 SchKG

Gegen den Vollzug des Arrestbefehls durch das Betreibungsamt kann Beschwerde nach Art. 17 ff. SchKG bei der Aufsichtsbehörde eingelegt werden. Eine Beschwerde an die Aufsichtsbehörde ist insbesondere dann einzureichen, wenn sich während des Vollzuges von mehreren Arrestbefehlen durch unterschiedliche Betreibungsämter herausstellt, dass zuviel Vermögenssubstrat mit Arrest belegt wurde, oder wenn der Schuldner die beschränkte Pfändbarkeit der verarrestierten Vermögenswerte (Art. 93 SchKG) bestreitet.

Der Beschwerde kommt nur auf besonderer Anordnung der Aufsichtsbehörde aufschiebende Wirkung zu (Art. 36 SchKG). Die Wirkungen des Arrests dürfen durch eine Beschwerde nicht gehemmt werden (Art. 278 Abs. 4 SchKG).

Gegen den Entscheid der Aufsichtsbehörde steht gestützt auf Art. 18 SchKG einen Weiterzug an die obere Aufsichtsbehörde – sofern das kantonale Recht eine solche vorsieht – offen. Anschliessend kann der Entscheid mit Beschwerde in Zivilsachen dem Bundesgericht unterbreitet werden[1148], wobei diese Beschwerde an das Bundesgericht keiner Streitwertgrenze unterliegt[1149].

ccc) Rechtsmittel des Gläubigers

Die Arresteinsprache gemäss Art. 278 SchKG steht dem Gläubiger nicht offen, da eben gerade kein Arrest gelegt wurde. Er kann gegen die Abweisung seines Arrestgesuches lediglich die Beschwerde nach Art. 319 ff. ZPO erheben[1150]. Da die Rechtsmittelinstanz die Beschwerde der Gegenpartei zur schriftlichen Stellungnahme zustellt (Art. 322 Abs. 1 ZPO), erlangt der Schuldner von der versuchten Arrestlegung Kenntnis und der Gläuber verliert den Überrraschungseffekt.

Auch der Gläubiger kann gegen Verfügungen des Betreibungsamtes im Rahmen des Arrestvollzugs Beschwerde nach Art. 17 ff. SchKG einlegen

---

1148 Art. 72 Abs. 2 lit. a BGG.

1149 Art. 74 Abs. 2 lit. c BGG. Zum Ganzen STAEHELIN DANIEL, zu Art. 47 LugÜ, in: SHK, N. 86 ff.

1150 Art. 309 lit. b Ziff. 6 ZPO in Verbindung mit Art. 319 lit. a ZPO. Dazu REISER, zu Art. 278 SchKG, in: BSK, N. 26; STAEHELIN DANIEL, zu Art. 47 LugÜ, in: SHK, N. 89.

und geltend machen, dass die Verfügung Gesetz verletze oder unangemessen sei.

ii) Prosequierung durch Betreibung

aaa) Allgemein

Der Arrest als provisorische Sicherungsmassnahme muss innert zehn Tagen[1151] seit Zustellung der Arresturkunde mittels Arrestprosequierung weiterverfolgt werden, sonst fällt er dahin. Die Prosequierung kann grundsätzlich durch Einreichung einer Klage mit anschliessender Betreibung oder direkt durch Betreibung erfolgen[1152]. Dabei ist der Arrest im Sinner einer einstweiligen Massnahme vor der Vollstreckbarerklärung im Rahmen von Art. 47 Abs. 1 LugÜ ausschliesslich mittels Betreibung zu prosequieren, da die Einreichung einer Klage typischerweise wegen der Rechtskraft des ursprünglichen Entscheids ausgeschlossen ist.

Die Frist für die Prosequierung beginnt mit Zustellung der Arresturkunde an den Gläubiger. Während des Einspracheverfahrens und bei Weiterziehung des Einspracheentscheids stehen die Prosequierungsfristen gemäss Art. 279 Abs. 5 Ziff. 1 SchKG jedoch still[1153]. Diese Suspendierung befreit *de facto* den Gläubiger jedoch nicht davon, den Arrest zu prosequieren, da die Einsprache- und die Prosequierungsfrist identisch sind. Der Gläubiger hat daher – um nichts zu verpassen – eine Prosequierungshandlung vorzunehmen, obschon er noch nicht wissen kann, ob der Schuldner Einsprache gestützt auf Art. 278 Abs. 1 SchKG einreichen wird[1154].

Wird mittels der Beschwerde nach Art. 319 ff. ZPO der Einspracheentscheid weitergezogen, so beginnt die Frist im Zeitpunkt des Entscheids der

---

1151 Während eines allfälligen Einspracheverfahrens sowie bei Weiterziehung des Einspracheentscheids läuft die Prosequierungsfrist nicht (Art. 279 Abs. 5 Ziff. 1 SchKG). Vgl. Art. 33 Abs. 2 SchKG für die Möglichkeit einer Fristverlängerung bei einem im Ausland wohnhaften Gläubiger. Für Ausführungen der aus dieser Bestimmung resultierenden Ungleichbehandlung von Gläubigern mit inländischem und mit ausländischem Wohnsitz vgl. REISER, zu Art. 279 SchKG, in: BSK, N. 1.

1152 Dazu REISER, zu Art. 279 SchKG, in: BSK, N. 1.

1153 Vgl. dazu und zur Situation unter Geltung des alten Rechts mit zahlreichen weiteren Hinweisen HOFMANN/KUNZ, zu Art. 47 LugÜ, in: BSK, N. 203.

1154 Zum Ganzen mit Hinweisen auf BGE 126 III 293, E. 1 und BGE 129 III 599, E. 2; REISER, zu Art. 279 SchKG, in: BSK, N. 2; REISER, Arrest in Theorie und Praxis, S. 181.

oberen Instanz wieder zu laufen. Weder der Beschwerde an das Bundesgericht[1155] noch der subsidiäre Verfassungsbeschwerde[1156] kommt die aufschiebende Wirkung zu. Wird die aufschiebende Wirkung vom Instruktionsrichter gestützt auf Art. 103 Abs. 3 BGG gewährt, so entfaltet diese Anordnung ex tunc ihre Wirkung[1157].

bbb) Betreibung

Der Gläubiger kann mittels ordentlicher Betreibung den Arrest prosequieren, wobei das Betreibungsbegehren innert zehn Tagen nach Erhalt der Arresturkunde einzureichen ist[1158].

Die Betreibung kann vom Gläubiger gemäss Art. 52 SchKG wahlweise am Ort der Belegenheit der Arrestgegenstände respektive am Arrestort oder am Betreibungsort des Schuldners eingeleiten werden.

Falls der Gläubiger den Schuldner am Arrestort – der nicht zugleich auch ein ordentlicher Betreibungsort des Schuldners darstellt – betreibt, sind bei der Fortsetzung der Arrestbetreibung die folgenden Besonderheiten zu beachten:

- In der Betreibung auf Pfändung kann ausschliesslich eine Pfändung der verarrestierten Gegenstände stattfinden[1159]. Eine Ergänzungs- oder Nachpfändung von Gegenständen, welche vom Arrestbeschlag nicht erfasst sind, ist somit generell nicht möglich[1160]. Von diesem Grundsatz lässt die Praxis lediglich im Rahmen der privilegierten Anschlusspfändung nach Art. 111 SchKG eine Ausnahme zu. Voraussetzung für diese Ausnahme ist, dass der Schuldner in der Schweiz einen ordentlichen Betreibungsort hat und eine Ergänzungspfändung in der Schweiz überhaupt möglich ist[1161].
  Die Arrestbetreibung an einem Spezialdomizil gibt ferner kein Recht auf Ausstellung eines Verlustscheins[1162].

1155 Vgl. Art. 103 Abs. 1 BGG.

1156 Vgl. Art. 117 i.V.m. Art. 103 Abs. 1 BGG.

1157 Dazu REISER, zu Art. 279 SchKG, in: BSK, N. 2; REISER, Arrest in Theorie und Praxis, S. 181.

1158 Art. 279 Abs. 1 SchKG.

1159 Vgl. dazu BGE 115 III 28, E. 4.b; BGE 110 III 27, E. 1.b. Betreibt der Gläubiger den Schuldner demgegenüber am ordentlichen Berteibungsort, so erfolgt eine umfassende Pfändung.

1160 BGE 51 III 117, E. 4.

1161 BGE 60 III 5, Regeste.

1162 BGE 90 III 79, Regeste.

- Handelt es sich um einen der Konkursbetreibung unterstehenden Schuldner, so ist am Arrestort weder eine Konkurandrohung noch eine Konkurseröffnung möglich[1163]. Es finden daher die Vorschriften betreffend das Verfahren auf Pfändung Anwendung[1164].

In aller Regel kommt es bei einem schweizweiten Arrest zu mehreren etappierten Vollzügen. Dieser Besonderheit ist im Rahmen der Prosequierung Rechnung zu tragen. Es würde dem Grundsatz der Prozessökonomie widersprechen, wenn die Prosequierungsfrist bereits mit Zustellung der ersten Arresturkunde zu laufen beginnen würden. Dies hätte nämlich zur Folge, dass der Arrestgläubiger gezwungen wäre, den ersten Arrest zu prosequieren, auch wenn dieser ergebnislos geblieben wäre. Es muss nach vorliegend vertretener Ansicht – entgegen der früheren Praxis auch bei einem Schuldner der keinen ordentlichen Betreibungsort in der Schweiz hat[1165] – möglich sein, den Arrest durch eine einzige Betreibung am Ort, wo sich die Arrestgegenstände befinden[1166], zu prosequieren[1167]. Dabei soll der Arrest erst dann prosequiert werden müssen, wenn er schweizweit vollzogen worden ist und sämtliche Arresturkunden dem Gläubiger zugestellt worden sind[1168].

Erhebt der Schuldner gegen die nach der Arrestbewilligung eingeleitete Betreibung Rechtsvorschlag, muss der Gläubier wiederum innert Frist von zehn Tagen seit der Zustellung des Gläubigerdoppels des Zahlungsbefehls

---

1163 Eine Konkurseröffnung kann nur stattfinden, wenn der Schuldner, welcher der Konkursbetreibung unterliegt, am ordentlichen Betreibungsort betrieben wird. Vgl. Art. 52 SchKG.

1164 Zum Ganzen mit weiteren Hinweisen REISER, zu Art. 279 SchKG, in: BSK, N. 6 ff.

1165 BGE 88 III 59, E. 4; BGE 77 III 128, E. 2.

1166 Art. 52 SchKG.

1167 A.A. Cour de justice du canton de Genève, Chambre de surveillance des Offices des poursuites et faillites, 9 octobre 2014, DCSO/267/2014, in: SJ, 2015, Nr. I, S. 49 ff. Vgl. BGer 5A_846/2012, E. 6.3 zur Konstellation, in welcher sich der Gläubiger entscheidet, die vom Gericht in verschiedenen Betreibungskreisen angeordneten Arreste durch mehrere Betreibungen zu prosequieren. Nach dem Bundesgericht obliegt es grundsätzlich dem Arrestschuldner, gegen jeden einzelnen Zahlungsbefehl Rechtsvorschlag zu erheben. Das Bundesgericht hatte sich in diesem Entscheid nicht zur umstrittenen Frage zu äussern, ob eine mehrfache Prosequierung notwendig war, oder ob es genügt hätte, alle Arreste mittels einer einzigen Betreibung zu prosequieren. Vgl. zur Frage der Prosequierung mehrerer Arreste auch BOLLER, Neuere Rechtsprechung im Arrestrecht, S. 1298 ff.

1168 Zum Ganzen REISER, zu Art. 279 SchKG, in: BSK, N. 5 f.; REISER, Überblick über die Arrestrevision 2009, S. 336; STAEHELIN DANIEL, Neues Arrestrecht ab 2011, S. 9, Rz. 45 sowie S. 10, Rz. 48; vgl. in der vorliegenden Arbeit unter § 7.II.3.c), S. 227 ff.

das Rechtsöffnungsbegehren stellen. Eine Klage auf Anerkennung kann er nicht einleiten, da einer solchen der ursprüngliche ausländische Entscheid entgegensteht[1169].

Um ein Dahinfallen des Arrests zu verhindern, muss der Gläubiger fristgerecht sein Fortsetzungsbegehren stellen. Hat der Schuldner keinen Rechtsvorschlag erhoben, so muss der Gläubiger das Fortsetzungsbegehren innert einer zwanzigtägigen Frist seit Zustellung des Gläubigerdoppels des Zahlungsbefehls stellen. Wird Rechtsvorschlag erhoben und dieser gerichtlich beseitigt, beginnt der Fristlauf mit der rechtskräftigen Beseitigung des Rechtsvorschlages[1170].

ccc) Rechtsöffnung

Die definitive Rechtsöffnung stellt ein Verfahren dar, welches die Zwangsvollstreckung aus einer Entscheidung zum Gegenstand hat und es besteht ein ausschliesslicher Gerichtsstand des Vollstreckungsstaates nach Art. 22 Ziff. 5 LugÜ[1171].

Das Gericht am Arrestort – welcher namentlich auch der Betreibungsort sein kann – entscheidet gemäss Art. 84 Abs. 1 SchKG über Gesuche um Rechtsöffnung[1172].

ddd) Im Anwendungsbereich des Lugano-Übereinkommens

Seit dem Inkrafttreten des neuen Rechts stellt sich die Frage, ob eine Einleitung der Betreibung am Arrestort im Anwendungsbereich des Lugano-Übereinkommes zulässig ist. Unter Geltung des Lugano-Übereinkommens 1988 wurde der schweizerische Zahlungsbefehl nicht als Entscheid im Sinne des Übereinkommens erachtet, da dieser nicht von einem Gericht, sondern von einer Verwaltungsbehörde ausgestellt wird. Es war somit zulässig, dass ein Zahlungsbefehl am Arrestort – welcher im Anwendungsbereich des Lugano-Übereinkommens gemäss Art. 3 Abs. 2 aLugÜ als verpönter Gerichtsstand galt – ausgestellt wurde.

Die Rechtslage nach der Revision ist umstritten. Das revidierte Lugano-Übereinkommen 2007 versteht den Zahlungsbefehl in Art. 32 LugÜ neu

---

1169 Art. 279 Abs. 2 SchKG.
1170 Art. 279 Abs. 3 SchKG.
1171 Vgl. dazu REISER, zu Art. 279 SchKG, in: BSK, N. 22.
1172 REISER, zu Art. 279 SchKG, in: BSK, N. 21.

ausdrücklich als Entscheidung im Sinne des Übereinkommens. Sodann umfasst die Bezeichnung *„Gericht“* nach Art. 62 LugÜ jede Behörde, die von einem gebundenen Staat für die in den Anwendungsbereich dieses Übereinkommens fallenden Rechtsgebiete als zuständig bezeichnet worden ist[1173]. Auch unter Geltung des revidierten Lugano-Übereinkommens bleibt der Gerichtsstand des Arrests verpönt (Anhang I LugÜ).

Im Schrifttum[1174] findet sich nun die Auffassung, dass ein Zahlungsbefehl, welcher – sollte kein Rechtsvorschlag dagegen erhoben werden – zu einem vollstreckbaren Entscheid werde, ausschliesslich an einen Gerichtsstand des Lugano-Übereinkommens ausgestellt werden könne. Ist – wie die vorliegende Arbeit behandelt– ein vollstreckbarer Entscheid über die dem Arrest zugrunde liegende Forderung vorhanden, so bestehe ein Gerichtsstand am Vollstreckungsort nach Art. 22 Ziff. 5 LugÜ[1175].

3. Provisorische Pfändung und Güterverzeichnis

a) Provisorische Pfändung

Die provisorische Pfändung steht nur demjenigen Gläubiger zur Verfügung, welchem die provisorische Rechtsöffnung erteilt wurde[1176]. Dies setzt voraus, dass die in Betreibung gesetzte Forderung auf einer Schuldanerkennung oder dergleichen beruht.

Ist die der Betreibung zugrunde liegende Forderung des Gläubigers in einem definitiven Rechtsöffnungstitel ausgewiesen, so steht dem Gläubiger der Behelf der provisorischen Rechtsöffnung nicht zur Verfügung, obwohl seine Forderung an sich stärker ausgewiesen ist.

1173 Dazu REISER, zu Art. 275 SchKG, in: BSK, N. 85; STAEHELIN DANIEL, zu Art. 47 LugÜ, in: SHK, N. 96; STAEHELIN DANIEL, Neues Arrestrecht ab 2011, S. 10, Rz. 51.

1174 DOMEJ, Der „Lugano-Zahlungsbefehl“, S. 167 ff., mit weiteren Hinweisen DOMEJ, zu Art. 62 LugÜ, in: SHK, N. 6 ff.

1175 STAEHELIN DANIEL, zu Art. 47 LugÜ, in: SHK, N. 96; STAEHELIN DANIEL, Neues Arrestrecht ab 2011, S. 10, Rz. 51. Für die Situation, in welcher der Anspruch (noch) nicht durch einen vollstreckbaren gerichtlichen Entscheid ausgewiesen ist, vgl. insbesondere DALLAFIOR/HONEGGER, zu Art. 62 LugÜ, in: BSK, N. 9 ff.; KREN KOSTKIEWICZ/PENON, S. 223 f.; KREN KOSTKIEWICZ/RODRIGUEZ, S. 8 ff., Rz. 47 ff.; STAEHELIN DANIEL, zu Art. 47 LugÜ, in: SHK, N. 96 ff.

1176 Art. 83 Abs. 1 SchKG.

Im Rahmen der Umsetzungsgesetzgebung für das revidierte Lugano-Übereinkommen hat sich der Schweizer Gesetzgeber gegen die provisorische Pfändung als Sicherungsmittel nach dem Lugano-Übereinkommen entschieden[1177]. Es verbietet sich daher, die Voraussetzungen und Anforderungen der provisorischen Pfändung auf irgendwelche Art und Weise an die Vorgaben des Übereinkommens anzugleichen beziehungsweise den Erlass einer provisorischen Pfändung *contra* oder *praeter legem* zu gestattet.

Lediglich falls der Gläubiger seine Forderung auf eine Schuldanerkennung stützen kann und dem provisorischen Rechtsöffnungsverfahren in der Schweiz kein rechtskräftiger ausländischer Entscheid entgegensteht (also grundsätzlich nur vor Erlass eines ausländischen Entscheids), könnte eine provisorische Pfändung – nachdem Betreibung eingeleitet und das Rechtsöffnungsverfahren duchlaufen wurde – im Anwendungsbereich des Lugano-Übereinkommens möglich sein[1178].

b) Güterverzeichnis

Das Güterverzeichnis gemäss Art. 162 SchKG stellt in der Regel kein taugliches Sicherungsmittel für titulierte Forderungen dar. Die Aufnahme eines Güterverzeichnisses ist grundsätzlich nur nach einer Konkursandrohung, nach Erteilung der provisorischen Rechtsöffnung, bei Verweigerung des Rechtsvorschlags bei der Wechselbetreibung sowie bei der Anordnung einer Nachlassstundung (Art. 163 Abs. 1 und Art 341 Abs. 1 SchKG). Diese Konstellationen sind bei einer titulierten Forderung nur selten gegeben.

Der Gesetzgeber hat sich im Rahmen der Umsetzungsgesetzgebung des revidierten Lugano-Übereinkommens neben der provisorischen Pfändung auch gegen das Güterverzeichnis als Sicherungsmassnahme gemäss Lugano-Übereinkommen entschieden. Gleich wie bei der provisorischen Pfändung ist eine Anpassung der Voraussetzungen für die Anordnungn eines Güterverzeichnisses respektive der Erlass eines solchen Verzeichnisses *contra* oder *praeter legem* nicht zulässig[1179].

[1177] Botschaft zum revLugÜ, S. 1816 f.

[1178] Zum Ganzen HOFMANN/KUNZ, zu Art. 47 LugÜ, in: BSK, N. 89 ff.

[1179] Dazu HOFMANN/KUNZ, zu Art. 47 LugÜ, in: BSK, N. 93 f.

II. Anspruch auf einstweilige Sicherungsmassnahmen nach erstinstanzlicher Vollstreckbarerklärung (Art. 47 Abs. 2 LugÜ)

1. Allgemeines

a) Ausgestaltung der Sicherungsmassnahme

Das Lugano-Übereinkommen gibt einem Gläubiger, der eine Vollstreckbarerklärung erwirkt hat, die Befugnis, Sicherungsmassnahmen zu verlangen[1180]. Das Übereinkommen behält die konkrete Ausgestaltung der Sicherungsmassnahme wie auch die faktischen Verfahrenseinzelheiten dem nationalen Rechts des Vollstreckungsstaates vor und garantiert selber entsprechend keine konkrete Sicherungsmassnahme[1181].

Insbesondere bestimmt sich nach dem Recht[1182] des Vollstreckungsstaates[1183]

- welche konkreten Sicherungsmassnahmen zulässig sind[1184],

1180 Art. 47 Abs. 2 LugÜ. BRIGGS, S. 707.

1181 Dazu EuGH, P. Capelloni, F. Aquilini/J. C. J. Pelkmans, Urteil vom 3. Oktober 1985, Rs. C-119/84, Slg. 1985, S. 3147 ff., N. 20; BGE 131 III 660, E. 4.1; BGE 126 III 438, E. 3; Urteil des Appellationsgerichts Basel-Stadt (Ausschuss) vom 12.2.1997, BJM 1999, S. 105 ff., E. 2; ATTESLANDER-DÜRRENMATT, S. 184; Botschaft zum revLugÜ, S. 1815; GEIMER/GEIMER/GEIMER, zu Art. 47 EuGVVO, in: Europäisches Zivilverfahrensrecht, N. 19 und 26; GASSMANN, Arrest im internationalen Rechtsverkehr, S. 184; Jenard-Bericht, S. 52; KROPHOLLER/VON HEIN, zu Art. 47 EuGVO, in: Europäisches Zivilprozessrecht, N. 12; MANKOWSKI, zu Art. 47 Brüssel I-VO, in: Europäisches Zivilprozess- und Kollisionsrecht, N. 12 f.; PÅLSSON, on Art. 47 Brussels I Regulation, in: European Commentaries on Private International Law, N. 11; RODRIGUEZ, S. 1556; SCHWANDER DANIEL, S. 676 f.; vgl. für weiteren Hinweise HOFMANN/KUNZ, zu Art. 47 LugÜ, in: BSK, N. 134.

1182 Rechtsverletzungen im Bezug auf diese aufgeführten Aspekte sind sodann typischerweise mit einem Rechtsmittel des nationalen Rechts des jeweiligen Vollstreckungsstaates geltend zu machen und nicht mit dem Rechtsbehelf nach Art. 43 f. LugÜ.

1183 Zum Ganzen HOFMANN/KUNZ, zu Art. 47 LugÜ, in: BSK, N. 137 f.

1184 KROPHOLLER/VON HEIN, zu Art. 47 EuGVO, in: Europäisches Zivilprozessrecht, N. 12; MANKOWSKI, zu Art. 47 Brüssel I-VO, in: Europäisches Zivilprozess- und Kollisionsrecht, N. 12a.

- die Modalitäten bezüglich der Anordnung und des Vollzugs der Sicherungsmassnahme und insbesondere auch die Frage, ob die Massnahme bei einem Gericht beantragt werden muss oder ob sie direkt von der Vollstreckungsbehörde angeordnet werden kann[1185],
- die Wirkungen der Sicherungsmassnahme, unter anderem auch, was die Konsequenzen einer Zuwiderhandlung gegen die Sicherungsmassnahme sind, und ob die Sicherungsmassnahmen personen- oder gegenstandsbezogen sind[1186],
- die Gewährleistung des Schutzes von Schuldnern und Dritten[1187],
- ob sich die Massnahme auch gegen eine andere Person als den Schuldner richten darf[1188],
- ob der Schuldner die Massnahme durch eine Sicherheitsleistung abwenden kann[1189],
- die Haftung infolge ungerechtfertigter Sicherungsvollstreckung[1190].

Die Absicht des Lugano-Übereinkommens beziehungsweise der Verordnung (EG) Nr. 44/2001, auch während der Frist von Art. 43 LugÜ eine effektive – wenn auch auf Sicherung begrenzte – Zwangsvollstreckung zu gewährleisten, darf durch das nationale Recht nicht beeinträchtigt werden. Das Lugano-Übereinkommen gibt vor, dass der gebundene Staat jedenfalls ein effektives[1191] Sicherungsmittel, das unabhängig von weiteren materiellen Voraussetzungen erteilt werden kann beziehungsweise unbedingt ist, vorsieht. Dabei sind sowohl personen- wie auch gegenstandsbezogene Sicherungsmassnahmen gemeinschaftsrechtskonform. Wie die damit im Zusammenhang stehende Vollstreckbarerklärung muss auch das Sicherungsmittel in einem einseitigen Verfahren erlassen werden, um gegenüber dem Schuldner einen Überraschungseffekt inne zu haben. Daraus folgt auch, dass ein

---

1185 ATTESLANDER-DÜRRENMATT, S. 184 f.; Schlosser-Bericht, S. 134 f., Ziff. 221.

1186 ATTESLANDER-DÜRRENMATT, S. 185; MANKOWSKI, zu Art. 47 Brüssel I-VO, in: Europäisches Zivilprozess- und Kollisionsrecht, N. 12a.

1187 EuGH, P. Capelloni, F. Aquilini/J. C. J. Pelkmans, Urteil vom 3. Oktober 1985, Rs. C-119/84, Slg. 1985, S. 3147 ff., N. 31 ff. insbesondere 36.

1188 KROPHOLLER/VON HEIN, zu Art. 47 EuGVO, in: Europäisches Zivilprozessrecht, N. 12; STAEHELIN DANIEL, zu Art. 47 LugÜ, in: SHK, N. 39.

1189 MANKOWSKI, zu Art. 47 Brüssel I-VO, in: Europäisches Zivilprozess- und Kollisionsrecht, N. 12a; PÅLSSON, on Art. 47 Brussels I Regulation, in: European Commentaries on Private International Law, N. 9;

1190 MANKOWSKI, zu Art. 47 Brüssel I-VO, in: Europäisches Zivilprozess- und Kollisionsrecht, N. 12a.

1191 *Effet utile.*

eigenes, zusätzliches Entscheidverfahren für die Anordnung dieser vorsorglichen Massnahmen nicht gestattet ist. Ferner dürfen die nationalen Verfahrensvorschriften keine Befriedigungsvollstreckung vor dem in Art. 43 Abs. 3 LugÜ normierten Zeitpunkt ermöglichen[1192].

Der Vollstreckungsstaat ist bei der konkreten Umsetzung des Sicherungsanspruches nicht komplett frei[1193]. Das zur Anwendung gelangende nationale Recht darf nicht dazu führen, dass die im Lugano-Übereinkommen enthaltenen Prämissen nicht befolgt werden[1194]. Entsprechend hat sich auch der Europäische Gerichtshof[1195] geäussert:

> *„Gleichwohl ist darauf hinzuweisen, dass die Anwendung der Vorschriften des innerstaatlichen Verfahrensrechts des Vollstreckungsstaats in keinem Fall dazu führen darf, dass die insoweit vom Übereinkommen selbst, und zwar insbesondere in Artikel 39 ausdrücklich oder stillschweigend aufgestellten Grundsätze in Frage gestellt werden. Die Frage, ob diese oder jene Vorschrift des innerstaatlichen Verfahrensrechts des Vollstreckungsstaats auf Sicherungsmassnahmen, die aufgrund von Artikel 39 getroffen worden sind, anwendbar ist, hängt daher vom Inhalt der einzelnen nationalen Vorschriften und ihrer Vereinbarkeit mit den in Artikel 39 aufgestellten Grundsätzen ab."*

Ob die nationalen Verfahrensvorschriften des Vollstreckungsstaates die Gewährung von effektiven Sichungerungsmassnahmen nach Art. 47 Abs. 2 und Abs. 3 LugÜ hindern, kann jedoch nur gesondert und nur für den Einzelfall beantwortet werden[1196]. In diesem Kapitel wird nachfolgend der Arrest als das Schweizer Sicherungsmittel genauer dargelegt und auf seine Konformität mit den Vorgaben des Lugano-Übereinkommens untersucht.

1192 Zum Ganzen GEIMER/GEIMER/GEIMER, zu Art. 47 EuGVVO, in: Europäisches Zivilverfahrensrecht, N. 26; RODRIGUEZ, S. 1556.

1193 Dazu GASSMANN, Arrest im internationalen Rechtsverkehr, S. 184 ff.

1194 ALTHAMMER, zu Art. 47 LugÜ, in: Internationales Privatrecht, N. 13; GEIMER/GEIMER/GEIMER, zu Art. 47 EuGVVO, in: Europäisches Zivilverfahrensrecht, N. 26 f.

1195 EuGH, P. Capelloni, F. Aquilini/J. C. J. Pelkmans, Urteil vom 3. Oktober 1985, Rs. C-119/84, Slg. 1985, S. 3147 ff., N. 21.

1196 ALTHAMMER, zu Art. 47 LugÜ, in: Internationales Privatrecht, N. 13.

b) *Umsetzung in der Schweiz respektive zulässiges Sicherungsmittel in der Schweiz*

Es bestand – wie bereits an anderer Stelle in der vorliegenden Arbeit ausgeführt[1197] – bis zum Inkrafttreten des revidierten Lugano-Übereinkommens am 1. Januar 2011 eine grosse Unsicherheit über das zulässige und sinnvolle Sicherungsmittel. Im Zuge der Revision des Lugano-Übereinkommens entschied sich der Gesetzgeber für Forderungen die auf eine Geldleistung gerichtet sind für den Arrest nach Art. 271 ff. SchKG als zulässiges Sicherungsmittel gemäss Art. 47 Abs. 2 LugÜ[1198].

Für Verwirrung jedoch sorgt die Aussage in der Botschaft, wonach für die Sicherung von Geldforderungen in der Schweiz *„primär der Arrest nach Artikel 271 ff. SchKG als Sicherungsmittel nach revLugÜ vorgesehen*[1199]*"* sei[1200]. Aus anderen Stellen in der Botschaft[1201] sowie aus der Entstehungsgeschichte kann – trotz dieser unklaren Formulierung – aber bloss der Schluss gezogen werden, dass der Arrest unter Ausschluss des Güterverzeichnisses und der provisorischen Pfändung das einzige zulässige Sicherungsmittel nach dem Lugano-Übereinkommen sein soll[1202].

2. Überblick

Der Antrag auf Erlass einer Sicherungsmassnahme kann gleichzeitig mit dem Exequaturgesuch eingereicht werden[1203]. Dem Gläubiger steht wahlweise auch die Möglichkeit offen, zuerst das Exequatur zu begehren und erst

---

1197 Vgl. dazu und für weitere Ausführungen in der vorliegenden Arbeit unter § 2.II, S. 13 ff. und § 5, S. 133 ff.

1198 Bundesbeschluss zum revLugÜ, S. 5601 ff.

1199 Botschaft zum revLugÜ, S. 1816.

1200 Dazu STAEHELIN DANIEL, zu Art. 47 LugÜ, in: SHK, N. 49.

1201 Botschaft zum revLugÜ, S. 1808 f., 1810 f. sowie 1817. Aus der Aussage in der Botschaft zum revLugÜ auf S. 1817, wonach *„mit dem Entscheid für den Arrest [...] auf eine Umsetzung der provisorischen Pfändung als revLugÜ-konformes Sicherungsmittel verzichtet"* wird, könne auch kein eindeutiger Entscheid gegen die anderen Sicherungsmassnahmen gesehen werden. Aus der Formulierung *„Verzicht"* könne nämlich nicht zwingend geschlossen werden, dass der Arrest das einzig zulässige Sicherungsmittel sein soll. Vgl. dazu HOFMANN/KUNZ, zu Art. 47 LugÜ, in: BSK, N. 153 f.

1202 So auch HOFMANN/KUNZ, zu Art. 47 LugÜ, in: BSK, N. 155 f.; MEIER-DIETERLE, Arrestpraxis ab 1. Januar 2011, S. 1212, N. 4, Fn. 7; SOGO, Kleine Arrestrevision, grosse Auswirkungen, S. 91; STAEHELIN DANIEL, zu Art. 47 LugÜ, in: SHK, N. 48 f.

1203 Mit weiteren Hinweisen HOFMANN/KUNZ, zu Art. 47 LugÜ, in: BSK, N. 114.

nach Eröffnung respektive Erteilung des erstinstanzlichen Exequaturentscheids ein Arrestgesuch einzureichen. Es besteht in diesem Fall jedoch die Gefahr, dass der Schuldner zwischen der Vollstreckbarerklärung und dem Arrestvollzug die Sicherungsmassnahme noch vereitelt. Dabei ist umstritten, an wen das Gesuch zu richten ist, wenn der Arrest erst später – also nicht zusammen mit dem Exequatur – verlangt wird[1204]. Die vorliegend vertretene Ansicht geht davon aus, dass sich die Zuständigkeit in dieser Konstellation nicht nach dem Lugano-Übereinkommen, sondern nach dem jeweils anwendbaren nationalen Recht richtet. Das Übereinkommen legt keine Zuständigkeit fest, sondern verbietet nur eine erneute Überprüfung der Exequaturvoraussetzungen[1205]. In der Schweiz ist das Gesuch entsprechend an das Arrestgericht zu richten, wobei sich dessen örtliche Zuständigkeit aus Art. 271 Abs. 1 SchKG ergibt. Nicht auszugehen ist von einer Kompetenzattraktion des Vollstreckungsgerichts, da dies nur dann notwendig ist, wenn die Sicherungsmassnahme gleichzeitig mit der Vollstreckbarerklärung begehrt wird. Die Zuständigkeit des Arrestgerichtes bleibt auch bestehen, wenn gegen den Exequaturentscheid ein Rechtsbehelf eingelegt wird und zwar unabhängig davon, ob dieser noch hängig ist ober bereits darüber entschieden wurde[1206].

Die Arrestbewilligung gestützt auf einen definitiven Rechtsöffnungstitel nach Art. 271 Abs. 1 Ziff. 6 SchKG ist nach vorliegend vertetener Ansicht vor Erteilung der erstinstanzlichen Vollstreckbarerklärung für Entscheide, die nach den Vorschriften des Lugano-Übereinkommens vollstreckt werden, nicht möglich. Der Titel-Arrest ist ausschliesslich eine Massnahme nach Art. 47 Abs. 2 LugÜ und entsprechend untrennbar an das Vorliegen eines erstinstanzlichen Exequaturs geknüpft[1207].

3. Zuständigkeit

a) Sachliche Zuständigkeit

Alle Anordnungen im Zusammenhang mit der Vollstreckung – also auch die Sicherungsmassnahmen – werden grundsätzlich von einem einzigen Gericht

---

1204 Vgl. dazu HOFMANN/KUNZ, zu Art. 47 LugÜ, in: BSK, N. 116.

1205 So auch HOFMANN/KUNZ, zu Art. 47 LugÜ, in: BSK, N. 116.

1206 So bereits STAEHELIN DANIEL, zu Art. 47 LugÜ, in: SHK, N. 63.

1207 Vgl. in der vorliegenden Arbeit unter § 7.I.2.d).bb).bbb).cccc).ccccc), S. 200 f.; a.A. HOFMANN/KUNZ, zu Art. 47 LugÜ, in: BSK, N. 62 ff.

erlassen[1208]. Mit anderen Worten muss das mit dem Exequatur befasste Gericht auch zur Anordnung von Sicherungsmassnahmen im Sinne von Art. 47 Abs. 2 LugÜ kompetent sein. Das Bundesrecht legt fest, dass das Vollstreckungsgericht nach Art. 338 ff. ZPO – und nicht das Arrestgericht[1209] – zur Exequaturerteilung und gestützt darauf auch zur Anordnung des Arrests zuständig ist[1210]. Das für die Gerichtsorganisation massgebende kantonale Recht bestimmt üblicherweise das gleiche Gericht als Vollstreckungs- wie auch als Arrestgericht[1211]. Mit dieser Regelung wurde dem Umstand Rechnung getragen, dass der Erlass einer Sicherungsmassnahme im Sinne von Art. 47 Abs. 2 LugÜ nicht an das Durchlaufen eines weiteren Verfahrens gebunden werden darf[1212].

1208 Vgl. dazu Art. 271 Abs. 3 SchKG.

1209 Das Bundesgesetz über Schuldbetreibung und Konkurs spricht in der Folge auch nicht mehr vom *„Arrestgericht"* sondern neu nur noch vom *„Gericht"* (vgl. Art. 272, 274, und 278 SchKG). Dank der neuen Formulierung soll aufgezeigt werden, dass die Kompetenz zum Erlass sämtlicher Massnahmen, welche im Zusammenhang mit der Vollstreckung und der Sicherung der Vollstreckung stehen, worunter auch der Arrest zu subsumieren ist, demselben Gericht zuerkannt werden kann. Dazu Botschaft zum revLugÜ, S. 1808 f.

1210 Der Wortlaut des Gesetzes in Art. 271 Abs. 3 SchKG, wonach das Gericht bei ausländischen Entscheiden, die nach dem Lugano-Übereinkommen zu vollstrecken sind, auch über deren Vollstreckbarkeit entscheidet, ist nicht ganz genau. Die Vollstreckbarkeit ist Bedingung für die Arrestbewilligung. Folglich muss das Gericht naturgemäss zuerst über die Vollstreckbarkeit entscheiden und anschliessend erst über eine allfällige Arrestbewilligung. Nicht von Belang ist, welche Entscheidung zuerst im Dispositiv aufgeführt wird, weil dasselbe Gericht sowohl über die Vollstreckbarkeit als auch über die Arrestbewilligung urteilt. Vgl. dazu STAEHELIN DANIEL, Neues Arrestrecht ab 2011, S. 3, Rz. 4; STAEHELIN DANIEL, zu Art. 47 LugÜ, in: SHK, N. 61.

1211 Dazu Botschaft zum revLugÜ, S. 1809 f.; HOFMANN/KUNZ, zu Art. 47 LugÜ, in: BSK, N. 157; MEIER-DIETERLE, Arrestpraxis ab 1. Januar 2011, S. 1217, N. 37; SCHWANDER DANIEL, S. 663; STAEHELIN DANIEL, zu Art. 47 LugÜ, in: SHK, N. 60.

1212 Vgl. dazu und für weitere Hinweise HOFMANN/KUNZ, zu Art. 47 LugÜ, in: BSK, N. 157.

b) Örtliche Zuständigkeit

aa) Allgemeines

Die örtliche Zuständigkeit des Vollstreckungsgerichts zur Erteilung der Vollstreckbarerklärung und zur Anordnung eines Arrestes[1213] bestimmt sich direkt aus dem Lugano-Übereinkommen – genauer aus Art. 39 Abs. 2 LugÜ – selber[1214]. Danach sind wahlweise die Gerichte am Wohnsitz des Schuldners oder am Ort, an welchem die Zwangsvollstreckung durchgeführt werden soll, zuständig.

bb) Am Wohnsitz des Schuldners

Für die Frage der Zuständigkeit *„am Wohnsitz des Schuldners"* muss Art. 59 f. LugÜ beachtet werden. Das Recht des Vollstreckungsstaates bestimmt, ob sich der Wohnsitz des Schuldners im Vollstreckungsstaat befindet. In der Schweiz stützt sich das Vollstreckungsgericht dabei auf Art. 20 IPRG[1215].

cc) Am Ort, an dem die Zwangsvollstreckung durchgeführt werden soll

Der Antrag auf Vollstreckbarerklärung sowie das Arrestbegehren können auch am Ort, an dem die Zwangsvollstreckung durchgeführt werden soll gestellt werden. Das Lugano-Übereinkommen selber enthält keine Regelung, wie der prospektive Vollstreckungsort festzulegen ist, so dass für diese

---

[1213] Vgl. zur Frage der Zuständigkeit, wenn die Sicherungsmassnahme im Sinne von Art. 47 Abs. 2 LugÜ nicht zusammen mit dem Exequatur begehrt wird in der vorliegenden Arbeit unter § 7.II.2, S. 220 f.

[1214] So auch MEIER-DIETERLE, Arrestpraxis ab 1. Januar 2011, S. 1217, N. 41; RODRIGUEZ, S. 1557; STAEHELIN DANIEL, zu Art. 47 LugÜ, in: SHK, N. 63; a.A. HOFMANN/KUNZ, zu Art. 47 LugÜ, in: BSK, N. 159; SOGO, Kleine Arrestrevision, grosse Auswirkungen, S. 92. Gemäss HOFMANN/KUNZ, zu Art. 47 LugÜ, in: BSK, N. 159 ergibt sich die örtliche Zuständigkeit zur Anordnung eines Arrestes aus Art. 272 Abs. 1 SchKG, wonach entweder die Gerichte am Lageort der zu verarrestierenden Vermögenswerte oder die Gerichte am Betreibungsort zuständig sind. Die örtliche Zuständigkeit für die Vollstreckbarerklärung decke sich mit derjenigen für die Vollstreckbarerklärung. Vgl. aber HOFMANN/KUNZ, zu Art. 39 LugÜ, in: BSK, N. 22, wo die Autoren davon ausgehen, dass Art. 39 Abs. 2 LugÜ sowohl im Rahmen von selbstständigen Exequaturbegehren wie auch bei gleichzeitiger Beantragung von Sicherungsmassnahmen Geltung beansprucht.

[1215] BGE 133 III 252, E. 4; mit weiteren Hinweisen HOFMANN/KUNZ, zu Art. 39 LugÜ, in: BSK, N. 27 f.; vgl. in der vorliegenden Arbeit unter § 3.IV.4.a), S. 52 f.

Frage auf das jeweilig anwendbare Recht abgestellt werden muss. Entsprechend beantwortet sich auch die Frage nach dem Vollstreckungsort – wie grundsätzlich alle Aspekte der eigentlichen Zwangsvollstreckung – nach dem jeweilig einschlägigen nationalen Recht[1216].

In der Schweiz ist umstritten, ob sich der Vollstreckungsort im Rahmen der Vollstreckung von Geldforderungen nach dem Bundesgesetz über Schuldbetreibung und Konkurs oder der Schweizerischen Zivilprozessordnung (Art. 339 ZPO) bestimmt, wobei sich diese Meinungsdifferenz im Ergebnis nicht entscheidend auswirkt. Art. 46 ff. SchKG gelangen direkt oder indirekt zur Anwendung[1217]. Folglich sind konkret die Gerichte zuständig[1218]

- am Schweizer Wohnsitz von natürlichen Personen respektive am eingetragenen – subsidiär am faktischen – Sitz von juristischen Personen[1219];
- am Aufenthaltsort von Schuldnern ohne festen Wohnsitz weder in der Schweiz noch im Ausland[1220];
- am letzten Betreibungsort des Erblassers bei einer Betreibung gegen die unverteilte Erbschschaft[1221];
- alternativ zu den Art. 46-50 SchKG am Ort des Pfandgegenstandes bei faustpfandgesicherten Forderungen[1222];
- ausschliesslich am Lageort des verpfändeten Grundstückes bei grundpfandgesicherten Forderungen[1223];
- am Ort der Geschäftsniederlassung respektive an einem vom Schuldner gewählten Spezialdomizil bei einem im Auslannd wohnhaften Schuldner[1224];
- am Ort des Arrestes[1225].

1216 Dazu mit weiteren Hinweisen in der vorliegenden Arbeit unter § 3.IV.4.c), S. 53 ff.

1217 Vgl. dazu mit weiteren Hinweisen in der vorliegenden Arbeit unter § 6.II.1.b), S. 143 f.

1218 Vgl. dazu HOFMANN/KUNZ, zu Art. 39 LugÜ, in: BSK, N. 54.

1219 Art. 46 Abs. 1 und 2 SchKG. Vgl. ferner für Gemeinderschaften Art. 46 Abs. 3 SchKG und für Stockwerkeigentümerschaften Art. 46 Abs. 4 SchKG.

1220 Art. 48 SchKG.

1221 Art. 49 SchKG.

1222 Art. 51 Abs. 1 SchKG.

1223 Art. 51 Abs. 2 SchKG.

1224 Art. 50 SchKG.

1225 Art. 52 SchKG.

Der nach dem Lugano-Übereinkommen massgebliche Vollstreckungsort befindet sich in der Schweiz also unter anderem auch am Ort des Arrests, wobei der Arrest selber nach Art. 272 Abs. 1 SchKG am Betreibungsort oder am Ort, wo sich die Vermögensgegenstände befinden, ausgesprochen werden. Daraus lässt sich entnehmen, dass (insbesondere) bei Schuldner mit ausländischem Wohnsitz sowohl ein selbstständiges Exequatur wie auch ein Exequatur verbunden mit Sicherungsmassnahmen am Belegenheitsort von Vermögensgegenständen begehrt werden kann. Unter Belegenheitsort wird in der schweizerischen Rechtsprechung wie auch Literatur folgendes verstanden:

- Unbewegliche Sachen beziehungsweise Grundstücke haben ihren Belegenheitsort dort, wo der Grundbucheintrag erfogt ist.
- Bewegliche Sachen gelten prinzipiell dort als belegen, wo sie sich tatsächlich befinden[1226].
- Forderungen, welche in einem Wertpapier verkörpert sind, werden grundsätzlich[1227] beweglichen Sachen gleichgestellt.
- Unverbriefte Forderungen haben ihren Belegenheitsort generell am Schweizer Wohnsitz des Gläubigers. Hat der Gläubiger jedoch einen ausländischen Wohnsitz, so wird eine Belegenheit am Ort des Drittschuldners angenommen.
- Arreste und Pfändungen von Bucheffekten können nach Art. 14 Bundesgesetz über Bucheffekten (BEG) ausschliesslich bei der Verwahrungsstelle vollzogen werden. Konsequenterweise folgt daraus, dass dort auch ihr Belegenheitsort ist.
- Bankguthaben gelten in erster Linie am Schweizer Wohnsitz des Inhabers belegen. Hat der Inhaber keinen Wohnsitz in der Schweiz, so wird prinzipiell auf den Sitz der Bank abgestellt und zwar grundsätzlich auch dann, wenn die Forderung aus einer Beziehung zu einer Filiale herrührt. Eine Ausnahme besteht nur, wenn eindeutig feststeht, dass eine Beziehung zu einer (schweizerischen) Zweigniederlassung vorrangig ist. In dieser Konstallation gilt der Ort der Zweigniederlassung als Belegenheitsort, wobei ber weiterhin auch ein Arrest am Hauptsitz der Bak zulässig bleibt.

[1226] Vorbehalten bleiben gewisse Sachen – wie namentlich Schiffe oder Flugzeuge –, welche in ein Register eingetragen werden.

[1227] Vgl. für Ausnahmen STOFFEL, zu Art. 272 SchKG, in: BSK, N. 49.

- Schutzrechte sind grundsätzlich am schweizerischen Wohnsitz ihres Inhabers belegen[1228].
- Der Belegenheitsort eines Anteils des Schuldners an einer Gemeinschaft zur gesamten Hand muss sich nicht zwingend am Lageort der von der Gemeinschaft gehaltenen Sache – selbst wenn es sich dabei um eine unbewegliche Sache handelt – befinden. Namentlich liegt der Belegenheitsort im Rahmen einer unverteilten Erbschaft am letzten Wohnsitz des Erblassers und bei einer Kollektivgesellschaft am Sitz der Gemeinschaft[1229].

dd) Veränderung des Wohnsitzes oder Belegenheitsortes während der Dauer des Verfahrens

Die Frage der Zuständigkeit für das Exequaturverfahren und die gleichzeitige Anordnung einer Sicherungsmassnahme richtet sich wie vorstehend dargelegt wahlweise nach dem Wohnsitz respektive Sitz des Schuldners oder nach dem Ort, an welchem die Zwangsvollstreckung durchgeführt werden soll. Der Vollstreckungsort entspricht in der Schweiz dem Ort der Betreibung[1230]. Verändert sich während der Dauer des Verfahrens das zuständigkeitsrelevante Anknüpfungsmerkmal, stellt sich die Frage, wie zu verfahren ist.

Die Lehre und Rechtsprechung in Deutschland[1231] stellt auf die Verhältnisse im Zeitpunkt des Antrages ab und gehen damit vom Grundsatz der *perpetuatio fori* aus. Nach dieser Ansicht wird eine Zuständigkeit bejaht, wenn diese im Zeitpunkt der Antragseinreichung gegeben ist, oder wenn bis zum Entscheid über den Antrag die Zuständigkeit durch eine Veränderung der Verhältnisse eintritt.

1228 Zu den bestehenden Unsicherheiten bei ausländischen Schutzrechten vgl. mit weiteren Hinweisen HOFMANN/KUNZ, zu Art. 39 LugÜ, in: BSK, N. 56.

1229 Vgl. zum Ganzen mit zahlreichen weiteren Hinweisen auf Literatur und Rechtsprechung HOFMANN/KUNZ, zu Art. 39 LugÜ, in: BSK, N. 56; STAEHELIN DANIEL, Die internationale Zuständigkeit der Schweiz im Schuldbetreibungs- und Konkursrecht, S. 262 ff.

1230 Vgl. in der vorliegenden Arbeit unter § 6.II.1.b), S. 143 f.

1231 KROPHOLLER/VON HEIN, zu Art. 39 EuGVO, in: Europäisches Zivilprozessrecht, N. 9; MANKOWSKI, zu Art. 39 Brüssel I-VO, in: Europäisches Zivilprozess- und Kollisionsrecht, N. 6.

In der Schweiz beanspruchen die vorstehend genannten Grundsätze im Bereich des Zivilprozessrechts Geltung[1232]. Im Anwendungsbereich des Bundesgesetzes über Schuldbetreibung und Konkurs tritt eine Fixierung des Betreibungsortes – welcher dem *„Ort, an dem die Zwangsvollstreckung durchgeführt werden soll"* des Lugano-Übereinkommens, entspricht – jedoch erst mit der Pfändungsankündigung respektive der Zustellung der Konkursandrohung ein[1233]. Das bringt mit sich, dass Folgeschritte – wie insbesondere die Rechtsöffnung – am neuen Betreibungsort durchzuführen sind, sollte sich der Betreibungsort nach Zustellung des Zahlungsbefehls geändert haben[1234].

Die vorliegend vertretene Ansicht spricht sich dafür aus, dass für das Exequaturverfahren – unabhängig davon ob gleichzeitig auch Sicherungsmassnahmen begehrt werden – die zivilprozessualen und nicht die betreibungsrechtlichen Grundsätze gelten. Das Exequaturverfahren selber ist ein Erkenntnisverfahren und kein eigentliches Zwangsvollstreckungsverfahren. Selbstverständlich bestimmen sich die Zuständigkeiten ausschliesslich nach dem Bundesgesetz über Schuldbetreibung und Konkurs, wenn der Gläubiger das Schuldbetreibungsverfahren beschreitet und im Rahmen dieses Verfahren (inzident oder explizit) das Exequatur begehrt. Beachtet werden muss, dass solche Veränderung während des Exequaturverfahrens Auswirkungen auf die Frage, wo die eigentliche Zwangsvollstreckung – also insbesondere wo Betreibung einzuleiten oder das Rechtsöffnungsbegehren einzureichen ist – durchzuführen ist, zeitigen[1235].

c) Zulässigkeit eines schweizweiten Arrests

Dem zuständigen Gericht ist es seit der Revision möglich, Arrestbefehle für sämtliche Vermögensgegenstände des Schuldners in der Schweiz zu erlassen. Das Erteilen der Vollstreckbarerklärung und darauf basierend gleichzeitig der Erlass der allenfalls *„schweizweiten"* Arrestbefehle wird dank dieser Neuregelung überhaupt erst ermöglicht[1236].

1232 Vgl. Art. 64 Abs. 1 lit. b ZPO.

1233 Art. 53 SchKG. In der Wechselbetreibung wird auf die Zustellung des Zahlungsbefehls abgestellt.

1234 BGE 136 III 373, E. 2 und 3.

1235 Zum Ganzen mit weiteren Hinweisen HOFMANN/KUNZ, zu Art. 39 LugÜ, in: BSK, N. 61 ff.

1236 Zum Ganzen Botschaft zum revLugÜ, S. 1809 und 1811.

Wie genau ein schweizweiter Arrest in der Praxis konkret durchzuführen ist, ohne dass es zu einer vorzeitigen Information des Schuldners kommt, ist weitgehend unklar. Das Problem liegt im Umstand, dass erst durch den Vollzug des Arrestbefehls der Arrestbeschlag[1237] eintritt und der Arrestvollzug nur vom Betreibungsamt am Belegenheitsort der Arrestgegenstände durchgeführt werden kann. Die Kompetenz der Betreibungsämter wurde im Zuge der Revision – anders als jene des Gerichts – nicht ausgedehnt[1238].

Namentlich zur Frage, ob der Vollzug des Arrests rechtshilfeweise erfolgen kann oder nicht, bestehen unterschiedliche Auffassungen[1239]. Vorliegend wird davon ausgegangen, dass die Möglichkeit eines rechtshilfeweisen Arrestvollzugs nicht zur Verfügung steht. Art. 275 SchKG zum Arrestvollzug verweist ausschliesslich auf die Bestimmungen in Art. 91-109 SchKG und gerade nicht auf Art. 89 SchKG, welcher die Rechtshilfe[1240] zwischen den Ämtern im Rahmen der Pfändung vorsieht[1241]. Beim Arrestvollzug gibt es daher kein leitendes Betreibungsamt, welches von den übrigen betroffenen Betreibungsämtern die Verarrestierung der Vermögenswerte in ihrem Betreibungskreis auf dem Wege der Rechtshilfe fordern kann[1242].

Unbestritten ist, dass ein gleichzeitiger Vollzug der Arrestbefehle an unterschiedlichen Orten klare Weisungen – vor allem zum genauen Zeitpunkt der Arrestlegung – bedarf[1243]. Findet der Vollzug des Arrests nämlich nicht

---

1237 Der Arrestvollzug wird sinngemäss nach den Bestimmungen über die Pfändung durchgeführt (Art. 275 SchKG). Der Eintritt der Wirkungen des Arrestes (Art. 96 ff. SchKG) findet entsprechend mit der Beschlagserklärung des Betreibungsbeamten gegenüber dem Schuldner bzw. bei dessen Abwesenheit mit der Zustellung der Arresturkunde an ihn statt. Vgl. dazu SOGO, Kleine Arrestrevision, grosse Auswirkungen, S. 81 und für weitere Hinweise Fn. 16.

1238 Vgl. HOFMANN/KUNZ, zu Art. 47 LugÜ, in: BSK, N. 166 ff.; REISER, Überblick über die Arrestrevision 2009, S. 335 f.; SCHWANDER DANIEL, S. 664 ff.; SOGO, Kleine Arrestrevision, grosse Auswirkungen, S. 81 ff.

1239 Bejahend: SOGO, Kleine Arrestrevision, grosse Auswirkungen, S. 82; verneinend: FRENKEL, S. 14 f.; HOFMANN/KUNZ, zu Art. 47 LugÜ, in: BSK, N. 167; MEIER-DIETERLE, Arrestpraxis ab 1. Januar 2011, S. 1220, N. 60; REISER, Überblick über die Arrestrevision 2009, S. 335; STAEHELIN DANIEL, Neues Arrestrecht ab 2011, S. 6, Rz. 26; kritisch: SCHWANDER DANIEL, S. 665, Fn. 97.

1240 Gemäss Art. 4 SchKG.

1241 So auch STAEHELIN DANIEL, Neues Arrestrecht ab 2011, S. 6, Rz. 26.

1242 STAEHELIN DANIEL, zu Art. 47 LugÜ, in: SHK, N. 70.

1243 Dabei wird – *de lege ferenda* – in Betracht gezogen, die Koordination dem Gläubiger aufzuerlegen und ihm dafür die Arrestbefehle zur Übermittlung an die Betreibungsämter zu übergeben. Vgl. dazu SOGO, Kleine Arrestrevision, grosse Auswirkungen, S. 82. Diese Lösung als bereits *de lege lata* zulässig erachtet demgegenüber SCHWANDER DANIEL, S. 664 f.

rechtshilfeweise statt, besteht das Risiko, dass die Arrestlegung an den verschiedenen Orten zu unterschiedlichen Zeitpunkten erfolgt. Was einerseits die Gefahr birgt, dass der Schuldner durch Information die Arrestlegung in weiteren Betreibungskreisen vereitelt. Andererseits folgen daraus Probleme bei der Bestimmung der Prosequierungsfrist. In dieser Arbeit wird der im Schrifttum überwiegend vertretenen Meinung[1244] gefolgt, wonach zur Fristbestimmung auf den Empfang der letzten Arresturkunde abzustellen ist. Ferner muss es nach der herrschenden Lehre auch bei mehreren Arrestorten möglich sein, den Arrest an einem Ort – und zwar am dem Ort der Arrestbewilligung, an welchem das Gericht auch sämtliche Arrestbefehle erlassen hat – prosequieren zu können[1245].

4. Voraussetzungen eines Arrests

a) Vorliegen des Arrestgrundes nach Art. 271 Abs. 1 Ziff. 6 SchKG

aa) Überblick

Die Schweiz hat die Vorgaben des Lugano-Übereinkommens betreffend Sicherungsmassnahmen nach erstinstanzlicher Vollstreckbarerklärung im neuen Titelarrest nach Art. 271 Abs. 1 Ziff. 6 SchKG umgesetzt, wonach der Gläubiger für eine fällige Forderung, soweit diese nicht durch ein Pfand gedeckt ist, Vermögensstücke des Schuldners, die sich in der Schweiz befinden, mit Arrest belegen lassen kann, wenn der Gläubiger gegen den Schuldner einen definitiven Rechtsöffnungstitel besitzt. Im Anwendungsbereich des Lugano-Übereinkommens ist diese Bestimmung immer zusammen mit jener aus Art. 271 Abs. 3 SchKG zu lesen, wonach das Gericht bei ausländischen Entscheiden, welche nach Massgabe des Übereinkommens zu vollstrecken sind, auch über deren Vollstreckbarkeit entscheidet[1246].

1244 HOFMANN/KUNZ, zu Art. 47 LugÜ, in: BSK, N. 169; MEIER-DIETERLE, Arrestpraxis ab 1. Januar 2011, S. 1221 f., N. 73 und S. 1225 f., N. 98; REISER, Überblick über die Arrestrevision 2009, S. 336; SCHWANDER DANIEL, S. 669; STAEHELIN DANIEL, Neues Arrestrecht ab 2011, S. 10, Rz. 48; vgl. dazu ferner in der vorliegenden Arbeit unter § 7.I.2.e).ii).aaa), S. 211 f.

1245 Vgl. dazu mit weiteren Hinweisen in der vorliegenden Arbeit unter § 7.I.2.e).ii).aaa), S. 211 f.

1246 HOFMANN/KUNZ, zu Art. 47 LugÜ, in: BSK, N. 171; STAEHELIN DANIEL, zu Art. 47 LugÜ, in: SHK, N. 54; vgl. in der vorliegenden Arbeit unter § 7.I.2.d).bb).bbb).cccc), S. 193 ff.

bb) Inhalt respektive Voraussetzungen des Arrestgrundes

aaa) Allgemeines

Damit ein Gläubiger seinen Arrest auf den Arrestgrund in Art. 271 Abs. 1 Ziff. 6 SchKG stützen kann, muss er lediglich einen definitiven Rechtsöffnungstitel im Sinne von Art. 80 SchKG vorlegen. Als Arrestgrund fungieren entsprechend vollstreckbare in- und ausländische gerichtliche Entscheide sowie Urteilssurrogate[1247], vollstreckbare inländische Strafentscheide, Entscheide im Bezug auf Geldstrafen, Bussen, und Kosten[1248], vollstreckbare in- und ausländische öffentliche Urkunden[1249], vollstreckbare Verfügungen schweizerischer Verwaltungsbehörden[1250] sowie vollstreckbare in- und ausländische Schiedsentscheide[1251].

bbb) *„Definitiver Rechtsöffnungstitel"* als einzige Voraussetzung

Damit ein Lugano-Entscheide im Anwendungsbereich des Lugano-Übereinkommens 2007 als definitiver Rechtsöffnungstitel qualifiziert werden kann,

---

1247 Art. 80 Abs. 1 und Abs. 2 Ziff. 1 SchKG. Art. 80 Abs. 2 Ziff. 1 SchKG stellt die Urteilssurrogate den gerichtlichen Urteilen gleich. Die Bestimmung selber erwähnt den gerichtlichen Vergleich und die gerichtliche Schuldanerkennung. Gemäss Art. 208 Abs. 2 ZPO hat ein Vergleich, welcher vor der Schlichtungsbehörde abgeschlossen worden ist, die Wirkung eines rechtskräftigen Entscheids und ist somit gleichwertig mit einem gerichtlichen Vergleich. Auch eine Klageanerkennung vor der Schlichtungsbehörde ist eine gerichtliche Klageanerkennung und fällt folglich unter Art. 80 Abs. 2 Ziff. 1 SchKG. Die Wirkungen eines rechtskräftigen Entscheids kommen gemäss Art. 211 Abs. 1 ZPO auch einem Urteilsvorschlag der Schlichtungsbehörde gemäss Art. 210 ZPO, falls keine der Parteien diesen ablehnt, sowie nach Art. 217 ZPO einer durch ein Gericht oder die Schlichtungsbehörde genehmigte Vereinbarung, welche in einer Mediation erzielt wurde, zu. Art. 385 ZPO bestimmt für das Schiedsverfahren, dass das Schiedsgericht, falls die Parteien im Laufe des Verfahrens eine Einigung bezüglich der Streitsache erzielen, dies in einem Schiedsspruch festhält. Ein solcher Schiedsspruch wird auch unter den Begriff Urteilssurrogat subsumiert und von Art. 80 Abs. 2 Ziff. 1 SchKG umfasst. Ein aussergerichtlicher Vergleich demgegenüber ist kein Urteilssurrogat und folglich lässt er sich auch nicht unter den Begriff des definitiven Rechtsöffnungstitels subsumieren. Vgl. STAEHELIN DANIEL, zu Art. 80 SchKG, in: BSK, N. 21, 23 und 26.

1248 Art. 373 StGB.

1249 Art. 80 Abs. 2 Ziff. 1bis ZPO sowie Art. 57 LugÜ.

1250 Art. 80 Abs. 2 Ziff. 2.

1251 Vgl. Art. 387 ZPO sowie Art. 194 IPRG. Dazu MEIER-DIETERLE, Arrestpraxis ab 1. Januar 2011, S. 1213, N. 13. In der Folge wird nur noch auf einen Arrest gestützt auf einen vollstreckbaren gerichtlichen Entscheid eingegangen.

muss dessen vorläufige Vollstreckbarkeit gegeben sein[1252]. Liegt dem Arrest also ein Lugano-Entscheid zugrunde, so urteilt das Gericht über den Arrest und – sofern nicht bereits vorgängig ein selbstständiges Exequaturverfahren vor dem kantonalen Vollstreckungsgericht durchgeführt wurde – über die Vollstreckbarerklärung des Entscheids in der Schweiz[1253]. Das Gericht darf im Rahmen der Exequaturprüfung lediglich das Vorhandensein der Exequaturvoraussetzungen beurteilen[1254]. Eine weitergehende Prüfung – namentlich hinsichtlich allfälliger Anerkennungsverweigerungsgründen – ist im erstinstanzlichen Exequaturverfahren nicht zulässig[1255]. Wie vorgängig in dieser Arbeit dargelegt[1256], hat das Gericht auch über die Exequaturerteilung zu urteilen. Eine bloss inzidente Prüfung der Vollstreckbarkeit ist bei einem Lugano-Entscheid nicht zulässig.

Dem Berechtigten aus einem Lugano-Urteil steht es jedoch frei, einen anderen Arrestgrund als Art. 271 Abs. 1 Ziff. 6 SchKG anzurufen und dabei den Entscheid im nachfolgenden Rechtsöffnungsverfahren vorfrageweise anerkennen zu lassen[1257]. Es findet dann (noch) keine formelle Vollstreckbarerklärung statt[1258]. Dies stellt eine Benachteiligung der Gläubiger aus Lugano-Entscheiden dar, ist aber aufgrund der ungeschickten Formulierung von Art. 271 Abs. 3 SchKG sehr wahrscheinlich[1259].

ccc) Keine weiteren Voraussetzungen

Die Einführung des Titelarrests hat eine massive Verbesserung der Position des Gläubigers mit sich gebracht. Dem Gläubiger aus einem definitiven Rechtsöffnungstitel steht die Möglichkeit offen, direkt gestützt auf diesen Titel einen Arrest zu legen, ohne dass er weitere Voraussetzungen – also insbesondere weder das Vorhandensein einer zeitlichen Dringlichkeit noch das Vorliegen eines Gefährdungstatbestandes – glaubhaft machen muss. Der Schuldner hat sich einen unmittelbaren Zugriff auf seine Vermögenswerte im Rahmen eines Titelarrests auch dann gefallen zu lassen, wenn er durch sein Verhalten keinerlei Anlass zur Befürchtung gibt, dass die Vollstreckung

---

1252 Vgl. in der vorliegenden Arbeit unter § 3.III.6.c), S. 37 f.; vgl. auch mit weiteren Hinweisen FRENKEL, S. 101.

1253 Art. 271 Abs. 3 LugÜ.

1254 Vgl. in der vorliegenden Arbeit unter § 3.III, S. 25 ff.

1255 Vgl. in der vorliegenden Arbeit unter § 3.III.10.a), S. 48 f.

1256 Vgl. in der vorliegenden Arbeit unter § 7.I.2.d).bb).bbb).cccc).ccccc), S. 200 f.

1257 STAEHELIN DANIEL, zu Art. 47 LugÜ, in: SHK, N. 62.

1258 STAEHELIN DANIEL, zu Art. 47 LugÜ, in: SHK, N. 62.

1259 Vgl. in der vorliegenden Arbeit unter § 7.I.2.d).bb).bbb).cccc), S. 193 ff.

der Forderung Schwierigkeiten verursachen respektive er die Vollstreckung sogar zu vereiteln versuchen könnte[1260].

Die mangelnde Anknüpfung an einen Gefährdungstatbestand wurde in der Lehre teilweise kritisiert[1261]. Bis anhin lag die innere Rechtfertigung von vorsorglichen Massnahmen in der möglichen Gefährdung von Gläubigerinteressen[1262]. Allein das Vorliegen eines definitiven Rechtsöffnungstitels birgt demgegenüber noch keine Gefahr, dass die Vollstreckung misslingt. Der Erfolg der Zwangsvollstreckung richtet sich vielmehr nach der Einbringbarkeit – namentlich nach Belangbarkeit sowie der Zahlungsfähigkeit und Zahlungsbereitschaft des Schuldners – der Forderung[1263]. In der Lehre wird daher teilweise gefordert, den Titelarrest in Art. 271 Abs. 1 Ziff. 6 SchKG um das Erfordernis der Vollstreckungsgefährdung zu ergänzen. Neben dem Vorliegen eines definitiven Rechtsöffnungstitels müsse ohne eine sofortige Sicherung ein schlechteres Ergebnis der Vollstreckung drohen[1264].

Diese Auffassung ist abzulehnen[1265]. Die gesetzliche Regelung ist klar und eine Ergänzung der Voraussetzungen würde einen Widerspruch zum Gesetzestext darstellen[1266]. Der Wille des Gesetzgebers von einer Gefährdung der Gläubigerinteressen abzusehen, geht auch aus der für die Vollstreckung von Realansprüchen einschlägigen Schweizerischen Zivilprozessordnung hervor. Die Bestimmung über die Massnahmen zur Vollstreckungssicherung in Art. 340 ZPO setzte in ihrer ursprünglichen Fassung das Vorliegen einer Gefahr einer Vereitelung oder einer wesentlichen Erschwerung der Vollstreckung voraus. Im Zuge der Anpassungen an das revidierte Lugano-Übereinkommen wurde diese Vorschrift noch vor dem Inkrafttreten der

---

1260 BOLLER, Der neue Arrestgrund, S. 190; LAZOPOULOS, S. 610; MEIER-DIETERLE, Arrestpraxis ab 1. Januar 2011, S. 1214, N. 21 ff.

1261 Vgl. dazu auch FRENKEL, S. 97 f.

1262 BOLLER, Der neue Arrestgrund, S. 189 f.; STOFFEL, zu Art. 271 SchKG, in: BSK, N. 4.

1263 Vgl. dazu SOGO, Kleine Arrestrevision, grosse Auswirkungen, S. 86.

1264 So SOGO, Kleine Arrestrevision, grosse Auswirkungen, S. 87 und 96.

1265 So auch LAZOPOULOS, S. 609; MEIER-DIETERLE, Arrestpraxis ab 1. Januar 2011, S. 1212, N. 4 und S. 1214, N. 22; SCHWANDER DANIEL, S. 652; STAEHELIN DANIEL, Neues Arrestrecht ab 2011, S. 3, Rz. 7; STOFFEL, zu Art. 271 SchKG, in: BSK, N. 4.

1266 MEIER-DIETERLE, Arrestpraxis ab 1. Januar 2011, S. 1214, N. 22.

Schweizerischen Zivilprozessordnung geändert und es wurde auf das Erfordernis der Vollstreckungsgefährdung verzichtet[1267]. Das Lugano-Übereinkommen mit seinem unbedingten Anspruch auf ein Sicherungsmittel nach erstinstanzlicher Exequaturerteilung[1268] würde dem Erfordernis einer Gefährdung der Gläubigerinteressen entgegen stehen[1269]. Würde man im Anwendungsbereich des Lugano-Übereinkommens auf das Erfordernis der Vollstreckungsgefährdung verzichten, sonst jedoch eine Gefährdung der Gläubigerinteressen voraussetzen, hätte dies eine vom Gesetzgeber[1270] eben gerade nicht gewollte Benachteiligung von schweizerischen Entscheiden gegenüber Lugano-Entscheiden zur Folge.

cc) Folgen für den Schuldner

Der neue Arrestgrund lässt das Bestehen eines definitiven Rechtsöffnungstitels ausreichen[1271]. Der Gläubiger kann direkt, nachdem ihm der vollstreckbare Rechtsöffnungstitel zugestellt wurde, ein Arrestbegehren stellen[1272]. Besteht der definitive Rechtsöffnungstitel aus einem mit einem ausserordentlichen Rechtsmittel anfechtbaren Entscheid, kann der Gläubiger das Arrestbegehren bereits in der Rechtsmittelfrist einreichen. Einem rechtschaffenen Schuldner kann unter Umständen gar keine Zeit bleiben, die Forderung zu begleichen. Er kann aufgrund dieser Regelung unmittelbar nach einem verlorenen Prozess in die Position des Arrestschuldners geraten[1273].

Die Folgen einer Arrestlegung vermögen einen Schuldner empfindlich zu treffen. Bei einem Arrestvollzug werden in der Praxis nicht nur Vermögenswerte in der Höhe der dem Arrest zugrunde liegenden Forderung mit Arrest belegt, sondern noch allfällige künftige Zinsen und Betreibungskosten[1274].

1267 Dazu Botschaft zum revLugÜ, S. 1816 f.; DROESE, zu Art. 340 ZPO, in: BSK, N. 3; FRENKEL, S. 98.

1268 Vgl. dazu mit weiteren Hinweisen in der vorliegenden Arbeit unter § 4.II.1, S. 117 f.

1269 So auch FRENKEL, S. 97.

1270 Vgl. dazu insbesondere Botschaft zum revLugÜ, S. 1816 f.

1271 Vgl. in der vorliegenden Arbeit unter § 7.II.4.a).bb).ccc), S. 231 ff.

1272 MEIER-DIETERLE, Arrestpraxis ab 1. Januar 2011, S. 1214, N. 23. Eine vorgängige Zustellung des Entscheids wird für die Vollstreckbarerklärung nicht mehr vorausgesetzt, vgl. dazu in der vorliegenden Arbeit unter § 3.III.10.b), S. 49.

1273 Dazu BOLLER, Der neue Arrestgrund, S. 192.

1274 Zum Umfang der Betreibungskosten vgl. EMMEL, zu Art. 68 SchKG, in: BSK, N. 3.

Ist der mit Arrest belegte Vermögenswert eine Sache, so kann ihr Wert deutlich höher sein als die Arrestforderung. Die Folge für den Schuldner ist, dass sein Vermögen durch die Arrestlegung dem Umfang nach stärker blockiert wird, als wenn der Gläubiger ihm Gelegenheit geben würde, die Forderung freiwillig zu begleichen. Zum anderen liegt es in der Natur des Arrestes, dass der Gläubiger die mit Arrest zu belegenden Vermögenswerte bezeichnet. Dabei kann es sich genau um die Vermögenswerte handeln, welche für den Schuldner unentbehrlich sind. Dies kann beispielsweise dazu führen, dass der Schuldner Verpflichtungen gegenüber seinen Geschäftspartner nicht erfüllen kann, weil gewisse Vermögenswerte von ihm unter Arrestbeschlag stehen[1275].

Die Folgen der Arrestlegung für einen Schuldner sind selbstverständlich bei allen Arrestgründen grundsätzlich gleich. Wie vorstehend dargelegt fehlt es bei einem Titelarrest im Gegensatz zu den übrigen Arrestgründen an der Voraussetzung eines Gefährdungselements. Jedoch wird genau diese Gefährdung der Gläubigeransprüche[1276] zur Rechtfertigung eines Arrests – als eine für den Schuldner einschneidende Massnahme – vorgebracht[1277]. In der Lehre wird daher diskutiert, wie man die potentiell einschneidenden Folgen allenfalls mildern könnte. Es wird unter anderem die Frage aufgeworfen, ob dem Schuldner nicht eine Frist einzuräumen sei, in welcher er die Möglichkeit hätte, die Forderung zu begleichen[1278]. Begründet wird diese Auffassung damit, dass ein unmittelbar nach Zustellung des definitiven Rechtsöffnungstitels gestelltes Arrestbegehren einen Verstoss gegen das Rechtsmissbrauchverbots aus Art. 2 Abs. 2 ZGB darstellen könnte[1279]. Zu Recht wird diese Auffassung im Resultat jedoch wieder abgelehnt[1280]. Es lässt sich nämlich weder aus dem Gesetz eine solche Frist ableiten[1281], noch vermag die Begründung über das Rechtsmissbrauchsverbot zu überzeugen. Ein Interesse des Gläubigers an einer Arrestlegung besteht eindeutig und es kann

---

1275 Dazu BOLLER, Der neue Arrestgrund, S. 192.

1276 MEIER-DIETERLE, zu Art. 271 SchKG, in: Kurzkommentar SchKG, N. 8; STOFFEL, zu Art. 271 SchKG, in: BSK, N. 4.

1277 Vgl. dazu BOLLER, Der neue Arrestgrund, S. 193 ff.

1278 BOLLER, Der neue Arrestgrund, S. 194 f.; MEIER-DIETERLE, Arrestpraxis ab 1. Januar 2011, S. 1215, N. 25.

1279 BOLLER, Der neue Arrestgrund, S. 194 f.

1280 BOLLER, Der neue Arrestgrund, S. 195; MEIER-DIETERLE, Arrestpraxis ab 1. Januar 2011, S. 1215, N. 25.

1281 So auch MEIER-DIETERLE, Arrestpraxis ab 1. Januar 2011, S. 1215, N. 25.

ihm nicht missbräuchliches Verhalten vorgeworfen werden, wenn er die gesetzlich vorgesehenen Möglichkeiten zur Sicherung der Zwangsvollstreckung nutzt[1282].

In der Lehre[1283] wird darauf hingewiesen, dass der Richter den Gläubiger zu einer Sicherheitsleistung[1284] verpflichten kann[1285]. Im Rahmen eines Titelarrests wird eine solche Sicherheitsleistung diskutiert[1286], wenn der dem Arrest zugrunde liegende definitive Rechtsöffnungstitel ein vollstreckbarer, noch nicht rechtskräftiger inländischer[1287] Entscheid ist. In diesem Zusammenhang besteht nämlich die Möglichkeit, dass der Entscheid in einem späteren Verfahrensstadium ganz oder teilweise aufgehoben wird und der Schuldner durch die unbegründete Arrestlegung ein Schaden erleidet. Im Ergebnis wird zu Recht von diesem Lösungsansatz wieder Abstand genommen[1288]. Bei einem Urteil aus einem Lugano-Staat ist die Auferlegung einer Kaution nicht zulässig. Liesse man eine Arrestkaution im Anwendungsbereich von Art. 271 Abs. 1 Ziff. 6 SchKG zu, würde dies zu einer Schlechterstellung der Gläubiger inländischer Entscheide führen. Die Revision wollte jedoch eine solche Schlechterstellung gerade verhindern[1289]. Zu beachten ist ferner, dass sich die Anordnung einer Arrestkaution nach der Wahrscheinlichkeit des Bestehens der Arrestforderung und des Arrestgrundes richtet. Bei einem definitiven Rechtsöffnungstitel ist diese Wahrscheinlichkeit grundsätzlich viel höher als bei den übrigen Arrestgründen und eine Arrestkaution rechtfertigt sich in diesem Zusammenhang viel seltener, auch wenn

---

1282 Ähnlich BOLLER, Der neue Arrestgrund, S. 195.

1283 Zum Ganzen BOLLER, Der neue Arrestgrund, S. 193 f.

1284 Die Auferlegung einer Kaution kann im Arrestbewilligungsverfahren von Amtes wegen oder nach dem Arrestbewilligungsverfahren auf Antrag des Schuldners oder eines Dritten erfolgen und steht im Ermessen des Richters. Zu berücksichtigen hat er unter anderem die Wahrscheinlichkeit des Bestehens der Arrestforderung. Die Höhe der Arrestkaution berechnet sich nach dem möglichen Schaden, welcher beim Schuldner eintreten könnte. Ein möglicher Schaden wird anhand der Höhe der Arrestforderungen und der Bedeutung der Arrestgegenstände für den Schuldner oder den Dritten errechnet. Vgl. STOFFEL, zu Art. 273 SchKG, in: BSK, N. 18 ff.

1285 Gestützt auf Art. 273 Abs. 1 Satz 2 SchKG.

1286 Zum Ganzen BOLLER, Der neue Arrestgrund, S. 193 f.

1287 Das Verlangen einer Sicherheitsleistung ist nicht zulässig, wenn der Arrestgrund in einem Lugano-Urteil, welches erstinstanzlich für vollstreckbar erklärt wurde, besteht. Der Gläubiger hat dann nach Art. 47 Abs. 2 LugÜ nämlich Anspruch auf ein unbedingtes Sicherungsmittel. Vgl. dazu STAEHELIN DANIEL, zu Art. 47 LugÜ, in: SHK, N. 37.

1288 BOLLER, Der neue Arrestgrund, S. 194.

1289 Botschaft zum revLugÜ, S. 1821.

der Titelarrest im Gegensatz zu den herkömmlichen Arrestgründen keine Gefährdung der Gläubigerinteressen verlangt. Im Einzelfall und bei Vorliegen besonderer Umstände kann nach dem Ermessen des Richters eine Arrestkaution im Rahmen von Art. 271 Abs. 1 Ziff. 6 SchKG gleichwohl durchaus sachgerecht sein[1290].

b) Glaubhaftmachung der Arrestforderung

Entgegen Art. 272 Abs. 1 Ziff. 1 SchKG braucht bei einer Arrestbewilligung gestützt auf den Titelarrest die Forderung des Gläubigers gegen den Schuldner nicht selbstständig glaubhaft gemacht zu werden. Diese Forderung ergibt sich logischerweise unmittelbar aus dem definitiven Rechtsöffnungstitel, so dass das Bestehen des Titels ausreicht[1291].

c) Glaubhaftmachung von Arrestgegenständen

Für eine Arrestbewilligung muss das Vorhandensein von schuldnerischen Vermögenswerten glaubhaft gemacht werden[1292]. Für den Nachweis des Vorhandenseins der Vermögenswerte wird kein voller Beweis gefordert. Ausreichend ist ein Wahrscheinlichkeitsbeweis, in dessen Rahmen die schuldnerischen Vermögenswerte klar zu bezeichnen sind sowie deren Existenz glaubhaft[1293] zu machen ist[1294]. Grundsätzlich gelten diese Ausführungen auch für Gläubiger, welche den Arrest als Sicherungsmassnahme im Anwendungsbereich des Lugano-Übereinkommens beantragen. Das nationale Gesetz differenziert insofern nicht zwischen Arresten als Sicherungsmassnahme nach Lugano-Übereinkommen und den weiteren Arresten[1295].

1290 So auch STOFFEL, zu Art. 273 SchKG, in: BSK, N. 21; a.M. BOLLER, Der neue Arrestgrund, S. 194.

1291 Dazu Botschaft zum revLugÜ, S. 1822; HOFMANN/KUNZ, zu Art. 47 LugÜ, in: BSK, N. 175; STOFFEL, zu Art. 272 SchKG, in: BSK, N. 8.

1292 Art. 272 Abs. 1 Ziff. 3 SchKG.

1293 Vgl. dazu die Ausführungen in der vorliegenden Arbeit unter § 7.I.2.e).cc), S. 204.

1294 STOFFEL, zu Art. 272 SchKG, in: BSK, N. 27.

1295 Dazu STAEHELIN DANIEL, Neues Arrestrecht ab 2011, S. 4, Rz. 14 f.

In der Lehre[1296] wird teilweise schon seit längerer Zeit gefordert, dass die Anforderungen an die Glaubhaftmachung der schuldnerischen Vermögensgegenstände für einen Arrest im Sinne von Art. 47 Abs. 2 LugÜ tiefer anzusetzen seien als als in den übrigen Fällen eines Arrests.

In der Botschaft[1297] steht im Zusammenhang mit dieser Problematik geschrieben, dass im Rahmen von Sicherungsmassnahmen nach dem Lugano-Übereinkommen an die Glaubhaftmachung des Vorhandenseins schuldnerischer Vermögenswerte keine überhöhten Anforderungen gestellt werden dürfen. Es sei ausreichend, den zu verarrestierenden Vermögenswert *„substanziiert zu bezeichnen“*[1298], wobei für eine substanziierte Bezeichnung *„eine plausibel begründete Behauptung“* des gesuchstellenden Gläubigers genüge. Von diesem Grundsatz werden in der Botschaft diejenigen Fälle ausgenommen, in welchen Anhaltspunkte für einen – auch im Anwendungsbereich des Lugano-Übereinkommens – weiterhin unzulässigen Sucharrest gegeben sind oder die angegebenen Vermögenswerte dem Anschein nach

---

1296 ATTESLANDER-DÜRRENMATT, S. 189; MEIER-DIETERLE, Arrestpraxis ab 1. Januar 2011, S. 1219, N. 51; NAEGELI/VETTER, S. 1317; a.A. (das heisst für eine Glaubhaftmachung wie bei einem innerstaatlichen Arrest) DONZALLAZ, La Convention de Lugano du 16 septembre 1988 concernant la compétence judiciaire et l'exécution des décisions en matière civile et commerciale, N. 4190; GASSMANN, Arrest im internationalen Rechtsverkehr, S. 192 f. und 201 ff.; OTTOMANN, S. 275; STAEHELIN DANIEL, Neues Arrestrecht ab 2011, S. 4, Rz. 14 f.; STAEHELIN DANIEL, zu Art. 39 aLugÜ, in: SHK, 1. Auflage, N. 23; WALTER, Zur Sicherungsvollstreckung gemäss Art. 39 des Lugano-Übereinkommens, S. 94; implizit auch LEUENBERGER, S. 971.

1297 Zum Ganzen Botschaft zum revLugÜ, S. 1822 f.

1298 In der Lehre wird in der Formulierung der Botschaft aufgrund der beiden Begriffe „*Glaubhaftmachung*“ und „*substanziierte Bezeichnung bzw. plausibel begründete Behauptung*“ ein Widerspruch gesehen. Eine Glaubhaftmachung schliesse immer auch die Vorlage von Beweismitteln ein. Demgegenüber sei eine Vorlage von Beweismittel bei der plausibel begründeten Behauptung eben gerade nicht erforderlich. Aus diesen Feststellungen wird der Schluss gezogen, dass eine Glaubhaftmachung ohne Beweismittel unter streng dogmatischen Gesichtspunkten nicht möglich sei. Es wird anschliessend angeführt, dass einzig im Falle der superprovisorischen Eintragung von Bauhandwerkerpfandrechten gemäss Art. 961 Abs. 3 ZGB die Voraussetzungen für eine Glaubhaftmachung durch die Gerichte so tief angesetzt werde, dass eine plausible und substanziierte Behauptung bei Fehlen von Beweismitteln ausreichend sei. (BGE 86 I 265, E 3: „*Angesichts dieser besonderen Interessenlage darf die vorläufige Eintragung des Bauhandwerkerpfandrechts nur verweigert werden, wenn der Bestand des Pfandrechts als ausgeschlossen erscheint oder höchst unwahrscheinlich ist; im Zweifelsfall, bei unklarer oder unsicherer Rechtslage, ist die vorläufige Eintragung dagegen zu bewilligen und die Entscheidung dem ordentlichen Richter zu überlassen.*“) Vgl. dazu und für vertiefte Ausführungen und weitere Hinweise SCHWANDER DANIEL, S. 678 ff.

im Eigentum eines Dritten stehen[1299]. Damit sieht die Botschaft[1300] – entgegen einem Teil der Lehre[1301] – nicht vollständig von einer Spezifizierungspflicht ab. Das Zürcher Obergericht hat sich der in der Botschaft propagierten Praxis angeschlossen[1302].

Zu bedauern ist, dass der Gesetzgeber weiterhin an der Spezifizierungspflicht festhält. Häufig stellt es ein Ergebnis von Zufälligkeiten dar, ob der Gesuchsteller Kenntnis von Vermögensgegenständen des Schuldners hat oder nicht. Das Übereinkommen garantiert dem Gläubiger aber bei Vorliegen einer erstinstanzlichen Vollstreckbarerklärung einen unbedingten Anspruch auf ein Sicherungsmittel respektive eine effiziente Sicherung. Dies selbstverständlich gerade auch dann, wenn der Gläubiger seine Vermögenswerte geschickt verborgen zu halten weiss. Durchaus vertreten lässt sich entsprechend auch die Ansicht, dass die Voraussetzung der substanziierten Bezeichnung von Arrestgegenständen konventionswidrig sei[1303].

Gemäss der Botschaft[1304] ist die substanziierte Bezeichnung der Arrestgegenstände erforderlich aber auch hinreichend. Was genau die konkrete Bedeutung dieser Aussage ist, wird die Praxis zeigen müssen[1305]. Obschon die Botschaft ihre Ausführungen zu dieser Fragestellung mit einem Verweis auf die bisherige Rechtsprechung und Praxis zum Arrest schliesst, stellen die Erläuterungen in der Botschaft einen Paradigmenwechsel dar[1306]. Die Schwelle ist sicherlich deutlich weniger hoch angesiedelt als dieienige für die Glaubhaftmachung solcher Vermögenswerte[1307]. Sofern nicht konkrete

---

1299 Diese doch relativ offene Formulierung in der Botschaft weicht von der bisherigen Praxis einiger Arrestgerichte ab. Vgl. HOFMANN/KUNZ, zu Art. 47 LugÜ, in: BSK, N. 175 mit Verweis auf OTTOMANN, S. 252 f.

1300 Vgl. Botschaft zum revLugÜ, S. 1822 f.

1301 CAMBI FAVRE-BULLE, S. 356; KAUFMANN-KOHLER, S. 579; NAEF, Die Anpassung des SchKG an das revidierte LugÜ, S. 2 f., Rz. 7; NAEF, L`exécution des jugements et des titres authentiques sous l`angle du principe d`égalité, S. 332; PESTALOZZI/WETTENSCHWILER, S. 333 f.

1302 Etwa OG ZH, II. Zivilkammer, Urteil vom 5. Juni 2013, Geschäfts-Nr.: PS130049, E. 5.

1303 Insbesondere NAEF, Die Anpassung des SchKG an das revidierte LugÜ, S. 2 f., Rz. 7. Vgl. auch HOFMANN/KUNZ, zu Art. 47 LugÜ, in: BSK, N. 179.

1304 Botschaft zum revLugÜ, S. 1822.

1305 HOFMANN/KUNZ, zu Art. 47 LugÜ, in: BSK, N. 180.

1306 HOFMANN/KUNZ, zu Art. 47 LugÜ, in: BSK, N. 180; MEIER-DIETERLE, Arrestpraxis ab 1. Januar 2011, S. 1219, N. 51; RODRIGUEZ, S. 1558; a.A. REISER, Überblick über die Arrestrevision 2009, S. 337; STAEHELIN DANIEL, Neues Arrestrecht ab 2011, S. 4, Rz. 15 f.

1307 MEIER-DIETERLE, Arrestpraxis ab 1. Januar 2011, S. 1219, N. 51.

Anzeichen für *fishing expedition* vorliegen, respektive mit anderen Worten ein Sucharrest deutlich wird, sollten plausibel[1308] begründete Behauptungen des Gläubigers ausreichen[1309].

Wünschenswert und korrekt wäre die Aussage der Botschaft bezüglich der Voraussetzung in Art. 272 Abs. 1 Ziff. 3 SchKG (zumindest) auf alle Arrestgründe auszudehnen. Das Gesetz selber sieht nämlich bezüglich der Voraussetzungen einer Arrestbewilligung keine unterschiedlichen Anforderungen je nach Arrestgrund vor und demzufolge sollte die Praxis auch keine Differenzierungen vornehmen[1310].

5. Arrestbegehren

a) Allgemeines

Der Gläubiger, der Vermögenswerte des Schuldners mit Arrest belegen lassen will, hat grundsätzlich ein schriftliches Arrestbegehren bei Gericht einzugeben[1311]. In dringenden Fällen kann das Gesuch auch mündlich bei Gericht zu Protokoll gegeben werden[1312].

Im Arrestbegehren muss der Titelgläubiger das Vorliegen der Arrestvoraussetzungen[1313] glaubhaft machen[1314]. Wobei sich im Rahmen eines Titelarrestes gestützt auf ein Lugano-Entscheid das Bestehen der Arrestforderung[1315] sowie des Arrestgrundes[1316] direkt aus der Vollstreckbarerklärung ergeben und nicht separat nachgewiesen werden müssen[1317]. Substanziiert behauptet werden muss lediglich das Erfordernis des Vorhandenseins von Vermögensgegenständen, die dem Schuldner gehören[1318].

1308 Wobei sich die Plausibilität einerseits aus den konkret vorhandenen Beweismitteln und andererseits auch aus den dargestellten Umständen ergeben kann.

1309 HOFMANN/KUNZ, zu Art. 47 LugÜ, in: BSK, N. 180; STAEHELIN MATTHIAS, zu Art. 30a SchKG, in: BSK, N. 37.

1310 Vgl. dazu STAEHELIN DANIEL, Neues Arrestrecht ab 2011, S. 4, Rz. 15.

1311 Art. 272 Abs. 1 SchKG sowie Art. 252 Abs. 2 ZPO.

1312 Art. 252 Abs. 2 ZPO.

1313 Vgl. die Ausführungen in der vorliegenden Arbeit unter § 7.II.4, S. 229 ff.

1314 BGer 5A_712/2010, E. 3.

1315 Art. 272 Abs. 1 Ziff. 1 SchKG.

1316 Art. 272 Abs. 1 Ziff. 2 SchKG.

1317 STAEHELIN DANIEL, zu Art. 47 LugÜ, in: SHK, N. 64.

1318 Art. 272 Abs. 1 Ziff. 3 SchKG. Vgl. jedoch die diesbezüglichen Ausführungen zur Glaubhaftmachung bei Lugano-Urteilen in der vorliegenden Arbeit unter § 7.II.4.c), S. 236 ff.

Möchte der Gläubiger gegen mehrere Schuldner einen Arrest erwirken, hat er gegen jeden Schuldner einzeln einen Arrestbefehl, der auf die Vermögengegenstände des betroffenen Schuldners Bezug nimmt, zu verlangen. Eine Ausnahme besteht nur für den Fall, in welchem sich der fragliche Vermögenswert im Gesamteigentum mehrerer Schuldner befindet[1319].

b) Anträge

Voraussetzung für die Vollstreckbarerklärung und die darauf gestützte (gleichzeitige[1320]) Arrestbewilligung durch dasselbe Gericht ist das Vorliegen eines Antrags auf Vollstreckbarerklärung und eines Antrags auf Arrest. Dem Gläubiger steht nämlich auch die Möglichkeit offen, lediglich die Exequaturerteilung zu begehren. Das Recht zu einem späteren Zeitpunkt noch Sicherungsmassnahmen zu verlangen, bleibt dabei selbstverständlich erhalten[1321].

Der Gesetzgeber scheint eine andere Ansicht zu vertreten. In der Botschaft[1322] steht in diesem Zusammenhang geschrieben,

> *„dass das Gericht, welches aufgrund eines nach dem revLugÜ vollstreckbaren Entscheids [...] einen Arrest nach Artikel 271 Absatz 1 Ziffer 6 ausspricht, stets auch einen selbstständigen Exequaturentscheid zu fällen hat [...], selbst wenn diesbezüglich kein selbstständiges Begehren gestellt wurde".*

Nach vorliegend vertretener Ansicht stellt die in der Botschaft vertretene Auffassung eine unzulässige Durchbrechung des Dispositionsgrundsatzes nach Art. 58 ZPO dar. Der Dispositionsgrundsatz – gemildert durch eine gerichtliche Fragepflicht gemäss Art. 56 ZPO – beansprucht jedoch ohne Weiteres auch im Arrest- und Exequaturverfahren Geltung. Entsprechend kann

---

1319 Dazu BGer 5A_712/2010, E. 3.1.1; vgl. zum Ganzen KREN KOSTKIEWICZ, Schuldbetreibungs- und Konkursrecht, S. 399, Rz. 1504.

1320 Nicht ganz präzise ist dabei der Wortlaut von Art. 271 Abs. 3 SchKG, wonach das Gericht bei einem Arrest gestützt auf Art. 271 Abs. 1 Ziff. 6 SchKG bei ausländischen Entscheiden, die nach dem Lugano-Übereinkommen zu vollstrecken sind, auch über deren Vollstreckbarkeit entscheidet. Die Vollstreckbarerklärung ist Voraussetzung und nicht Folge der Arrestbewilligung. Die logische Konsequenz daraus ist, dass die Erteilung des Exequaturs der Arrestbewilligung zeitlich vorausgehen muss. Vgl. dazu STAEHELIN DANIEL, zu Art. 47 LugÜ, in: SHK, N. 61.

1321 STAEHELIN DANIEL, zu Art. 47 LugÜ, in: SHK, N. 61.

1322 Botschaft zum revLugÜ, S. 1821.

das Exequatur nur erteilt werden, sofern ein Antrag nach Art. 38 LugÜ gestellt wurde. Ein Arrestbegehren respektive ein Begehren auf Sicherungsmassnahmen stellt weder nach Schweizer Recht noch nach dem Lugano-Übereinkommen einen Antrag auf Vollstreckbarerklärung dar[1323].

Wenn ein Gläubiger gestützt auf einen Lugano-Entscheid einen Arrest gestützt auf Art. 271 Abs. 1 Ziff. 6 SchKG aber kein Exequatur begehrt, so hat das Gericht allenfalls im Rahmen der gerichtlichen Fragepflicht nachzufragen, ob er gleichzeitig auch auch das Exequatur beantragen will. Die gerichtliche Fragepflicht und ihr Umfang sind für jeden Fall einzeln zu beurteilen. Das Bundesgericht führt in diesem Zusammenhang aus[1324]:

> *„Der Zweckgedanke der allgemeinen gerichtlichen Fragepflicht nach Art. 56 ZPO besteht darin, dass eine Partei nicht wegen Unbeholfenheit ihres Rechts verlustig gehen soll, indem der Richter bei klaren Mängeln der Parteivorbringen helfend eingreifen soll [...]. [...] Wie weit das Gericht eingreifen soll, hängt von den Umständen des Einzelfalls ab, namentlich von der Unbeholfenheit der betroffenen Partei [...].“*

Der Gläubiger hat – sollte er auch die Vollstreckbarerklärung beantragen – die notwendigen Unterlagen nachzureichen. Wird keine gleichzeitige Exequaturerteilung begehrt, so ist der Arrest abzuweisen[1325].

Ferner ist es dem Gläubiger nach herrschender Lehre unbenommen einen anderen Arrestgrund – insbesondere den Ausländerarrest – geltend zu machen und den ausländischen Entscheid lediglich vorfrageweise im Rechtsöffnungsverfahren vollstreckbar erklären zu lassen[1326].

1323 So bereits STAEHELIN DANIEL, Neues Arrestrecht ab 2011, S. 3, Rz. 4; STAEHELIN DANIEL, zu Art. 47 LugÜ, in: SHK, N. 62; a.A. (wonach das Exequatur in diesem Zusammenahang von Amtes wegen zu erteilen sei) Amonn/Walther, S. 474, Rz. 21a; Meier-Dieterle, Arrestpraxis ab 1. Januar 2011, S. 1216, N. 34; Rodriguez, S. 1558; Schwander Daniel, S. 656.

1324 BGer 4A_78/2014, E. 3.3.3.

1325 Vgl. in der vorliegenden Arbeit unter § 7.I.2.d).bb).bbb).cccc), S. 193 ff.

1326 Strittig, vgl. in der vorliegenden Arbeit unter § 7.I.2.d).bb).bbb).cccc), S. 193 ff., § 11.1.)a)aa)bbb)bbbbb), S. 194 ff.

6. Arrestbewilligungsverfahren

a) Verfahren

Auch das Vollstreckungsgericht entscheidet gleich wie das Arrestgericht[1327] über die Arrestbewilligung (und das Exequatur) im Summarverfahren (Art. 339 Abs. 2 i.V.m. Art. 248 ff. ZPO). Der Schuldner wird in diesem Verfahrensabschnitt nicht angehört[1328]. Damit werden die Vorgaben des Lugano-Übereinkommens umgesetzt, wonach eine erstinstanzliche Vollstreckbarerklärung einseitig zu erfolgen hat[1329].

Das Vollstreckungsgericht bewilligt den Arrest, wenn es die Darstellung des Gläubigers als glaubhaft beziehungsweise die Voraussetzungen als gegeben erachtet[1330]. Das Gericht erlässt sodann einen Arrestbefehl, in welchem es Vermögenswerte des Schuldners in der ganzen Schweiz verarrestieren kann, zum Vollzug durch das Betreibungsamt[1331].

Das Arrestverfahren im Stadium der Bewilligung ist einseitig und der Arrestschuldner - was aus der Natur des Arrestes als Sicherungsmassnahme folgt - wird nicht angehört. Vom gutheissenden Entscheid erlangt der Schuldner erst nach Vollzug des Arrests Kenntnis. Mit diesem Vorgehen wird der Überraschungseffekt gewährleistet und es soll verhindert werden, dass der Schuldner den Vollzug des Arrests vereiteln kann. Bewilligt das Gericht den Arrest nicht, findet – wie auch bei einer Verweigerung der Vollstreckbarerklärung[1332] – keine Benachrichtigung des Schuldners statt[1333].

1327 Vgl. in der vorliegenden Arbeit unter § 7.I.2.e).aa), S. 203.

1328 Es erfolgt eine einseitige Prüfung lediglich nach der Darstellung des Schuldners. Vgl. dazu KREN KOSTKIEWICZ, Schuldbetreibungs- und Konkursrecht, S. 400, Rz. 1510.

1329 Vgl. in der vorliegenden Arbeit unter § 3.IV.8, S. 56 ff.

1330 Eine Wiederholung eines abgewiesenen (wie auch dahingefallenen) Arrests ist zulässig. Das Bundesgesetz über Schuldbetreibung und Konkurs schreibt nicht vor, das eine Wiederholung des gleichen Gesuchs untersagt ist. BGE 60 I 253, E. 2; KREN KOSTKIEWICZ/WALDER, zu Art. 271 SCHKG, in: SchKG Kommentar, N. 61.

1331 KREN KOSTKIEWICZ, Schuldbetreibungs- und Konkursrecht, S. 401, Rz. 1513; STAEHELIN DANIEL, zu Art. 47 LugÜ, in: SHK, N. 66.

1332 Mit weiteren Hinweisen STAEHELIN/BOPP, zu Art. 42 LugÜ, in: SHK, N. 2; ferner in der vorliegenden Arbeit unter § 3.V.4, S. 67 ff.

1333 Dazu BGer 5A_712/2010, E. 1.4; KREN KOSTKIEWICZ, Schuldbetreibungs- und Konkursrecht, S. 400, Rz. 1511.

b) *Arrestkaution*

Bereits unter Geltung des alten Rechts durfte im Anwendungsbereich des Lugano-Übereinkommens dem Gläubiger keine Sicherheitsleistung respektive Arrestkaution gemäss Art. 273 Abs. 1 SchKG auferlegt werden[1334]. Generell war es unzulässig, dass das nationale Recht die Sicherungsmassnahmen von weiteren Voraussetzungen abhängig machte.

Auch unter heutiger Rechtslage darf von einem Gläubiger eines Lugano-Entscheids keine Sicherheitsleistung verlangt werden[1335]. Dieser Auffassung hat sich der Gesetzgeber in der Botschaft angeschlossen[1336], obgleich dies keinen Niederschlag im Gesetzestext fand[1337].

c) *Kosten*

Die Kosten des Arrestbewilligungsverfahrens richten sich nach der Gebührenverordnung zum Bundesgesetz über Schuldbetreibung und Konkurs und sind streitwertabhängig[1338]. Für die Festsetzung ist gemäss dem Bundesgericht[1339] entscheidend, ob der Wert der Arrestgegenstände bekannt ist oder nicht. Ist der Wert der Arrestgegenstände bekannt, so wird für den Streitwert auf diesen Betrag abgestellt. Ist er nicht bekannt, so ist für die Berechnung des Streitwerts auf die Arrestforderung abzustellen[1340].

1334 Vgl. ATTESLANDER-DÜRRENMATT, S. 189; CAMBI FAVRE-BULLE, S. 366; GASSMANN, Arrest im internationalen Rechtsverkehr, S. 202; JERMINI/GAMBA, S. 450; KAUFMANN-KOHLER, S. 579; KELLERHALS, Neuerungen im Vollstreckungsrecht der bernischen Zivilprozessordnung, S. 110; LEUENBERGER, S. 971; NAEF, Die Anpassung des SchKG an das revidierte LugÜ, S. 2 f., Rz. 7; NAEF, L`exécution des jugements et des titres authentiques sous l`angle du principe d`égalité, S. 332; PESTALOZZI/WETTENSCHWILER, S. 334; STAEHELIN DANIEL, zu Art. 39 aLugÜ, in: SHK, 1. Auflage, N. 21; VOLKEN, S. 476; a.M. MEIER/SOGO/WIGET, S. 433 f.; WALTER, Zur Sicherungsvollstreckung gemäss Art. 39 des Lugano-Übereinkommens, S. 95. Vgl. ferner zur Rechtslage unter geltendem Recht in der vorliegenden Arbeit unter § 4.III.3, S. 126 ff.

1335 HOFMANN/KUNZ, zu Art. 47 LugÜ, in: BSK, N. 181; RODRIGUEZ, S. 1557.

1336 Botschaft zum revLugÜ, S. 1816. Vgl. auch BOLLER, Der neue Arrestgrund, S. 194; FÜLLEMANN, S. 670; MEIER-DIETERLE, Arrestpraxis ab 1. Januar 2011, S. 1220, N. 56; RODRIGUEZ, S. 1556 f.; STAEHELIN DANIEL, Neues Arrestrecht ab 2011, S. 4, Rz. 16.

1337 HOFMANN/KUNZ, zu Art. 47 LugÜ, in: BSK, N. 181.

1338 Vgl. Art. 48 GebV SchKG.

1339 BGE 139 III 195, E. 4.

1340 BOLLER. Neuere Rechtsprechung im Arrestrecht, S. 1286.

Die Gerichtskosten für das Exequatur richten sich nach dem kantonalen Tarif gemäss Zivilprozessordnung – welcher den Vorgaben aus Art. 52 LugÜ zu entsprechen hat.

Das Gericht kann vom Gläubiger einen Kostenvorschuss verlangen[1341]. Die durch die Arrestlegung entstandenen Kosten kann der Gläubiger gemäss Art. 281 Abs. 2 SchKG aus dem Erlös der Arrestgegenstände vorwegnehmen[1342].

d) Vereinbarkeit mit dem Lugano-Übereinkommen

In der Lehre[1343] wird – insbesondere unter Verweis die Rechtsprechung des Europäischen Gerichtshofes[1344] – die Frage aufgeworfen, ob der Schweizer Gesetzgeber mit dem Arrest als Sicherungsmassnahme im Sinne von Art. 47 Abs. 2 LugÜ die Vorgaben des Übereinkommens erfüllt. Insebesondere als bedenklich wird der Umstand erachtet, dass in der Schweiz der Arrest von einem Gericht bewilligt werden muss. Der Anspruch auf die Sicherungsmassnahmen bestehe gemäss Art. 47 Abs. 2 LugÜ *eo ipso* nach erteiltem Exequatur und dürfe nicht von einer weiteren richterlichen Ermächtigung abhängig gemacht werden. Unstatthaft seien nicht nur eine gesonderte sachliche Zuständigkeit, sondern allgemein weitere Zulassungsbedingungen.

Die Rechtsprechung des Europäischen Gerichtshofes[1345], auf welche in diesem Zusammenhang verwiesen wird, besagt folgendes:

> *„Wie die Kommission zutreffend ausgeführt hat, schliesst Artikel 39 es aus, von der Partei, auf deren Antrag die Zwangsvollstreckung zugelassen worden ist, zu verlangen, dass sie eine besondere, zusätzliche gerichtliche Ermächtigung erwirkt, um innerhalb des in Artikel 39 angegebenen Zeitraums Sicherungsmassnahmen vorzunehmen, auch wenn eine solche Ermächtigung normalerweise nach dem*

1341 Art. 98 ZPO. Dazu KREN KOSTKIEWICZ, Schuldbetreibungs- und Konkursrecht, S. 400 f., Rz. 1512.

1342 KREN KOSTKIEWICZ/WALDER, zu Art. 272 SCHKG, in: SchKG Kommentar, N. 34.

1343 Vgl. dazu insbesondere NAEF, Die Anpassung des SchKG an das revidierte LugÜ, S. 2, Rz. 7; PESTALOZZI/WETTENSCHWILER, S. 334; SCHWANDER DANIEL, S. 677 f.; STAEHELIN MATTHIAS, zu Art. 30a SchKG, in: BSK, N. 38; STOFFEL, Das Verfahren zur Anerkennung handelsrechtlicher Entscheide nach dem Lugano-Übereinkommen, S. 116.

1344 EuGH, P. Capelloni, F. Aquilini/J. C. J. Pelkmans, Urteil vom 3. Oktober 1985, Rs. C-119/84, Slg. 1985, S. 3147 ff., N. 21 sowie 23 ff.

1345 EuGH, P. Capelloni, F. Aquilini/J. C. J. Pelkmans, Urteil vom 3. Oktober 1985, Rs. C-119/84, Slg. 1985, S. 3147 ff., N. 24 und 26.

innerstaatlichen Verfahrensrecht des Vollstreckungsstaats erforderlich ist.

[...]

Auf die zweite Frage des vorlegenden Gerichts ist daher zu antworten, dass nach Artikel 39 des Übereinkommens die Partei, auf deren Antrag die Zwangsvollstreckung zugelassen worden ist, bis zum Ablauf der in diesem Artikel genannten Frist unmittelbar die auf Sicherungsmassnahmen beschränkte Zwangsvollstreckung in das Vermögen des Schuldners betreiben kann, ohne hierfür eine besondere Ermächtigung erwirken zu müssen.“

Dass in der Schweiz die Sicherungsmassnahme von einem Gericht ausgesprochen werden muss, steht sicherlich in einem gewissen Spannungsverhältnis zur Rechtsprechung des Europäischen Gerichtshofes respektive zum Verbot einer besonderen zusätzlichen gerichtlichen Ermächtigung. Jedoch dürfte nach vorliegend vertretener Ansicht aufgrund des Umstandes, dass der Exequaturentscheid ohne Weiteres einen Arrestgrund darstellt und somit auch direkt zum Arrest berechtigt, die Lösung der Schweiz übereinkommenskonform sein. Es sollte letzlich keinen Unterschied machen, ob nun eine Verwaltungsbehörde oder ein Gericht die Sicherungsmassnahme erlässt. Vielmehr hat der Ermessenspielraum der anordnenden Instanz konventionskonform ausgestaltet zu sein[1346].

7. Arrestbefehl und Arrestvollzug

Bewilligt das Vollstreckungsgericht den Arrest, so beauftragt es nach Art. 274 Abs. 1 SchKG den Betreibungsbeamten oder einen anderen Beamten oder Angestellten mit dem Vollzug des Arrestes und stellt diesem den Arrestbefehl zu[1347]. Direkt an den Arrestbefehl wird der Exequaturentscheid angeheftet[1348]. Sobald die Vermögenswerte verarrestiert wurden, wird der

---

1346 So auch STAEHELIN DANIEL, zu Art. 47 LugÜ, in: SHK, N. 50.

1347 Dabei kann das zuständige Gericht Vermögenswerte in der gesamten Schweiz verarrestieren lassen. Vgl. Art. 271 Abs. 1 Einleitungssatz SchKG.

1348 Die Wirksamkeit von Sicherungsmassnahmen im Sinne von Art. 47 Abs. 2 LugÜ soll nicht dadurch geschmälert werden, dass der Exequaturentscheid zu früh an den Schuldner zugestellt wird. Die Zustellung des Exequaturentscheids ist daher mit der Zustellung des Arrestbefehls zu koordinieren. Es besteht keine Einigkeit in der Lehre, wie diese Koordination ablaufen soll. Ein Teil der Lehre geht – wie vorliegend vertetene Ansicht – davon aus, dass der Exequaturentscheid zusammen mit dem Arrestbefehl dem Betreibungsamt zuzustellen ist. Das Betreibungsamt

Exequaturentscheid als Bestandteil der Arresturkunde[1349] dem Gläubiger zugestellt. Der Exequaturentscheid wie auch der Arrestbefehl müssen zu diesem Zeitpunkt nach vorliegend vertretener Ansicht auch im Anwendungsbereich des Lugano-Übereinkommens keine Begründung aufweisen (Art. 239 ZPO)[1350].

Bereits unter Geltung des alten Rechts konnte für dieselbe Forderung zwei oder mehrere Arrestbefehle bei unterschiedlichen Gerichten verlangt werden[1351]. Begründet wurde diese Praxis damit, dass der Gläubiger im Zeitpunkt des Arrestbegehrens keine Kenntnis über den genauen Wert der Arrestgegenstände an den verschiedenen Orten haben kann. Der Schuldner demgegenüber kann sich gegen eine Überdeckung mittels Einlegung einer Beschwerde gegen den Arrestvollzug zur Wehr setzen, wodurch der Arrestbeschlag auf ein zulässiges Mass zu reduzieren ist[1352]. Entsprechend kann das zuständige Gericht auch unter Geltung des revidierten Rechts grundsätzlich mehrere Arrestbefehle über die gesamte Forderungssumme an die jeweils zuständigen Betreibungsämter zustellen. Sollte dem Gericht aus den eingereichten Unterlagen eine Überdeckung als sehr wahrscheinlich erscheinen, so hat es vom Gläubiger eine Aufteilung der Forderung auf die einzelnen Betreibungsbezirke zu verlangen[1353].

Der Arrest wird – gleich wie die Pfändung – entweder direkt durch Erklärung gegenüber dem anwesenden Schuldner, wonach die Arrestobjekte von diesem Zeitpunkt an verarrestiert seien, oder durch die Zustellung der Arresturkunde, vollzogen. Überdies respektive vorweg kann das zuständige

---

vollzieht sodann den Arrest und eröffnet dem Schuldner den Exequaturentscheid zusammen mit der Arresturkunde. Vgl. SCHWANDER DANIEL, S. 657 f.; STAEHELIN/BOPP, zu Art. 42 LugÜ, in: SHK, N. 1; STAEHELIN DANIEL, zu Art. 47 LugÜ, in: SHK, N. 66. Ein anderer Teil der Lehre spricht sich für eine Zustellung über den Antragsteller aus. Vgl. beim Vollzug durch mehrere Berteibungsämter SCHWANDER DANIEL, S. 664 f. Eine weitere Ansicht erachtet es als ausreichend, dass der Exequaturrichter mit der Zustellung des Entscheids wartet, bis die Wirksamkeit der Sicherungsmassnahme gewährleistet ist. Dies könne dadurch erreicht werden, dass das Betreibungsamt dem Gericht den Arrestvollzug mitzuteilen habe. Vgl. HOFMANN/KUNZ, zu Art. 42 LugÜ, in: BSK, N. 16; JENT-SØRENSEN/REISER, S. 456.

1349 Art. 276 Abs. 1 SchKG.

1350 Vgl. zur Begründungspflicht in der vorliegenden Arbeit unter § 6.II.2.e), S. 147 ff. Zum Ganzen sowie für Ausführungen zur Zürcher Gerichtspraxis STAEHELIN DANIEL, zu Art. 47 LugÜ, in: SHK, N. 66 f.

1351 BGE 88 III 59, E. 4.

1352 BGer 5A_225/2009, E. 6.2; BGE 120 III 42, E. 5; BGE 120 III 49.

1353 Dazu STAEHELIN DANIEL, zu Art. 47 LugÜ, in: SHK, N. 72.

Betreibungsamt Sichungsmassnahmen nach den Art. 98 ff. SchKG – wie insbesondere die amtliche Verwahrung[1354], ein Verfügungsverbot an einen dritten Besitzer der Arrestgegenstände[1355], ein Zahlungsverbot an einen Drittschuldner[1356], eine Vormerkung im Grundbuch[1357] – anordnen[1358]. Mit dem Vollzug der Sicherungsmassnahmen treten die Wirkungen des Arrestbeschlags ein[1359].

Ein Teil der Lehre[1360] fordert zutreffend, dass die Auskunftspflicht des Dritter (insbesonderer Banken) erst nach Rechtskraft des Exequaturentscheides beginnen soll. Der Rechtsbehelf nach Art. 43 LugÜ und Art. 327a ZPO übernehme zu einem gewissen Teil die Funktion der Einsprache gemäss Art. 278 SchKG und die Auskunftspflicht entstehe erst nach Ablauf der Einsprachefrist respektive mit Eintritt der Rechtskraft des abweisenden Einspracheentscheids[1361].

Wie beim herkömmlichen Arrest – aber anders als im Rahmen der Pfändung – betrifft die Auskunftspflicht jedenfalls nur die im Arrestbefehl aufgeführten Vermögenswerte[1362].

8. Zulässigkeit einer Abwendungsbefugnis/Verbot der Mehrfachsicherung

Die Bestimmung in Art. 277 SchKG ermöglicht es dem Schuldner, anderweitig Sicherheit für die Vollstreckung zu leisten und so die Arrestgegenstände zur freien Verfügung überlassen zu erhalten[1363].

1354 Art. 98 Abs. 1 und 3 SchKG.

1355 Art. 98 Abs. 2 SchKG.

1356 Art. 99 SchKG.

1357 Art. 101 SchKG.

1358 In der Praxis findet die Anordnung dieser Sicherungsmassnahmen meist vorgängig statt.

1359 BGE 120 III 75, E. 1.b und 1.c. Zum Ganzen STAEHELIN DANIEL, zu Art. 47 LugÜ, in: SHK, N. 68.

1360 Dazu insbesondere STAEHELIN DANIEL, zu Art. 47 LugÜ, in: SHK, N. 69.

1361 Dazu BGE 125 III 391, E. 2.

1362 BGer 5P.256/2006, E. 2.4; BGer 7B.142/2003, E. 2.2; HOFMANN/KUNZ, zu Art. 47 LugÜ, in: BSK, N. 182.

1363 GASSMANN, Arrest im internationalen Rechtsverkehr, S. 203; HOFMANN/KUNZ, zu Art. 47 LugÜ, in: BSK, N. 185.

Diese Abwendungsbefugnis des Schuldners ist mit den Vorgaben des Lugano-Übereinkommens vereinbar[1364]. Das Übereinkommen verlangt nicht, dass der Gläubiger seinen Anspruch mehrfach sichern kann. Ausreichend ist irgendeine Sicherung der Erfüllung des Anspruchs, wobei sich der Gläubiger aus einem Lugano-Entscheid nicht mit einer bloss teilweisen Sicherung seines Anspruches begnügen muss[1365]. Die Frage, ob eine Mehrfachsicherung gestattet ist, beantwortet das nationale Recht. In der Schweiz kann sich ein Schuldner gegen eine Mehrfachsicherung zur Wehr setzen[1366]. Dies gilt auch bei einer Sicherung des Anspruches im Ausland, falls diese Sicherung eine erneute Arrestlegung als missbräuchlich beziehungsweise nutzlos erscheinen lässt[1367].

Ausgeschlossen ist eine Arrestlegung für eine Forderung, welche bereits durch ein in der Schweiz gelegenes Pfand gesichert ist, im Umfang der dadurch bewirkten Deckung[1368]. Sollte der Gläubiger trotzdem einen Arrest begehren, so kann der Schuldner die vollstreckungsrechtliche Einrede der Vorausverwertung (*beneficium excussionis realis*) erheben[1369]. Liegt das Pfand im Ausland, muss nach dem gemäss Art. 99 ff. IPRG anwendbaren Recht bestimmt werden, ob dem Schuldner auch die Einrede der Vorausverwertung zur Verfügung steht oder nicht[1370].

1364 GEIMER/GEIMER/GEIMER, zu Art. 47 EuGVVO, in: Europäisches Zivilverfahrensrecht, N. 16; KROPHOLLER/VON HEIN, zu Art. 47 EuGVO, in: Europäisches Zivilprozessrecht, N. 13; MANKOWSKI, zu Art. 47 Brüssel I-VO, in: Europäisches Zivilprozess- und Kollisionsrecht, N. 12a.

1365 Dazu HOFMANN/KUNZ, zu Art. 47 LugÜ, in: BSK, N. 186.

1366 Art. 275 SchKG i.V.m. Art. 97 Abs. 2 SchKG. Vgl. BGE 120 III 42, E. 5; BGer 4C.75/2006, E. 2.3.

1367 Dazu HOFMANN/KUNZ, zu Art. 47 LugÜ, in: BSK, N. 187; STAEHELIN DANIEL, zu Art. 47 LugÜ, in: SHK, N. 59. Vgl. aber den bei PEDROTTI, S. 119 f. zitierten unveröffentlichten Bundesgerichtsentscheid vom 3. November 1996: „*Der Gläubiger hat die Wahl, in welchem Staat er vollstrecken will. Die gleichzeitige Vollstreckung eines Urteils in mehreren Staaten wird vom Übereinkommen nicht unterbunden, da der Schuldner gegen die Gefahr der Doppelvollstreckung durch die vollstreckungsrechtlichen Rechtsbehelfe ausreichend geschützt wird [...]. Da zudem der Arrestrichter in der Regel nicht wissen kann, ob bereits im Ausland Sicherungsmassnahmen verlangt und angeordnet worden sind, lässt sich in der Praxis eine mehrfache Sicherung der Vollstreckung kaum je verhindern.*"

1368 HOFMANN/KUNZ, zu Art. 47 LugÜ, in: BSK, N. 76 und 188; STAEHELIN DANIEL, zu Art. 47 LugÜ, in: SHK, N. 58; a.M. STAEHELIN MATTHIAS, zu Art. 30a SchKG, in: BSK, N. 37.

1369 Art. 41 Abs. 1bis SchKG.

1370 BGE 68 III 131; dazu mit weiteren Hinweisen STAEHELIN DANIEL, zu Art. 47 LugÜ, in: SHK, N. 58.

9. Rechtsmittel

a) *Überblick*

Gegen die Anordnung eines Arrests als Sicherungsmassnahme im Sinne von Art. 47 Abs. 2 LugÜ finden sich drei Rechtsbehelfe: die Beschwerde gegen die Exequaturerteilung nach Art. 327a ZPO respektive Art. 43 LugÜ, die Einsprache gegen den Arrestbefehl nach Art. 278 SchKG sowie die Beschwerde gegen den Arrestvollzug durch das Betreibungsamt gemäss Art. 17 SchKG. Diese Dreiteilung des Rechtsmittelweges birgt gewisse Schwierigkeiten, da nicht immer klar ist, welche Rüge mit welchem Rechtsmittel vorzubringen ist[1371].

b) *Beschwerde nach Art. 327a ZPO beziehungsweise Art. 43 LugÜ*

aa) Allgemeines

Der Schweizer Gesetzgeber hat für die Umsetzung der Vorschriften zur Anfechtung der Erteilung oder Verweigerung der Vollstreckbarerklärung[1372] nach Art. 38 ff. LugÜ das Rechtsmittel der Beschwerde gemäss Art. 319 ff. ZPO als einschlägigen Rechtsbehelf im Sinne von Art. 43 Abs. 2 LugÜ gewählt[1373]. Die *„normale"* Beschwerde, so wie sie die Schweizer Zivilprozessordung vorsieht, hat nicht vollständig den zwingenden Vorschriften des Übereinkommens[1374] entsprochen, so dass gewisse Anpassungen in den Bereichen der Vollstreckbarkeit des Exequaturentscheides, der Kognition und der Fristen für die Beschwerde gegen einen

---

1371 Dazu STAEHELIN DANIEL, zu Art. 47 LugÜ, in: SHK, N. 73.

1372 Entsprechend räumt Art. 43 Abs. 1 LugÜ jeder Partei die Befugnis ein, den Rechtsbehelf einlegen zu können. Art. 327a ZPO kann folglich sowohl vom Schuldner, der sich gegen die Erteilung des Exequaturs und den darauf beruhenden Arrest zur Wehr setzen will, als auch vom Gläubiger, welcher gegen die Nichterteilung Beschwerde führen will, angerufen werden. Dritte jedoch sind zur Ergreifung der Beschwerde nach Art. 327a ZPO nicht legitimiert. Vgl. dazu EuGH, Deutsche Genossenschaftsbank/Brasserie du Pêcheur, Urteil vom 2. Juli 1985, Rs. 148/84, Slg. 1985, S. 1981 ff., N. 17; DOMEJ/OBERHAMMER, zu Art. 327a ZPO, in: Kurzkommentar ZPO, N. 3; GEIMER/GEIMER/GEIMER, zu Art. 43 EuGVVO, in: Europäisches Zivilverfahrensrecht, N. 17 ff.

1373 Botschaft zum revLugÜ, S. 1825.

1374 Das Übereinkommen enthält ein grundsätzlich abschliessendes Rechtsmittelsystem. Vgl. dazu auch in der vorliegenden Arbeit unter § 3.VI.2.a), S. 71.

Entscheid des Vollstreckungsgerichts vorgenommen werden mussten [1375]. Diese *„angepasste"* Beschwerde in Art. 327a ZPO ist durch den Bundesbeschluss über die Genehmigung und die Umsetzung des Lugano-Übereinkommens in die Schweizerische Zivilprozessordnung aufgenommen worden[1376] und dient der Harmonisierung des innerstaatlichen Schweizer Rechts mit dem revidierten Lugano-Übereinkommen[1377].

Die Lugano-Beschwerde nach Art. 327a ZPO gilt nur im Rahmen des *„separaten"* Exequaturverfahrens[1378]. Die Anfechtung der nach der herrschenden Lehre im Rahmen des Rechtsöffnungsverfahrens zulässigen inzidenten Vollstreckbarerklärung[1379] richtet sich nach wohl überwiegender Meinung nach Art. 319 ff. ZPO und die besonderen Verfahrensvorschriften des Übereinkommens respektive Art. 327a ZPO finden keine Anwendung[1380].

bb) Anfechtungsobjekt

Die Beschwerde richtet sich gegen den erstinstanzlichen Entscheid des kantonalen Vollstreckungsgerichts über das Vollstreckunsgesuch und den darauf beruhenden Arrest[1381].

Der Schuldner kann beim oberen kantonalen Gericht mit der Beschwerde nach Art. 327a ZPO gegen die Vollstreckbarerklärung vorbringen, dass gar kein vollstreckbarer Titel vorhanden sei. Mit Blick auf den Arrest macht der Schuldner damit geltend, dass weder eine Arrestforderung[1382] noch ein Arrestgrund[1383] gegeben seien[1384].

1375 Dazu Botschaft zum revLugÜ, S. 1825 f.; SPÜHLER, zu Art. 327a ZPO, in: BSK, N. 3.

1376 STAEHELIN DANIEL, Neues Arrestrecht ab 2011, S. 7, Rz. 33.

1377 SPÜHLER, zu Art. 327a ZPO, in: BSK, N. 3; vgl. ferner auch FREIBURGHAUS/AFHELDT, zu Art. 327a ZPO, in: Kommentar zur Schweizerischen Zivilprozessordnung, N. 1 f.

1378 Und ferner im Anerkennungsfeststellungsverfahren nach Art. 33 Abs. 2 LugÜ.

1379 Vgl. in der vorliegenden Arbeit unter § 6.III.2.a), S. 153 ff.

1380 Botschaft zum revLugÜ, S. 1810; DOMEJ/OBERHAMMER, zu Art. 327a ZPO, in: Kurzkommentar ZPO, N. 1; RODRIGUEZ, S. 1561 f.; vgl. demgegenüber in der vorliegenden Arbeit unter § 6.III.2.g), S. 164 ff.

1381 STAEHELIN DANIEL, Neues Arrestrecht ab 2011, S. 7, Rz. 33.

1382 Art. 272 Abs. 1 Ziff. 1 SchKG.

1383 Art. 272 Abs. 1 Ziff. 2 SchKG.

1384 Dazu STAEHELIN DANIEL, zu Art. 47 LugÜ, in: SHK, N. 75.

cc) Zuständigkeit

Da die Beschwerde von Art. 327a ZPO den in Art. 43 Abs. 2 LugÜ vorgesehenen Rechtsbehelf für die Schweiz umsetzt, muss gestützt auf Anhang III LugÜ das Rechtsmittel in der Schweiz beim oberen kantonalen Gericht eingelegt werden. Die Organisationsgesetze der Kantone legen die zuständige Rechtsmittelinstanz fest[1385].

dd) Freie Kognition

Im Rahmen einer Beschwerde gegen einen Entscheid des Vollstreckungsgerichts nach den Art. 38 - 52 LugÜ kann die Rechtsmittelinstanz gestützt auf Art. 327a Abs. 1 ZPO die Verweigerungsgründe des Übereinkommens mit voller Kognition[1386] nicht nur unter rechtlichen sondern auch tatsächlichen Gesichtspunkten überprüfen[1387]. Diese uneingeschränkte Kognition ist vor dem Hintergund zu verstehen, dass der zweiten Instanz im Rahmen dieses Verfahrens grundsätzlich funktional erstinstanzliche Aufgaben zugewiesen werden[1388]. Erst im kontradiktorischen Beschwerdeverfahren kann der Schuldner sein rechtliches Gehör wahren[1389], da das Verfahren bezüglich der Vollstreckung und der darauf beruhenden Arrestbewilligung einseitig ist und in Abwesenheit des Schuldners durchgeführt wird[1390]. Die Einschränkung der Kognition[1391] sowie auch der Novenausschluss[1392], welche im Rahmen der normalen Beschwerde nach Art. 319 ff. ZPO Anwendung finden, können hier nicht greifen[1393]. Das Vollstreckungsgericht hat als erste Instanz die Vollstreckbarerklärung zu gewähren, sobald die in Art. 53 LugÜ vorgesehenen Förmlichkeiten erfüllt sind und führt keine Prüfung nach

---

1385 RODRIGUEZ, S. 1559.

1386 Bei der allgemeinen Beschwerde kann nur die unrichtige Rechtsanwendung mit voller Kognition überprüft werden, die Sachverhaltsfeststellung ist auf die Willkürprüfung beschränkt. Vgl. FREIBURGHAUS/AFHELDT, zu Art. 320 ZPO, in: Kommentar zur Schweizerischen Zivilprozessordnung, N. 3 ff.

1387 FREIBURGHAUS/AFHELDT, zu Art. 327a ZPO, in: Kommentar zur Schweizerischen Zivilprozessordnung, N. 5, RODRIGUEZ, S. 1559.

1388 DOMEJ/OBERHAMMER, zu Art. 327a ZPO, in: Kurzkommentar ZPO, N. 4.

1389 Art. 43 Abs. 3 LugÜ. DOMEJ/OBERHAMMER, zu Art. 327a ZPO, in: Kurzkommentar ZPO, N. 4.

1390 Art. 41 Satz 2 LugÜ.

1391 Art. 320 ZPO.

1392 Art. 326 ZPO.

1393 DOMEJ/OBERHAMMER, zu Art. 327a ZPO, in: Kurzkommentar ZPO, N. 4.

Art. 34 f. LugÜ durch[1394]. Die Einwendungen, die das Lugano-Übereinkommen gegen die Vollstreckbarkeit vorsieht, können somit zum ersten Mal vor der zweiten Instanz vorgebracht werden[1395].

Würde strikt dem Wortlaut von Art. 327a Abs. 1 ZPO gefolgt werden, so wäre die freie Kognition auf die im Lugano-Übereinkommen vorgesehenen Verweigerungsgründe in Art. 34 und 35 LugÜ begrenzt[1396]. Der Wortlaut dieser Bestimmung ist jedoch zu eng gefasst[1397]. Mit freier Kognition muss die zweite Instanz auch die generellen Voraussetzungen der Vollstreckbarerklärung eines ausländischen Entscheides – namentlich die allgemeinen Exequaturvoraussetzungen – prüfen können[1398]. Der Schuldner kann bekanntlich seine Einwendungen erstmals vor der Rechtsmittelinstanz vorbringen. Weitere Rügen – insbesondere die Existenz der dem Arrest zugrunde liegenden Forderung – dürfen in diesem Verfahren keiner Prüfung unterzogen werden. Namentlich können eine Tilgung, Stundung oder auch Verjährung entsprechend nicht im Exequaturverfahren vorgebracht werden[1399].

ee) Aufschiebende Wirkung

Die Beschwerde hat von Amtes wegen die aufschiebende Wirkung[1400], so dass die Vollstreckbarkeit des beanstandeten Exequaturentscheides gehindert wird[1401]. Die Bestimmung nimmt aber ausdrücklich sichernde Massnahmen – namentlich den Arrest – vom Suspensiveffekt aus[1402]. Die aufschiebende Wirkung des Rechtsbehelfs in Bezug auf den Arrest würde dem Charakter der Sicherungsmassnahme zuwider laufen[1403] und im Widerspruch zu den Vorgaben des Lugano-Übereinkommens aus Art. 47 Abs. 2 und Abs. 3 LugÜ stehen[1404]. Das obere kantonale Gericht kann der Beschwerde bezüglich des Arrests auch keine aufschiebende Wirkung gewäh-

---

1394 Art. 41 LugÜ.

1395 SOGO, Vollstreckung ausländischer Entscheide über Geldforderungen, S. 51 f.

1396 Art. 45 Abs. 1 LugÜ und Art. 327a ZPO. SPÜHLER, zu Art. 327a ZPO, in: BSK, N. 4.

1397 HOFMANN/KUNZ, zu Art. 43 LugÜ, in: BSK, N. 50.

1398 DOMEJ/OBERHAMMER, zu Art. 327a ZPO, in: Kurzkommentar ZPO, N. 5.

1399 Vgl. dazu mit Hinweis auf die Rechtsprechung des Europäischen Gerichtshofes und weiteren Hinweisen in der vorliegenden Arbeit unter § 3.VI.6.a).dd), S. 80 ff.

1400 Art. 327a Abs. 2 ZPO.

1401 Botschaft zum revLugÜ, S. 1826.

1402 FREIBURGHAUS/AFHELDT, zu Art. 327a ZPO, in: Kommentar zur Schweizerischen Zivilprozessordnung, N. 7.

1403 SPÜHLER, zu Art. 327a ZPO, in: BSK, N. 9; SUTTER-SOMM, S. 192, Rz. 907.

1404 SPÜHLER, zu Art. 327a ZPO, in: BSK, N. 8.

ren und dadurch vorsorglich den Arrest aufheben. Das Lugano-Übereinkommen gibt einen unbedingten Anspruch auf einen Arrest solange die Vollstreckbarerklärung andauert[1405].

ff) Frist

Art. 327a Abs. 3 ZPO verweist für die Beschwerdefrist auf das Lugano-Übereinkommen respektive dessen Art. 43 Abs. 5 LugÜ. Die Fristenregelung des Lugano-Übereinkommens regelt lediglich die Konstellation, in welcher eine Vollstreckbarerklärung erteilten wurde[1406].

Die Regelung bezüglich Fristberechnung und Zustellungsform ist für den Rechtsbehelf nach Art. 43 LugÜ dem nationalen Recht überlassen[1407]. Das Übereinkommen selber legt lediglich den Fristbeginn fest[1408]. Für die Berechnung der Rechtsbehelfsfrist findet Art. 142 ZPO und für die Zustellung Art. 138 ZPO[1409] Anwendung[1410].

Wird der Antrag demgegenüber abgewiesen, so ergibt sich die Rechtsmittelfrist für den Gläubiger direkt aus dem nationalen Recht. In der Schweiz ist Art. 321 ZPO einschlägig, wobei die Rechtsmittelfrist – aufgrund des summarischen Charakters des Exequaturverfahrens – bloss eine zehntägige ist (Art. 321 Abs. 2 ZPO)[1411].

gg) Weiterzug des Beschwerdeentscheids

Das Lugano-Übereinkommen sieht in Art. 44 LugÜ einen Rechtsbehelf gegen den Beschwerdeentscheid vor[1412]. Anhang IV des Übereinkommens benennt die Rechtsmittelinstanz sowie die Rechtsbehelfe für die einzelnen gebundenen Staaten. In der Schweiz ist grundsätzlich eine Beschwerde in

---

1405 Dazu STAEHELIN DANIEL, zu Art. 47 LugÜ, in: SHK, N. 76.

1406 Vgl. in der vorliegenden Arbeit unter § 3.VI.7.a).dd), S. 86 f. und zur Begründungspflicht des Exequaturentscheids unter § 6.II.2.e), S. 147 ff.

1407 GEIMER/GEIMER/GEIMER, zu Art. 43 EuGVVO, in: Europäisches Zivilverfahrensrecht, N. 28, 29 und 31 f., Fn. 37; vgl. in der vorliegenden Arbeit unter § 3.VI.7.a), S. 84 ff. und unter § 3.IV.10, S. 59 ff.

1408 Vgl. in der vorliegenden Arbeit unter § 3.VI.7.a), S. 84 ff.

1409 Bezüglich der Zustellung schreibt Art. 43 Abs. 5 LugÜ vor, sie habe an den Schuldner persönlich oder in seiner Wohnung zu erfolgen.

1410 Dazu SCHWANDER DANIEL, S. 685, Fn. 171 mit Hinweisen auf GEIMER/GEIMER/GEIMER, zu Art. 43 EuGVVO, in: Europäisches Zivilverfahrensrecht, N. 31 ff.

1411 Vgl. in der vorliegenden Arbeit unter § 3.VI.7.a).dd), S. 86 f.

1412 Vgl. für Ausführungen in der vorliegenden Arbeit unter § 3.VII, S. 91 ff.

Zivilsachen nach Art. 72 ff. BGG beim Bundesgericht anhängig zu machen[1413]. Ist eine Beschwerde in Zivilsachen aufgrund der in Art. 74 BGG normierten Ausnahmen ausgeschlossen, kann mittels einer subsidiären Verfassungsbeschwerde nach Art. 113 ff. BGG die Verletzung verfassungsmässiger Rechte gerügt werden[1414]. Es sind jedoch Konstellationen[1415] möglich, wo kein Rechtsbehelf an das Bundesgericht möglich ist[1416]. Diese Rechtslage steht in keinem Widerspruch zum Übereinkommen, da dieses keinen Anspruch auf einen Rechtsbehelf nach Art. 44 LugÜ vorsieht[1417].

Die Beschwerde an das Bundesgericht hat in der Regel keine aufschiebende Wirkung[1418].

c) *Einsprache nach Art. 278 SchKG*

aa) Anfechtungsobjekt

Mit der Einsprache können arrestspezifische Einwände vorgebracht werden[1419]. Insbesondere kann eingewendet werden, dass die dritte Arrestvoraussetzung – also das Vorhandensein von schuldnerischen Vermögenswerten[1420] – nicht gegeben sei, die Arrestforderung pfandgesichert sei[1421], oder die Forderung nicht auf eine Geld- oder Sicherheitsleistung gerichtet sei[1422].

1413 Botschaft zum revLugÜ, S. 1814.

1414 RUDIN, zu Art. 74 BGG, in: BSK, N. 67.

1415 Tiefer Streitwert, keine grundsätzliche oder verfassungsrechtliche Frage.

1416 RODRIGUEZ, S. 1561.

1417 Vgl. in der vorliegenden Arbeit unter § 3.VII.1, S. 91 f.

1418 Art. 103 Abs. 1 BGG. Die Sonderregelung von Abs. 2, welche der Beschwerde gegen ein Gestaltungsurteil im Umfang der Begehren aufschiebende Wirkung zuspricht, findet bei einem Exequaturentscheid, welcher die Vollstreckung eines ausländischen Leistungsurteils anbelangt, keine Anwendung. Vgl. Botschaft zum revLugÜ, S. 1814.

1419 STAEHELIN DANIEL, zu Art. 47 LugÜ, in: SHK, N. 80.

1420 Art. 272 Abs. 1 Ziff. 3 LugÜ.

1421 Zu beachten ist, dass im Einspracheverfahren nicht materiell rechtskräftig über das Bestehen eines allfälligen Pfandrechts wie auch über die rechtliche Zugehörigkeit der Arrestgegenstände zum Vermögen des Schuldners geurteilt wird. Ein solcher Entscheid wird vielmehr in einem späteren Verfahren – im Bezug auf Drittansprüche im Widerspruchsverfahren nach Art. 106 ff. SchKG – getroffen. Vgl. dazu REISER, zu Art. 278 SchKG, in: BSK, N. 4.

1422 Botschaft zum revLugÜ, S. 1813; SCHWANDER DANIEL, S. 686 f.; STAEHELIN DANIEL, zu Art. 47 LugÜ, in: SHK, N. 80.

Nicht einhellig wird die Frage beantwortet, ob die Einwendung des Schuldners, wonach die verarrestierten Vermögenswerte im Arrestbefehl nicht genügend spezifiziert gewesen seien, mittels Einsprache vorgebracht werden kann. Für die Beantwortung dieser Frage kommt es darauf an, ob man die Spezifizierung als rein prozessuale[1423] oder aber als materielle Voraussetzung[1424] des Arrestes qualifiziert. Geht man von einer rein prozessualen Voraussetzung, dass also die Spezifizierung der Vermögenswerte lediglich den Vollzug ermöglichen soll, aus, kann ein Arrest nicht mehr angefochten werden, auch wenn er bloss zufälligerweise erfolgreich war. Erachtet man demgegenüber die Spezifizierung als materielle Voraussetzung[1425], ist eine diesbezügliche Rüge im Einspracheverfahren beachtlich. Im Rahmen des Titelarrests wird wohl die Rüge der mangelnden Spezifizierung – sofern diese im Einspracheverfahren als zulässig erachtet wird – kaum je Erfolg haben, da keine hohen Anforderungen an die Spezifizierung gestellt werden dürfen[1426].

bb) Verhältnis der Einsprache zum Rechtsbehelf des Lugano-Übereinkommens

Das vorrangige Rechtsmittelsystem des Lugano-Übereinkommens verdrängt in seinem Anwendungsbereich dasjenige des Vollstreckungsstaates, so dass jeweils im Einzelnen zu prüfen ist, welcher Einwand mit welchem Rechtsmittel geltend zu machen ist[1427].

Wie vorstehend dargestellt verleiht die Vollstreckbarerklärung durch die erste Instanz dem Entscheid den Charakter eines Arrestgrundes. Das Exequatur verkörpert bei einem Arrest als Sicherungsmittel im Sinne von Art. 47 Abs. 2 LugÜ mit anderen Worten ausgedrückt also bereits den Arrestgrund. Die Erteilung des Exequaturs wird im Rechtsbehelfsverfahren nach den Vorgaben des Lugano-Übereinkommens überprüft. Das bringt mit sich, dass der Einwand des Nichtvorliegens beziehungsweise Vorliegens des

---

1423 So BezGer ZH, Verfügung vom 16. Juli 1998, zitiert bei ARTHO VON GUNTEN, S. 129, Fn. 15; SCHWANDER DANIEL, S. 686; differenzierend ARTHO VON GUNTEN, S. 88 und 129.

1424 HUNGERBÜHLER, S. 207 f.; MEIER-DIETERLE, zu Art. 278 SchKG, in: Kurzkommentar SchKG, N. 5; REISER, zu Art. 278 SchKG, in: BSK, N. 12.

1425 Insbesondere zur Vermeidung unzulässiger Sucharreste.

1426 Dazu STAEHELIN DANIEL, zu Art. 47 LugÜ, in: SHK, N. 81. Vgl. zur Arrestvoraussetzung der Glaubhaftmachung von schuldnerischen Vermögenswerten in der vorliegenden Arbeit unter § 7.II.4.c), S. 236 ff.

1427 HOFMANN/KUNZ, zu Art. 47 LugÜ, in: BSK, N. 189.

Arrestgrundes mittels Beschwerde nach Art. 327a ZPO vorzubringen ist[1428]. Insofern entspricht das Rechtsbehelfsverfahren funktional der Arresteinsprache[1429]. Gegen die Erteilung der Vollstreckbarerklärung und entsprechend auch gegen die Bejahung des Arrestgrundes ist nach der Rechtsprechung und der herrschenden Lehre[1430] zur Vermeidung einer Verdoppelung des Verfahrens ausschliesslich der Lugano-Rechtsbehelf und nicht auch noch jener nach dem nationalen Recht zulässig[1431].

Die herrschende Lehre ist der Ansicht, dass Dritte das Vorliegen des Arrestgrunds und somit auch einer Voraussetzung für die Vollstreckbarerklärung mit dem Rechtsmittel der Arresteinsprache bestreiten können[1432]. Es stellt sich jedoch die Frage, ob die Gewährung eines solchen Rechtsmittels (bereits vor dem eigentlichen Vollzug der Zwangsvollstreckung) nicht ein Verstoss gegen die Rechtsmittelordnung des Übereinkommens bedeutet[1433].

In der Lehre umstritten ist, ob die Beschwerde gemäss dem Lugano-Übereinkommen die Arresteinsprache vollständig oder nur in dem Rahmen, in welchem damit der Arrestgrund angefochten wird, verdrängt. Die wohl überwiegende Lehre[1434] ist der Auffassung, dass die Arresteinsprache nicht

---

1428 Dazu HOFMANN/KUNZ, zu Art. 47 LugÜ, in: BSK, N. 190.

1429 Mit weiteren Hinweisen LORANDI/SCHALLER, S. 797.

1430 EuGH, P. Capelloni, F. Aquilini/J. C. J. Pelkmans, Urteil vom 3. Oktober 1985, Rs. C-119/84, Slg. 1985, S. 3147 ff., N. 35; BGE 131 III 660, E. 4.5; BGer 5A_79/2008, E. 2.2; ATTESLANDER-DÜRRENMATT, S. 189; DONZALLAZ, La Convention de Lugano du 16 septembre 1988 concernant la compétence judiciaire et l'exécution des décisions en matière civile et commerciale, N. 4155 f.; FÜLLEMANN, S. 669; GASSMANN, Arrest im internationalen Rechtsverkehr, S. 203; SCHWANDER DANIEL, S. 686; STAEHELIN DANIEL, zu Art. 47 LugÜ, in: SHK, N. 75.

1431 HOFMANN/KUNZ, zu Art. 47 LugÜ, in: BSK, N. 191.

1432 BGer 5A_364/2012 und 5A_375/2012, E. 8.2.2 (*obiter*); FÜLLEMANN, S. 669; JENT-SØRENSEN/REISER, S. 458; STAEHELIN DANIEL, zu Art. 47 LugÜ, in: SHK, N. 82.

1433 Vgl. HOFMANN/KUNZ, zu Art. 47 LugÜ, in: BSK, N. 193; in der vorliegenden Arbeit unter § 3.VI.4.c), S. 76 f.

1434 Entscheid des Obergerichts des Kantons Aargau (4. Zivilkammer) vom 15. August 2003, ZBJV, 2004, Band 140, S. 783 ff., E. 3.b (implizit); ATTESLANDER-DÜRRENMATT, S. 189; ARTHO VON GUNTEN, S. 17; BOLLER. Neuere Rechtsprechung im Arrestrecht, S. 1297; Botschaft zum revLugÜ, S. 1813; CAMBI FAVRE-BULLE, S. 366; FÜLLEMANN, S. 669; GASSMANN, Arrest im internationalen Rechtsverkehr, S. 203; JERMINI/GAMBA, S. 450; MEIER-DIETERLE, Arrestpraxis ab 1. Januar 2011, S. 1222, N. 79; MEIER/SOGO/WIGET, S. 433; SCHWANDER DANIEL, S. 682 f.; SOGO, Kleine Arrestrevision, grosse Auswirkungen, S. 95; STAEHELIN DANIEL, zu Art. 47 LugÜ, in: SHK, N. 75 und 80; STAEHELIN DANIEL, vollständig ausgeschlossen werde, sondern diese immer dann zu ergreifen sei, wenn Einwände betroffen sind, welche nicht Thema des Rechtsbehelfsverfahrens im Sinne von Art. 43 LugÜ sein können. Diese Ansicht verdient Zustimmung[1435]. Das Bundesgericht liess – in einem Entscheid aus dem Jahre 2008 und damit noch unter Geltung des Lugano-Übereinkommens 1988 – die Frage offen[1436].

cc) Zuständigkeit

Die örtliche Zuständigkeit für die Beurteilung der Arresteinsprache liegt beim Gericht an dem Ort, an welchem der Arrest angeordnet wurde[1437].

dd) Verfahren

Es handelt sich beim Einspracheverfahren um ein summarisches Verfahren[1438], das im Gegensatz zum Arrestbewilligungsverfahren kontradiktorisch durchgeführt wird. Sowohl der Schuldner wie auch der in seinen Rechten betroffene Dritte können sich nachträglich zur erteilten Arrestbewilligung äussern und damit bewirken, dass das Gericht in Kenntnis der vorgebrachten Einsprachegründen seinen Entscheid erneut beurteilt. Im Rahmen der Einsprache können Noven eingebracht werden. Gemäss der Rechtsprechung des Bundesgerichts[1439] gilt das in Art. 278 Abs. 3 SchKG vorgesehene Novenrecht nicht nur für das Beschwerdeverfahren sondern auch für das diesem vorgelagerte Arresteinspracheverfahren. Im gleichen Entscheid bestätigte das Bundesgericht seine Praxis, wonach gestützt auf Art. 278 Abs. 3 Satz 2 SchKG das Vorbringen echter Noven zulässig ist. Ob auch unechte Noven von dieser Bestimmung erfasst werden, hat das Bundesgericht bisher offen gelassen[1440]. Ohne auf die vorstehend dargelegte Rechtsprechung des Bundesgerichts einzugehen, hat das Obergericht des

---

Neues Arrestrecht ab 2011, S. 7, Rz. 35; a.A. DONZALLAZ, La Convention de Lugano du 16 septembre 1988 concernant la compétence judiciaire et l'exécution des décisions en matière civile et commerciale, N. 4156; KELLERHALS, Neuerungen im Vollstreckungsrecht der bernischen Zivilprozessordnung, S. 111; NAEF, Die Anpassung des SchKG an das revidierte LugÜ, S. 3, Rz. 7.

1435 Vgl. in der vorliegenden Arbeit unter § 7.II.9.c).aa), S. 254 f.

1436 BGer 5A_79/2008, E. 2.2.

1437 Und nicht etwa beim Gericht am Ort des Arrestvollzuges. MEIER-DIETERLE, Arrestpraxis ab 1. Januar 2011, S. 1221, N. 69; SCHWANDER DANIEL, S. 683.

1438 Art. 251 lit. a ZPO.

1439 BGE 140 III 466, E. 4.2.3.

1440 Dazu BOLLER. Neuere Rechtsprechung im Arrestrecht, S. 1296 f.

Kantons Zürich in einem später ergangenen Entscheid[1441] ausgeführt, dass nach herrschender Lehre vor der Rechtsmittelinstanz ausschliesslich echte Noven vorgebracht werden können. Es können entsprechend nur diejenigen Tatsachen angerufen werden, die nach dem Entscheid über die Arresteinsprache beziehungsweise nach dem letzten Parteivortrag im Einspracheverfahren eingetreten seien. Im Einspacheverfahren und dem daran anschliessenden Rechtsmittelverfahren wird endgültig über die Arrestbewilligung geurteilt. Nach Beendigung des Einspracheverfahrens eingetretene neue Umstände führen nicht zur Möglichkeit einer erneuten Einsprache[1442].

Die Einsprache richtet sich gegen den Arrestbefehl selber. Für Rügen gegen den Arrestvollzug steht die Einspache nicht zur Verfügung[1443].

ee) Frist

Die Frist zur Erhebung der Einsprache beträgt zehn Tage ab Kenntnisnahme des Arrests[1444]. Massgebend ist die Zustellung der Arresturkunde[1445]. Im Gegensatz zur Lugano-Beschwerde kommt der Einsprache keine aufschiebende Wirkung zu[1446].

ff) Weiterzug des Einspracheentscheids

Der erstinstanzliche Einspracheentscheid kann innert der Rechtsmittelfrist von zehn Tagen[1447] mit der Beschwerde nach Art. 319 ff. ZPO angefochten werden[1448]. Mit der Beschwerde kann einerseits die unrichtige Rechtsanwendung und andererseits die Sachverhaltsfeststellung gerügt werden. Die Rügegründe bezüglich der Feststellung des Sachverhalts sind jedoch auf offensichtlich unrichtige Feststellungen des Sachverhalts beschränkt[1449]. Vor

---

1441 OG ZH, II. Zivilkammer, Beschluss und Urteil vom 20. Februar 2015, Geschäfts-Nr.: PS150016, E. 4.1 und 4.6.

1442 BRÖNNIMANN, S. 135; OTTOMANN, S. 259; anders Botschaft über die Änderung des SchKG, S. 173.

1443 Zum Ganzen REISER, zu Art. 278 SchKG, in: BSK, N. 2.

1444 Art. 278 Abs. 1 SchKG.

1445 Art. 276 Abs. 1 SchKG.

1446 Art. 278 Abs. 3 SchKG. Dazu STAEHELIN DANIEL, zu Art. 47 LugÜ, in: SHK, N. 83.

1447 Art. 321 Abs. 2 ZPO.

1448 Art. 278 Abs. 3 SchKG. Anders noch nach dem ursprünglichen Entwurf der Schweizerischen Zivilprozessordnung; vgl. dazu Botschaft zum revLugÜ, S. 1823 und 1825; SOGO, Kleine Arrestrevision, grosse Auswirkungen, S. 88 f.

1449 Vgl. zu den Beschwerdegründen Art. 320 ZPO.

der Beschwerdeinstanz können sicher echte Noven[1450] – also Tatsachen, die sich nach dem Einspracheentscheid zugetragen haben – vorgebracht werden[1451].

Von Gesetzes wegen kommt der Beschwerde keine aufschiebende Wirkung zu[1452]. Die Beschwerdeinstanz hat jedoch die Möglichkeit, die aufschiebende Wirkung anzuordnen[1453]. Die Wirkungen des Arrests dürfen dabei gemäss Art. 287 Abs. 4 SchKG nicht gehemmt werden[1454]. Der Gläubiger kann somit grundsätzlich nach Ablauf der Zahlungsfrist gemäss Art. 88 Abs. 1 SchKG das Fortsetzungsbegehren stellen und die Pfändung veranlassen[1455], sofern kein Rechtsvorschlag erhoben wurde. Sofern und solange allerdings ein Rechtsbehelf nach Art. 43 LugÜ gegen die erstinstanzlich erteilte Vollstreckbarerklärung hängig ist, darf die Zwangsvollstreckung in das schuldnerische Vermögen nicht über Sicherungsmassnahmen hinausgehen; entsprechend ist eine Verwertung ausgeschlossen[1456].

Es besteht die Möglichkeit, dass ein Schuldner sowohl Beschwerde nach Art. 327a ZPO als auch Einsprache gemäss Art. 278 SchKG erhebt[1457]. Dies kann somit zur Situation führen, dass sowohl gegen den Einspracheentscheid als auch gegen den Vollstreckungsentscheid Beschwerde eingereicht

---

1450 Zur Frage, ob auch unechte Noven vorgebracht werden können, vgl. in der vorliegenden Arbeit unter § 7.II.9.c).dd), S. 257 f.

1451 Art. 278 Abs. 3 Satz 2 SchKG. Vgl. dazu HOFMANN/KUNZ, zu Art. 47 LugÜ, in: BSK, N. 195; STAEHELIN DANIEL, zu Art. 47 LugÜ, in: SHK, N. 84.

1452 Art. 325 Abs. 1 ZPO.

1453 Art. 325 Abs. 2 ZPO.

1454 STAEHELIN DANIEL, zu Art. 47 LugÜ, in: SHK, N. 84.

1455 Botschaft zum revLugÜ, S. 1825; MEIER-DIETERLE, Arrestpraxis ab 1. Januar 2011, S. 1222, N. 75.

1456 Art. 47 Abs. 3 LugÜ. Dazu HOFMANN/KUNZ, zu Art. 47 LugÜ, in: BSK, N. 196.

1457 Das Kantonsgericht Graubünden behandelte in einem Entscheid das Verhältnis von Beschwerde- und Einspracheverfahren. Das Kantonsgericht stellt fest, dass zwischen diesen beiden Verfahren keine Abhängigkeit bestehe, da diese unterschiedliche Rechtsfragen zum Inhalt haben. Es bestehe folglich keine Gefahr von sich widersprechenden Entscheiden. Das Gericht hielt ferner fest, dass das Einspracheverfahren ein summarisches Verfahren sei und dass kurze Fristen gelten. Speziell für das Summarverfahren gelte das Beschleunigungsgebot, so dass eine Sistierung des Arresteinspracheverfahrens für die Dauer des Beschwerdeverfahrens die Ausnahme zu bleiben habe. KG GR, Schuldbetreibungs- und Konkurskammer, Entscheid vom 7. Januar 2014, KSK 13 54, in: CAN, 2014, Nr. 75, S. 219 ff., E. 3.bb; vgl. dazu auch BOLLER, Neuere Rechtsprechung im Arrestrecht, S. 1297, welcher darauf hinweist, dass aus Sicht des Gläubigers eine Sistierung des Einspracheverfahrens aus prozessökonomischen Überlegungen dann sinnvoll sein könne, wenn die Beschwerde gegen das Exequatur gutgeheissen werde.

wurde und zwei parallele Beschwerdeverfahren bestehen. Es kann sich unter bestimmten Umständen – insbesondere der zeitlichen Abfolge – anbieten, die beiden Verfahren gestützt auf Art. 125 lit. c ZPO vor der Beschwerdeinstanz zu vereinigen[1458].

Gegen den Beschwerdeentscheid über die Einsprache kann bei Erreichen des Streitwertes oder bei einer Frage von grundsätzlicher Bedeutung[1459] Beschwerde in Zivilsachen[1460] und subsidiär die Verfassungsbeschwerde[1461] beim Bundesgericht eingereicht werden[1462]. Dabei können Arrestentscheide vom Bundesgericht nur auf eine Verfassungsverletzung überprüft werden. Denn im Rahmen einer Beschwerde in Zivilsachen kann bei vorsorglichen Massnahmen im Sinne von Art. 98 BGG – also unter anderem auch bei einem Arrest – nur die Verletzung von verfassungsmässigen Rechten gerügt werden. Mit der Verfassungsbeschwerde kann auch bloss die Verletzung verfassungsmässiger Rechte vorgebracht werden[1463].

d) Beschwerde nach Art. 17 SchKG

Der Vollzug der Sicherungsmassnahme und das zulässige Rechtsmittel gegen den Vollzug richten sich ausschliesslich nach dem nationalen Recht des Vollstreckungsstaates[1464].

In der Schweiz steht als Rechtsmittel gegen den Vollzug des Arrests durch das Betreibungsamt die betreibungsrechtliche Beschwerde nach Art. 17 ff.

1458 Dazu Botschaft zum revLugÜ, S. 1813; so auch KG GR, Schuldbetreibungs- und Konkurskammer, Entscheid vom 7. Januar 2014, KSK 13 54, in: CAN, 2014, Nr. 75, S. 219 ff., E. 3.bb; SOGO, Kleine Arrestrevision, grosse Auswirkungen, S. 95, Fn. 76.

1459 Art. 74 BGG.

1460 Art. 72 BGG.

1461 Art. 113 ff. BGG.

1462 Weiterzugsberechtigt ist, wer vor der Vorinstanz am Verfahren teilgenommen hat oder keine Möglichkeit zur Teilnahme erhalten hat und ein rechtlich geschütztes Interesse an der Aufhebung oder Änderung des angefochtenen Entscheids hat. Vgl. Art. 76 Abs. 1 und Art. 115 BGG.

1463 Art. 116 BGG. Dazu mit Hinweisen auf die bundesgerichtliche Rechtsprechung HOFMANN/KUNZ, zu Art. 47 LugÜ, in: BSK, N. 197; ferner REISER, Arrest in Theorie und Praxis, S. 178; STAEHELIN DANIEL, zu Art. 47 LugÜ, in: SHK, N. 85.

1464 EuGH, P. Capelloni, F. Aquilini/J. C. J. Pelkmans, Urteil vom 3. Oktober 1985, Rs. C-119/84, Slg. 1985, S. 3147 ff., N. 36; BGE 131 III 660, E. 4 (implizit); KROPHOLLER/VON HEIN, zu Art. 47 EuGVO, in: Europäisches Zivilprozessrecht, N. 12.

SchKG an die Aufsichtsbehörde zur Verfügung. Eine solche betreibungsrechtliche Beschwerde ist insbesondere dann einzureichen, wenn der Vollzug der Massnahme fehlerhaft erfolgt ist[1465], oder wenn im Rahmen eines Arrestvollzugs verschiedener Arrestbefehle durch unterschiedliche Betreibungsämter zu viel Substrat mit Arrestbeschlag belegt wurde. Hierbei sind diejenigen Arreste anzufechten, deren Vollzug zuletzt stattfand[1466]. Nicht Verfahrensgegenstand eines Beschwerdeverfahrens kann die Frage sein, ob der Arrest zu Recht bewilligt wurde[1467].

Grundsätzlich hat die Beschwerde nach Art. 17 SchKG keine aufschiebende Wirkung. Es besteht jedoch die Möglichkeit, diese anzuordnen[1468].

Der Entscheid der Aufsichtsbehörde über eine Beschwerde nach Art. 17 SchKG kann – je nach dem, ob das kantonale Recht eine vorsieht – zuerst an eine obere Aufsichtsbehörde[1469] und an das Bundesgericht mittels Beschwerde in Zivilsachen[1470] weitergezogen werden. Die Beschwerde in Zivilsachen an das Bundesgericht unterliegt keiner Streitwertgrenze[1471], so dass die subsidiäre Verfassungsbeschwerde entfällt[1472].

e) Rechtsmittel des Gläubigers

Wird dem Gläubiger das Exequatur verweigert, so kann er sich gegen diesen negativen erstinstanzlichen Entscheid mittels der Lugano-Beschwerde nach Art. 43 LugÜ respektive in der Schweiz mittels der Beschwerde nach Art. 327a ZPO zur Wehr setzen[1473].

Wurde dem Gläubiger das Exequatur erteilt, jedoch – in Verletzung von Art. 47 Abs. 2 und Abs. 3 LugÜ – der Arrest nicht bewilligt, stellt sich die Frage, welches Rechtsmittel der Gläubiger zu ergreifen hat. Da die Arresteinsprache nach Art. 278 SchKG dem Gläubiger – mangels der Erteilung

---

1465 Beispielsweise wenn der Schuldner die Pfändbarkeit von Vermögenswerten bestreitet. Vgl. HOFMANN/KUNZ, zu Art. 47 LugÜ, in: BSK, N. 201; STAEHELIN DANIEL, zu Art. 47 LugÜ, in: SHK, N. 86.

1466 Vgl. dazu mit weitergehenden Ausführungen STAEHELIN DANIEL, zu Art. 47 LugÜ, in: SHK, N. 86.

1467 BGE 131 III 660, E. 4.5; HOFMANN/KUNZ, zu Art. 47 LugÜ, in: BSK, N. 201.

1468 Art. 36 SchKG.

1469 Art. 18 SchKG.

1470 Art. 72 Abs. 2 lit. a BGG.

1471 Art. 74 Abs. 2 lit. c BGG.

1472 REISER, Arrest in Theorie und Praxis, S. 181.

1473 Vgl. dazu HOFMANN/KUNZ, zu Art. 43 LugÜ, in: BSK, N. 37 f.; in der vorliegenden Arbeit unter § 3.VI.4.b), S. 76 f.

des Arrests – nicht zur Verfügung steht, verbleibt ihm lediglich die Möglichkeit der Beschwerde nach Art. 319 lit. a ZPO[1474]. Selbst wenn man davon ausgehen würde, dass dem Gläubiger die Beschwerde nach Art. 327a ZPO offen stünde, hätte dies keine Besserstellung zur Folge. Die erweiterte Kognition dieser Beschwerde beansprucht grundsätzlich nur im Rahmen der Verweigerungsgründen gegen die Vollstreckbarerklärung Geltung und – folgt man der in der Botschaft[1475] vertretenen Ansicht – würde für den Gläubiger die zehntägige Frist aus Art. 321 Abs. 2 ZPO zur Anwendung gelangen und nicht die längere Frist aus Art. 43 Abs. 5 LugÜ und Art. 327a Abs. 3 ZPO[1476].

10. Arrestprosequierung

a) Allgemeines

Auch ein Arrest gestützt auf einen Entscheid aus einem durch das Lugano-Übereinkommen gebundenen Staat, für welchen gleichzeitig das Exequatur erteilt wurde, muss prosequiert werden. Der Schweizer Gesetzgeber hat davon nicht abgesehen[1477]. Dabei ist der Titelarrest ausschliesslich mittels Betreibung zu prosequieren, da die Einreichung einer Klage typischerweise wegen der Rechtskraft des ursprünglichen Entscheids ausgeschlossen ist[1478].

Zur Aufrechterhaltung des Arrests muss der Gläubiger innert der Prosequierungsfrist eine Betreibung einleiten und – sofern der Schuldner gegen den Zahlungsbefehl Rechtsvorschlag erhebt – um definitive Rechtsöffnung ersuchen[1479]. Das Gericht ist im Rechtsöffnungsverfahren an den Exequaturentscheid des Vollstreckungsgerichts gebunden[1480]. Befindet sich das verarrestierte Vermögen an verschiedenen Orten in der Schweiz, so können

---

1474 Ausführlich dazu und auch zu einem möglichen Weiterzug an das Bundesgericht SCHWANDER DANIEL, S. 688 f.

1475 Botschaft zum revLugÜ, S. 1813.

1476 Vgl. dazu STAEHELIN DANIEL, zu Art. 47 LugÜ, in: SHK, N. 89.

1477 RODRIGUEZ, S. 1556, Fn. 29; STAEHELIN DANIEL, zu Art. 47 LugÜ, in: SHK, N. 90.

1478 SCHWANDER DANIEL, S. 668 und 693.

1479 Art. 80 SchKG. A.A. SCHWANDER DANIEL, S. 693 ff., welcher die Durchführung des Rechtsöffnungsverfahrens als Verstoss gegen die Vorgaben des Lugano-Übereinkommens erachtet.

1480 Art. 81 Abs. 3 SchKG.

alle Arreste gleichwohl mit einer einzigen Betreibung prosequiert werden[1481].

Auch wenn der Ansicht gefolgt wird, dass der Schweizer Zahlungsbefehl vom Anwendungsbereich des Lugano-Übereinkommens erfasst wird[1482], handelt es sich diesfalls bei der Arrestprosequierung um ein Zwangsvollstreckungsverfahren im Sinne von Art. 22 LugÜ, da bereits ein Titel vorhanden ist. Entsprechend ist für die Frage der örtlichen Zuständigkeit das nationale Recht einschlägig[1483]. In der Schweiz kann der Gläubiger das Betreibungsbegehren am Betreibungsort[1484] sowie alternativ – sofern das Gericht dieses Ortes die verschiedenen Arrestbefehle erlassen hat[1485] – auch an dem Ort, an welchem sich die Arrestgegenstände befinden[1486], stellen[1487]. Gleiches gilt auch für die Frage der örtlichen Zuständigkeit des allenfalls anschliessenden definitiven Rechtsöffnungsverfahrens[1488].

b) Prosequierungsfristen

Der Arrest muss vom Gläubiger innert zehn Tagen nach Zustellung der Arresturkunde prosequiert werden. Unterlässt der Gläubiger die Prosequierung, fällt der Arrest dahin[1489]. Diese Regelung soll sicherstellen, dass der Gläubiger den Arrest zügig fortführt, da ein Arrest für den Schuldner einerseits eine starke Einschränkung bedeutet und dem Arrest andererseits ein Schädigungspotential inhärent ist[1490].

1481 Dazu STAEHELIN DANIEL, zu Art. 47 LugÜ, in: SHK, N. 90 f.

1482 Vgl. in der vorliegenden Arbeit unter § 7.I.2.e).ii).ddd), S. 214 f.

1483 Dazu HOFMANN/KUNZ, zu Art. 47 LugÜ, in: BSK, N. 208. Vgl. demgegenüber zur Prosequierung von anderen als Titelarresten in der vorliegenden Arbeit unter § 7.I.2.e).ii).ddd), S. 214 f.

1484 Art. 48-50 SchKG.

1485 Mit weitere Hinweisen HOFMANN/KUNZ, zu Art. 47 LugÜ, in: BSK, N. 208; STAEHELIN DANIEL, zu Art. 47 LugÜ, in: SHK, N. 91; vgl. in der vorliegenden Arbeit unter § 7.II.3.c), S. 227 ff.

1486 Art. 52 SchKG (Betreibungsort des Arrestes).

1487 HOFMANN/KUNZ, zu Art. 47 LugÜ, in: BSK, N. 208. Zu beachten ist jedoch, dass aus verschiedenen Gründen eine Arrestlegung und Prosequierung am Wohnsitz des Schuldners vorzuziehen sein dürfte, denn nur so ist ein uneingeschränkter Zugriff auf das Vermögen des Schuldners möglich. Vgl. dazu MEIER-DIETERLE, Arrestpraxis ab 1. Januar 2011, S. 1225, N. 94.

1488 HOFMANN/KUNZ, zu Art. 47 LugÜ, in: BSK, N. 208; REISER, Überblick über die Arrestrevision 2009, S. 337.

1489 Art. 279 Abs. 1 SchKG i.V.m. Art. 280 SchKG.

1490 Vgl. dazu mit weiteren Hinweisen HOFMANN/KUNZ, zu Art. 47 LugÜ, in: BSK, N. 202.

Ausgelöst wird die Frist durch die formell korrekte Zustellung der Arresturkunde[1491] an den Gläubiger[1492], wobei die blosse Kenntnisnahme nicht genügt[1493]. Während des Exequaturverfahrens gemäss dem Lugano-Übereinkommen sowie bei Weiterziehung des Exequaturentscheids laufen nach Art. 279 Abs. 5 Ziff. 2 SchKG die Prosequierungsfristen – gleich wie während des Einspracheverfahrens und bei Weiterziehung des Einspracheentscheids (Art. 279 Abs. 5 Ziff. 1 SchKG) – nicht. Die Zustellung der Arresturkunde an den Gläubiger findet regelmässig während der laufenden Rechtsbehelfsfrist statt. Da in diesem Zeitpunkt noch nicht feststeht, ob gegen den Entscheid ein Rechtsmittel ergriffen wird oder nicht, beginnt die Frist für die Prosequierung noch nicht zu laufen[1494]. Der Wortlaut von Art. 279 Abs. 5 SchKG („*bei Weiterziehung*“) ist diesbezüglich nicht ganz klar[1495]. Für einen Gläubiger, welcher einen Arrest gestützt auf einen für vollstreckbar erklärten Lugano-Entscheid erwirkt hat, beginnen die Prosequierungsfristen also frühstens dann, wenn über einen allfälligen Rechtsbehelf gegen die Vollstreckbarerklärung rechtskräftig entschieden worden ist oder die Rechtsbehelfsfrist ungenützt verstrichen ist[1496]. Eine gewisse Schwierigkeit für den Gläubiger liegt darin, dass er häufig zu spät und nur über Umwege Kenntnis von der Zustellung an den Schuldner – und damit vom Beginn der Rechtsmittelfrist – erlangt. Dabei liegt das möglich Risiko darin, dass ihm nach unbenutzem Ablauf der Rechtsbehelfsfrist nur zehn Tage bleiben, das Verfahren fortzuführen beziehungsweise zu prosequieren[1497]. Für die Fristen zur Ergreifung des Rechtsbehelfs gegen die Vollstreckbarerklärung ist Art. 43 Abs. 5 LugÜ einschlägig.

1491 Sofern ein Arrestgesuch zu verschiedenen Arrestbefehlen an verschiedene Betreibungsämter geführt hat, ist für den Beginn der Prosequierungspflicht auf die Zustellung der letzten Arresturkunde abzustellen. Mit anderen Worten muss der Gläubiger sämtliche Arresturkunden erhalten haben, damit die Prosequierungsfrist beginnt. Vgl. STAEHELIN DANIEL, zu Art. 47 LugÜ, in: SHK, N. 94; in der vorliegenden Arbeit unter § 7.II.3.c), S. 227 ff.

1492 Vgl. auch SCHWANDER DANIEL, S. 683.

1493 BGE 135 III 232, E. 2.

1494 So auch Botschaft zum revLugÜ, S. 1823, wonach „*die Prosequierungsfristen nach Artikel 279 SchKG frühestens dann zu laufen beginnen, wenn über einen allfälligen Rechtsbehelf endgültig entschieden worden ist oder die Frist zu dessen Ergreifung ungenutzt abgelaufen ist*“. Vgl. auch STAEHELIN DANIEL, Neues Arrestrecht ab 2011, S. 10, Rz. 47.

1495 HOFMANN/KUNZ, zu Art. 47 LugÜ, in: BSK, N. 204.

1496 REISER, zu Art. 279 SchKG, in: BSK, N. 2a.

1497 Dazu HOFMANN/KUNZ, zu Art. 47 LugÜ, in: BSK, N. 204.

Die Frage, ob der Gläubiger bereits nach dem Exequaturentscheid des oberen kantonalen Gerichts oder erst nach dem Urteil des Bundesgerichts prosequieren muss, wird vom Gesetz nicht eindeutig beantwortet. Der Botschaft[1498] lässt sich entnehmen, dass *„[...] die Prosequierungsfristen nach Artikel 279 SchKG frühestens dann zu laufen beginnen [sollen], wenn über einen allfälligen Rechtsbehelf endgültig entschieden worden ist [...]"*. Entsprechend der Botschaft, welche auf den endgültigen Exequaturentscheid abstellt, muss der Gläubiger den Arrest nach vorliegend vertretener Ansicht erst nach dem Urteil des Bundesgerichts prosequieren[1499].

Erhebt der Schuldner Rechtsvorschlag, hat der Gläubiger innert zehn Tagen die Rechtsöffnung zu begehren. Fristauslösend ist die Zustellung des Gläubigerdoppels des Zahlungsbefehls[1500]. Wird der Rechtsvorschlag im Rechtsöffnungsverfahren[1501] beseitigt, hat der Gläubiger innert zwanzig Tagen nach dessen rechtskräftiger Beseitigung die Fortsetzung der Betreibung zu verlangen[1502]. Erhebt der Schuldner keinen Rechtsvorschlag, ist für den Zeitpunkt der Fristauslösung wiederum auf die Zustellung des Gläubigerdoppels des Zahlungsbefehls abzustellen[1503] und der Gläubiger hat in dieser Situation innert zwanzig Tagen das Fortsetzungsbegehren zu stellen[1504].

Dem Gläubiger ist es unbenommen, die Prosequierung des Arrestes bereits vor Beginn des Fristenlaufs einzuleiten[1505]. Dabei steht im auch die Möglichkeit offen, gleichzeitig mit der Einleitung der Betreibung auch um Sistierung zu ersuchen[1506]. Aufgrund der Bestimmung in Art. 47 Abs. 3 LugÜ

1498 Botschaft zum revLugÜ, S. 1823.

1499 So bereits HOFMANN/KUNZ, zu Art. 47 LugÜ, in: BSK, N. 205; im Resultat auch SCHWANDER DANIEL, S. 691 ff.

1500 Art. 279 Abs. 2 SchKG.

1501 Im Rechtsöffnungsverfahren können noch gewisse Einreden – nach vorliegend vertretener Ansicht insbesondere materielle Einreden und Einwände – vorgebracht werden, vgl. in der vorliegenden Arbeit unter § 3.VI.6.a).dd), S. 79 ff. Nicht mehr Verfahrensgegenstand eines Rechtsöffnungsverfahrens sind demgegenüber in erster Linie die Vollstreckungs- und Anerkennungsvoraussetzungen. Vgl. dazu HOFMANN/KUNZ, zu Art. 38 LugÜ, in: BSK, N. 381; STAEHELIN/BOPP, zu Art. 38 LugÜ, in: SHK, N. 45.

1502 Art. 279 Abs. 3 SchKG. Vgl. dazu mit weiteren Hinweisen HOFMANN/KUNZ, zu Art. 47 LugÜ, in: BSK, N. 209 f.

1503 Vgl. zur Problematik unter Geltung des alten Rechts Botschaft zum revLugÜ, S. 1823 f.

1504 Art. 279 Abs. 3 SchKG.

1505 Botschaft zum revLugÜ, S. 1823; STAEHELIN DANIEL, zu Art. 47 LugÜ, in: SHK, N. 95.

1506 HOFMANN/KUNZ, zu Art. 47 LugÜ, in: BSK, N. 206.

ist jedoch eine Erteilung der definitven Rechtsöffnung – und somit die Zulassung zur Zwangsvollstreckung – erst nach unbenutzem Ablauf der Beschwerdefrist von Art. 327a ZPO und Art. 43 Abs. 5 LugÜ möglich[1507].

III. Sicherungsmassnahmen bei rechtskräftiger Vollstreckbarerklärung

Sobald der Exequaturentscheid in Rechtskraft erwächst, fällt die Beschränkung der Zwangsvollstreckung auf Sicherungsmassnahmen nach Art. 47 Abs. 3 LugÜ weg und die Vollstreckung kann ohne Einschränkungen durchgeführt werden. Denkbar ist jedoch, dass ein Gläubiger auch in diesem Verfahrensabschnitt noch Sicherungsmassnahmen beantragen will. Dies kann namentlich dann sinnvoll erscheinen, wenn eine erste Zwangsvollstreckung ergebnislos durchgeführt wurde und der Schuldner in der Zwischenzeit zu neuem Vermögen gekommen ist[1508].

Nicht einhellig wird die Frage beantwortet, ob der Gläubiger in dieser Situation – gleich wie bei Vorliegen einer (noch) nicht rechtskräftigen Vollstreckbarerklärung – Anspruch auf Sicherungsmassnahmen gestützt auf Art. 47 Abs. 2 LugÜ hat oder nicht[1509].

Auch nach Eintritt der Rechtskraft der Vollstreckbarerklärung sollten Sicherungsmassnahmen unter gewissen Bedingungen weiterhin angeordnet werden können. Jedoch ist in diesen Konstellationen ein besonderes Interesse vorauszusetzen, da der Gläubiger bereits effektiv vollstrecken könnte und eine Blockierung des Vermögens des Schuldners beziehungsweise eines Teils davon aufgrund eines Exequaturentscheids nicht uneingeschränkt möglich sein sollte[1510]. Hat bereits eine Vollstreckung stattgefunden und ist

---

1507 STAEHELIN DANIEL, zu Art. 47 LugÜ, in: SHK, N. 95.

1508 Vgl. dazu STAEHELIN DANIEL, zu Art. 47 LugÜ, in: SHK, N. 126.

1509 Bejahend HOFMANN/KUNZ, zu Art. 47 LugÜ, in: BSK, N. 250, welche das Vorliegen eines besonderen Interessens verlangen; STAEHELIN DANIEL, zu Art. 47 LugÜ, in: SHK, N. 127, wobei die Glaubhaftmachung einer erfolglosen Vollstreckung vorausgesetzt wird; grundsätzlich verneinend GEIMER/GEIMER/GEIMER, zu Art. 47 EuGVVO, in: Europäisches Zivilverfahrensrecht, N. 25, wonach in den meisten Fällen nach einer rechtskräftigen Vollstreckbarerklärung das Rechtsschutzbedürfnis für einstweilige Massnahmen nach dem nationalen Recht nicht mehr gegeben sein dürfte.

1510 Ähnlich auch HOFMANN/KUNZ, zu Art. 47 LugÜ, in: BSK, N. 250.

diese erfolglos geblieben, so liegt darin ein besonderes Interesse, welches im Rahmen des Arrestbewilligungsverfahrens glaubhaft zu machen ist[1511].

1511 Ähnlich auch STAEHELIN DANIEL, zu Art. 47 LugÜ, in: SHK, N. 127.

4. Teil Die neue Verordnung (EU) Nr. 1215/2012 und die Schweiz

§ 8 Die Revision der Verordnung (EG) Nr. 44/2001

I. Revisionsprozess

1. Allgemeines

Am 12. Dezember 2012 hat der Europäische Gesetzgeber die revidierte Verordnung (EU) Nr. 1215/2012 erlassen, welche auf europäischer Ebene am 10. Januar 2015 in Kraft getreten ist. Dabei hat die Verordnung (EU) Nr. 1215/2012 die Verordnung (EG) Nr. 44/2001 abgelöst.

Im Zuge des Reformprozesses wurde der Kommission in einem ersten Schritt ein Bericht – der sogenannte *Heidelberg Report*[1512] – bezüglich der Funktionsweise der Verordnung vorgelegt[1513]. Die Verordnung (EG) Nr. 44/2001 hatte sich demnach in den Jahren ihrer Gültigkeit grundsätzlich bewährt. Trotzdem war es ein Jahrzehnt nach ihrem Inkrafttreten als an der Zeit erachtet worden, gewisse Anpassungen an den Vertrag von Lissabon sowie an die sich entwickelnden politischen Ziele des Europäischen Rates vorzunehmen und ausgewählte in der Literatur diskutierte Streitfragen zu klären. Die Punkte, welche zur Debatte standen, wurden im Jahre 2009 in einem Grünbuch der Kommission zur Überprüfung der Verordnung (EG) Nr. 44/2001[1514] erfasst[1515].

[1512] HESS/PFEIFFER/SCHLOSSER, The Brussels I, Regulation 44/2001, Application and Enforcement in the EU, The Heidelberg report on the application of regulation Brussels I in 25 member states (study JLS/C4/2005/03).

[1513] PACZOSKA KOTTMANN, S. 136, Fn. 4.

[1514] Grünbuch Überprüfung der Verordnung (EG) N. 44/2001.

[1515] Zum Ganzen TRÜTEN, Die neue Brüssel I-Verordnung und die Schweiz, S. 61.

Ausgangspunkt der Revision der Verordnung (EG) Nr. 44/2001 stellte neben dem Grünbuch der Kommission[1516] ein evaluierender Bericht der Kommission[1517] dar[1518]. Beide Dokumente wurden Gegenstand eines anschliessenden öffentlichen Konsultationsverfahrens[1519].

Der Europäische Rat verabschiedete in einem nächsten Schritt das Stockholmer Programm[1520]. Der Rat nahm damit ein Mehrjahresprogramm für den Zeitraum 2010-2014 an, welches den Rahmen für zahlreiche politische Massnahmen der Union auf den Gebieten Unionsbürgerschaft, Justiz, Sicherheit, Asyl sowie Einwanderung bildete.

Kern der Revision wurde ein ausformulierter Entwurf der Kommission[1521], der das Resultat zweier wissenschaftlicher Studien[1522] sowie des Konsultationsverfahrens darstellte. Ferner bildete der Entwurf Zwiefka zu einem Bericht des Rechtsausschusses des Europäischen Parlaments[1523], der später in einen definitiven Bericht[1524] überführt wurde, einen weiteren wesentlichen Schritt im Revisionsverfahren[1525].

1516 Grünbuch Überprüfung der Verordnung (EG) Nr. 44/2001.

1517 Bericht über die Anwendung der Verordnung (EG) Nr. 44/2001.

1518 MARKUS, Die revidierte europäische Gerichtsstandsverordnung, S. 801 f.

1519 Neben den Mitgliedstaaten der Europäischen Union hatten unter anderem interessierte Institutionen, Verbände, Universitäten zweieinhalb Monate Zeit, eine Stellungnahme einzureichen. Insgesamt wurden 134 Stellungnahmen (darunter auch vom Bundesamt für Justiz und der Universität Bern) abgegeben. Alle Stellungnahmen sind unter http://ec.europa.eu/justice/newsroom/civil/opinion/090630_en.htm (zuletzt besucht am 31. Januar 2017) abrufbar. Vgl. auch PACZOSKA KOTTMANN, S. 136, Fn. 4.

1520 Stockholmer Programm; vgl. dazu PACZOSKA KOTTMANN, S. 136, Fn. 4.

1521 Vorschlag vom 14. Dezember 2010 für eine Verordnung des Europäischen Parlaments und des Rates über die gerichtliche Zuständigkeit und die Anerkennung und Vollstreckung von Entscheidungen in Zivil- und Handelssachen.

1522 HESS/PFEIFFER/SCHLOSSER, The Brussels I, Regulation 44/2001, Application and Enforcement in the EU, The Heidelberg report on the application of regulation Brussels I in 25 member states (study JLS/C4/2005/03) sowie Study on Residual Jurisdiction by Arnaud Nuyts.

1523 Draft Report by Tadeusz Zwiefka.

1524 Bericht über den Vorschlag für eine Verordnung von Tadeusz Zwiefka.

1525 Dazu MARKUS, Die revidierte europäische Gerichtsstandsverordnung, S. 801 f.

2. Ziele

Der Gesetzgebungsvorschlag der Kommission hatte im Wesentlichen zum Ziel, die im Vertrag über die Arbeitsweise der Europäischen Union vorgesehene Entwicklung der Abschaffung des Exequaturverfahrens und damit verbunden die partielle Verlagerung der Prüfung der Anerkennungsversagungsgründe in den Ursprungsstaat umzusetzen. Weitere Bestrebungen waren der Einbezug von Drittstaatenbeklagten in das System der internationalen Zuständigkeit, die Verbesserung der Regeln bezüglich Gerichtsstandsvereinbarungen, ein besserer Zugang zum Recht in bestimmten Fällen, die Schaffung einer Bestimmung zur Ablehnung der Zuständigkeit bei Vorliegen einer Schiedsklausel sowie besserer Koordinierung für die Fälle der *lis pendens*. Des Weiteren sollte Klarheit über die Voraussetzungen, unter welchen vorsorgliche Massnahmen in der Europäischen Union zirkulieren können, geschaffen werden. Im Gesetzgebungsverfahren kam die Kommission mit ihren doch weitgehenden Vorschlägen nur teilweise durch. Die Totalrevision der Verordnung (EG) Nr. 44/2001 befasste sich mit wesentlichen Punkten des Sytsems von Brüssel und Lugano. Sie brachte im Resultat sehr wohl substantielle Neuerungen, jedoch kann nicht von revolutionären Veränderungen gesprochen werden[1526].

II. Revisionspunkte

1. Überblick

Die Totalrevision führte insbesondere in den Bereichen des räumlich-persönlichen sowie sachlichen Anwendungsbereichs, der Gerichtsstandsvereinbarung und der vorsorglichen Massnahmen zu Änderungen. Zentraler Punkt der Revisionsarbeiten aber war von Anfang an die Abschaffung des Vollstreckbarerklärungsverfahrens ausländischer Entscheidungen. Die Kommission konnte sich dabei nur insoweit durchsetzen, als es lediglich zu einer Abschaffung des Exequaturverfahrens auf formeller Ebene kam. Die materiellen Verteidigungsmöglichkeiten des Vollstreckungsgegners wurden sachlich nicht eingeschränkt. Auch die Ausdehnung des räumlich-persönlichen Anwendungsbereichs auf Beklagte mit Wohnsitz in einem Drittstaat

---

[1526] Zum Ganzen DOMEJ, LugÜ – wie weiter nach der Revision der EuGVVO?, S. 934 f.; MARKUS, Die revidierte europäische Gerichtsstandsverordnung, S. 801 f.; TRÜTEN, Die neue Brüssel I-Verordnung und die Schweiz, S. 61.

fiel in einem wesentlich geringeren Ausmass aus als von der Kommission anfänglich angeregt[1527].

Die nachfolgende Darstellung der Revisionspunkte beschränkt sich auf diejenigen Neuerungen, welche für die die Vollstreckung und Vollstreckungssicherung von Bedeutung sind.

2. Begriff der *„Entscheidung"*

Im Gegensatz zur Verordnung (EG) Nr. 44/2001 und dem Lugano-Übereinkommen, welche beide den Begriff der *„Entscheidung"* erst im Titel III über die Anerkennung und Vollstreckung definieren, beinhaltet die Verordnung (EU) Nr. 1215/2012 im Kapitel I Begriffsbestimmungen[1528]. Art. 2 lit. a Verordnung (EU) Nr. 1215/2012 hält fest, was der Begriff *„Entscheidung"* umfasst.

Diese Bestimmung erweckt den Eindruck, dass die Verordnung zwischen zwei Entscheidbegriffen differenziert: einem breiter gefassten Entscheidbegriff, der für die ganze Verordnung Geltung beansprucht, und einem enger gefassten Entscheidbegriff, der ausschliesslich für die Zwecke von Kapitel III zur Anwendung kommen soll:

> *„Für die Zwecke von Kapitel III umfasst der Ausdruck „Entscheidung" auch einstweilige Massnahmen einschliesslich Sicherungsmassnahmen, die von einem nach dieser Verordnung in der Hauptsache zuständigen Gericht angeordnet wurden*[1529]*."*

Eine solche Einengung des Massnahmebegriffs auf die Anerkennung und Vollstreckung nach Kapitel III hätte zur Folge, dass sich die direkte Zuständigkeit für solche Massnahmen nicht aus der Verordnung (EU) Nr. 1215/2012 ergeben würden. Die einstweiligen Massnahmen würden – würde man streng dem Wortlaut folgen – gar nicht vom sachlichen Anwendungsbereich der Verordnung erfasst und ihre direkte Zuständigkeit würde sich ausschliesslich nach dem jeweiligen nationalen Recht bestimmen. Somit würde es den Massnahmen an der *„Vollstreckungswürdigkeit"* nach der

---

1527 Vgl. dazu und zu den Vorschlägen der EU-Kommission MARKUS, Die revidierte europäische Gerichtsstandsverordnung, S. 802.

1528 MARKUS, Probleme der EuGVVO-Revision, S. 751; MARKUS, Die revidierte europäische Gerichtsstandsverordnung, S. 806.

1529 Art. 2 lit. a Brüssel Ia-VO.

Verordnung (EU) Nr. 1215/2012 fehlen. Diese Situation würde im Widerspruch dazu stehen, dass nach Verordnung (EU) Nr. 1215/2012 die grenzüberschreitende Anerkennung und Vollstreckung auch gerade solchen Massnahmen freistehen soll[1530]. Es ist enstprechend davon auszugehen, dass einstweilige Massnahmen einschliesslich Sicherungsmassnahmen vom sachlichen Anwendungsbereich der Verordnung (EU) Nr. 1215/2012 erfasst werden und sie entsprechend auch der grenzübschreitende Anerkennung und Vollstreckung zugänglich sind.

3. Einstweilige Massnahmen

a) *Begriff der „einstweiligen Massnahme“*

Gleich wie vor der Revision[1531] verweist auch die revidierte Bestimmung in Art. 35 Verordnung (EU) Nr. 1215/2012 für die Begrifflichkeit[1532] auf das nationale Recht („*im Recht eines Mitgliedstaats vorgesehenen einstweiligen Massnahmen*“). Der Europäische Gerichtshof hatte jedoch bereits Ende der Neunzigerjahre[1533] den Begriff *„einstweilige Massnahmen“* eingegrenzt[1534]. Erfüllt eine Massnahme die vom Gerichtshof festgelegte Definition nicht, so war Art. 31 Verordnung (EG) Nr. 44/2001 nicht anwendbar und der einstweilige Rechtsschutz war im Rahmen der Verordnung lediglich an der Hauptsachezuständigkeit möglich. Insofern steht die revidierte Verordnung (EU) Nr. 1215/2012 nicht im Einklang mit dieser Rechtsprechung des Europäischen Gerichtshofes, da der Verordnungstext vorbehaltslos auf das Recht des jeweiligen Mitgliedstaates verweist. Es kann daraus jedoch nicht

---

1530 Zum Ganzen MARKUS, Die revidierte europäische Gerichtsstandsverordnung, S. 806 f.

1531 Vgl. Art. 31 EuGVVO.

1532 Vgl. für die Frage, inwieweit Beweismassnahmen vor Einleitung des Hauptverfahrens in den Anwendungsbereich der Brüssel Ia-Verordnung und insbesondere unter die Regeln bezüglich einstweiligen Massnahmen fallen DOMEJ, Die Neufassung der EuGVVO, S. 546 f.

1533 Vgl. insbesondere EuGH, Van Uden Maritime BV, auch handelnd unter dem Namen Van Uden Africa Line/Kommanditgesellschaft in Firma Deco-Line u. a., Urteil vom 17. November 1998, Rs. C-391/95, Slg. 1998, S. I-7091 ff.; EuGH, Hans-Hermann Mietz/Intership Yachting Sneek BV, Urteil vom 27. April 1999, Rs. C-99/96, Slg. 1999, S. I-2277 ff.

1534 Vgl. in der vorliegenden Arbeit unter § 4.I.4.c), S. 107 ff.

die Schlussfolgerung getroffen werden, dass die diesbezügliche Rechtsprechung des Europäischen Gerichtshofes nach der Revision keine Geltung mehr beanspruchen soll[1535].

b) *Anerkennung und Vollstreckung*

aa) An der Hauptsachezuständigkeit erlassene Massnahmen

Bisher waren unter der Verordnung (EG) Nr. 44/2001 vorsorgliche Massnahmen zirkulationsfähig, sofern sie an der Hauptsachezuständigkeit erlassen wurden[1536]. Zusätzlich wurde von der Rechtsprechung des Europäischen Gerichtshofes verlangt, dass der Gesuchsgegner vor dem Erlass der Massnahme angehört und ihm der Entscheid vor der Vollstreckung zugestellt wurde[1537]. Auch eine nachträgliche Gewährung des rechtlichen Gehörs in einem Anfechtungsverfahren, dass dem Schuldner offen stand, war ausreichend[1538].

Die revidierte Verordnung (EU) Nr. 1215/2012 normiert die Anerkennung und Vollstreckung von Massnahmeentscheiden neu. Die internationalen Vollstreckungsmöglichkeiten für an der Hauptsachezuständigkeit erlassene *ex parte*-Massnahmen sind ausgebaut worden. Neu können diese Massnahmen auch dann grenzüberschreitend vollstreckt werden, wenn dem Gesuchsgegner vor Erlass der Massnahme das rechtliche Gehör nicht gewährt wurde. Das Erfordernis der Zustellung des Entscheids vor der Vollstreckung beansprucht aber auch nach der Revision weiterhin Geltung[1539]. Das Zustellungserfordernis ermöglicht dem Gesuchsgegner grundsätzlich einen doppelten Schutz: Er kann im Vollstreckungsstaat ein Gesuch um Verweigerung der Anerkennung stellen und im Erststaat gegebenfalls ein Rechtsmittel gegen die angeordnete Massnahme einlegen. Wobei die Verordnung (EU)

1535 Vgl. insbesondere DOMEJ, Die Neufassung der EuGVVO, S. 544 f.; VON HEIN, S. 107, welcher ohne Weiteres davon ausgeht, dass die Revision an dieser Rechtsprechung nichts ändert; zum Ganzen MARKUS, Die revidierte europäische Gerichtsstandsverordnung, S. 812.

1536 MARKUS, Die revidierte europäische Gerichtsstandsverordnung, S. 812.

1537 EuGH, Bernard Denilauler/SNC Couchet Frères, Urteil vom 21. Mai 1980, Rs. C-125/79, Slg. 1980, S. 1553 ff.; KROPHOLLER/VON HEIN, zu Art. 32 EuGVO, in: Europäisches Zivilprozessrecht, N. 22 f.

1538 STAEHELIN/STAEHELIN/GROLIMUND, S. 494, Rz. 21. Vgl. in der vorliegenden Arbeit unter § 3.III.2.c), S. 28 f. und § 3.III.2.d), S. 29 f.

1539 Art. 2 lit. a Brüssel Ia-VO.

Nr. 1215/2012 nicht verlangt, dass im Recht des Ursprungsstaates ein Rechtsbehelf gegen eine solche Massnahme vorgesehen ist[1540].

Im Gegensatz zur endgültigen Regelung wurde im Vorschlag der Kommission auf das Erfordernis der vorgängigen Zustellung des Entscheids verzichtet. Dafür wurde gefordert, dass im Ursprungsmitgliedstaat ein Rechtsbehelf gegen den Entscheid zur Verfügung steht[1541]. Der Vorschlag der Kommission hätte somit einen grenzüberschreitenden Überraschungseffekt ermöglicht, welcher im aktuell geltenden Recht nun nicht besteht[1542].

bb) Massnahmen von Nicht-Hauptsachegerichten

Für Massnahmen, welche ausserhalb der Hauptsachezuständigkeit lediglich an einer Massnahmezuständigkeit nach Art. 31 Verordnung (EG) Nr. 44/2001 ergingen, war die Zirkulationsfähigkeit stark reduziert und eine Anerkennung und Vollstreckung in einem anderen Mitgliedstaat kam regelmässig nicht in Betracht. Häufig fehlte es bereits am Erfordernis der Gewährung des rechtlichen Gehörs des Gesuchgegners. Auch liessen vor allem die Einschränkungen, die der Europäische Gerichtshof in seiner Rechtsprechung im Rahmen einer aus Art. 31 Verordnung (EG) Nr. 44/2001 abgeleiteten Zuständigkeit statuierte[1543], für eine extraterritoriale Wirkung der Massnahme kaum Platz. Der Europäische Gerichtshof forderte für eine auf Art. 31 Verordnung (EG) Nr. 44/2001 in Verbindung mit dem jeweiligen nationalen Recht gestützte Zuständigkeit, dass „*zwischen dem Gegenstand der beantragten Massnahmen und der gebietsbezogenen Zuständigkeit des Vertragsstaats des angerufenen Gerichts eine reale Verknüpfung besteht*“[1544].

1540 Zum Ganzen MARKUS, Die revidierte europäische Gerichtsstandsverordnung, S. 812 f.

1541 Vgl. Art. 2 lit. a Vorschlag für eine Verordnung über die gerichtliche Zuständigkeit und die Anerkennung und Vollstreckung von Entscheidungen in Zivil- und Handelssachen.

1542 Zum Ganzen MARKUS, Die revidierte europäische Gerichtsstandsverordnung, S. 812 f.

1543 Vgl. dazu in der vorliegenden Arbeit unter § 4.I.4.c), S. 107 ff.

1544 EuGH, Van Uden Maritime BV, auch handelnd unter dem Namen Van Uden Africa Line/Kommanditgesellschaft in Firma Deco-Line u. a., Urteil vom 17. November 1998, Rs. C-391/95, Slg. 1998, S. I-7091 ff., N. 40; vgl. dazu auch KROPHOLLER/VON HEIN, zu Art. 31 EuGVO, in: Europäisches Zivilprozessrecht, N. 24.

Aus der Formulierung von Art. 2 lit. a Verordnung (EU) Nr. 1215/2012 lässt sich *e contrario*[1545] entnehmen, dass einstweilige Massnahmen eines Gerichts, welches seine Zuständigkeit auf Art. 35 Verordnung (EU) Nr. 1215/2012 in Verbindung mit seinem nationalen Recht stützt, komplett von der Titelfreizügigkeit der Verordnung ausgenommen sind. Die an Eilgerichtsständen des nationalen Rechts (und nicht an einer Hauptsachezuständigkeit) ergangenen Massnahmen werden unabhängig davon, ob der Erlass der Massnahme durch das Vorliegen einer realen Verknüpfung gerechtfertigt war oder nicht, nicht mehr von der Titelzirkulation der Verordnung (EU) Nr. 1215/2012 erfasst.

Die Verordnung geht mit diesem gänzlichen Ausschluss der Titelfreizügigkeit von Massnahmen an Eilgerichtsständen des nationalen Rechts noch weiter als die Rechtsprechung des Europäischen Gerichtshofes[1546].

In der Literatur wird teilweise vertreten, dass das Erfordernis der *realen Verknüpfung* im Rahmen der Zuständigkeitsprüfung auch unter Geltung der Verordnung (EU) Nr. 1215/2012 weiterhin Bestand habe[1547]. Im Hinblick auf den Umstand, dass die revidierte Verordnung das System des grenzüberschreitenden einstweiligen Rechtsschutzes auf eine neue Grundlage stellt, kann nicht ohne Weiteres die Folgerung gezogen werden, dass diese Rechtsprechung[1548] auf Ebene der Zuständigkeit weiterhin zu beachten ist[1549].

1545 Gemäss dem Text der Verordnung in Art. 2 lit. a Brüssel Ia-VO beinhaltet der Begriff *„Entscheidung"* im Rahmen des Kapitels III über die Anerkennung und Vollstreckung auch einstweilige Massnahmen einschliesslich Sicherungsmassnahmen, welche von einem nach der Verordnung zuständigen Hauptsachegericht angeordnet wurden.

1546 Vgl. dazu und mit kritischen Anmerkungen DOMEJ, Rechtshängigkeit und im Zusammenhang stehende Verfahren, Gerichtsstandsvereinbarungen, einstweilige Massnahmen, S. 128.

1547 Insbesondere VON HEIN, S. 107; WELLER, S. 43 f. Vgl. zu dieser Thematik PERTEGÀS SENDER/GARBER, on Art. 35 Brussels Ibis Regulation, in: European Commentaries on Private International Law, N. 6 ff.

1548 EuGH, Van Uden Maritime BV, auch handelnd unter dem Namen Van Uden Africa Line/Kommanditgesellschaft in Firma Deco-Line u. a., Urteil vom 17. November 1998, Rs. C-391/95, Slg. 1998, S. I-7091 ff.

1549 So DOMEJ, Die Neufassung der EuGVVO, S. 544. Anders beurteilt DOMEJ die Frage, ob die Voraussetzung einer hinreichenden Gewährleistung des vorläufigen Charakters einer Massnahme weiterhin Geltung beansprucht. Demnach solle eine *de facto* endgültige Massnahme an einem exorbitanten Gerichtsstand auch dann nicht erlassen werden dürfen, wenn sie lokal vollstreckt werden könne.

III. Insbesondere Abschaffung des Exequaturverfahrens

1. Allgemeines

a) EuGVÜ und Verordnung (EG) Nr. 44/2001/LugÜ

Das EuGVÜ folgte im Bereich der Vollstreckung noch dem klassisch-völkerrechtlichen Ansatz. Das zweitstaatliche Gericht hatte zu prüfen, ob materielle Anerkennungsverweigerungsgründe einer Vollstreckung des ausländischen Entscheids entgegenstanden. Die Nachfolgeregelung, wie sie in der Verordnung (EG) Nr. 44/2001 vorgesehen war, hat diese Prüfung in das Rechtsbehelfsverfahren verschoben und damit die Souveränität der Mitgliedstaaten bereits begrenzt[1550].

b) Hintergründe

Art. 81 Abs. 1 Satz 1 AEUV verlangt für die Union im Bereich der justiziellen Zusammenarbeit in Zivilsachen mit grenzüberschreitendem Bezug, dass diese *„auf dem Grundsatz der gegenseitigen Anerkennung gerichtlicher und aussergerichtlicher Entscheidungen beruht"*. In dieser Form findet sich diese Bestimmung seit dem 1. Dezember 2009 im Vertrag. Sie stützt sich auf ein prozessuales Herkunftslandprinzip als Charakteristikum des europäischen Rechtsraums. Sämtliche in einem Mitgliedstaat erlassenen Entscheidungen sollen in den anderen Mitgliedstaaten ohne Exequaturverfahren anerkennt und vollstreckt werden können. Die Basis der wechselseitigen Anerkennung von Vollstreckungstiteln liegt im wechselseitigen Vertrauen der Mitgliedstaaten in die Rechtsstaatlichkeit ihrer Justizsysteme[1551].

In den Erwägungen[1552] zur Verordnung (EU) Nr. 1215/2012 heisst es denn auch dazu:

> *„Das gegenseitige Vertrauen in die Rechtspflege innerhalb der Union rechtfertigt den Grundsatz, dass eine in einem Mitgliedstaat ergangene Entscheidung in allen Mitgliedstaaten anerkannt wird, ohne dass es hierfür eines besonderen Verfahrens bedarf. Außerdem rechtfertigt die angestrebte Reduzierung des Zeit- und Kostenauf-*

1550 Dazu TRÜTEN, Die neue Brüssel I-Verordnung und die Schweiz, S. 60 f.

1551 Zum Ganzen TRÜTEN, Die neue Brüssel I-Verordnung und die Schweiz, S. 61.

1552 Erwägungsgrund 26 Brüssel Ia-VO.

wands bei grenzüberschreitenden Rechtsstreitigkeiten die Abschaffung der Vollstreckbarerklärung, die der Vollstreckung im ersuchten Mitgliedstaat bisher vorausgehen musste. Eine von den Gerichten eines Mitgliedstaats erlassene Entscheidung sollte daher so behandelt werden, als sei sie im ersuchten Mitgliedstaat ergangen.“

Wäre die Abschaffung[1553] konsequent – also sowohl auf Stufe des äusseren Verfahrens als als auch auf Stufe der materiellen Verweigerungsgründe – durchgeführt worden, so hätte dies eine uneingeschränkte Zirkulationsfähigkeit dieser Entscheidungen bedeutet. Um eine solche Zirkulationsfähigkeit zu erreichen, hätte das gegenseitige Vertrauen in die Justiz der anderen Mitgliedstaaten nahezu vorbehaltlos bestehen müssen. Im Prozess der Revisionsarbeiten wurde jedoch klar, dass zwischen den Mitgliedstaaten der Europäischen Union ein solches Vertrauen (noch) nicht existiert[1554]. Die Mitgliedstaaten und auch das Europäische Parlament verfolgten einen deutlich zurückhaltenderen Ansatz im Vergleich zu den Vorschlägen der Kommission[1555].

Ein wichtiges Anliegen der Revisionsarbeiten war die zeitliche Beschleunigung der grenzüberschreitenden Vollstreckung gegenüber der Lösung, wie sie in der Verordnung (EG) Nr. 44/2001 vorgesehen war. Unter anderem aus der Folgenschätzung der Kommission lässt sich entnehmen, dass die meisten Anträge auf Vollstreckbarerklärung erfolgreich sind und nur selten Anträge überhaupt angefochten werden[1556]. Denoch konnte ein Exequaturverfahren vor allem in Staaten, die – anders als die Schweiz – kein inzidentes Exequaturverfahren kennen, Monate dauern[1557].

1553 Vgl. für eine Übersicht der Meinungen in der Literatur bezüglich Abschaffung des Exequaturverfahrens DOMEJ, Die Neufassung der EuGVVO, S. 510, Fn. 5.

1554 Dazu MARKUS, Die revidierte europäische Gerichtsstandsverordnung, S. 813.

1555 Vgl. Art. 37 ff. Vorschlag für eine Verordnung über die gerichtliche Zuständigkeit und die Anerkennung und Vollstreckung von Entscheidungen in Zivil- und Handelssachen. Vgl. ferner zu den Vorschlägen auch CADET, S. 221 f.; MARKUS, Die Revision der Europäischen Gerichtsstandsverordnung und das Lugano-Übereinkommen von 2007, S. 3, Rz. 12; SCHLOSSER, The Abolition of Exequatur Proceedings – Including Public Policy Review?, S. 101 ff.; SCHRAMM, Abolition of Exequatur, S. 60 ff.; VON HEIN, S. 108 f.

1556 Gemäss der Folgenschätzung der Kommission ist das Exequaturverfahren in 90 Prozent der Fälle reine Formsache. Folgenschätzungen der Kommission, Ziff. 2.1.1. Vgl. ferner POHL, S. 112.

1557 Dazu MARKUS, Die revidierte europäische Gerichtsstandsverordnung, S. 813.

2. Anerkennungsverfahren

a) Revision

Bereits unter Geltung der Verordnung (EG) Nr. 44/2001 fand die Anerkennung von ausländischen Entscheidungen grundsätzlich *ipso iure* statt[1558]. Ein gesondertes Anerkennungsfeststellungsverfahren erfolgte nur auf Antrag[1559]. Die revidierte Verordnung (EU) Nr. 1215/2012 folgt in ihrem Art. 36 dieser Konzeption im Grundsatz. Neu stellt jedoch nicht mehr die Anerkennungsfähigkeit der Entscheidung Gegenstand des Feststellungsverfahrens dar, sondern das Nichtvorhandensein von Anerkennungsversagungsgründen[1560]. Im Zuge der Revision wurde neu in Art. 45 Verordnung (EU) Nr. 1215/2012 die Möglichkeit einer förmlichen Anerkennungsversagung auf Antrag eines Berechtigten geschaffen. Früher war eine negative Feststellungsklage hinsichtlich der Anerkennung nicht vorgesehen[1561].

Vom Prinzip der automatischen Anerkennung werden auch Entscheide eines Mitgliedstaates erfasst, welche gegen einen Schuldner ohne Wohnsitz in einem vom Übereinkommen gebundenen Staat ergangen sind[1562].

b) Verfahren

Jedes Gericht kann in jedem Verfahren über die Anerkennbarkeit – sollte die Anerkennung einen Einfluss auf die Entscheidung haben – vorfrageweise entscheiden[1563]. Die Partei, welche die Anerkennung einer Entscheidung geltend machen will, hat dafür neben dem Entscheid eine Bescheinigung des Ursprungsgerichts nach Art. 53 Verordnung (EU) Nr. 1215/2012 vorzulegen[1564]. Anders als noch vor der Revision wird das Einreichen der Bescheinigung zwingend vorausgesetzt[1565]. Gegenstand der Anerkennung

---

1558 Art. 32 Abs. 1 EuGVVO.
1559 Art. 32 Abs. 2 EuGVVO.
1560 Art. 36 Abs. 2 Brüssel Ia-VO.
1561 Zum Ganzen DOMEJ, Die Neufassung der EuGVVO, S. 512 f.
1562 Davon werden namentlich Entscheide im Rahmen eines ausschliesslichen Gerichtsstandes wie auch in Verbraucher- und Arbeitnehmersachen (neu auch gegenüber Beklagten aus Drittstaaten) erfasst. Vgl. dazu Erwägungsgrund 27 Brüssel Ia-VO und TRÜTEN, Die neue Brüssel I-Verordnung und die Schweiz, S. 61.
1563 Art. 36 Abs. 3 Brüssel Ia-VO.
1564 Art. 37 Abs. 1 Brüssel Ia-VO.
1565 BERAUDO, Rz. 1 und 41.

stellt aber nach wie vor die Entscheidung (und nicht die Bescheinigung) dar[1566]. Die Bescheinigung kann im Zweitstaat überprüft werden[1567].

Ein Feststellungsverfahren bezüglich der Anerkennbarkeit ist unabhängig von einem Vollstreckungsgesuch durchzuführen. Der Schuldner hat damit die Möglichkeit, bereits vor einer allfälligen Vollstreckung ein Anerkennungsverweigerungsverfahren zu verlangen. Im Rahmen dieses Verfahrens kann er die Feststellung beantragen, dass die ausländische Entscheidung nicht anerkennbar sei[1568]. Der Gläubiger seinerseits kann jederzeit die Feststellung verlangen, dass keine Verweigerungsgründe gegeben seien[1569].

3. Wegfall des Exequaturverfahrens

Die revidierte Verordnung (EU) Nr. 1215/2012 setzt die Vorgaben des Vertrags über die Arbeitsweise der Europäischen Union[1570] um, indem eine in einem Mitgliedstaat vollstreckbare Entscheidung in einem anderen Mitgliedstaat vollstreckbar ist, ohne dass es einer Vollstreckbarerklärung bedarf[1571]. Die Verordnung (EU) Nr. 1215/2012 beschränkt sich entsprechend in Art. 39 Verordnung (EU) Nr. 1215/2012 auf die Feststellung, dass die ausländische Entscheidung vollstreckbar ist, ohne dass es dafür ein Exequaturverfahren benötigt[1572].

Für das Verfahren der Vollstreckung einer in einem anderen Mitgliedstaat erlassenen Entscheidung kommt das Recht des ersuchten Mitgliedstaates zur Anwendung. Die in einem anderen Mitgliedstaat ergangene Entscheidung ist im ersuchten Mitgliedstaat unter den gleichen Bedingungen zu vollstrecken wie eine im ersuchten Mitgliedstaat selber ergangene Entscheidung[1573]. Enthält die Entscheidung eine Massnahme oder Anordnung, die das Recht des ersuchten Mitgliedstaats nicht kennt, so ist diese Massnahme oder Anordnung soweit möglich an eine im Recht dieses Mitgliedstaats bekannte

---

1566 BERAUDO, Rz. 39.

1567 EuGH, Trade Agency Ltd/Seramico Investments Ltd, Urteil vom 6. September 2012, Rs. C-619/10, Slg. 2012, S. 00000 ff., N. 26 ff.

1568 Art. 36 Abs. 2 Brüssel Ia-VO.

1569 Art. 36 Abs. 2 Brüssel Ia-VO. Zum Ganzen MARKUS, Die revidierte europäische Gerichtsstandsverordnung, S. 815.

1570 Art. 81 Abs. 1 Satz 1 AEUV.

1571 Art. 39 Brüssel Ia-VO.

1572 MARKUS, Die revidierte europäische Gerichtsstandsverordnung, S. 814.

1573 Art. 41 Abs. 1 Satz 2 Brüssel Ia-VO.

Massnahme oder Anordnung anzupassen, welche vergleichbare Wirkungen entfaltet und ähnliche Ziele und Interessen verfolgt[1574].

Erwägungsgrund 27 der Verordnung (EU) Nr. 1215/2012 hält fest, dass nach dem Prinzip des freien Verkehrs von gerichtlichen Entscheidungen die in einem Mitgliedstaat ergangene Entscheidung in einem anderen Mitgliedstaat auch dann anzuerkennen und zu vollstrecken ist, wenn sie gegen eine Person ohne Wohnsitz oder Sitz in einem Mitgliedstaat ergangen ist. Insbesondere sind davon Entscheidungen, die an einem ausschliesslichen Gerichtsstand oder einem Gerichtsstand in Verbraucher- oder Arbeitnehmersachen[1575] erlassen wurden, tangiert[1576].

Die Anerkennung und Vollstreckung von drittstaatlichen Entscheidungen richtet sich weiterhin nach dem Recht des betroffenen Mitgliedstaates[1577].

Durch den Wegfall des Exequaturverfahrens kommt der vom Ursprungsgericht auszufüllenden Bescheinigung eine grössere Bedeutung zu. Das Ursprungsgericht hat dabei in einem ersten Schritt zu prüfen, ob die Verordnung auf die vorliegende Entscheidung überhaupt Anwendung findet, wobei diese Frage auch im Vollstreckungsstaat prüfbar bleibt. Das Gericht hat weiter zu attestieren, dass die Eintscheidung im Ursprungsmitgliedstaat vollstreckbar ist, *„ohne dass weitere Bedingungen erfüllt sein müssen"*[1578]. Handelt es sich bei der zu vollstreckenden Entscheidung um eine bedingte oder vorläufig vollstreckbare Entscheidung, so hat das Ursprungsgericht im Rahmen der Ausfertigung der Bescheinigung bereits zu prüfen, ob die nach seinem Recht notwendigen Voraussetzungen für die Vollstreckung gegeben sind. Ferner beinhaltet die Bescheinigung detailierte Angaben zum vollstreckbaren Inhalt der Entscheidung. Diese Informationen sollen weitgehend verhindern, dass eine Entscheidung kostspielig übersetzt werden muss. Das Verlangen einer Übersetzung ist nur noch in bestimmten Fällen zulässig[1579]. Auch kann damit einer ungenügenden Präzisierungen des titulierten

---

1574 Art. 54 Abs. 1 Brüssel Ia-VO.

1575 Diese Gerichtsstände sind in der Brüssel Ia-Verordnung neu auch gegen Beklagte aus Drittstaaten eröffnet.

1576 Zum Ganzen TRÜTEN, Die neue Brüssel I-Verordnung und die Schweiz, S. 61.

1577 TRÜTEN, Die neue Brüssel I-Verordnung und die Schweiz, S. 61.

1578 Anhang I Ziff. 4.4. Brüssel Ia-VO.

1579 Vgl. Art. 37 Abs. 2, Art. 42 Abs. 4, Art. 43 Abs. 2, Art. 47 Abs. 3 und Art. 54 Abs. 3 Brüssel Ia-VO.

Anspruchs und den damit verbundenen Schwierigkeiten einer Vollstreckung vorgebeugt werden[1580].

Eine weitere Funktion der Bescheinigung neben der Implementierung des Titels stellt die Information des Schuldners dar. Die Verordnung verlangt, dass dem Schuldner die Bescheinigung sowie auch die Entscheidung, sofern ihm diese nicht bereits ausgehändigt wurde, vor der ersten Vollstreckungsmassnahme zugestellt werden[1581]. Der Schuldner kann in gewissen Fällen beantragen, dass die Entscheidung übersetzt wird. Steht dem Schuldner eine Übersetzung zu und verlangt er diese, so darf die Zwangsvollstreckung grundsätzlich nicht über Sicherungsmassnahmen hinausgehen, solange der Schuldner die Übersetzung nicht erhalten hat[1582].

4. Versagung der Vollstreckung

a) Allgemeines

Der von der Vollstreckung betroffene Titelschuldner soll auch unter Geltung der revidierten Verordnung die Vollstreckung abwenden können, falls seine Rechte im Hauptsacheverfahren im Erststaat nicht ausreichend gewahrt oder wesentliche in der Verordnung genannte Zuständigkeits- und Verfahrensvoraussetzungen verletzt wurden[1583].

In den Erwägungen[1584] zur Verordnung (EU) Nr. 1215/2012 wird in diesem Zusammenhang folgendes ausgeführt:

> *„Die unmittelbare Vollstreckung ohne Vollstreckbarerklärung einer in einem anderen Mitgliedstaat ergangenen Entscheidung im ersuchten Mitgliedstaat sollte nicht die Achtung der Verteidigungsrechte beeinträchtigen. Deshalb sollte der Schuldner die Versagung der Anerkennung oder der Vollstreckung einer Entscheidung beantragen können, wenn er der Auffassung ist, dass einer der Gründe für die Versagung der Anerkennung[1585] vorliegt."*

1580 Zum Ganzen POHL, S. 113.

1581 Art. 43 Abs. 1 Brüssel Ia-VO.

1582 Art. 43 Abs. 2 Brüssel Ia-VO.

1583 Erwägungsgrund 28 Brüssel Ia-VO.

1584 Erwägungsgrund 29 Brüssel Ia-VO.

1585 Die Annerkennungsverweigerungsgründe entsprechen denjenigen der Verordnung (EG) Nr. 44/2001. Vgl. TRÜTEN, Die neue Brüssel I-Verordnung und die Schweiz, S. 62.

Die Titelprüfung, welche früher im Rahmen des Exequaturverfahrens durchgeführt werden konnte, wird in einem Verfahren auf Verweigerung der Anerkennung behandelt. Das Verfahren auf Verweigerung der Anerkennung findet nur auf Antrag des Schuldners statt. Die Zuständigkeit zur Prüfung der Versagungsgründe verbleibt dabei vollständig im Vollstreckungsstaat. Es handelt sich eigentlich um ein Exequaturverfahren mit getauschten Parteirollen, welches in das Zwangsvollstreckungsverfahren einzugliedern ist. Dieses Sytstem der Verordnung (EU) Nr. 1215/2012 ermöglicht, dass sich das Vollstreckungsverfahren nach nationalem Recht nahtlos an das Entscheidverfahren im Ursprungsstaat reiht und dass dabei trotzdem nicht von den erforderlichen Funktionen des Exequaturverfahrens abgesehen werden musste[1586].

Obschon der Wortlaut der Verordnung (EU) Nr. 1215/2012 insofern nicht eindeutig ist, kann davon ausgegangen werden, dass es den Mitgliedstaaten nicht gestattet ist, nach wie vor ihre Exequaturverfahren nach nationalem Recht anzuwenden[1587]. Dies muss auch dann gelten, wenn das System nach nationalem Recht gesamthaft betrachtet vollstreckungsfreundlicher sein sollte als jenes der Verordnung[1588].

b) Versagungsgründe

Die Kommission beabsichtigte ursprünglich, die damals unter der Verordnung (EG) Nr. 44/2001 geltenden materiellen Versagungsgründe gegen die Anerkennung und Vollstreckung[1589] einzuschränken[1590]. Von diesem Vorhaben wurde aber im Verlaufe der Revisionsarbeiten Abstand genommen und es finden sich grundsätzlich nach wie vor sämtliche Versagungsgründe unverändert in der revidierten Verordnung (EU) Nr. 1215/2012. Es wurde – obschon das Exequaturverfahren vollständig abgeschafft wurde – weiterhin am *ordre public*-Vorbehalt[1591] festgehalten. Die Kontrolle der Zuständigkeit

---

1586 Zum Ganzen MARKUS, Die revidierte europäische Gerichtsstandsverordnung, S. 815.

1587 MARKUS, Die revidierte europäische Gerichtsstandsverordnung, S. 814.

1588 BERAUDO, Rz. 49.

1589 Art. 34 f. EuGVVO und LugÜ.

1590 Vgl. zum Konzept der Nachprüfung Art. 43 und Art. 45 f. Vorschlag für eine Verordnung über die gerichtliche Zuständigkeit und die Anerkennung und Vollstreckung von Entscheidungen in Zivil- und Handelssachen; MARKUS, Probleme der EuGVVO-Revision, S. 761 ff.

1591 Vgl. für eine kritische Betrachtung des vorgeschlagenen Verzichts auf den materiellen *ordre-public* TRÜTEN, Die neue Brüssel I-Verordnung und die Schweiz, S. 62 f.

wurde auf den besonderen Gerichtsstand in Arbeitssachen ausgedehnt, wobei sich aber nur die *„schwächere Partei“*[1592] auf die Versagung der Vollstreckung wegen Nichtbeachtung einer besonderen Zuständigkeitsbestimmung berufen kann[1593].

Wie unter Geltung des bisherigen Rechts handelt es sich bei der Aufzählung der Anerkennungsversagungsgründe in Art. 45 Verordnung (EU) Nr. 1215/2012 um einen abschliessenden Katalog. Entsprechend dürfen im Verfahren nach nationalem Recht nicht weitere Versagungsgründe[1594] bereitgestellt werden, welche zu einer Umgehung der (anerkennungsfreundlichen) Regelung der Verordnung führen könnten[1595]. Die *„klassischen“* Einreden gegen eine Vollstreckung wie Tilgung, Stundung und Verjährung, welche das nationale Recht dem Schuldner gewährt, können auch weiterhin vorgebracht werden[1596].

c) Verfahren

Seit der Revision besteht ein umgekehrtes Verfahren. Der Entscheidung kommt *ipso iure* die Vollstreckbarkeit zu, so dass der Gläubiger neu nicht mehr vor den Gerichten des Vollstreckungsstaates zuerst die Vollstreckbarerklärung der Entscheidung beantragen muss. Sollte der Schuldner die Vollstreckung der Entscheidung verhindern wollen, hat er aktiv zu werden[1597].

Das vom Vollstreckungsgegner auszulösende Annerkennungsverweigerungsverfahren richtet sich hauptsächlich nach dem nationalen Verfahrensrecht[1598]. In Erwägungsgrund 30 Verordnung (EU) Nr. 1215/2012 wird ausgeführt, dass der Schuldner in der Lage sein sollte, die in der Verordnung

---

[1592] Versicherungsnehmer, Versicherter, Begünstigter des Versicherungsvertrags, Geschädigter, Verbraucher oder Arbeitnehmer.

[1593] Art. 45 Abs. 1 lit. e Brüssel Ia-VO. Zum Ganzen POHL, S. 112.

[1594] Vgl. für eine Darstellung der Problematik der Geltendmachung von Vollstreckungseinwänden des nationalen Rechts DOMEJ, Die Neufassung der EuGVVO, S. 514 ff.

[1595] Art. 41 Abs. 2 Brüssel Ia-VO.

[1596] Zum Ganzen MARKUS, Die revidierte europäische Gerichtsstandsverordnung, S. 815 f.

[1597] Dazu POHL, S. 112.

[1598] In der Lehre wird diese Fragmentierung des Rechtsbehelfsverfahrens in das nationale Recht kritisch aufgenommen und es wird erwartet, dass die Urteilsfreizügigkeit durch die neue Regelung nicht erleichtert, sondern erschwert wird. Vgl. SCHLOSSER/HESS, zu Art. 45 EuGVVO, in: EU-Zivilprozessrecht, N. 1.

genannten Versagungsgründe im gleichen Verfahren wie die Versagungsgründe nach dem nationalen Recht des betroffenen Mitgliedstaates und innerhalb der nach diesem Recht vorgeschriebenen Fristen geltend zu machen. Aus dieser Erwägung lässt sich der Schluss ziehen, dass die Zuständigkeiten und die Verfahrensart des Anerkennungsverweigerungsverfahrens an das Vollstreckungsverfahren anzugleichen sind. Diese Regelung trägt dem Gebot der Prozessökonomie und dem Schutz des Beklagten Rechnung. Die Versagungsgründe der Verordnung können im nationalen Vollstreckungsverfahren beurteilt werden, dadurch wird der Schuldner von einem *„Vielfrontenkrieg"* bewahrt[1599].

Das Verfahren ist so auszugestalten, dass der Schuldner einen eigenen Antrag auf Versagung der Vollstreckung stellen kann. Die Prüfung der Versagungsgründe wird in keinem Fall von Amtes wegen durchgeführt[1600]. In diesem *„umgekehrten Verfahren"* gelangt der Schuldner in die Rolle des Gesuchstellers. Anders als unter Geltung der Verordnung (EG) Nr. 44/2001 wird die Prüfung der Versagungsgründe bereits von der ersten Instanz in einem zweiseitigen Verfahren durchgeführt[1601]. Reicht der Schuldner einen Antrag auf Versagung der Vollstreckung ein, steht es dem Gericht offen, die Vollstreckung auf Sicherungsmassnahmen zu beschränken, die Vollstreckung von einer Sicherheitsleistung abhängig zu machen oder die Vollstreckung teilweise oder insgesamt auszusetzen[1602]. Gegen den Entscheid über den Antrag auf Versagung der Vollstreckung muss das nationale Recht einen Rechtsbehelf bereitstellen[1603]. Ob noch ein zweiter, zusätzlicher Rechtsbehelf gegen den Rechtsbehelfsentscheid möglich ist, können die Mitgliedstaaten selber bestimmen[1604]. Je nach Ausgestaltung des jeweiligen mitgliedstaatlichen Rechts kann eine bis zu dreistufige Prüfung der Verweigerungsgründe möglich sein[1605].

Bei der Prüfung der Versagungsgründe handelt es sich um ein selbstständiges Antragsverfahren im Rahmen einer Vollstreckungszuständigkeit. Über-

---

1599 Zum Ganzen MARKUS, Die revidierte europäische Gerichtsstandsverordnung, S. 816.

1600 Art. 46 Brüssel Ia-VO.

1601 Dazu MARKUS, Die revidierte europäische Gerichtsstandsverordnung, S. 816; POHL, S. 112.

1602 Art. 44 Brüssel Ia-VO.

1603 Art. 49 Brüssel Ia-VO.

1604 Art. 50 Brüssel Ia-VO.

1605 Dazu MARKUS, Die revidierte europäische Gerichtsstandsverordnung, S. 816.

dies wird wohl ausserdem eine inzidente Prüfung im Vollstreckungsverfahren statthaft sein, solange ein solches Vorgehen einzig auf Antrag des Schuldners erfolgt[1606].

Entgegen dem Vorschlag der Kommission wurde von einer teilweisen Ausgliederung der Rechtsschutzmöglichkeiten des Schuldners in den Ursprungsmitgliedstaat abgesehen[1607]. Damit wurde die Möglichkeit einer Doppelung der Verfahren vermieden, welche ansonsten im Falle der Geltendmachung mehrerer Versagungsgründe hätte entstehen können[1608]. Der Schuldner kann sich infolgedessen in einem einheitlichen und praktikablen Verfahren im Vollstreckungsstaat gegen die Vollstreckbarkeit des Entscheids zur Wehr setzen. Ferner verhindert auch die Bestimmung in Art. 41 Abs. 2 Verordnung (EU) Nr. 1215/2012, gemäss welcher die verschiedenen Einwendungen gegen die Vollstreckung neu in einem einheitlichen Verfahren geltend gemacht werden können, parallele Verfahren[1609]. Im Gesetzgebungsprozess wurde mit dieser Neuregelung zu Gunsten der Verfahrenseffizienz von der Rechtsprechung des Europäischen Gerichtshofes[1610] Abstand genommen. Die Frage, ob im europäisch geprägten Verfahren zur Versagung der Zwangsvollstreckung auch gleichzeitig zwangsvollstreckungsrechtliche Erfüllungseinwände vorgebracht werden können, wird gegenwärtig vom nationalen Recht des Vollstreckungsstaates beantwortet[1611].

5. Sicherungsmittel

Unter Geltung der bisherigen Verordnung (EG) Nr. 44/2001 sowie gegenwärtig im Rahmen des Lugano-Übereinkommens hat die Partei, welche die

---

1606 Vgl. dazu Art. 36 Abs. 3 Brüssel Ia-VO.

1607 Vgl. für eine vertiefte Auseinandersezung mit dem Vorschlag der Kommission MARKUS, Die revidierte europäische Gerichtsstandsverordnung, S. 814; MARKUS, Probleme der EuGVVO-Revision, S. 761 ff.

1608 WAGNER/BECKMANN, S. 51.

1609 Vgl. auch Erwägungsgrund 30 Brüssel Ia-VO.

1610 EuGH, Prism Investments BV/Jaap Anne van der Meer, Urteil vom 13. Oktober 2011, Rs. C-139/10, Slg. 2011, S. I-9511 ff. Vgl. für eine Besprechung WAGNER, Vollstreckbarerklärungsverfahren nach der EuGVVO und Erfüllungseinwand – Dogmatik oder Pragmatismus?, S. 326 ff. Diese Rechtsprechung zu Art. 45 der Verordnung (EG) Nr. 44/2001 besagt, dass das Gericht, welches über Anerkennungsverweigerungsgründe zu befinden hat, nicht auch über materielle Einreden und Einwendungen gegen eine Zwangsvollstreckung urteilen kann. Solche Einreden und Einwendungen sind im Zwangsvollstreckungsverfahren und nicht im Vollstreckbarerklärungsverfahren zu behandeln. Vgl. dazu in der vorliegenden Arbeit unter § 3.VI.6.a).dd), S. 80 ff.

1611 Zum Ganzen POHL, S. 113 f.

Vollstreckung begehrt hat, einen Anspruch auf Sicherungsmassnahmen, sobald ihr von der ersten Instanz die Vollstreckbarerklärung erteilt wurde[1612].

In der Verordnung (EU) Nr. 1215/2012 wurde der Sicherungszeitpunkt zeitlich vorverlagert. Sobald die Entscheidung im Ursprungsstaat vollstreckbar ist, besteht das Recht, Sicherungsmassnahmen zu veranlassen[1613]. Die Vorverschiebung dieses Zeitpunktes ist die logische Konsequenz des Wegfalls des Exequaturverfahrens[1614].

Das revidierte Recht führt zu einer Besserstellung des Antragstellers in Bezug auf seine Sicherungsmöglichkeiten[1615]. Grundlage für die Sicherungsmassnahmen ist neu einzig das Vorliegen der erststaatlichen, vollstreckbaren Entscheidung[1616]. Die einschlägige Bestimmung der Verordnung (EU) Nr. 1215/2012 nimmt – gleich wie die entsprechende Bestimmung im Lugano-Übereinkommen und früher auch in der Verordnung (EG) Nr. 44/2001 – Bezug auf die vom innerstaatlichen Recht des ersuchten Mitgliedstaates vorgesehenen Sicherungsmassnahmen. Die Ausgestaltung der Sicherungsmassnahmen richtet sich entsprechend weiterhin nach dem jeweilig anwendbaren innerstaatlichen Recht, während die Voraussetzungen für das Sicherungsmittel durch die Verordnung instrumentsautonom normiert werden. Die Vorgaben der Verordnung dürfen von den Mitgliedstaaten nicht erschwert werden[1617]. Namentlich darf das Recht des Zweitsstaates weder die Dringlichkeit noch die Glaubhaftmachung weiterer Umstände voraussetzen[1618].

Die Bedeutung von Sicherungsmassnahmen hat unter Geltung der Verordnung (EU) Nr. 1215/2012 an Wichtigkeit eingebüsst. Der Gläubiger kann nach Erlass des erststaatlichen Titels (und Eintritt dessen Vollstreckbarkeit) direkt Zwangsvollstreckungsmassnahmen im Zweitstaat einleiten. Durch

---

1612 Art. 47 Abs. 2 EuGVVO und LugÜ.

1613 Art. 40 Brüssel Ia-VO.

1614 MARKUS, Die revidierte europäische Gerichtsstandsverordnung, S. 816 f.

1615 MANKOWSKI, zu Art. 40 Brüssel Ia-VO, in: Europäisches Zivilprozess- und Kollisionsrecht, N. 4; MARKUS, Die revidierte europäische Gerichtsstandsverordnung, S. 817.

1616 MANKOWSKI, zu Art. 40 Brüssel Ia-VO, in: Europäisches Zivilprozess- und Kollisionsrecht, N. 1.

1617 Dazu MARKUS, Die revidierte europäische Gerichtsstandsverordnung, S. 816, Fn. 171; a.M. MANKOWSKI, zu Art. 40 Brüssel Ia-VO, in: Europäisches Zivilprozess- und Kollisionsrecht, N. 9.

1618 MANKOWSKI, zu Art. 40 Brüssel Ia-VO, in: Europäisches Zivilprozess- und Kollisionsrecht, N. 1; SCHRAMM, Abolition of Exequatur, S. 69.

die Abschaffung des Exequaturverfahrens ist die Zeitspanne weggefallen, in welcher im Zweitstaat das Vollstreckbarerklärungsverfahren anhängig ist und die Zwangsvollstreckung nicht gestattet ist. Ohne die Existenz dieses Schwebezustandes entfällt häufig auch die Notwendigkeit, Sicherungsmassnahmen zu verlangen[1619].

Möglich ist einerseits, dass die Beantragung von Sicherungsmassnahmen für den Gläubiger eine Alternative zur Einleitung der eigentlichen Zwangsvollstreckung darstellt. Andererseits kann nicht *per se* davon ausgegangen werden, dass sich im Rahmen der Verordnung (EU) Nr. 1215/2012 kein Sicherungsbedürfnis mehr ergibt. Sicherungsmassnahmen sind für den Gläubiger häufig dann angezeigt, wenn er Zwangsvollstreckungsmassnahmen nicht, noch nicht oder nicht wirkungsvoll ergreifen kann. Aus den Verteidigungsmöglichkeiten des Schuldners im zweitstaatlichen Vollstreckungsverfahren kann ein Sicherungsbedürfnis des Gläubigers resultieren. Einem allfälligen Rechtsbehelf im Vollstreckungsstaat kann Suspensiveffekt zukommen, welcher dann einem effektiven sofortigen Vollstreckungszugriff entgegensteht und einem böswilligen Schuldner ermöglicht, seine Vermögenswerte beiseite zu schaffen. Ferner führen Verzögerungen dazu, dass ein Bedürfnis nach Sicherungsmassnahmen beim Gläubiger entsteht. Namentlich durch das Verlangen einer Übersetzung nach Art. 43 Abs. 2 Verordnung (EU) Nr. 1215/2012 kann der Schuldner das Verfahren verzögern, da eine Vollstreckung erst nach Erhalt der Übersetzung zulässig ist[1620].

Das Lugano-Übereinkommen wie vormals auch die Verordnung (EG) Nr. 44/2001 haben das Exequaturverfahren als einseitiges Verfahren ohne Anhörung des Schuldners ausgestaltet, so dass ihr System automatisch einen Überraschungseffekt auch im Rahmen des Sicherungsmittels ermöglicht. Der Verordnung (EU) Nr. 1215/2012 lässt sich indessen keine ausdrückliche Aussage bezüglich der unilateralen Ausgestaltung der Sicherungsmassnahmen entnehmen. Es sollte deshalb aber nicht davon ausgegangen werden, dass in diesem Zusammenhang die Revision hinter die Möglichkeiten der Verordnung (EG) Nr. 44/2001 zurückgehen wollte[1621]. Das Gleiche muss auch für den Umstand gelten, dass die Verordnung (EU)

[1619] MANKOWSKI, zu Art. 40 Brüssel Ia-VO, in: Europäisches Zivilprozess- und Kollisionsrecht, N. 2.

[1620] Zum Ganzen mit weiteren Hinweisen MANKOWSKI, zu Art. 40 Brüssel Ia-VO, in: Europäisches Zivilprozess- und Kollisionsrecht, N. 2 ff.

[1621] So bereits MANKOWSKI, zu Art. 40 Brüssel Ia-VO, in: Europäisches Zivilprozess- und Kollisionsrecht, N. 6; MARKUS, Die revidierte europäische Gerichtsstandsverordnung, S. 817; a.M. ZERR, S. 293.

Nr. 1215/2012 – im Gegensatz zur ihrer Vorgängerin – nur noch von Sicherungsmassnahmen und und nicht mehr von *„einstweiligen Massnahmen einschliesslich solcher, die auf eine Sicherung gerichtet sind"* spricht. Es ist kein Grund ersichtlich, wieso die revidierte Bestimmung einstweilige Massnahme ausgrenzen soll[1622].

1622 MANKOWSKI, zu Art. 40 Brüssel Ia-VO, in: Europäisches Zivilprozess- und Kollisionsrecht, N. 6.

§ 9 Bedeutung für die Schweiz

I. Bedeutung der Revision für die Lugano-Staaten

1. Allgemeines

Das Lugano-Übereinkommen hat zum Ziel, die Regeln der Europäischen Union bezüglich der gerichtlichen Zuständigkeit und der Anerkennung und Vollstreckung von Entscheidungen in Zivil- und Handelssachen auf die Schweiz wie auch Dänemark, Norwegen und Island auszuweiten. Das Lugano-Modell dient als Basis für eine grenzüberschreitende Wirtschaftstätigkeit in Mittel- und Westeuropa und schafft – zusammen mit dem System von Brüssel – einen europäischen Justizraum. Die Freizügigkeiten, welche aufgrund der bilateralen Übereinkommen mit der Europäischen Union und des Europäischen Wirtschaftsraums auf wirtschaftlicher Ebene bestehen, können damit auf Ebene der Justiz umgesetzt werden[1623].

Dieser Zweck kann jedoch grundsätzlich nur erreicht werden, wenn die beiden Regelungskomplexe – also auf der einen Seite das Lugano-Übereinkommen und auf der anderen Seite die Verordnung über die gerichtliche Zuständigkeit und die Anerkennung und Vollstreckung von Entscheidungen in Zivil- und Handelssachen der Europäischen Union – inhaltlich übereinstimmen[1624].

Die Revision des Lugano-Übereinkommens 2007 bezweckte denn auch die textliche Angleichung an die Verordnung (EG) Nr. 44/2001. Ferner wirkt das Lugano-Übereinkommen gemäss seinem Protokoll Nr. 2 mit einer Reihe von Harmonisierungsinstrumenten darauf hin, dass die einheitlichen Regeln des Übereinkommens und der Verordnung (EG) Nr. 44/2001 von den Gerichten der gebundenen Staaten in ihrem wesentlichen Gehalt auch übereinstimmend ausgelegt werden.

Die Vorteile eines kongruenten Textes und der Harmonisierungsinstrumente lagen insbesondere in der Voraussehbarkeit und Rechtssicherheit für die im EU-EFTA-Raum tätigen Personen. Die Frage, wo im Falle eines Streites zu klagen war, richtete sich fast in ganz Mittel- und Westeuropa nach denselben

---

1623 Dazu MARKUS, Die revidierte europäische Gerichtsstandsverordnung, S. 801; TRÜTEN, Die neue Brüssel I-Verordnung und die Schweiz, S. 66.

1624 TRÜTEN, Die neue Brüssel I-Verordnung und die Schweiz, S. 66.

Regeln. Parallel dazu war in diesem geographischen Gebiet die Zirkulationsfähigkeit von gerichtlichen Entscheidungen gewährleistet[1625].

Die textliche und teilweise auch die inhaltliche Kongruenz der beiden Regelungskomplexe wurde durch das Inkrafttreten der revidierten Verordnung (EU) Nr. 1215/2012 aufgehoben. Der Verlust dieser Parallelität führt jedoch nicht zu einer direkten Gefährdung der Zugehörigkeit der Schweiz zum einheitlichen europäischen Justizraum in Zivilsachen, wird aber einen nicht zu vermeidenden Reibungsverlust, Auslegungsschwierigkeiten wie eventuell auch eine gewisse Zweiklassengesellschaft innerhalb des Justizraumes mit sich bringen[1626].

Zu beachten ist, dass die Regelungen der Verordnung (EU) Nr. 1215/2012 nur auf Verfahren, öffentliche Urkunden oder gerichtliche Vergleiche Anwendung finden, die am 10. Januar 2015 oder danach eingeleitet, förmlich errichtet oder eingetragen bzw. gebilligt oder geschlossen worden sind[1627]. Es wird also noch eine Weile dauern, bis eine Aussage darüber getroffen werden kann, wie sich die revidierten Vorschriften in der Praxis bewähren[1628].

2. Die Revision und die Rolle der Lugano-Staaten

Die Verordnung (EG) Nr. 44/2001 war eine Verordnung der Europäischen Union und damit sekundäres Gemeinschaftsrecht. Die Schweiz als Nichtmitgliedstaat der Europäischen Union war nicht an diese Verordnung gebunden. Sie konnte aber als Vertragsstaat des Lugano-Übereinkommens –

1625 Zum Ganzen MARKUS, Die revidierte europäische Gerichtsstandsverordnung, S. 801.

1626 OETIKER/WEIBEL, Einleitung LugÜ, in: BSK, N. 31b.

1627 Art. 66 Brüssel Ia-VO.

1628 SCHRAMM, Neuerungen der revidierten EuGVVO, The Exequatur Procedure, S. 51.

gleich wie auch die anderen Lugano-Staaten – im Rahmen der damaligen Revision[1629] an der Entstehung des Textes mitwirken[1630].

Als Lugano-Staat hatte die Schweiz ein grosses Interesse an den Revisionsarbeiten der Verordnung (EG) Nr. 44/2001, jedoch wurde sie wie auch die anderen Lugano-Staaten – im Gegensatz zur Revision der EuGVÜ – kaum daran beteiligt. Eine Mitwirkung der Schweiz als Nichtmitgliedstaat der Europäischen Union an einem Gesetzgebungsverfahren der Union stand mit Schranken institutioneller Natur im Konflikt[1631]. Als der Revisionsprozess bereits relativ weit fortgeschritten war, wurden in Reaktion auf eine gemeinsame Resolution der Lugano-Staaten informelle Informationsrunden mit Vertreteren der EU-Kommission und Mitgliedern der Arbeitsgruppe *„Zivilrecht“* durchgeführt[1632].

3. Mögliche Auswirkungen auf die Lugano-Staaten

Mittels der Verordnung (EG) Nr. 44/2001 und des Lugano-Übereinkommens wurde – im Rahmen ihres Anwendungsbereichs – eine geschlossene Gerichtsstandsordnung für Beklagte, die ihren Wohnsitz respektive Sitz im entsprechenden Geltungsbereich haben, realisiert. Diese Aussage beansprucht grundsätzlich auch nach dem Inkrafttreten der revidierten Verordnung (EU) Nr. 1215/2012 Geltung, obwohl die Verordnung und das Lugano-Übereinkommen textlich und inhaltlich nicht mehr vollständig übereinstimmen. Die inhaltlichen Änderungen sind jedoch – wie vorstehend dargelegt – nicht derart umfangreich respektive grundlegend, wie aufgrund der textlichen Revisionen hätte angenommen werden können. Auch die Ab-

---

1629 Vom Übereinkommen von Brüssel vom 27. September 1968 über die gerichtliche Zuständigkeit und die Vollstreckung in gerichtlicher Entscheidungen in Zivil- und Handelssachen zur Verordnung (EG) Nr. 44/2001 des Rates vom 22. Dezember 2000 über die gerichtliche Zuständigkeit und die Anerkennung und Vollstreckung von Entscheidungen in Zivil- und Handelssachen.

1630 Dazu MARKUS, Die revidierte europäische Gerichtsstandsverordnung, S. 801; vgl. mit weiteren Hinweisen zu den damaligen Mitwirkungs- und Mitgestaltungsmöglichkeiten der Lugano-Staaten MARKUS, Revidierte Übereinkommen von Brüssel und Lugano, S. 205 f.

1631 Vgl. dazu WILDERSPIN, S. 140 f.

1632 Zum Ganzen MARKUS, Die revidierte europäische Gerichtsstandsverordnung, S. 802 mit weiteren Hinweisen.

schaffung des Exequaturverfahrens könnte sich in der Praxis als weit weniger gravierend erweisen als dies (auch aufgrund des sehr weitgehenden Vorschlags der Kommission) vermutet werden könnte[1633].

Gleichwohl wird die revidierte Verordnung (EU) Nr. 1215/2012 Auswirkungen auf die Auslegung und die Anwendung des Lugano-Übereinkommens zeitigen. Die Gerichte der EU-Mitgliedstaaten (nicht aber der Schweiz) werden sich wohl auch im Anwendungsbereich des Lugano-Übereinkommens stark nach der Verordnung (EU) Nr. 1215/2012 richten und nicht ohne Not von den unionsrechtlichen Standards und Grundsätzen im Rahmen der Auslegung divergieren. Dadurch lässt sich die Möglichkeit eines schleichenden Nachvollzugs der Verordnung (EU) Nr. 1215/2012 auch für das Lugano-Übereinkommen nicht ausschliessen[1634].

II. Möglichkeit einer Revision des Lugano-Übereinkommens

1. Allgemeines

Um das Lugano-Übereinkommen 1988 an die Verordnung (EG) Nr. 44/2001 anzugleichen, musste ein langwieriger und schwieriger Reformprozess durchlaufen werden. Das revidierte Übereinkommen 2007 wurde erst am 1. Januar 2011 – also zu einem Zeitpunkt, in welchem die Überarbeitung der Verordnung (EG) Nr. 44/2001 bereits langsam zum Abschluss kam – in der Schweiz in Kraft gesetzt[1635].

Vor diesem Hintergrund fragt sich, ob überhaupt beziehungsweise in welchem Umfang und gegebenenfalls wann eine erneute Anpassung des Lugano-Übereinkommens an die Verordnung (EU) Nr. 1215/2012 stattfinden wird[1636]. Die Umsetzungen eines diesbezüglichen Projektes wird in Anbetracht der Herausbildung eines gemeinsamen Rechtsraumes innerhalb der Mitgliedstaaten der Europäischen Union, welcher auf gegenseitigem verstärkten Vertrauen unter den Mitgliedstaaten basiert und sich durch einen stetigen Abbau von nationalen Kontrollbefugnissen charakterisiert, nicht

---

1633 Zum Ganzen OETIKER/WEIBEL, Einleitung LugÜ, in: BSK, N. 35a.

1634 Zum Ganzen OETIKER/WEIBEL, Einleitung LugÜ, in: BSK, N. 35b.

1635 Zum Ganzen TRÜTEN, Die neue Brüssel I-Verordnung und die Schweiz, S. 66.

1636 Vgl. für eine Darstellung des Verhältnisses und der Schnittstellen zwischen dem Lugano-Übereinkommen und der Verordnung (EU) Nr. 1215/2012 sowie zur Bedeutung von Art. 64 LugÜ und Art. 73 Abs. 1 Brüssel Ia-VO RECHBERGER, S. 545 ff. und SCHLOSSER, Brüche im EuGVVO-LugÜ-Gefüge?, S. 587 ff.

leicht sein. Die Schweiz ist nicht Teil dieses „*Raums der Freiheit, Sicherheit und des Rechts*[1637]", welcher sich im Bereich des Zivilrechts durch den „*Grundsatz der gegenseitigen Anerkennung gerichtlicher und aussergerichtlicher Entscheidungen*[1638]" kennzeichnet. Die revidierte Verordnung (EU) Nr. 1215/2012 richtet sich – im Gegensatz zu der sich auf völkerrechtliche Methoden stützenden Verordnung (EG) Nr. 44/2001 – im Wesentlichen nach der Unionsmethode. Daneben ist sie Teil eines Gesamtsystems im Bereich des internationalen Privat- und Verfahrensrechts. Alle diese Aspekte führen dazu, dass sich die revidierte Verordnung (EU) Nr. 1215/2012 grundsätzlich nicht ohne Weiteres auf Drittstaaten übertragen lassen wird[1639].

Es kann entsprechend davon ausgegangen werden, dass eine mögliche textliche Adaption des Lugano-Übereinkommens an die revidierte Verordnung (EU) Nr. 1215/2012 noch länger auf sich warten lassen wird. Den Lugano-Staaten würden wohl im Rahmen der Anpassung des Übereinkommens an die Verordnung kaum Gestaltungs- und Einflussmöglichkeiten zukommen, so dass es in der Folge zu einem „*autonomen Nachvollzug*" von EU-Recht kommen würde. Die wiederhergestellte Übereinstimmung wäre sodann aller Wahrscheinlichkeit nach wiederum nicht von langer Dauer[1640].

Das Anliegen, dass die Lage sich aufgrund eines – im Rahmen der Haager Konferenz angestrebten – globalen Staatsvertrags über die direkte sowie indirekte Zuständigkeit in Zivilsachen ändern und vereinfachen wird, dürfte sich – wenn überhaupt – erst in ferner Zukunft verwirklichen lassen[1641].

2. Position der Schweiz

a) Konsultationsverfahren im Jahre 2009

aa) Einleitende Bemerkungen

Das Bundesamt für Justiz hat im Jahre 2009 eine Stellungnahme zum Grünbuch der Kommission zur Überprüfung der Verordnung (EG) Nr. 44/2001

1637 Art. 67 Abs. 1 AEUV.

1638 Art. 81 Abs. 1 AEUV.

1639 Zum Ganzen und mit weiteren Ausführungen vgl. TRÜTEN, Die neue Brüssel I-Verordnung und die Schweiz, S. 67.

1640 Dazu OETIKER/WEIBEL, Einleitung LugÜ, in: BSK, N. 31b.

1641 OETIKER/WEIBEL, Einleitung LugÜ, in: BSK, N. 31b.

des Rates über die gerichtliche Zuständigkeit und die Anerkennung und Vollstreckung von Entscheidungen in Zivil- und Handelssachen verfasst.

In dieser Stellungsnahme hat das Bundesamt die insgesamt acht im Grünbuch[1642] enthaltenen Fragen beantwortet. Das Grünbuch beinhaltete in Ergänzung zum Bericht[1643] eine breit angelegte Konsultation einschlägiger Kreise, wie die Funktionsweise der Verordnung in Bezug auf die im Bericht thematisierten Aspekte verbessert werden könnten[1644].

In der Stellungnahme stellte das Bundesamt für Justiz vorab fest, dass die Schweiz als Nichtmitgliedstaat der Europäischen Union nicht unmittelbar dieser Verordnung unterstehe, aber als Vertragsstaat des Parallelübereinkommens von Lugano ein Interesse daran habe, dass – sollte der bisherige Parallelismus zwischen dem Lugano-Übereinkommen und der Verordnung erhalten bleiben – die im Zuge der Revision vorgenommenen Anpassungen *„sinnvoll und zielführend sind und mittel- oder langfristig auf ein allfälliges aktualisiertes Parallelübereinkommen übertragbar sind“*[1645].

bb) Stellungnahme des Bundesamtes für Justiz im Allgemeinen

Das Bundesamt für Justiz hat sich in seiner Stelllungnahme auf die letzte Frage, ob sich die Verordnung durch die Vorschläge des Grünbuchs verbessern lasse, in genereller Weise zu den geplanten Anpassungen geäussert.

Die Stellungnahme lässt sich allgemein als sehr kritisch einstufen[1646]. Das Bundesamt kam zum Schluss, dass die Vorschläge des Grünbuchs allesamt nicht vollends zu überzeugen vermögen. Es handle sich um schwierige Fragen, bei denen verschiedene Lösungen tragbar wären. Die von der Verordnung (EG) Nr. 44/2001 und von der Rechtsprechung des Europäischen Gerichtshofes gewählten und präzisierten Regelungen seien zwar teilweise beanstandet worden, erscheinen aber vertretbar und hätten auch nicht grössere Probleme mit sich gebracht. Die aufgezeigten Vorschläge für Anpassungen seien ebenfalls nicht frei von Fallstricken. Daher spreche sich die

1642 Grünbuch Überprüfung der Verordnung (EG) Nr. 44/2001, S. 2 f., 5 ff. und 12.

1643 Bericht vom 21.4.2009 der Kommission an das Europäische Parlament, den Rat und den Europäischen Wirtschafts- und Sozialausschuss über die Anwendung der Verordnung (EG) Nr. 44/2001 des Rates über die gerichtliche Zuständigkeit und die Anerkennung und Vollstreckung von Entscheidungen in Zivil- und Handelssachen.

1644 Dazu Stellungnahme des BJ, S. 1.

1645 Stellungnahme des BJ, S. 1.

1646 PACZOSKA KOTTMANN, S. 154.

Schweiz insbesondere mit Blick auf die Rechtssicherheit und Kontinuität für eine Beibehaltung der Rechtslage aus.

Das Bundesamt für Justiz gab zu bedenken, dass immer dann, wenn eine *„Anlehnung an Gemeinschaftsinstrumente"* vorgenommen werde, weitere Differenzen zum Lugano-Übereinkommen bewirkt würden, welche sich nicht gänzlich durch eine parallele Regelung beseitigen liessen[1647].

Ferner wies das Bundesamt ganz generell darauf hin, dass allfällige Revisionen der Verordnung neue Unterschiede zum Lugano-Übereinkommen zur Folge hätten. Es sei auch nicht anzunehmen, dass sich – in Anbetracht der Dauer einer Revision und der damit einhergehenden schwierigen Verhandlungen – der Verlust dieser Parallelität kurz- oder mittelfristig wieder beheben liesse. Deshalb sprach sich das Bundesamt für Justiz dafür aus, dass Änderungen nur dort erfolgen sollen, wo solche *„einem anerkannten praktischen Bedürfnis"* entsprechen und wo die Anpassung *„unbestrittenermassen eine klarere und bessere Rechtslage"* bewirke[1648].

cc) Stellungnahme zur Vollstreckbarkeitsprüfung im Einzelnen

Die erste im Grünbuch[1649] enthaltene Frage bezog sich auf die Abschaffung des Zwischenverfahrens. Das Bundesamt für Justiz stellte sich diesbezüglich ganz klar auf den Standpunkt, dass – selbst in einem Binnenmarkt wie er zwischen den Mitgliedstaaten der Europäischen Union bestehe – zur Vollstreckung einer Entscheidung in einem anderen Mitgliedstaat zwingend eine Prüfung der Vollstreckbarkeit durchzuführen sei[1650].

Die Vollstreckbarkeitsprüfung müsse beibehalten werden, da diese die Wahrung der grundlegenden Verfahrensrechte des Schuldners sicherstelle[1651]. Es könne als Argument zwar vorgetragen werden, dass sich in einem politisch und wirtschaftlich integrierten Umfeld wie der Europäischen Union kein Grund finden lasse, Entscheidungen aus anderen Mitgliedstaaten anders als innerstaatliche Entscheidungen zu behandeln. Dieses Argument vermöge jedoch nicht zu überzeugen, da ein Verfahren, das aus Sicht des Beklagten im Ausland stattfinde, sich nach einer fremden Rechtsordnung richte und für den Beklagten unbekanntes Verfahrensrecht zur Anwendung gelange. Ferner werde das Verfahren wahrscheinlich nicht in der Sprache des Beklagten

---

1647 Stellungnahme des BJ, S. 9.

1648 Zum Ganzen Stellungnahme des BJ, S. 9.

1649 Grünbuch Überprüfung der Verordnung (EG) N. 44/2001, S. 2.

1650 Dazu Stellungnahme des BJ, S. 2.

1651 Kritisch zu einer solchen Argumentation SCHILLING, S. 33 ff.

geführt und finde möglicherweise an einem entfernten Ort statt. Zusammenfassend lasse sich sagen, dass – obschon punktuell Rechtsvereinheitlichungen vorgenommen worden seien und ein Mindeststandard an Verfahrensgarantien gewährleistet sei – die Stellung des Beklagten, welcher im eigenen Staat eingeklagt wird, sich generell nicht mit jener eines Beklagten vergleichen liesse, der im Ausland mit der Beklagtenrolle konfrontiert werde. Diese Konstellation erfordere einen besonderen Schutz des Beklagten. Das Risiko, dass die Rechte eines Beklagten im Ausland (teilweise) unberücksichtigt blieben, sei erheblich. Daher sei das Festhalten an einem Verfahren, in welchem geprüft werde, ob das Recht auf einen fairen Prozess eingehalten worden sei, unumgänglich. Diese Prüfung dürfe nicht als Misstrauen gegenüber dem Ursprungsstaat gewertet werden, sondern berücksichtige die Besonderheiten eines grenzüberschreitenden Prozesses, insbesondere auch im Rahmen von Abwesenheitsurteilen[1652].

Das Bundesamt für Justiz schlug – um die Dauer eines Exequaturverfahrens zu verkürzen beziehungsweise die Effizienz zu steigern – vor, dass der Erlass eines Exequaturentscheids auch akzessorisch, als Vorfrage im Rahmen eines Vollstreckungsantrages möglich sein sollte. Als Beispiel führte es die Situation im Schweizerischen Recht bei der Vollstreckung von Geldschulden an. Weder die Verordnung (EG) Nr. 44/2001 noch das Lugano-Übereinkommen würden eine entsprechende Vorschrift vorsehen. Dies hätte zur Konsequenz, dass vielfach ein gesondertes Exequaturverfahren notwendig sei, weil die Vorgaben – namentlich die Einseitigkeit und der Überraschungseffekt – der Verordnung respektive des Lugano-Übereinkommens nicht mit dem eigentlichen Vollstreckungsverfahren kompatibel seien. Somit müsse in die Verordnung sowie das Übereinkommen eine Bestimmung aufgenommen werden, die explizit vorsehe, dass im Zusammenhang mit einem Vollstreckungsgesuch eine Vollstreckbarkeitsprüfung vorgenommen werden könne, ohne dass dafür der Erlass eines gesonderten Entscheids notwendig wäre. Es sei dabei jedoch mit Blick auf die Tragweite einer kombinierten Entscheidung von der Anforderung der Einseitigkeit abzusehen[1653].

1652 Zum Ganzen Stellungnahme des BJ, S. 2.

1653 Zum Ganzen Stellungnahme des BJ, S. 3.

b) Möglichkeiten im internationalen Zivilverfahrensrecht

aa) Allgemeines

Die Schweiz wird sich im Bereich des internationalen Zivilverfahrensrechts die Frage[1654] stellen müssen, ob sie das Lugano-System fortsetzen will, ob sie bilaterale Beziehungen – welche einer verstärkten Integration der Schweiz in das Gesamtsystem der Europäischen Union auf dem Gebiet des internationalen Privat- und Zivilverfahrensrechts dienen würden – aufnehmen will, oder ob sie sich stärker für ein weltweites Gerichtsstands-, Anerkennungs- und Vollstreckungsübereinkommen einsetzen will[1655].

bb) Lugano-Modell der Parallelität

Die Parallelisierung des EuGVÜ und des Lugano-Übereinkommens 1988 gestaltete sich grundsätzlich relativ unproblematisch. Beide Übereinkommen basierten auf der völkerrechtlichen Methode. Im Gegensatz dazu beruht die Verordnung (EU) Nr. 1215/2012 im Wesentlichen auf der Unionsmethode, die nicht ohne Weiteres auch auf Drittstaaten übertragen werden kann. Zudem ist die Verordnung (EU) Nr. 1215/2012 heute ein Teil des Gesamtsystems der Europäischen Union auf dem Gebiet des internationalen Privat- und Verfahrensrechts[1656] und steht nicht mehr allein da[1657].

Es muss in diesem Zusammenhang auch in Betracht gezogen werden, dass das Lugano-Übereinkommen an Bedeutung verloren hat. Das Übereinkommen wurde im Jahre 1988 von zehn Mitgliedstaaten und acht EFTA-Staaten abgeschlossen. Dieses Verhältnis hat sich in den letzten Jahrzehnten verschoben, so dass gegenwärtig 28 Mitgliedstaaten drei EFTA-Staaten gegenüber stehen[1658].

1654 Vgl. zu den Möglichkeiten der Schweiz auch die Ausführungen von DASSER, S. 169 ff.

1655 TRÜTEN, Die neue Brüssel I-Verordnung und die Schweiz, S. 67; TRÜTEN, Alternativen zu Lugano III, Zukünftige Rolle des Lugano Übereinkommens, S. 198.

1656 Vgl. für einen kurzen Überblick über die Zukunft und die Regelungsfelder des Europäischen Prozessrechts HESS, S. 125 ff.

1657 Dazu TRÜTEN, Die neue Brüssel I-Verordnung und die Schweiz, S. 67.

1658 Dazu TRÜTEN, Die neue Brüssel I-Verordnung und die Schweiz, S. 67. Vgl. zur Möglichkeit das Lugano-Übereinkommen für Drittstaaten zu öffnen TRÜTEN, Alternativen zu Lugano III, Zukünftige Rolle des Lugano Übereinkommens, S. 197 f.

Die Autoren in der Europäischen Union scheinen davon auszugehen, dass die Aufrechterhaltung des Lugano-Systems und die Schaffung der Parallelität zwisch dem Lugano-Übereinkommen und der Verordnung (EU) Nr. 1215/2012 eine logische Konsequenz darstelle[1659]. Kein Konsens bezüglich dieser Frage besteht demgegenüber zwischen den Lugano-Staaten. Im Jahre 2013 wurde anlässlich einer Sitzung des Ständigen Ausschusses[1660] entschieden, das Projekt Lugano III zumindest vorerst nicht mehr fortzuführen[1661].

Gegen die Wiederherstellung der Parallelität und das Festhalten am System von Lugano[1662] spricht aus Sicht der Schweiz die hohe – und von den Lugano-Staaten – unerwünschte Gesetzgebungsfrequenz. Der erheblichen Dynamik der Gesetzgebungskompetenz der Europäischen Union in diesem Bereich kann mittels Staatsverträgen kaum gefolgt werden[1663]. Die Gespräche und Verhandlungen über die letzte Revision des Lugano-Übereinkommens beanspruchten circa neun Jahre. Zusätzlich verstrichen weitere drei beziehungsweise vier Jahre bis das revidierte Übereinkommen in Kraft getreten ist[1664].

Für die Aufrechterhaltung des Lugano-Systems und die Wiederherstellung der Parallelität zwischen dem Übereinkommen und der Verordnung spricht, dass die neu gefasste Verordnung (EU) Nr. 1215/2012 keine Regelungen beinhaltet, welche von den Lugano-Staaten nicht auch angenommen werden könnten[1665]. Die inhaltlichen Bedenken[1666], welche in der Schweiz gegenüber den Vorschlägen der Kommission geäussert wurden, sind durch die defnitive Fassung grösstenteils beseitigt worden[1667]. Der grosse Wandel,

---

1659 POHL, S. 114; vgl. dazu MARKUS, Die revidierte europäische Gerichtsstandsverordnung, S. 818.

1660 Art. 4 Prot. Nr. 2 LugÜ.

1661 https://www.bj.admin.ch/bj/de/home/wirtschaft/privatrecht/lugue-2007.html (zuletzt besucht am 31. Januar 2017); MARKUS, Internationales Zivilprozessrecht, S. 165, Rz. 620.

1662 Vgl. zu einer Darstellung der Situation, wenn die Schweiz aus dem Lugano-System aussteigen würde, GROLIMUND, Alternativen zu Lugano III, Lugano II beibehalten oder Alleingang, S. 181 ff.

1663 MARKUS, Die revidierte europäische Gerichtsstandsverordnung, S. 818; WILDERSPIN, S. 144.

1664 Dazu vgl. mit weiteren Hinweisen PACZOSKA KOTTMANN, S. 154 f.

1665 DOMEJ, LugÜ – wie weiter nach der Revision der EuGVVO?, S. 947.

1666 Siehe dazu die zahlreichen Beiträge in Abolition of Exequatur, in: La révision du Règlement 44/2001 (Bruxelles I), Quelles conséquences pour la Convention de Lugano?, Andrea Bonomi/Christina Schmid (éds), Genève, Zurich, Bâle 2011.

1667 MARKUS, Die revidierte europäische Gerichtsstandsverordnung, S. 818.

welchen sich einige möglicherweise erhofft und andere befürchtet haben, hat im Rahmen der Revision nicht stattgefunden[1668]. Ferner ist auch das Ziel des Lugano-Übereinkommens in die Bewertung einzubeziehen. Das Übereinkommen dient dazu, die europäischen Vorschriften bezüglich der gerichtlichen Zuständigkeit sowie der Anerkennung und Vollstreckung von Entscheidungen in Zivil- und Handelssachen auf die EFTA-Staaten auszuweiten. Dieser Zweck kann nur realisiert werden, wenn das Übereinkommen und die Verordnung sich grundsätzlich inhaltlich decken[1669]. Die Parallelität bringt daneben wirtschaftliche Vorteile für den europäischen Markt mit sich[1670].

Das Nebeneinander des Lugano-Übereinkommens in der gegenwärtigen Fassung und der Verordnung (EU) Nr. 1215/2012 hat gewisse Abgrenzungsschwierigkeiten zur Folge und führt damit auch zu grösseren Reibungsflächen zwischen dem europäischen Justizraum und den Lugano-Staaten im Vergleich zur Rechtslage vor dem 10. Januar 2015[1671]. Ein Alleingang ohne Lugano-Übereinkommen kann für die Schweiz keine probate Lösung darstellen[1672]. Es liegt nach vorliegend vertretener Ansicht wohl im Interesse der Schweiz, dass das Lugano-Modell mit dem Lugano-Übereinkommen als Parallelübereinkommen aufrecht erhalten wird und demzufolge eine Angleichung an die Verordnung (EU) Nr. 1215/2012 vorgenommen wird. Die Entscheidungen aus der Schweiz könnten – wäre die Parallelität wiederhergestellt – grenzüberschreitend und ohne vorgängiges Exequaturverfahren vollstreckt werden. Hauptsächlich ist aber die Übereinstimmung und die Einbindung in das System der europäischen Justizkooperation von grösserem Nutzen für den europäischen Rechtsverkehr als das Bestreben nach der inhaltlich besten und mit den nationalen Vorstellungen kompatibelsten Lösung[1673].

1668 DOMEJ, LugÜ – wie weiter nach der Revision der EuGVVO?, S. 947.

1669 TRÜTEN, Die neue Brüssel I-Verordnung und die Schweiz, S. 67.

1670 Zum Ganzen PACZOSKA KOTTMANN, S. 154; vgl. auch MANKOWSKI, Vorbemerkungen zu Art. 40 Brüssel Ia-VO, in: Europäisches Zivilprozess- und Kollisionsrecht, N. 11.

1671 So auch CZERNICH, S. 189.

1672 Vgl. dazu die Darstellung der Situation der Schweiz im Falle eine Kündigung des Lugano-Übereinkommens GROLIMUND, Alternativen zu Lugano III, Lugano II beibehalten oder Alleingang, S. 181 ff.

1673 So bereits zum Ganzen DOMEJ, LugÜ – wie weiter nach der Revision der EuGVVO?, S. 947 f.; in diesem Sinn auch MARKUS, Die revidierte europäische Gerichtsstandsverordnung, S. 818 f.

Die Verordnung (EU) Nr. 1215/2012 wird – so wie sie gegenwärtig vorliegt – noch einige Zeit erhalten bleiben[1674]. Gemäss Art. 79 Verordnung (EU) Nr. 1215/2012 hat die Kommission dem Europäischen Parlament, dem Rat und dem Europäischen Wirtschafts- und Sozialausschuss (erst) bis zum 11. Januar 2022 einen Bericht über die Anwendung dieser Verordnung vorzulegen. In diesem Bericht soll unter anderem die Frage erörtert werden, ob die Zuständigkeitsvorschriften auf Beklagte, die ihren Wohnsitz nicht in einem Mitgliedstaat haben, weiter ausgedehnt werden sollten. Gegebenenfalls soll dem Bericht ein Vorschlag zur Änderung der Verordnung beigefügt werden.

cc) Haager Gerichtsstandsübereinkommen/bilaterale Vertragsbeziehungen

Ein weiterer Ansatz wäre, dass die Schweiz ihr Engagement für ein weltweites Haager Gerichtsstandsübereinkommen intensiviert[1675]. Eine multilaterale Verständigung mit (aus Sicht der EU-/EFTA-Staaten) Drittstaaten wäre weitaus dienlicher als eine aus europäischer Sicht unilaterale Lösung[1676]. Nach einem vorübergehenden Scheitern der Verhandlungen sind im Rahmen der Haager Konferenz[1677] die Gespräche erneut aufgenommen worden[1678]. Die Wahrscheinlichkeit, dass ein universales Gerichtsstands-, Anerkennungs- und Vollstreckungsabkommen abgeschlossen werden wird, darf jedoch nicht zu hoch eingeschätzt werden[1679]. Es bestehen in den einzelnen Staaten unterschiedlichste Grundauffassungen zur Umsetzung eines solchen Abkommens, welche das Erreichen eines Konsenses als schwierig erscheinen lassen[1680].

1674 MARKUS, Die revidierte europäische Gerichtsstandsverordnung, S. 819. Vgl. für eine Illustration der geplanten Entwicklungen im Bereich des Internationalen Privat- und Verfahrensrechts LEIBLE, S. 76 ff.

1675 TRÜTEN, Die neue Brüssel I-Verordnung und die Schweiz, S. 67.

1676 MARKUS, Die revidierte europäische Gerichtsstandsverordnung, S. 818; POHL, S. 114.

1677 Vgl. für eine Darstellung der verschiedenen diskutierten Ansätze im Rahmen der Anerkennung und Vollstreckung MEIER NIKLAUS, S. 191 ff.; und für einen Überblick über die diesbezüglichen Entwicklungen DASSER, S. 177 f.

1678 https://www.hcch.net/upload/wop/gap2014pd07_en.pdf (zuletzt besucht am 31. Januar 2017).

1679 So auch mit weiteren Hinweisen DOMEJ, Die Neufassung der EuGVVO, S. 525.

1680 Ähnlich TRÜTEN, Die neue Brüssel I-Verordnung und die Schweiz, S. 67.

Ein anderer Ansatz, den die Schweiz im Bereich des internationalen Zivilprozessrechts beschreiten könnte, wäre die Aufnahme bilateraler Beziehungen mit dem Ziel, die Schweiz stärker als bis anhin in das unionale Gesamtsystem auf dem Gebiet des internationalen Privat- und Verfahrensrechts einzubinden[1681]. Auch im Rahmen bilateraler Regelungen müsste jedoch ein Weg gefunden werden, um den dynamischen Charakter im Bereich der Gesetzgebung in der Europäischen Union Rechnung tragen zu können[1682].

III. Auswirkungen auf die Anerkennung und Sicherung im Falle einer Anpassung

1. Wiederherstellung der Rechtsprechungsparallelität

In einem ersten Schritt soll vorab kurz dargestellt werden, welche Bedeutung eine weitere Revision und damit verbundene Anpassung des Lugano-Übereinkommens an die Verordnung (EU) Nr. 1215/2012 für die Rechtsprechung respektive die Rechtsprechungsparallelität hätte.

Unter Geltung der Verordnung (EG) Nr. 44/2001 war über die Instrumente des Protokolls 2 LugÜ die Rechtsprechungsparalleliät gewährleistet. Zwischen der Parallelität der Rechtsprechung und der textlichen Parallelität besteht ein enger Zusammenhang. Diese Instrumente aus Protokoll 2 LugÜ greifen nicht, sofern die Kohärenz zwischen dem Lugano-Übereinkommen und der Verordnung (EU) Nr. 1215/2012 betroffen ist. Dieser Zustand ist nicht neu, auch das Lugano-Übereinkommen 1988 und die Verordnung (EG) Nr. 44/2001 haben über längere Zeit nebeneinander bestanden. Damals haben die Instrumente des Protokolls 2 aLugÜ keine Anwendung auf das Verhältnis zwischen dem Lugano-Übereinkommen und der neuen Verordnung gefunden. Gleichwohl hat das Bundesgericht[1683] gestützt auf eine systematische Betrachtungsweise das alte Lugano-Übereinkommen grundsätzlich so verstanden, dass es mit der Verordnung (EG) Nr. 44/2001 im Einklang war[1684].

1681 Vgl. dazu und weiteren möglichen Modellen WILDERSPIN, S. 144 f.

1682 Dazu TRÜTEN, Die neue Brüssel I-Verordnung und die Schweiz, S. 67.

1683 BGE 131 III 227, E. 3.1.

1684 Zum Ganzen MARKUS, Die revidierte europäische Gerichtsstandsverordnung, S. 818.

Zu bemerken ist in diesem Zusammenhang, dass das Interventionsrecht der Lugano-Staaten beim Europäischen Gerichtshof im Zusammenhang mit Anwendungsfällen der Verordnung (EU) Nr. 1215/2012 nicht besteht[1685].

Die Bedeutung der Rechtsprechungsparallelität ist aber nicht überzubewerten. Bei den einschlägigen Rechtsquellen handelt es sich auf der einen Seite um einen Staatsvertrag und auf der anderen Seite um sekundäres Gemeinschaftsrecht. Es stehen sich somit zwei unterschiedliche Rechtsebenen gegenüber, was einer harmonischen Rechtsprechung immer wieder Schranken setzen wird[1686]. Die Verordnung (EU) Nr. 1215/2012 – wie vorher auch die Verordnung (EG) Nr. 44/2001 – ist in das Gemeinschaftsrecht der Europäischen Union integriert, so dass das primäre und sekundäre Gemeinschaftsrecht auf dem Wege der Auslegung Einfluss auf die Verordnung zeitigen. Anders gestaltet sich die Lage im Zusammenhang mit dem Lugano-Übereinkommen, welches von diesen Einflüssen weitgehend unberührt bleibt[1687].

2. Abschaffung des Exequaturverfahrens

a) Mögliche Umsetzung in der Schweiz

Anders als im Anwendungsbereich des Lugano-Übereinkommens (sowie der Verordnung (EG) Nr. 44/2001) gibt es nach dem System der Verordnung (EU) Nr. 1215/2012 eine klare und einheitliche Grundlage für Sicherungsmassnahmen. Solche Massnahmen können vom Zeitpunkt an verlangt werden, von jenem dem Entscheid die Vollstreckbarkeit zukommt. Um Sicherungsmassnahmen verlangen zu können, braucht der Titelgläubiger weder eine Form von Dringlichkeit noch eine andere Voraussetzung aus dem jeweilig anwendbaren nationalen Recht nachzuweisen[1688]. Er hat auch nicht zwingend eine nach Art. 53 Verordnung (EU) Nr. 1215/2012 ausgestellte Bescheinigung vorzulegen. Er muss lediglich darlegen, dass der Entscheid vollstreckbar ist.

Nachdem der Titelgläubiger gegebenenfalls die Sicherungsmassnahmen verlangt und bewilligt erhalten hat, kann er direkt die Vollstreckung des Entscheids verlangen. Dazu muss er der Vollstreckungsbehörde neben einer

---

1685 MARKUS, Die revidierte europäische Gerichtsstandsverordnung, S. 818.

1686 BGE 131 III 227, E. 3.1.

1687 FURRER, S. 229; zum Ganzen MARKUS, Die revidierte europäische Gerichtsstandsverordnung, S. 818.

1688 Dazu SCHRAMM, Neuerungen der revidierten EuGVVO, The Exequatur Procedure, S. 53.

Ausfertigung des Entscheids die nach Art. 53 Verordnung (EU) Nr. 1215/2012 ausgestellte Bescheinigung, mit der bestätigt wird, dass die Entscheidung vollstreckbar ist, vorlegen[1689]. Die Bescheinigung ist dem Schuldner – zusammen mit dem Entscheid, sofern dieser dem Schuldner noch nicht zugestellt worden ist – vor der ersten Vollstreckungsmassnahme zuzustellen[1690]. In diesem Moment erlangt der Schuldner Kenntnis, dass der Titelgläubiger einen Antrag auf Vollstreckung eingereicht hat. Die allfälligen Sicherungsmassnahmen sollten bis dahin bereits bestehen. Erst nach der Zustellung der Bescheinigung gemäss Art. 53 Verordnung (EU) Nr. 1215/2012 – erforderlichenfalls zusammen mit dem Entscheid – an den Schuldner darf mit der ersten Vollstreckungsmassnahme begonnen werden. Aus den Erwägungen[1691] lässt sich entnehmen, dass dem Schuldner diese Dokumente innerhalb einer angemessenen Frist vor der ersten Vollstreckungsmassnahme zuzustellen sind. Was als angemessene Frist qualifiziert wird, werden die nationalen Gesetzgeber und Gerichte befinden müssen[1692].

Nach Ablauf einer angemessenen Frist können sodann direkt Vollstreckungsmassnahmen (ohne vorgängiges Exequaturverfahren) erfolgen. Im Gegensatz zur früheren Rechtslage muss der Schuldner – will er die Vollstreckung des Entscheids verhindern – aktiv werden und einen Antrag auf Versagung der Vollstreckung einreichen. Dabei findet im Wesentlichen die gleiche Prüfung wie im Rahmen des Rechtsbehelfs gegen die Vollstreckbarerklärung statt, jedoch sieht die Verordnung (EU) Nr. 1215/2012 selber keine Frist für den Antrag auf Versagung der Vollstreckung vor. Es besteht die Möglichkeit, dass das nationale Recht eine Frist statuiert. Gegen den erstinstanzlichen Entscheid über den Antrag auf Versagung der Vollstreckung kann ein Rechtsbehelf eingelegt werden. Gegen den Entscheid der Rechtsbehelfsinstanz kann – sofern der jeweilige Mitgliedstaat dies vorsieht – ein weiterer Rechtsbehelf ergriffen werden[1693]. Entsprechend ist es unter

---

1689 KRAMER, on Art. 42 Brussels Ia Regulation, in: The Brussels I Regulation Recast, N. 13.223 ff.

1690 Vgl. Erwägungsgrund 32 Brüssel Ia-VO und Art. 43 Abs. 1 Brüssel Ia-VO. Es ist ausreichend, wenn dem Schuldner der zu vollstreckende Entscheid erstmals zusammen mit der nach Art. 53 Brüssel Ia-VO ausgestellten Bescheinigung zugestellt wird.

1691 Erwägungsgrund 30 Brüssel Ia-VO.

1692 Je nach dem wie diese angemessene Frist verstanden und umgesetzt wird, ist die zeitliche Beschleunigung der grenzüberschreitenden Vollstreckung gegenüber der Lösung, wie sie in der Verordnung (EG) Nr. 44/2001 vorgesehen war, in gewissen Ländern gar nicht gross. Vgl. dazu SCHRAMM, Neuerungen der revidierten EuGVVO, The Exequatur Procedure, S. 53.

1693 Art. 50 Brüssel Ia-VO.

dem Regime der Verordnung (EU) Nr. 1215/2012 neu möglich, dass die Versagung der Vollstreckung von drei Gerichten geprüft wird. Dies kann (muss aber nicht) die Vollstreckung verzögern[1694].

Eine zweite Neuerung der Verordnung (EU) Nr. 1215/2012 ist, dass Vollstreckungsmassnahmen früher zulässig sind. Dieser Umstand kann auch als Ausgleich dazu dienen, dass das Verfahren länger dauern kann. Es liegt im Ermessen des Gerichts im ersuchten Mitgliedstaat im Rahmen einer Prüfung der Versagung der Vollstreckung auf Antrag des Schuldners das Vollstreckungsverfahren auf Sicherungsmassnahmen zu beschränken, die Vollstreckung von der Leistung einer vom Gericht zu bestimmenden Sicherheit abhängig zu machen oder das Vollstreckungsverfahren insgesamt oder teilweise auszusetzen[1695].

Für die Schweiz und ihr Vollstreckungsverfahren hätte das System der Verordnung (EU) Nr. 1215/2012 keine gravierenden Anpassungen zur Folge. Vielmehr liessen sich die Vorgaben der Verordnung gut mit dem Regime in der Schweiz vereinbaren.

Der Gläubiger hätte, um in der Schweiz seinen Anspruch mittels Arrests zu sichern, neu lediglich das Vorliegen der vollstreckbaren Entscheidung aus dem Erststaat glaubhaft zu machen, ohne gleichzeitg diesen erstaatlichen Entscheid für vollstreckbar erklären zu lassen. Dadurch wären die Lugano-Titel im Bereich von Art. 271 Abs. 1 Ziff. 6 SchKG den Nicht-Lugano-Titel gleichgestellt und das Verfahren sowie die Voraussetzungen wären dieselben wie sie heute bereits bei den Nicht-Lugano-Titeln vorliegen[1696]. Gegen eine zu Unrecht erteilte Arrestbewilligung könnte der Schuldner eine Einsprache gegen den Arrest einlegen und im Rahmen dieses Rechtsmittel vorbringen, dass der Arrestgrund nicht gegeben sei, da der Vollstreckbarkeit des Titels Versagungsgründe aus dem Staatsvertrag entgegen stünden. Eine Umsetzung des Sicherungsmittels entsprechend den Vorgaben der Verordnung (EU) Nr. 1215/2012 in das Schweizer Recht würde keine (bedeutsamen) Anpassungen im Schweizer Arrestrecht bedingen. Vielmehr könnten die Regelungen – so wie sie heute bereits bestehen – ohne Weiteres auch Geltung im Rahmen eines revidierten, an die Verordnung (EU)

[1694] Dazu SCHRAMM, Neuerungen der revidierten EuGVVO, The Exequatur Procedure, S. 54.

[1695] Dazu SCHRAMM, Neuerungen der revidierten EuGVVO, The Exequatur Procedure, S. 55.

[1696] Vgl. zur Situation von Nicht-Lugano-Titeln in der vorliegenden Arbeit unter § 7.I.2.d).bb).bbb).bbbb), S. 184 ff.

Nr. 1215/2012 angeglichenen Lugano-Übereinkommens beanspruchen. Die kontrovers diskutierte Bestimmung in Art. 271 Abs. 3 SchKG[1697] wäre zu streichen, da neu die in einem gebundenen Staat vollstreckbare Entscheidung in einem anderen gebundenen Staat vollstreckbar wäre, ohne dass eine Vollstreckbarerklärung vorausgesetzt würde. Art. 39 Verordnung (EU) Nr. 1215/2012 legt heute für die Europäische Union fest, dass eine ausländische Entscheidung im Vollstreckungsstaat vollstreckbar ist, ohne dass es dafür ein Exequaturverfahren benötigt[1698].

Die Schweiz hätte im Rahmen eines gestützt auf die neue Verordnung (EU) Nr. 1215/2012 revidierten Lugano-Übereinkommens dem Schuldner ein selbstständiges Verfahren zur Versagung der Vollstreckung[1699] zur Verfügung zu stellen. Es würde sich anbieten, dieses Verfahren in der Schweiz beim Vollstreckungsgericht anzusiedeln, da es im Grunde genommen dem bisherigen Exequaturverfahren – einfach mit umgekehrten Vorzeichen – entspricht. Im Gegensatz zur heutigen Rechtslage würde dem Lugano-Entscheid *ipso iure* die Vollstreckbarkeit zukommen und die Prüfung der Vollstreckbarkeit hätte lediglich auf Antrag des Schuldners zu erfolgen. Auch das Verfahren auf Versagung der Vollstreckung würde im Summarverfahren erfolgen, da das Gericht unverzüglich über den Antrag des Schuldners zu entscheiden hätte[1700]. Das Verfahren wäre – im Gegensatz zum heutigen Exequaturverfahren – kein einseitiges Verfahren, da kein Überraschungseffekt gewährleistet werden müsste. Das Vollstreckungsgericht könnte auf Antrag des Schuldners das Vollstreckungsverfahren auf Sicherungsmassnahmen beschränken, die Vollstreckung von der Leistung einer vom Gericht zu bestimmenden Sicherheit abhängig machen und den Fortgang der Vollstreckung zulassen oder das Vollstreckungsverfahren insgesamt oder teilweise aussetzen[1701]. Gegen den Entscheid über den Antrag auf Versagung der Vollstreckung müssten sowohl der Schuldner wie auch der Gläubiger einen Rechtsbehelf einlegen können. Dieser Rechtsbehelf hätte weder die aufschiebende Wirkung vorzusehen noch müsste dem mit dem Rechtsbehelf befassten Gericht eine uneingeschränkte Kognition zukommen. Der Schuldner als Antragsteller wie auch der Gläubiger hätten neu beide bereits im erstinstanzlichen Verfahren Gelegenheit gehabt, sich zur Vollstreckbarkeit zu äussern. Da es sich beim Entscheid über den Antrag auf Versagung der Voll-

---

1697 Vgl. in der vorliegenden Arbeit unter § 7.I.2.d).bb).bbb).cccc), S. 193 ff.

1698 MARKUS, Die revidierte europäische Gerichtsstandsverordnung, S. 814.

1699 Art. 46 ff. Brüssel Ia-VO.

1700 Art. 48 Brüssel Ia-VO.

1701 Art. 44 Abs. 1 Brüssel Ia-VO.

streckung nach vorliegender Ansicht um einen Entscheid des Vollstreckungsgerichts handeln würde, wäre die Beschwerde das einschlägige Rechtsmittel[1702]. Die Beschwerde müsste keine Modifaktion erfahren, da (zumindest in der Verordnung (EU) Nr. 1215/2012) keine weiteren Voraussetzungen an das Rechtsmittel statuiert werden und diesbezüglich die Vorschriften aus dem jeweils anwendbaren nationalen Recht zur Anwendung gelangen.

Die Anerkennungsversagungsgründe müssten neben dem selbstständigen Antragsverfahren im Rahmen der Vollstreckungszuständigkeit wohl auch direkt im Vollstreckungsverfahren (inzident) geprüft werden, sofern ein entsprechender (inzidenter) Antrag des Schuldners vorliegt[1703]. Dieses System der Verordnung (EU) Nr. 1215/2012 lässt sich mit einer einredeweisen Prüfung der Versagungsgründe gemäss Art. 81 Abs. 3 SchKG beziehungsweise Art. 335 Abs. 3 ZPO vergleichen. Bei einer solchen Vorgehensweise wäre die Gleichbehandlung von Lugano-Entscheiden und inländischen Titeln sichergestellt[1704].

Der Gläubiger aus einem Lugano-Entscheid, der seine Geldschuld in der Schweiz vollstrecken möchte, hätte also wie bis anhin eine Betreibung einzuleiten. Sofern der Schuldner Rechtsvorschlag erheben würde, hätte der Gläubiger gestützt auf den *ipso iure* vollstreckbaren Lugano-Entscheid definitive Rechtsöffnung zu verlangen. Dem Gericht hätte der Gläubiger für die Erteilung der definitiven Rechtsöffnung eine Ausfertigung des Entscheids sowie die gemäss Art. 53 Verordnung (EU) Nr. 1215/2012 ausgestellte Bescheinigung, mit der bestätigt wird, dass die Entscheidung vollstreckbar ist, vorzulegen. Das Rechtsöffnungsgericht hätte dann von Amtes wegen die Vollstreckbarkeit des Lugano-Entscheids anhand der im Übereinkommen definierten Voraussetzungen[1705] zu prüfen. Im Rahmen des definitiven Rechtsöffnungsverfahrens müsste der Schuldner die Versagungsgründe *„einredeweise"* geltend machen können, so dass das Gericht über diese als Vorfrage entscheiden könnte[1706]. Dieses Vorgehen hätte für den

---

1702 Gegen Entscheide des Vollstreckungsgerichts ist nach Art. 309 lit. a ZPO die Berufung unzulässig.
1703 Vgl. in der vorliegenden Arbeit unter § 8.III.4.c), S. 284 ff.
1704 So bereits MARKUS, Die revidierte europäische Gerichtsstandsverordnung, S. 816.
1705 Vgl. dazu Art. 42 Verordnung (EU) Nr. 1215/2012.
1706 Ähnlich MARKUS, Die revidierte europäische Gerichtsstandsverordnung, S. 816.

Schuldner insbesondere den grossen praktischen Vorteil, dass das Risiko einer rechtskräftigen Abweisung der Versagung auf Vollstreckung nicht bestünde.

Ferner müsste der Schuldner im definitiven Rechtsöffnungsverfahren (im Sinne eines Widergesuchs[1707]) auch einen ausdrücklichen Antrag auf Versagung der Vollstreckung stellen können. Das Gericht hätte dann – gleich wie im Rahmen einer inzidenten Prüfung – die Voraussetzungen der Vollstreckbarkeit sowie die Versagungsgründe zu prüfen. Der Unterschied bei dieser Vorgehensweise liegt im Umstand, dass die Versagung der Vollstreckung explizit im Urteilsdispositiv aufgeführt und entsprechend grundsätzlich Rechtskraftwirkung entfalten würde. Im Gegensatz zur heutigen ausdrücklichen Exequaturerteilung im Rechtsöffnungsverfahren würden bei einer ausdrücklichen Versagung der Vollstreckung keine Schwierigkeiten bezüglich der Rechtsmittel bestehen. Sowohl gegen den Rechtsöffnungsentscheid wie auch gegen den Anerkennungsversagungsentscheid wäre das zulässige Rechtsmittel die Beschwerde.

Würde man die Zulässigkeit der Prüfung der Anerkennungsversagungsgründe auch direkt im Vollstreckungsverfahren (inzident) bejahen, wäre der Schuldner nicht ausschliesslich auf das vorstehend skizzierte, selbstständige Antragsverfahren verwiesen und könnte damit ein zweites, paralleles Verfahren mit den damit verbundenen Koordinationschwierigkeiten vermeiden. Ein solches Vorgehen würde auch der zeitlichen Beschleunigung und (zumindest im Rahmen einer inzidenten Prüfung) der Reduzierung des Kostenaufwandes dienen. Diese beiden Punkte wurden von der Verordnung (EU) Nr. 1215/2012 angestrebt[1708].

b) Mögliche Auswirkungen für die Schweiz

Für die Beurteilung der Frage, wie im Zuge einer Anpassung des Lugano-Übereinkommens eine mögliche Abschaffung des Exequaturverfahrens aus Schweizer Sicht zu beurteilen ist, muss zwischen der Abschaffung des Exequaturverfahrens und dem Umfang des Schutzes des Schuldners unterschieden werden[1709]. Die Abschaffung des Exequaturverfahrens – wie sie im Rahmen der Revision der Verordnung (EU) Nr. 1215/2012 stattgefunden

1707 Vgl. zur Widerklage und deren Voraussetzungen für das Summarverfahren RAPOLD/FERRARI-VISCA, insbesondere S. 395 f.

1708 Erwägungsgrund 26 Brüssel Ia-VO.

1709 SCHRAMM, Abolition of Exequatur, S. 71 f.

hat – führt nicht *per se* dazu, dass auch die Kontrollmechanismen zugunsten des Schuldners geschmälert werden[1710].

Entgegen dem ambitionierten und radikaleren Vorschlag der Kommission wurde in der definitven Fassung der Verordnung (EU) Nr. 1215/2012 darauf verzichtet, die Versagungsgründe für die Vollstreckung abzuschaffen. Auch wurde davon abgesehen, die lediglich rudimantäre Nachprüfung, ob dem Schuldner das rechtliche Gehör gewährt wurde, in den Erststaat zu verschieben. Diese Vorschläge der Kommission hätten nicht bloss die Abschaffung der Formalität des Exequaturs sondern dessen Gehalts zur Konsequenz gehabt. In der gefundenen Lösung wurde auf das spezifische Verfahren verzichtet, an den materiellen Versagungsgründen aber weiterhin festgehalten. Die Kontrolle der Versagungsgründe findet neu einfach in einem anderen Verfahren statt. Die Versagungsgründe sind unter beiden Systemen – also sowohl unter der Verordnung (EG) Nr. 44/2001 und der Verordnung (EU) Nr. 1215/2012 – funktionell gleichwertig[1711]. Zusammenfassend kann daher konstatiert werden, dass die vollzogene Abschaffung des Exequaturverfahrens mehr symbolische als praktische Relevanz zeitigt[1712].

Anders als der Abbau der Kontrollmechanismen zugunsten des Schuldners ist die Abschaffung des Exequaturverfahrens als wenig folgenschwer zu erachten. Bereits unter Geltung alter bilateraler Staatsverträge wurde – jedenfalls im Rahmen der Vollstreckung von Geldschulden – kein separater Exequaturentscheid erlassen. Die Erteilung des Exequaturs fand vorfrageweise und ohne materielle Rechtskraft im Rechtsöffnungsverfahren statt. Auch im Anwendungsbereich des Lugano-Übereinkommens hält die Schweiz an dieser Praxis fest[1713]. Die Abschaffung des Exequaturverfahrens in der Verordnung (EU) Nr. 1215/2012 entspricht einer jahrelangen Schweizer Übung und auch der bundesgerichtlichen Rechtsprechung[1714]. Aus Sicht der Schweiz kann somit nicht von einem grossen Paradigmenwechsel gesprochen werden. Wie vorstehend aufgezeigt wurde, hätte die Schweiz im

---

[1710] So bereits SCHRAMM, Abolition of Exequatur, S. 71 f.; vgl. auch WIDMER LÜCHINGER, Panel-Diskussion zu SCHRAMM, Abolition of Exequatur, S. 97.

[1711] Zum Ganzen MANKOWSKI, Vorbemerkungen zu Art. 40 Brüssel Ia-VO, in: Europäisches Zivilprozess- und Kollisionsrecht, N. 3 f.

[1712] DOMEJ, Die Neufassung der EuGVVO, S. 517; MANKOWSKI, Vorbemerkungen zu Art. 40 Brüssel Ia-VO, in: Europäisches Zivilprozess- und Kollisionsrecht, N. 5; SCHRAMM, Neuerungen der revidierten EuGVVO, The Exequatur Procedure, S. 55.

[1713] Vgl. in der vorliegenden Arbeit unter § 6.III.2, S. 153 ff.

[1714] Dazu STAEHELIN DANIEL, Panel-Diskussion zu SCHRAMM, Abolition of Exequatur, S. 99 f.

Zuge einer Anpassung des Lugano-Übereinkommens an die Verordnung (EU) Nr. 1215/2012 keine weitgehende Einführungsgesetzgebung vorzunehmen, vielmehr liesse sich die heute bereits bestehende Rechtslage gut in Einklang mit den Revisionspunkten bringen.

Schlussbetrachtung

Nachfolgend werden im Sinne einer Schlussbetrachtung die wichtigsten Problemfelder aufgeführt und die diesbezüglichen Ergebnisse zusammengestellt.

Betreibung und inzidente Exequaturerteilung im Rechtsöffnungsverfahren: Die Rechtsprechung sowie die herrschende Lehre bejahen auch unter dem revidierten Lugano-Übereinkommen die Zulässigkeit einer vorfrageweisen Vollstreckbarerklärung im Rahmen des Rechtsöffnungsverfahrens[1715].

Titelarrest gemäss Art. 271 Abs. 1 Ziff. 6 SchKG für ausländische Nicht-Lugano-Titel: Das Bundesgericht hat entschieden, dass ausländische Titel – unabhängig davon, ob sie aus einem vom Lugano-Übereinkommen gebundenen Staat stammen oder nicht – definitive Rechtsöffnungstitel im Sinne von Art. 271 Abs. 1 Ziff. 6 SchKG sind. Entsprechend ist auch für Nicht-Lugano-Entscheide ein Arrest gestützt auf den neu eingeführten Arrestgrund möglich. Die ausländischen Nicht-Lugano-Titel müssen zudem nicht zwingend in einem kontradiktorischen Verfahren vorgängig für vollstreckbar erklärt werden, um Gegenstand eines Titelarrests sein zu können. Vielmehr kann das Gericht wie bis anhin vorfrageweise aufgrund einer summarischen Prüfung des glaubhaft gemachten Sachverhalts beurteilen, ob die Vollstreckbarkeit des Titels gegeben ist, wobei dieser Entscheid nicht in Rechtskraft erwächst[1716].

Titelarrest gemäss Art. 271 Abs. 1 Ziff. 6 SchKG für Lugano-Titel: In diesem Zusammenhang stellt sich die Frage nach der Qualifikation von Art. 271 Abs. 3 SchKG als Zuständigkeitsnorm oder als Sachnorm. Wird die Bestimmung als Zuständigkeitsnorm gelesen, so wird damit (lediglich) die Koordination der Zuständigkeit zwischen dem Arrestgericht und dem Exequaturgericht geregelt. Wird die Norm jedoch als Sachnorm verstanden, die festlegt, dass im Rahmen einer Arretbewilligung bei einem Lugano-Titel zwingend gleichzeitig auch über die Vollstreckbarkeit geurteilt werden muss, so findet dieser Arrestgrund im Rahmen von Art. 47 Abs. 1 LugÜ keine Anwendung. Der Praktiker sei darauf hingewiesen, dass anzunehmen

[1715] Vgl. in der vorliegenden Arbeit unter § 6.III.2, S. 153 ff.

[1716] Vgl. in der vorliegenden Arbeit unter § 7.I.2.d).bb).bbb).bbbb), S. 184 ff.

ist, dass das Bundesgericht Art. 271 Abs. 3 SchKG als Sachnorm verstehen wird[1717].

Prosequierung: Unter Geltung des revidierten Lugano-Übereinkommens stellt sich die Frage, ob eine Einleitung der Betreibung am Arrestort im Anwendungsbereich des Lugano-Übereinkommens zulässig ist. Die vorliegende Arbeit hat mit Blick auf die bundesgerichtliche Rechtsprechung[1718] illustriert, dass im Rahmen des Lugano-Übereinkommens – unabhängig davon, ob der Anspruch bereits durch einen vollstreckbaren gerichtlichen Entscheid ausgewiesen ist oder nicht – sowohl das Einleitungs- wie auch das daran anschliessende Rechtsöffnungsverfahren Zwangsvollstreckungsverfahren im Sinne von Art. 22 Ziff. 5 LugÜ darstellen. Der Betreibungsort des Arrestes kann damit auch Personen mit Wohnsitz in einem Lugano-Staat entgegengehalten werden und der Arrest kann am Arrestort nach Art. 52 SchKG, welcher mit dem Gerichtsstand nach Art. 22 Ziff. 5 LugÜ übereinstimmt, mittels Betreibung prosequiert werden[1719].

Zukunft der Schweiz im internationalen Zivilprozessrecht: Die Schweiz wird sich im Bereich des internationalen Zivilverfahrensrechts entscheiden müssen, ob sie das Lugano-System fortsetzen will, ob sie bilaterale Beziehungen mit dem Ziel einer verstärkten Integration der Schweiz in das Gesamtsystem der Europäischen Union auf dem Gebiet des internationalen Privat- und Zivilverfahrensrechts aufnehmen will, oder ob sie sich verstärkt für ein weltweites Haager Gerichtsstands-, Anerkennungs- und Vollstreckungsübereinkommen engagieren will. Die vorliegend vertretene Auffassung plädiert (zumindest) für eine Weiterführung des Lugano-Systems[1720].

Auswirkungen auf die Vollstreckung und Sicherung im Falle einer weiteren Revision des Lugano-Übereinkommens: Im Rahmen dieser Arbeit konnte aufgezeit werden, dass sich die Vorgaben der Verordnung (EU) Nr. 1215/2012 gut mit dem Regime in der Schweiz vereinbaren lassen würden und im Schweizer Vollstreckungsverfahren keine gravierenden Anpassungen vorgenommen werden müssten[1721].

1717 Vgl. in der vorliegenden Arbeit unter § 7.I.2.d).bb).bbb).cccc), S. 193 ff.

1718 Vgl. in der vorliegenden Arbeit unter § 3.III.2.a), Fn. 111.

1719 Vgl. in der vorliegenden Arbeit unter § 7.I.2.e).ii).ddd), S. 214 f.

1720 Vgl. in der vorliegenden Arbeit unter § 9.II, S. 294 ff.

1721 Vgl. in der vorliegenden Arbeit unter § 9.III.2, S. 304 ff.

Schweizer Schriften zum Schweizerischen Zivilprozessrecht
Etudes de droit de procédure civile suisse

Band 1 Yves Rüedi
Materiell rechtswidrig beschaffte Beweismittel im Zivilprozess
2009. XXI, 173 Seiten, broschiert, CHF 58.–

Band 2 Marc André Mauerhofer
Die Rechtsstellung des Lizenznehmers im Verletzungsprozess
2010. XXXVI, 256 Seiten, broschiert, CHF 74.–

Band 3 Urs H. Hoffmann-Nowotny
Doppelrelevante Tatsachen in Zivilprozess und Schiedsverfahren
2010. LX, 398 Seiten, broschiert, CHF 90.–

Band 4 Michel Kähr
Der Kampf um den Gerichtsstand – Forum Shopping im internationalen Verfahrensrecht der Schweiz
2010. LVI, 396 Seiten, broschiert, CHF 88.–

Band 5 Monika Guth
Die direkte Vollstreckung von Urteilen ohne Einleitungsverfahren
2010. XXVIII, 201 Seiten, broschiert, CHF 64.–

Band 6 Dominic Staible
Die Online-Auktion als alternative Verwertungsmassnahme im schweizerischen Schuldbetreibungs- und Konkursrecht
2010. LXIV, 293 Seiten, broschiert, CHF 81.–

Band 7 Dominik Milani
Die Behandlung der konkursrechtlichen Kollokationsklage im vereinfachten Verfahren
2011. XLIV, 242 Seiten, broschiert, CHF 73.–

Band 8 Bendicht Claudius Lüthi
System der internationalen Zuständigkeit im Immaterialgüterrecht
2011. XCVI, 774 Seiten, broschiert, CHF 144.–

Band 9 Michael Schlumpf
Testamentarische Schiedsklauseln
2011. XXXIII, 228 Seiten, broschiert, CHF 68.–

Band 10 Richard Stäuber
Der Schutz von Geschäftsgeheimnissen im Zivilprozess
2011. XLI, 212 Seiten, broschiert, CHF 67.–

Band 11 Michael Graber
Die Berufung in der Schweizerischen Zivilprozessordnung
2011. XLI, 231 Seiten, broschiert, CHF 69.–

Band 12 Sven Rüetschi
Vorfragen im schweizerischen Zivilprozess
2011. LXVI, 338 Seiten, gebunden, CHF 88.–

Band 13 Daniel Sykora
Der schiedsgerichtliche Billigkeitsentscheid
2011. XXXIV, 228 Seiten, broschiert, CHF 68.–

Band 14 Olivia Pelli
Beweisverträge im Zivilprozess
2012. LI, 324 Seiten, broschiert, CHF 78.–

Band 15 Andreas Lienhard
Die materielle Prozessleitung der Schweizerischen Zivilprozessordnung
2013. XLVII, 462 Seiten, broschiert, CHF 94.–

Band 16 Mladen Stojiljković
Die Kontrolle der schiedsgerichtlichen Zuständigkeit
2014. XLIII, 198 Seiten, broschiert, CHF 72.–

Schweizer Schriften zum Schweizerischen Zivilprozessrecht
Etudes de droit de procédure civile suisse

Band 17 Samuel Rickli
Der Streitwert im schweizerischen Zivilprozessrecht
2014. XXXVIII, 236 Seiten, broschiert, CHF 69.–

Band 18 David Egger
Die Stellung der Organe im Zivilprozess
2014. XXXVII, 286 Seiten, broschiert, CHF 74.–

Band 19 Sara Ianni
Die Stellung des Arbeitnehmers in der Insolvenz des Arbeitgebers nach der Revision des Sanierungsrechts
2014. XXXIX, 207 Seiten, broschiert, CHF 69.–

Band 20 Alexander Kernen
Persönlichkeitsverletzungen im Internet
Zuständigkeit schweizerischer Gerichte im internationalen Verhältnis
2014. LVII, 374 Seiten, broschiert, CHF 89.–

Band 21 Daniel Wuffli
Die unentgeltliche Rechtspflege in der Schweizerischen Zivilprozessordnung
2015. XLIX, 449 Seiten, broschiert, CHF 94.–

Band 22 Melanie Huber
Die Vollstreckung von Urteilen nach der Schweizerischen ZPO
2016. XXXI, 297 Seiten, broschiert, CHF 78.–

Band 23 Marco Colombini
Vorsorglicher Rechtsschutz vor Konstituierung des Schiedsgerichts
Unter besonderer Berücksichtigung des Eilschiedsrichterverfahrens der ICC
2016. XXXVI, 220 Seiten, broschiert, CHF 72.–

Band 24 Christoph Reut
Noven nach der Schweizerischen Zivilprozessordnung
2017. XXXIX, 226 Seiten, broschiert, CHF 69.–

Band 25 Roland Sarbach
Das Verbot überraschender Rechtsanwendung im ordentlichen Verfahren nach der Schweizerischen Zivilprozessordnung
2017. XXXIII, 260 Seiten, gebunden, CHF 85.–